RECUEIL

DES ORDONNANCES,
EDITS, DECLARATIONS,
ARRESTS,
ET AUTRES TITRES,

Qui établiffent en faveur du Châtelet de
Paris, la Police Générale & le Droit de
Prévention en Matiere Civile, Criminelle & de Police particuliere, dans l'é-
tenduë des Ville, Fauxbourgs & Banlieuë
de Paris.

A PARIS,
De l'Imprimerie de J. CHARDON, rue Galande,
près la Place Maubert, à la Croix d'Or.

M. DCC. XL.

RECUEIL

DES ORDONNANCES, EDITS,

Déclarations, Arrêts & autres titres qui établissent
en faveur du Châtelet de Paris, la Police générale
& le Droit de Prévention en matieres Civile, Criminelle & de Police particuliere, dans l'étenduë des
Ville, Fauxbourgs & Banlieuë de Paris.

PREMIERE PARTIE.

*Titres pour la Police générale & pour le Droit de Prévention en
matiere de Police particuliere.*

AVERTISSEMENT.

N ne prétend pas avoir raffemblé dans ce Cahier généralement tous les titres qui donnent au Châtelet de
Paris, la Police générale ou la Prévention en matiere
de Police particuliere, ils font en trop grand nombre
pour fe flatter de les pouvoir recueillir tous avec exactitude, on s'eft contenté de réunir les principaux ; & fur-tout, ceux
qui ont rapport aux Juftices fubalternes des Villes, Fauxbourgs &
Banlieuë.

A ij

Ordonnance du Roy Jean pour la Police de la Ville de Paris.

EXTRAIT.

Que toutes Marchandifes & Métiers feront vifités.

EN tous les Métiers & toutes les Marchandifes qui font & fe vendent à Paris, aura Vifiteurs, Regardeurs & Maîtres, qui regarderont par lefdits Métiers & Marchandifes & les vifiteront, regarderont & rapporteront les défauts qu'ils y trouveront, aux Commiffaires & au Prevôt de Paris, & aux Auditeurs du Châtelet.

*Nᵃ. L'année commençoit alors à Pâques, ainfi cette Ordonnance eft de l'an 1351. fuivant notre ufage préfent.

*30. Jan. 1350. * publiée au mois de Février fuivant.

Fontanon to. 1. liv. 5. tit. 8. pag. 869. Ed. de 1611. Ordonnances des Rois de France de la 3 Race, tit. 9. art. unic. cotté 346.

Lettres patentes de Charles V. dit le Sage adreffées au Prévôt de Paris, par lefquelles le Roy lui conferve la Police générale fur tous les Arts & Métiers de la Ville & Banlieuë (a) de Paris, privativement à tous Juges fubalternes.

CHARLES, par la grace de Dieu, Roi de France, au Prevôt de Paris ou fon Lieutenant, SALUT. Comme en nôtre bonne Ville de Paris y ait plufieurs Métiers, Marchandifes & Vivres, & y en vient, & affluë de toutes les parties du monde qui doivent être & ont toûjours accoûtumées d'être gouvernées pour l'utilité de la chofe publique fe-

25. Septembre 1372. Livre rouge vieil, fol. 72. Traité de la Police, liv. 1. tit. 9. chap. 1. de la derniere Edition.

(a) Sur ce mot Banlieuë, voyez le Mémoire de Mᶜ. Mannoury Avocat, imprimé cy-après, à l'occafion de l'Arrêt du 21. May 1727. Les bornes & limites de la Banlieuë de Paris font exactement décrits dans le grand livre jaune, fol. 24. Rᵒ. & Vᵒ.

lon certaines Ordonnances faites & adminiſtrées en nôtre Châtelet de Paris, & auſſi ſelon certains uſages formés, & manieres qui vous ſont certaines & plus notoires en vôtre Auditoire qu'en nul autre ; & nous avons entendu que pluſieurs nos Sujets s'efforcent d'entreprendre la viſitation & connoiſſance d'aucuns deſdits Métiers, Vivres & Marchandiſes en nôtredite Ville, leſquelles choſes appartiennent mieux être tenuës & gardées par un Juge competant que par pluſieurs & diverſes perſonnes, & ce nous appartient de nôtre Droit Royal pour le bien de la choſe publique que nous déſirons ſur toutes choſes être bien & diligemment gouvernée même en notredite Ville qui eſt le Chef de nôtre Royaume, & là où tous doivent prendre bon exemple. NOUS VOUS MANDONS & étroitement enjoignons en commettant ſi mêtier eſt; que, vous de par nous faites, & faites faire diligemment les viſitations de tous leſdits Métiers, Vivres & Marchandiſes en toute ladite Ville & Banlieuë de Paris, & garder les Regiſtres des bons Uſages & Coûtumes anciennes en pourvoyant en cela où il conviendra annuller pour le profit commun & puniſſant les Transgreſſeurs faiſant ſur-tout bon droit & accompliſſement de Juſtice : & voulons que ce ſoit fait par vous & vos Députés ſans qu'aucun autre s'en entremette, & en ces choſes entendés & faites entendre par telle maniere que nous n'ayons de vous reprendre de négligence, & donnons en Mandement à tous nos Juges qu'à vous & à vos Députés, en ce faiſant obéiſſant non-obſtant quelconques Lettres ſubreptices impétrées ou à impétrer au contraire. DONNE', en nôtre Châtelet du Bois de Vincennes, le 25. du mois de Septembre, l'an de grace 1372. & de nôtre Regne le neuviéme, *Signé*, par le Roi en ſes Requêtes. R. de BEAUFORT.

Ordonnances des Rois de France de la troiſiéme Race, pag. 526.

L'on trouve dans le livre vert vieil, fol. 80. des Statuts du 6. Juillet 1375. dont voici le titre.

Statuts des Teinturiers de la Ville de Paris, de la Ville de Saint-Marcel, (a) & de la Banlieuë.

(a) L'on nommoit alors Ville de Saint-Marcel, ce que l'on ap- | pelle préſentement le Fauxbourg Saint-Marceau; & l'on trouve dans le livre blanc petit, fol. 52. qu'en 1423. les Habitans de S. Marcel n'étoient point compris sous le nom de la Ville & Fauxbourgs de Paris, c'est la raison pourquoi l'on trouve ici la Ville de Saint-Marcel expressément dénommée.

Il y a toute apparence que l'Eglise Collégiale de Saint-Marcel s'étoit déja emparée de la Justice dont elle s'est trouvée en possession par la suite, ainsi cette piece fait titre contre cette Justice.

S. Marcel vivoit dans les quatre & cinquiéme siécles, on prétend que l'Eglise qui porte son nom & qui subsiste encore actuellement, a été bâtie au commencement du neuviéme siécle.

Lettres patentes de Charles VI. pour le rétablissement du pavé & le nettoyement des ruës de la Ville, Fauxbourgs & Banlieuë de Paris ; & en outre pour le rétablissement du pavé des grands chemins, ponts & chaussées de la Prévôté & Vicomté de ladite Ville ; lesquelles conservent au Prévôt de Paris sa jurisdiction de Police sur toutes sortes de personnes de quelque état ou condition qu'elles soient, & de quelques privileges qu'elles usent & y assujetissent même les Villes étant hors ladite Prévôté & Vicomté qui se trouveront avoir interêt au rétablissement desdits chemins.

EXTRAIT.

1. Mars 1388.
Livre rouge vieil, fol. 113.
Traité de la Police, liv. 6. tit. 6. chap. 1.

CHARLES, par la grace de Dieu, Roi de France : A tous ceux qui ces presentes Lettres verront, SALUT. Comme à nôtre Prévôt de Paris seul, & pour tout appartienne, pour nous, & doive appartenir à cause de son Office principalement, & non à autre la Cure, & le Gouvernement de nôtre bonne Ville de Paris, pour icelle tenir & garder, en telle, & si bonne Justice, Ordonnance, & Police de toutes choses que ce soit à la loüange de Dieu, à nôtre honneur, au bien & décoration de ladite Ville, & à l'utilité de la chose publique &c. NOUS VOULONS, MANDONS & étroitement enjoignons à notredit Prévôt, en commettant, si Métier est, que tantôt &

fans délai, il faffe réfaire & amender diligemment toutes les Chauffées & tous les Ponts, Paffages & Chemins anciens, étant en la Banlieuë, Prévôté & Vicomté de Paris, & au reffort, en contraignant, ou faifant contraindre rigoureufement, & fans deport, à ce faire tous ceux qui pour ce feront à contraindre, & mêmement au cour des Deniers des Barrages & Chauffées qui pour ce font cueillis & levés en plufieurs lieux de la Banlieuë, Prévôté & Vicomté de Paris; fi à ce peuvent fuffire, finon par toutes les meilleures voyes, & manieres que faire fe pourra bonnement, tellement que lefdites Chauffées puiffent être réfaites & amendées, & les Ponts, Paffages & Chemins en bon état. En contraignant, & faifant contraindre fi Métier eft, à ce faire, tous les Habitans des Villes voifines, defdits Ponts, Paffages, Chauffées & Chemins, & des autres Villes, qui y ont ou pourront avoir profit & avantage, à contribuer à la refection defdits Chemins, Chauffées, Ponts & Paffages, chacun en droit foy, fi à ce ils font tenus, fuppofé, que aucune defdites Villes ne foit pas de la Prévôté ou Vicomté de Paris ni du reffort d'icelle. Et pour diligemment vacquer, & entendre aux chofes deffufdites. VOULONS, que nôtredit Prévôt puiffe commettre & établir de par nous fi Métier eft, telles perfonnes comme bon lui femblera pour faire & accomplir les chofes deffufdites, & que fi ils voyent que bon foit, il faffe crier & publier folemnellement de par nous par tous les lieux à faire cris ez mettes defdites Prévôté & Vicomté de Paris, & ailleurs où bon lui femblera, que tous les Hauts-Jufticiers des Lieux, où lefdites mauvaifes Chauffées, & lefdits mauvais Chemins, Ponts & Paffages font trouvés, les faffe réfaire & amender diligemment, tantôt, & fans délai, toutes excufations ceffantes, & les contraigne à ce, avec leurs Sujets qui à ce faire feront tenus par toutes les meilleures manieres qu'ils pourront; & s'ils en font refufans, délayans, ou en demeure, que nôtredit Prévôt le faffe faire en leur deffaut & diligemment, & tellement, que lefdits Chemins, Chauffées, Ponts & Paffages, foient remis en bon & fuffifant état, & qu'il n'en foit répris de negligence, de toutes ces chofes faire, donnons & octroyons plein pouvoir, avec autorité, & Mandement fpecial à nôtredit Prévôt, & de faire generalement toutes autres

chofes qu'il verra & trouvera être bon , expedient ou neceffaire pour le bon état & gouvernement de nôtre bonne Ville ,
& de la Banlieuë , Prévôté & Vicomté d'icelle , mandant &
commandant à tous nos Sujets que à lui , & à fes Commis
en ce fait obéiffent & entendent diligemment. EN TEMOIN de
ce Nous avons fait mettre à ces prefentes nôtre Sçel. DONNE'
à Vernon , le premier jour de Mars , l'an de grace mil trois
cent quatre-vingt-huit , & le neuviéme de nôtre Regne.

L'on doit mettre au rang des titres qui établiffent la prévention en matiere de Police particuliere , l'Arrêt du Parlement
du 23. Janvier 1392. (*a*) qui n'ordonne l'enregiftrement des
Lettres patentes du mois de Juin 1390. & Lettres de juffion
du 16. Juin 1392. (*b*) concernant la Juftice du Chapître de
l'Eglife de Paris , qu'à la charge de la prévention ; puifque ce
Droit de prévention eft confervé au Châtelet par cet Arrêt
d'une maniere indéfinie & qui a fon application à la Police particuliere , également comme en matiere Civile & Criminelle.

(*a*) Cet Arrêt eft de l'an 1393. | (*b*) Ces Lettres patentes font im-
felon notre maniere préfente de | primées ci-après.
dater.

Il y a un Arrêt du Parlement qui juge que le Prévôt de
Paris eft feul Juge de Police , qu'en cette qualité il a l'Inten-
dance fur tous les métiers de Paris , & connoît des contraventions aux Ordonnances & Reglemens , même de la fauf-
feté que les Orfévres peuvent commettre dans leurs ouvrages
comme étant un fait de Police ; cet Arrêt eft du 23. Novem-
vembre 1395.

Arrêt

Arrêt du Parlement interlocutoire (b) rendu entre les Religieux , Abbé & Convent de Sainte Génevieve-du-Mont , Appellans de M.ᵉ Girard Colletier Examinateur au Châtelet de Paris d'une part.

Et Monſieur le Procureur général d'autre , au ſujet de la Police générale.

Extrait des Regîtres de Parlement.

ENTRE les Religieux, Abbé & Convent de Sainte-Genevieve-du-Mont de Paris, (c) Appellans de M.ᵉ Girard Colletier Examinateur au Châtelet de Paris, & Demandeur ſur pluſieurs Requêtes par eux baillées à la Cour de céans, d'une part, & le Procureur général du Roy Deffendeur, d'autre.

HALLE pour le Procureur du Roy, a requis que cette Cauſe ſoit renvoyée devant le Prévôt de Paris; car les Appellans ne ſont appellans de la Commiſſion donnée par ledit Prévôt, mais ſeulement de l'Examinateur, pourquoi ledit Prévôt doit connoître de ladite Cauſe d'appel & doit être renvoyée, & auſſi a été fait en pluſieurs autres cauſes ſemblables, (d) & n'a attenté ledit Prévôt de Paris; & ſi l'Examinateur avoit attenté que non, ſi en pourroit connoître ledit Prévôt.

18. Février 1472. (a)

Regîtres du Parlement. Plaid. cotte xxxiij. commençant en Novembre 1471. & finiſſant en Novembre 1473.

(a) Cet Arrêt eſt de l'an 1473. ſelon notre maniere preſente de datter.

(b) La Cauſe a depuis été jugée deffinitivement, par Arrêt du 3. Août 1536. qui eſt ci-après.

(c) Cette Abbaye ne produit aucun titre qui leur accorde droit de Juſtice; mais elle en étoit en poſſeſſion dès la fin du treziéme ſiécle, ſi l'on veut ajoûter foy aux pieces citées dans le préſent Arrêt.

(d) Pareille choſe a été auſſi jugée depuis, par Arrêt du 2. Juin 1503. qui n'eſt pas long.

Arrêt du Parlement, qui renvoye un Appellant de M.ᵉ Jean Dupleſſis Examinateur au Châtelet , par-devant le Prévôt de Paris , duquel eſt émané la commiſſion.

Extrait des Regîtres du Parlement.

LA CAUSE d'appel d'entre M.ᵉ Nicole Porlier Prêtre , & Mi-

2. Juin 1503.

Livre gris fol. 17.

Vaudetar pour les Appellans, dit qu'ils sont de fondation royale, & ont plusieurs privileges & prérogatives, Justice haute, moyenne & basse en la Ville de Paris, & à Saint-Marcel-lès-Paris, visitation, correction & punition sur les métiers en leurs Terres & Seigneuries; & combien qu'ils ayent obtenu plusieurs Jugemens & Arrêts contre le Procureur du Roy & plusieurs Jurés desdits métiers, & qu'ils ayent plusieurs exploits de ladite visitation huit-vingt ans a & plus, que ladite Eglise & Terre est hors Paris, & depuis, *continuetur*, néantmoins le Prévôt de Paris les a molestés en leursdits droits & fait plusieurs molestations à l'instance dudit Procureur du Roy; dit qu'en 300. Jean Cathin en son vivant Procureur du Roy en Châtelet, fit faire deux exploits à l'encontre des Appellans, dont fut Céans appellé par le Procureur desdits Religieux, & sont les appellations appointées en droit, & y a eu ajournement sur attentation.

Dit que tout après, Colletier fit commandement auxdits de Sainte Génevieve, qu'ils ne fissent visitation; & aux Jurés de leur terre, qu'ils n'exerçassent ladite visitation sur grande peine, à quoi s'opposa le Procureur desdits Religieux, ne les voulut recevoir, dont appellerent; après parlerent lesdits de Sainte Génevieve à de Lacloche, qui fut fait Procureur du Roy audit Châtelet après Cathin, & l'informerent de leurs droits, tellement qu'il les laissa en leur joüissance par le conseil des Avocats (a) du Roy audit Châtelet qui pour lors étoient,

chel de Saint-Benoist Ecuyer, Appellans de Me. Jean Dupleffis Examinateur au Châtelet de Paris, d'une part. Et ledit Dupleffis, & Jean-Marie Robert Cornille, Simon Cordier, Nicolas Lecieux, & Jean Moreau l'aîné, Intimés, d'autre part.

Est renvoye'e et la renvoye la Cour, au Lundi d'après la Trinité prochainement venant, pardevant le Prévôt de Paris ou son Lieutenant, duquel la commiffion dudit Examinateur a été émanée, & feront tenus lesdits Appellans comparoir en personne pardevant ledit Prévôt de Paris ou sondit Lieutenant pour ester à droit, & condamne la Cour lesdits Appellans ès dépens d'avoir relevé Céans, tel que de raison. Fait en Parlement, le second jour de Juin mil cinq cent trois, *ainsi signé*, Morelet, collation est faite.

(a) On appelloit en ce tems-là les Conseillers établis au Châtelet par l'ordonnance du mois de Mars 1327. *Avocats*, ainsi qu'il est

& depuis ont toûjours joüi de leurſdits droits de viſitation
juſqu'en Decembre dernier, que les Jurés de la grande viſitation ont pris certains cuirs en l'Hôtel de Godin demeurant à Saint Marcel, qui n'étoient encore préparés, & leurs
ont fait leſdits Jurés pluſieurs autres exploits en les empêchant
en leur droit de viſitation, en attentant contre les appellans,
& procès pendant céans, & appointé en droit; parquoi ont
leſdits appellans baillé pluſieurs requêtes pour faire inhibitions & défenſes, & informations qui ſont ja faites par l'un
des Conſeillers de céans, nonobſtant leſquelles défenſes ne
ceſſent leſdits Procureur du Roy & Jurés les travailler en
leurſdits droits; & mêmement eſt venu Belin Commiſſaire
de Châtelet, qui a pris la chair de Veaux en leur Boucherie, & depuis a rendu leſdites chairs auxdits Bouchers &
leur a fait payer le prix que valoient leſdites chairs, & à chacun Boucher, deux ſols pour les Sergens, combien que
leſdites chairs ne fuſſent vicieuſes, car leur ont été rendües
pour vendre, & pluſieurs autres entrepriſes, & depuis a été
ordonné que leſdits appellans viendront céans dire leur cauſe
d'appel & faire leurs demandes, ainſi ne ſera ladite cauſe renvoyée en Châtelet; car ce touche grand choſe, & la plûpart
de la fondation de ladite Egliſe pour les droits qu'ils prennent,
tant ſur leſdits Bouchers qui leur vaut pour chacun an 150. liv.
que autres droits ſur autres métiers, auſſi y a de grands attentats & excès qui dépendent des appellations appointées en
droit céans, par quoi ne doivent être leſdits Religieux renvoyés pardevant ledit Prévôt de Paris, ains en doit la Cour
retenir la connoiſſance; requiert que par proviſion leſdits appellans ſoient tenus en leur premier état, & que défenſe ſoit
faite audit Prévôt & Sergens, de non viſiter ne faire viſiter.

Halle pour le Procureur du Roy dit, que leſdits appellans ne ſont appellans de la commiſſion dudit Prévôt de Paris,
mais ſeulement d'un Examinateur; dit que l'an 300. le gouvernement & viſitation de la Police & des métiers de Paris,

prouvé par des Lettres patentes | Police liv. 1. tit. 12. chap. 8. der-
de Charles VI. du 24. Novembre | niere Edition; d'après le Livre
1393. citées dans le Traité de la | rouge vieil, fol. 118.

fût baillée au Prévôt de Paris, lequel en a joüi *inconcufsè*, &
va la premiere connoiffance des métiers au Parquet du Procureur du Roy au Châtelet, à ce que c'eft grand chofe & que
pour ce ne fera renvoyée la caufe, & dit que le Prévôt a
la connoiffance de plus grand chofe ; dit que le Prévôt fit
faire une vifitation de fuif, mais il fut dit par la Cour que la
connoiffance en demeureroit au Prévôt de Paris, lequel en a
depuis joüi, & de ce a plufieurs arrêts donnés en cette partie, à ce qu'il y a attentation ; & dit que fi l'Examinateur ou
le Procureur du Roy en Châtelet avoient attenté, le Procureur du Roy le pourroit bien faire reparer, & pour ce requiert
que la caufe foit renvoyée pardevant ledit Prévôt.

APPOINTE' eft fur le renvoy requis par le Procureur du
Roy, & auffi fur les défenfes requifes par les appellans au
Confeil, & produiront les parties ce qu'elles voudront dans
trois jours prochains venans.

VAUDETAR perfifte en ce qu'il a ja dit, & dit que aucun renvoy ne fera fait par la Cour pardevant le Prévôt de
Paris, attendu mêmement que pour les fubterfuges & délais
que y pourroit prendre ledit Procureur du Roy, le procès
feroit & demeureroit immortel, & par ce moyen feroient
lefdits Religieux qui font de petite fondation, & les revenus de leur Eglife à prefent fort diminués, grandement
intereffés, & conclud comme deffus. APPOINTE' EST.

Extrait des Regîtres du Parlement, contenant plufieurs Plaidoyers refpeétivement faits en continuation de ceux fur lefquels étoit intervenu l'Arrêt interlocutoire du 18. Février 1472. rendu entre les Religieux, Abbé & Convent de Sainte Génevieve, Appellans de Me Girard Colletier Examinateur du Roy au Châtelet de Paris, d'une part, & le Procurenr du Roy audit Châtelet, d'autre.

Extrait des Regîtres de Parlement.

ENTRE les Religieux, Abbé & Couvent de Sainte-Genevieve, appellans de M^e. Girard Colletier Examinateur du Roy nôtre Sire au Châtelet de Paris, Jean le Charron & Arnoulet Pacquier Sergens Royaux d'une part, & le Procureur du Roy au Chatelet de Paris Intimé d'autre part, en continuant leur Plaidoié du 18e. jour de Février dernier, paffé, conclud tout pertinent en cas d'appel, mal exploité, reffufé & denié, mal appellé.

HALLE pour le Procureur du Roy Intimé, & Deffendeur fur l'Enterinement de certaine Requéte contre les Religieux, Abbé & Couvent de Sainte-Génevieve appellans & Demandeurs, requerant l'Enterinnement de ladite Requête, deffend, & dit qu'il préfuppofe que la Ville de Paris eft la Capitale de ce Royaume, comparée à la Cité de Rome, & le Prévôt de Paris eft fous le Roy *Prefeétus Urbis*, & connoît de ce qui eft fait *intra Urbem*, & dedans la Banlieuë; pareillement il eft *Præfes Provinciæ*, & a la Juftice, & eft Bailly, & lui appartient le Gouvernement de toute la Police, qui n'eft autre chofe comme eft contenu au fecond des Politiques que bon regime, & Ordonnance qui doit être gouverné fous le Prince, auffi par la Loi *de conditis, & horreis publicis*, il faut qu'en Cité tout foit gouverné, *moderamine prefeéluræ Urbanæ*, & connoît *de viétualibus*, pour y mettre ordre & police; ce prefupofé, dit que par Ordonnance &

Droit , eſt baillé au Prévôt de Paris ; car par Ordonnance faite dès l'an 371. parce qu'il y avoit pluſieurs entrepriſes ſur la Police de Paris, fut ordonné par le Roy que le Prévôt de Paris auroit la connoiſſance, punition & correction des abus qui ſe faiſoient & commettoient entre tous les Métiers de Paris , pareillement l'an 372. (a) fut faite autre Ordonnance , par laquelle eſt dit ſemblablement que le Gouvernement de toute la Police demeureroit ſous l'autorité du Prévôt de Paris ſeul, pourceque y avoit pluſieurs entrepriſes , à cauſe des Juſtices qui ſont dedans ladite Ville de Paris , & fut deffendu à tous autres Juges de ne ſe mêler de telles matieres, pareillement fut faite autre Ordonnance l'an 380. & deux confirmatives des deux Ordonnances deſſuſdites : or l'an 40 Cathin Procureur du Roy en Châtelet en uſant des Droits du Roy envoya ſur aucuns Baudroieurs en la Terre Sainte-Génevieve , & pourceque on y trouva des fautes, leſdits Cuirs furent mis en la main du Roy , dont ceux de Sainte-Génevieve ſe porterent appellans, & après combien que paravant cet appel n'euſſent eû aucuns Jurés en leur Terre & Seigneurie , néanmoins ils aſſembleroient pluſieurs gens méchaniques pour en cuider faire, leſquelles gens méchaniques leur rémontrerent qu'il ne ſe devoit, faire & quand le Procureur du Roy le ſçût, leur fûrent faites deffenſes de ne faire leſdits Jurés dont ils appellerent, & pourceque le Roy ne plaide point deſſaiſi, ledit Prévôt a toûjours joüi & uſé de ladite Police ; or maintenant leſdits Religieux ſuſcitent ledit Procès, ſi dit que leſdites appellations faites par eux ne ſont recevables ; car la viſiration & l'autorité de faire Juré, appartient au Prévôt de Paris ſous le Roy, car elle eſt faite *pro bono publico* , afin que tout ſoit bien fait, & tant de droit écrit que par Ordonnance ledit Prévôt eſt fondé, ainſi d'avoir appellé ne ſont recevables comme appellans : ne auſſi d'avoir appellé des deffenſes à eux faites, vûë l'autorité du Prévôt de Paris & par leur propos même ils ſe diſent appellans de Colletier Examinateur, & de deux Sergens, & ne ſe diſent appellans du Prévôt de Paris, ainſi ils ne ſont recevables : dit

(a) Ces Lettres patentes du 25. Septembre 1372. ſont cy-devant page 4.

outre que à leur Requête il ne doit être obtemperé, car
parce qu'il a dit l'autorité de viſiter, corriger, punir, appartient au Prévôt de Paris, ains les deffenſes que partie requiert
luy être faites ſeront faites à tort & à mauvaiſe cauſe, & ſi
les deffenſes avoient lieu, ce ſeroit bouter déſordre, & pour répondre à leurs faits. 1°. A ce qu'ils ſont de Fondation Royale;
dit que leur Fondation auſſi de la Haute-Juſtice qu'ils dient
avoir, il s'en rapporte à ce qu'il en eſt; & poſé qu'il ayent
Haute-Juſtice, ſi ne peuvent-ils avoir de créer Jurés; al-
lege à ce propos la Loi *ex uno ad municipales ff*. Car il faut
que tout réponde à celui qui a l'autorité & préminence ſou-
veraine, & quelque autorité de Juſtice qui ſoit baillée à aucun,
toutes fois il ne peut faire Coûtume, ne Ordonnance, *de*
quibus oportet omnes uti, ſinon celui qui a la Souveraineté,
autrement *in eodem capite* ſeroient diverſes Principautés, &
dit que il y a à Paris bien 30 ou 40 Hautes-Juſtices, & ainſi
quand chacun feroit Maître Juré en ſa Terre comme parties s'efforcent faire : ce ſeroit tout déſordre & toute confuſion, & poſé que parties ayent toutes autres Juſtices, ſi
n'ont-ils droit de faire Jurés, & ne pourroient empêcher le
Souverain, *et oportet quod illi qui ſunt inferiori gradu, cedant*
illis qui ſunt in majori gradu conſtituti, & ſi chacun mettoit Jurés en ſa Juſtice divers Jugemens s'en enſuivroient;
à ce qu'ils ont droit ſur les Bouchers & ſur les Boulangers,
il s'en rapporte à ce qu'il en eſt, que ils ayent viſité le tems
paſſé, il ne le croit pas: mais toujours le Prévôt de Paris a
viſité, & touchant les Chandeliers & Drappiers, & les Hu-
chers (a) & s'en ſont enſuite arrêtés à ce que les Religieux ont
eu arrêt contre les Maîtres Jurés Bouchers, dit qu'il s'en
rapporte à ce qu'il en eſt, mais cela n'y feroit rien; car en
ce tems les Jurés de la grande Boucherie vouloient par avan-
ture prétendre quelques droits ſur eux, mais quoiqu'il ſoit
les Ordonnances s'en ſont enſuivies depuis, & dit que les
Jurés que le Prévôt fait, ce ſont Jurés Royaux, & viſitent
pour le Roy, & rapportent les fautes par-devers ledit Prévôt, &
ſont les amendes qui en viennent au Roy: à ce qu'on a fait viſitation à Saint-Marcel. 2°. Dit qu'il eſt vrai auſſi le pouvoient faire

(*a*) Ce ſont les Menuiſiers.

mêmement que c'étoient les Juges de la grande vifitation , car ils vont bien à Pontoife & à Beaumont vifiter, ainfi, *fortiori ratione* , ils peuvent bien aller vifiter à Saint-Marcel qui eft près Paris, fi on a aufli été vifiter chez un Tonnelier , ils pouvoient le faire ; car c'eft à faire au Prévôt de Paris, allegue un arrêt pour un Huchier, avec lequel les appellans fe bouterent au Procès ; mais par ledit arrêt il fut dit que la connoiffance appartient au Prévôt de Paris, conclud que lefdits appellans ne font à recevoir à leur mal appellé, & que leur Requête ne leur fera enterinée.

Vaudetar pour lefdits Religieux appellans, dit qu'il eft bien fondé, & réplique difant que le Roy Clovis qui fonda l'Abbaye leur donna toute Haute-Juftice, Moyenne & Baffe en leur Seigneurie, or en ce tems ils n'étoient enclos dedans la Ville ; car il n'y a pas deux cent cinquante ans qu'ils font enclos dedans ladite Ville (*b*) dit qu'il eft fondé par plufieurs arrêts donnés l'an 1311. d'avoir vifitation fur les Métiers étant en leur Juftice, & fur les Liniers, fur les Couteliers & autres Gens méchaniques, & les produira. Ainfi il eft bien fondé, aufli leur appartient la Boucherie, & leur a donné le Roy, privileges & ordonnances fur les Bouchers de pouvoir créer Jurés, & les pouvoir vifiter, & de prendre fur chacun Etat ce qu'ils y prennent, au regard des Boulangers, dit que anciennement n'avoit qu'un Four à Ban entre toutes leurs Terres, mais depuis ils furent confeillés que auroit Four qui voudroit, mais que chacun qui en voudroit avoir, & vendroit pain payeroit un fol, ainfi c'eft bien raifon qu'ils ayent la vifitation fur eux, car s'ils vouloient, il n'y auroit qu'un Four , & ny auroit Boulangers, ne veut dire que dedans la Ville , ils pùffent faire Ordonnances autres que fait le Prévôt de Paris, mais ils fe veulent regler felon les Ordonnances du Prévôt de Paris, & les mettre à exécution ; & ne veulent lefdits Religieux être fi préfomptueux de dire, qu'en cas de negligence, & quand il en vient complainte & plaintif, le Prévôt ne pût vifiter par fa commiffion un Commiffaire avec Jurés tels qu'il lui voudra l'avoir, lefdits Reli-

---

(*b*) Cette clôture eft celle qui fut commencée par ordre de Philippes-Augufte l'an 1190. & qui fut achevée l'an 1211.

gieux,

gieux, ou leurs Officiers appellés, au regard de ceux de Saint-Marcel, c'eft autre chofe, car il ont toute vifitation & correction fur tous les Métiers de Saint-Marcel, finon en cas de negligence, lefdits Religieux dûment fommés, & en tant que touche eux, il y a aucune difference, & y a autre ordonnance pour ceux de Saint-Marcel que ceux de Saint-Marcel; car les Ceinturiers de Saint-Marcel peuvent faire mordant d'étain, de potin, & de plomb, ce que ceux de Paris ne peuvent faire, & aufli les Cordonniers de Saint-Marcel peuvent vendre Souliets de Bazanne, ce que ceux de Paris ne fçauroient faire, pareillement ceux qui n'ont de quoy pour eux faire paffer en aucuns Métiers, vont bien befogner à Saint-Marcel fans faire Chef-d'œuvre, & n'en peuvent être repris, pourvûque foient trouvés fuffifans par la Juftice de Sainte-Génevieve, ainfi donc c'eft grande difference, mais plus y a, car les Religieux ont la vifitation des Mefures, & s'il étoit permis à ceux de Paris venir vifiter à Saint-Marcel en haine que les Gens méchaniques n'auroient été Maîtres à Paris, & fait leurs Chef-d'œuvres, lefdits Jurés de Paris n'y trouveroient jamais à leur gré bonne befogne, & feroit toute fatigation pour les pauvres gens demeurant à Saint-Marcel en la Terre des Religieux, & n'eft droit de vifitation, droit de fouveraine Juftice, mais peuvent tous Hauts-Jufticiers vifiter les Métiers qui font en leurs Terres & Juftices, & depuis ce procès commencé, il n'y a Maîtres Jurés à Paris qui ne voifent vifiter tous les Métiers de Saint-Marcel, combien qu'ils ne trouvent rien de mal; fi exigent-ils de l'argent d'eux, & de ce appert du Megiffier étant à Saint-Marcel dont la queftion a été céans n'a guere appointée; car combien que les Megiffiers n'euffent rien trouvés de mauvais, fi emporterent-ils toutes les peaux, pareillement le Procureur du Roy fit prendre fur les Bouchers de Sainte-Génevieve certaines piéces de veaux, & après les contraignirent à les racheter, & les leur baillerent pour vendre, qui n'eft à dire qu'ils fuffent mauvaifes, pareillement chez un Tonnelier, prirent tous fes Outils, & aufli chez un Cordonnier combien qu'ils ne trouvaffent ouvrage mauvais, douze paires de Souliers & Galoches au contemnement de ce qui avoit été fait à Saint-Marcel, & fi la Cour n'y met remede; il faudra

C

que les Cordonniers s'en voifent : à ce qu'il appartient au Prévôt le Gouvernement de la Police, dit que les Religieux en voudroient faire ordonnance dedans Paris, touchant le fait de la Police, mais dedans Paris fe veulent gouverner fuivant les Ordonnances du Prévôt, nie que en premiere inftance toute la punition & correction appartienne au Prévôt, & dit que telles chofes ont pû être acquifes aufdits Religieux par ufage, car ils en ont ufé, & ne leur peut ôter cet ufage ledit Prévôt, mêmement que ce n'eft contre droit de Souveraineté : à ce que le Prévôt peut vifiter en toute la Province, il ne le croit pas, & s'il a vifite en la Terre Sainte-Génevieve, ce a été après que ils auroient eu plaintif d'eux, & en cas de negligence lefdits Religieux fouffifamment requis, & s'il n'y a plaintif d'eux, & qu'il foit apparent, ils ne le peuvent faire, & maintenant ne font-ils tous les jours autre chofe les Jurés de Paris, que aller à Saint-Marcel vifiter, & de-là vont joüer à la paume en la maifon d'Orleans, & tout, en haine de ce procès : à ce que tout doit être attribué au Prévôt de Paris, dit que c'eft touchant le fait de la Police en cas de Souveraineté : à ce que leur appellation n'eft recevable, dit que fi, car ils prirent fur les baudroieurs des cuirs fans eaux, & combien que ny trouvaffent aucune male-façon, & fans les vouloir recevoir à l'oppofition, pourquoi ils interjetterent l'appel, néanmoins ne dûffent avoir pris que les mauvais, s'ils y en eûffent trouvé, ainfi ils excederent pareillement en la maifon d'un Tanneur, ils prirent tous les cuirs, combien qu'ils ne fuffent parfaits ne marqués, fi les autres Juftices ont laiffé perdre leurs droits, ne s'en fuit; les Religieux ne veulent perdre les leurs, ains l'ont *noviſſimè* gagné par arrêt touchant les fermens, le Doyen & Chapître de Saint-Marcel par-devant le Prévôt de Paris, mais devant le Bailly de l'Evêque & de la Ceance, fi conclud en fefdites appellations, tout pertinent, & que fa Requête lui fera enterinée, & demande provifion, & que deffenfe foit faite au Prévôt de Paris de vifiter.

HALLE duplique, & dit que parties ne requirent à être reçûës à oppofition, quand la vifitation fût faite, mais de plain bout ils appellerent : ici a fonné l'heure.

*Arrêt du Parlement, qui maintient le Prévôt de Paris dans
sa Jurisdiction sur toutes sortes de personnes même privilegiées, pour le nettoyement des ruës de ladite Ville, avec
deffenses à tous autres Juges d'en prendre connoissance.*

Extrait des Registres de Parlement.

LA Cour a ordonné & commandé au Prévôt de Paris &
ses Lieutenans, qu'en toute diligence il pourvoye à faire
nettoyer & curer les Ruës de Paris de Boues & Immon-
dices, en contraignant à ce faire, & à contribuer aux frais
pour ce necessaires ; toutes Gens de quelque état qu'elles soient
privilegiées & non privilegiées nonobstant oppositions ou appellations quelconques : & deffend ladite Cour à tous Huissiers & Sergents que pour raison des Exploits qui seront faits
pour cause de ce ils ne fassent aucuns Ajournemens ou Exploits, ailleurs que pardevant ledit Prévôt de Paris ou son
Lieutenant, & à tous autres Juges qu'ils n'en tiennent cour
ni connoissance. Fait en Parlement, le 23 jour d'Août l'an
1476. ainsi *Signé*, BRIMAT, collation faite, *Signé*, MICHEL
avec Paraphe.

23. Août 1476.
Livre vert neuf,
fol. 118.

Il y a Arrêt du Parlement rendu entre le Grand Pannetier
de France d'une part, & les Religieux Abbé & Convent de
Saint-Germain des Prez, & les Boulangers & Tallemeliers
du Fauxbourg Saint-Germain : d'autre par lequel il est dit que
les Officiers du Roi au Châtelet de Paris & ledit grand Pannetier ou ses Commis pourront visiter les Boulangers dudit
Fauxbourg ; cet Arrêt qui est du 1 Juillet 1535. est cité dans
celui du 3 Juillet 1537. qui est ci-aprés.

Arrêt du Parlement rendu entre les Religieux, Abbé &
Convent de Sainte Génevieve au Mont de Paris, les
Jurés Epiciers & Apotiquaires de ladite Ville, & M.
le Procureur général prenant le fait & cauſe pour ſon
Subſtitut au Châtelet, par lequel il eſt entr'autres choſes
ordonné, que les rapports des contraventions que leſdits
Jurés pourront trouver dans les viſites qu'ils feront dans
le Diſtriſt de la Juſtice deſdits Religieux, Abbé & Con-
vent, ſe feront devant le Prévôt de Paris.

EXTRAIT.

3. Août. 1516.
Traité de la Po-
lice, liv. 4. tit. 10.

FRANÇOIS, par la grace de Dieu, Roi de France
au premier des Huiſſiers de nôtre Cour de Parlement ou
autre Huiſſier ou Sergent ſur ce requis : Sçavoir faisons,
qu'entre les Religieux, Abbé & Couvent de Sainte-Genevieve
au Mont de Paris, appellant une fois ou pluſieurs en adhérant à
leur premier Appel du Prévôt de Paris, ou ſon Lieutenant Civil tenant la Police d'une part, & les Maîtres Jurez, Epiciers & Apoticaires de la Ville de Paris, & nôtre Procureur
Général prenant la cauſe pour ſon Subſtitut au Châtelet de
Paris, joint avec eux intimés d'autre.

Le Tirant pour les Religieux, Abbé & Couvent de Sainte-
Genevieve appellans dit pour ſes Cauſes d'Appel, que l'Ab-
baïe de Sainte-Genevieve eſt de Fondation Royale & a été
fondée & inſtituée par le Prince Roi Chrétien des François
en *l'an cinq cent dix* (a) ornée & privilegiée de pluſieurs beaux
Privileges & Droits mêmement de toute Juſtice, Haute-
Moyenne & Baſſe conſequamment du droit de viſitation ſur les

(a) En 507. Clovis premier Roy
Chrêtien de France fit commen-
cer une Egliſe, qui fut achevée
après la mort de ce Prince, par
les ſoins de ſa Veuve Sainte Clo-
tilde ; & qui ayant été conſacrée
d'abord ſous le nom des Apôtres
Saint Pierre & Saint Paul, porta

Bouchers demeurant en & au-dedans leur diſtrict & Juriſdiction de tous les Gens de Métiers , tant Epiciers, Apoticaires
que autres, étant en leurd. Juriſdiction & Terre, & de ce Droit
leſdits Appellants ont joüi *incommiſſè ab omni ævo* , & en
ont pluſieurs Jugemens & Sentences , même de l'an mil trois
cent ſoixante-trois, ſignément entre les Maîtres de la grande
Boucherie de Paris nôtredit Procureur en Châtelet joint avec
eux & demandant Droit de viſitation ſur les Bouchers demeurant en la Terre & Juriſdiction deſdits Appellans d'une
part & iceux appellans d'autre ; ſe meut Procès auquel fut
tant procedé que après groſſes Enquétes *hinc indè* faites finallement s'enſuivit Sentence , par laquelle leſdits Appellans furent maintenus & gardés en poſſeſſion & ſaiſine du droit de
viſitation ſeuls & privatifs contre nôtredit Procureur & leſdits Maîtres Bouchers de la grande Boucherie de Paris , &
l'an trois cent quatre-vingt-un ledit Privilege fût confirmé par
le Roi Charles lors regnant pour & au profit deſdits Appellans ſeuls & pour le tout : & ſi fût dit que le rapport des malverſations & fautes , que les Officiers deſdits Appellans trouveroient ſur les Bouchers, Apoticaires, Epiciers & autres Métiers de leurdite Terre & Juriſdiction ; ſe feroit pardevant leur
Bailly , pour en faire la punition telle qu'il appartiendroit , &
que les amandes & condamnations des fautes & malverſations
appartiendroient auſdits Appellans ; & l'an mil quatre cent ſix
ſe meut Procès de rechef entre les Maîtres Bouchers de la
grande Boucherie de Paris, notre Procureur en Châtelet joint
avec eux d'une part , encore prétendant le droit de viſitation ſur les Bouchers demeurans au Diſtrict & Juriſdiction deſdits Appellans & iceux appellans d'autre, auquel Procès leſdits Appellans ont pareillement obtenu à leur profit , à l'encontre deſdits Maîtres Bouchers de la grande Boucherie &
nôtredit Procureur , auſſi l'an quatre cent douze ſe meut Pro-

enſuite le nom de Sainte Génevieve, parce que cette Sainte étant
morte le troiſiéme jour de l'an
512. cinq ſemaines après Clovis,
& ayant été inhumée dans cette
Egliſe , les miracles que Dieu y a
opérés par l'interceſſion de cette
Sainte , ont peu à peu fait oublier
le titre de ſa Dédicace.

    Les Normands réduiſirent cette
Egliſe en cendre vers le milieu du
neuviéme ſiécle.

cès entre les Maîtres Barbiers Jurés de cette Ville de Paris,
& nôtre Procureur audit Châtelet joint avec eux demandant
droit de vifitation fur les Barbiers demeurant en la Jurifdiction defdits Appellans, auquel Procès il y eut groffe Procédure & finallement intervint Sentence, par laquelle lefdits Appellans furent abfous des conclufions defdits Maîtres Barbiers
& nôtre Procureur dont il y eut Appel, ceans, & tant fut procedé que par Arrêt a été dit bien jugé par ledit Prévôt de Paris ou
fon Lieutenant & mal appellé par lefdits Maîtres Barbiers qui fûrent condamnés ès l'amande & ez dépens envers lefdits Appellans, & encore des Jugemens donnés contre les Maîtres Cordonniers & Drappiers de la Ville de Paris qui ont voulu prétendre le droit de vifitation fur les Cordonniers & Drappiers
demeurant au Diftrict de la Jurifdiction defdits Appellans, *no-
viffimè* en ont eu un contre ceux qui prétendent avoir droit
de mettre des Etallons aux Mefures; or pour ce cas particulier en Août dernier y à prefent un an, les Epiciers de cette
Ville s'aviferent d'aller vifiter les Epiciers & Apoticaires demeurant en la Terre & Juftice defdits Appellans, & fe y tranf-
porter pour ce vouloir faire, les Appellans leur font rémontrer leurs Droits & Privileges, leurs Sentences, Jugemens
& Arrêts, & qu'il ne leur loifoit faire ladite vifitation & offert la faire faire par leurs Officiers: comme peu auparavant ils
avoient fait faire fur les Epiciers & Apoticaires appellés Gens
experts même des Docteurs en Medecine, nonobftant ces ré-
montrances lefdits Apoticaires & Epiciers Jurés de cette Ville
font ajourner les Appellans pardevant le Prévôt de Paris ou fon
Lieutenant à la Police, & demandent que deffenfes leur foient
faites de les empêcher à faire la vifitation, & qu'il leur
foit permis la faire toutes & quantes fois qu'il leur plaira, ré-
montrent les Appellans comme deffus il a dit leurs Privileges,
Droits, Sentences & Jugemens, & en font apparoir *impromptu;*
néanmoins ledit Prévôt de Paris ou fon Lieutenant à la Police
appointe que lefdits Appellans mettront pardevant lui leurs
Privileges, Sentences & Jugemens, & appointe les parties
à écrire par avertiffement dedans huitaine pour tous délais,
& combien que, *in mora tam modici temporis non infit prejudicium,* & que l'une ni l'autre des parties n'eût demandé la
vifitation; néanmoins il ordonne que cependant par provifion

la vifitation fera faite par lefdits Maîtres Apoticaires de cette
Ville, dont lefdits Appellans ont appellé, nonobftant cet Appel, combien qu'il ne fût queftion de cas concernant le domaine : il dit que ladite provifion fera exécutée nonobftant l'Appel dont *iterùm* ont appellé; car c'étoit les priver du droit
qu'ils eûffent eu : fçavoir des amandes s'il y eût eu des fautes
& malverfations, & en tout évenement devoit dire que tant
lefdits Maîtres Apoticaires & Epiciers Jurés que ceux qui
feroient députés par lefdits Appellans, cependant vifiteroient
fans préjudice des droits des parties : fi conclud à ce qu'il foit
dit mal ordonné & appointé, & bien appellé par lefdits Appellans, & demande dépens, dommages & interêts.

DE CHAPPES pour les Intimés, dit que par les Ordonnances & Statuts faites fur le fait des Métiers & état d'Apotiquairerie & Epicerie a été entr'autres chofes ordonné que de
deux ans en deux ans quatre des Maîtres du Métier d'Apotiquairerie qui feroient élûs par la Communauté defdits Apoticaires que l'on appelleroit les Maîtres Jurés & Gardes du
Métier d'Apotiquairerie qui feroient tenus aller pardevant le
Prévôt de Paris ou fon Lieutenant à jour de Police faire le
ferment de bien & loyallement, & en leurs confciences vifiter lefdits Apoticaires & Epiciers, fe tranfporteroient tant
en la Ville que Fauxbourgs pour vifiter les Drogues & Epice-
ries defdits Apoticaires & Epiciers pour fçavoir s'il n'y en
avoit point de cortompues, fauffes, fophiftiques & pernicieu-
fes à l'ufage, & que de la vifitation qu'ils feroient en vien-
droient faire rapport au Subftitut de nôtre Procureur Général en Châtelet, & fuivant ce Statut & Ordonnance, l'élection faite defdits quatre Maîtres Jurés, & ferment prêté entre
les mains dudit Prévôt ou fefdits Lieutenants, leur eft baillé la
commiffion pour aller vifiter, tant en la Ville que Fauxbourg;
Or les Intimés qui font Maîtres Jurés élûs de l'état & métier
d'Apotiquairerie, & ont la commiffion du Prévôt de Paris
pour aller vifiter tant en la Ville que Fauxbourgs, veullent en
conféquence d'icelle appellés avec eux un Examinateur &
un Sergent du Châtelet de Paris aller vifiter les Apotiquaires & Epiciers de Saint-Marcel, parce qu'ils avoient été avertis que les aucuns vendoient de fauffes Drogues & Poudres So-

phiſtiques, & combien que *jurè ſuo* ils euſſent pû y aller ſans demander *parèatis* auſdits Appellans, néanmoins voulant proceder par humilité & ſe mettre plus que en devoir, s'en vont rémontrer auſdits Appellans qu'ils avoient été avertis que les Apotiquaires & Epiciers de Saint-Marcel vendoient de fauſſes Drogues & Poudres Sophiſtiques, & qu'ils les vouloient aller viſiter & avoient déliberé ce faire, & que ſi bon leur ſembloit ils y aſſiſtaſſent, ou envoyaſſent pour aſſiſter quelqu'un, ils répondent que en leur Ville Saint-Marcel, & ainſi nomment, ledit Fauxbourg, ils ont toute Juſtice & Juriſdiction, & qu'il n'appartient qu'à eux à faire la viſitation; & ne montrent point toutes ces Sentences & Jugemens ne Privilege, que leur Avocat a declaré par le menu, au régard des Intimés, ils ne veulent débattre ſi leſdits Appellans ont juriſdiction ou non, mais ſe pourvoyent pardevant ledit Prévôt de Paris ou ſon Lieutenant duquel ils avoient commiſſion pour viſiter, & baillent Requête pour faire venir les Appellans, dire les moyens qu'ils avoient, pour empêcher que leſdits Intimés ne viſitaſſent ledit Fauxbourg Saint-Marcel, ils ſont appellés, comparent & diſent qu'ils ont toute la Juriſdiction èſdits Fauxbourgs, & conſequamment que la Police deſdits Fauxbourg leur appartient, & que le Prévôt de Paris & leſdits Intimés n'en pouvoient avoir la connoiſſance; *nôtre Procureur rémontre que en toute la Ville & Fauxbourgs de Paris quelque-Haut Juſticier qu'il y ait, appartient à Nous & à nôtre Prévôt la connoiſſance de toute la Police:* alleguent les Appellans quelques prétendus Privileges au contraire, & des Sentences & Jugemens pour montrer qu'ils avoient le droit de la viſitation ſur les Métiers demeurans en leur Juſtice, alleguent au contraire les Intimés la longue poſſeſſion en laquelle eux & leurs Predeceſſeurs avoient & ont été d'aller viſiter par tous les Fauxbourgs & en la Ville de Paris, même qu'il y avoit **un** Arrêt *individuò* donné au profit des Maîtres Bouchers de la grande Boucherie de Paris, par lequel la viſitation leur avoit été adjugée contre les Sieurs Haut-Juſticiers de cette Ville & Fauxbourgs, & conſequamment qu'il leur devoit être permis de viſiter contre leſd. Appellans, & parceque leſdits Appellans ſe vantoient, d'Arrêts, Sentences & Jugemens avec Privilege au contraire, demandent qu'ils en faſſent apparoir, le Prévôt

vôt de Paris ou fon Lieutenant à la Police ordonne que lefdits Appellans mettroient par devers lui les Arrêts, Sentences
& Jugemens, avec les Privileges dont ils fe vantoient, & que
les parties *hinc indè* écriroient par avertiffement, & parceque,
inter erat Reipublicæ utilitatis, que cependant on vifitat les
fauffes Drogues & Poudres Sophiftiquées, & ainfi que par
Arrêt, *conftabat* individuellement, que la vifitation avoit été
adjugée aux Bouchers de la grande Boucherie de Paris contre les Haut-Jufticiers; ledit Prévôt ou fon Lieutenant ordonne que par provifion lefdits Intimés vifiteroient, dont lefdits Appellans ont appellé, & parceque comme dit eft *inter erat valdè
utilitatis reipublicæ*, que la vifitation fe fit, car lefdits Apotiquaires & Épiciers de Saint-Marcel, euffent pû pendant la
difcufion de la caufe d'Appel, bailler de ces fauffes Drogues &
Poudres Sophiftiquées, à quelque malade ou fain qui en eût
ufé & tombé en danger de fa perfonne, demandent que nonobftant l'Appel ladite Sentence de provifion foit exécutée,
joint qu'il étoit queftion de Sentence provifionnelle, & que
ledit Prévôt ou fondit Lieutenant avoit ordonné dont derechef, en adhérant lefdits Appellans ont appellé; dit qu'il
a été en tout & par tout bien jugé, & fans grief appellé, &
ne leur a t'on fait tort: fi après qu'ils fe font vantés de Jugemens
& Sentences, & de Privileges; on a ordonné qu'ils les mettront par-devers le Juge pour les voir, & cependant vû que
le cas touchoit la chofe publique, que la vifitation feroit faite
par l'Ordonnance du Juge Royal, & de ce qu'ils fe plaignent
qu'on leur a ôté leur Privilege & l'Emolument qu'ils euffent
eû, s'ils euffent fait la vifitation; c'eft fruftratoirement, car on
ne leur a rien ôté, car quand la vifitation eût été faite, ils
euffent pû affifter à voir faire le rapport d'icelle, & s'il y eût
eu des amandes, les demander fuivant leur prétendu Privilege à caufe de leur Haute-Juftice, quant à la feconde apel-
lation, il n'y a propos vû, qu'il eft queftion de la faveur de la
chofe publique fi conclud comme deffus.

REMOND pour nôtre Procureur Général dit que le fait &
Etat d'Apotiquaire eft de plus grande conféquence que tous
les autres Etats quels qu'ils foient. &c.

Quant à la vifitation des Drogues & Compofitions des
Apotiquaires & Epiciers, l'Ordonnance y a pourvû, car elle

D

porte qu'elle fe fera par les Maîtres Jurés, & le Doyen de la Faculté de Medecine, mais femble qu'il feroit bon qu'il y eut deux Docteurs de ladite Faculté, & qu'elle fe fit par eux en la prefence d'un defdits Maîtres Jurés Apotiquaires, & qu'ils fuffent renouvellés d'an en an, & qu'ils procedaffent à ladite vifitation fans attendre qu'ils fuffent fommés par lefdits Maîtres Jurés, ains qu'ils fommaffent & interpelaffent lefdits Maîtres Jurés à affifter avec eux quant bon leur fembleroit fans donner jour certain, car quand les Apotiquaires & Epiciers fentent que l'on veut faire vifitation en leurs maifons, s'ils ont des mauvaifes Drogues ou Compofitions, ils les tranfportent & latitent, & en empruntent de bonnes de leurs Compagnons qu'ils mettent en leurs Boutiques comme les Vifiteurs trouvent quant ils vont faire la vifitation, & après que les Vifiteurs fe font retirés, ils reprennent leurs mauvaifes Drogues, & les mettent en la Boutique, & en font leurs Compofitions comme au précedent dont aviennent plufieurs maux & inconveniens : à cette caufe feroit bon ordonner, que quand la vifitation fe fera, les Apotiquaires & Epiciers qui feront vifités, feront tenus faire ferment, qu'ils n'ont rien latité ni tranfporté des Drogues qu'ils avoient auparavant la vifitation, & que les Drogues qu'ils avoient lors de ladite vifitation en leurs Boutiques & maifons, qui font bonnes, leur appartiennent, & que l'on deffendit à tous Apotiquaires & Epiciers de ne fe prêter les uns aux autres aucunes Drogues lors que l'on fera ladite vifitation fur peine d'amande arbitraire pour la premiere fois, & de punition corporelle pour la feconde, *auffi foit enjoint aux Vifiteurs qui auront vifité aller faire leur rapport d'icelle vifitation pardevant le Prevôt de Paris ou fon Lieutenant à jour de Police, & prendre & porter les Drogues qu'ils auront trouvées mauvaifes corrompuës & dangereufes par-devers ledit Lieutenant audit jour de rapport pour proceder par amande pecuniaire ou autrement felon l'exigence du cas, à l'encontre de ceux ès maifons defquels auront été trouvées lefdites mauvaifes Drogues, &c.*

Or voit notredite Cour de quel conféquence eft l'Etat d'Apotiquairerie & Epicerie, & que c'eft une chofe dont tous les jours le genre humain a affaire, & ni gît que la vie ou la mort de la perfonne, fe débattent les parties à qui appartient faire la vifitation, pour garder leurs Privileges prétendus feulement, & non pour bonne confideration qu'ils ayent pour la confervation du genre humain, *& quelques Privileges encore qu'alleguent les appellaus, fi ne montrent-t'ils point qu'ils ayent le droit de vifitation privative aux Maîtres Jurés Apotiquaires de cette Villle de Paris;* il eft vrai qu'ils veulent faire un fondement & un argument fur un Arrêt de nôtredite Cour, donné pour le regard de quelques Barbiers & Chirurgiens, mais ne montrent point qu'ils en ayent exprès pour les Apotiquaires & Epiciers; toutes-fois, parce qu'ils ont grande étenduë de Jurifdiction, & auffi que l'Etat d'Apotiquairerie & Epicerie eft de fi grande & dangereufe confequence; faut qu'ils fe reglent felon la regle de nos Officiers, à cette caufe ne veut nôtredit Procureur Général empêcher qu'avec les Maitres Jurés, *& ceux qui feront commis par nos Officiers en Châtelet, lefdits Appellans ne commettent quelqu'un qui affiftera à la vifitation qui fe fera par les Vifiteurs qui feront députés par nos Officiers dudit Châtelet,* ou par notredite Cour s'il lui plaît en prendre connoiffance, & que s'il y a forfaiture ou malverfation trouvée ès Apotiquaires & Epiciers étant du Diftrict defdits Appellans, ils n'en ayent l'amande, & au furplus que nôtre dite Cour autorife les articles qu'il a reçû, fi elle trouve que bon foit, finon y pourvoye ainfi qu'elle avifera être à faire pour raifon.

LE TIRANT a dit qu'il accordoit la vifitation être faite *cumulativè*, & que les malverfations des Apotiquaires & Epiciers du Diftrict defdits Appellans foient rapportées par-devers leurs Officiers, & où nôtredite Cour voudroit qu'elles fuffent rapportées en Châtelet, en tout cas les amandes éfquelles les malverfans feroient condamnés fuffent appliqués aux Appellans.

A DIT REMOND *que ce n'étoit raifon que les rapports des malverfations fuffent faits pardevant les Officiers defdits Appellans, mais bien des amandes étoit d'accord qu'ils eu euffent part.*

DECHAPPES dit que les Intimés accordoient que notredite Cour ordonnât ce qu'elle verroit être bon & utile pour le Statut & Ordonnance de l'entretenement d'iceux, &c.

NOTREDITE COUR DIT quant aux deux appellations interjettées par les Abbés & Couvent de Sainte Génevieve au-Mont de Paris des deux Appointemens & Jugemens donnés par le Prévôt de Paris ou fon Lieutenant à

jour de Police, qu'elle a mis & met icelles appellations, enfemble lefdits appointemens & jugemens au néant fans amande & fans dépens des caufes d'appel, & pour caufe, & en
émandant le jugé, après la déclaration de nôtre Procureur Général & des Avocats, & Procureur defdits Appellans; *nôtredite Cour a ordonné & ordonne que la vifitation des Apotiquaires
& Epiciers demeurants ès Fauxbourg Saint-Marcel, & dedans les
fins & limites du diftrict & jurifdiction defdits Abbé & Couvent
de Sainte-Génevieve, fera d'orénavant faite* par les quatre Maîtres Jurés Apotiquaires de cette Ville qui feront deputés au
fait de la vifitation des Apotiquaires par la Communauté des
Apotiquaires Jurés en cette Ville de Paris, & deux Docteurs
Medecins de cette Ville, qui feront députés par la Faculté de
Medecine de cetteVille, pour affifter à la vifitation, & par un
Maître Apotiquaire Juré, étant du diftrict & jurifdiction defdits Abbé & Couvent qui fera fpeciallement par eux député auffi pour affifter à icelle vifitation, à laquelle pourra pareillement affifter l'un des Officiers d'iceux Abbé & Couvent,
qui à ce fera par eux commis & député, *& par maniere de
provifion, & jufqu'à ce qu'autrement par nôtredite Cour en foit ordonné la vifitation qui ainfi fera faite* par lefdits quatre Maîtres
Jurés Apotiquaires qui feront députés par la Communauté d'i-
ceux Apotiquaires, & par les deux Medecins qui feront députés par ladite Faculté de Medecine, & par l'Apotiquaire
Maître Juré étant du diftrict & jurifdiction defdits Abbé &
Couvent qui par eux fera député, *fera rapporté pardevant le
Prévôt de Paris ou fes Lieutenans Civil & Criminel tenant la
Police, & autres Officiers dudit Châtelet affiftans à ladite Police,*
auffi affiftant l'Officier qui fera commis par lefdits Abbé &
Couvent pour affifter à ladite vifitation, & feront tenus lefdits Vifiteurs, rapporter les fautes qu'ils auront trouvés aux Drogues fimples & compofées defdits Apotiquaires
demeurant dedans le diftrict & jurifdiction defdits Abbé &
Couvent de Sainte-Génevieve, pour puis après, l'amande être
impofée fur iceux Apotiquaires, fur lefquelles auront été trouvées les fautes, par ledit Prévôt de Paris ou fefdits Lieutenans tenant la Police telles qu'ils verront être à faire, par raifon, dont les deux tiers feront appliqués aufdits Abbé &
Couvent, & l'autre tiers aufdits quatre Maîtres Jurés Apoti-

quaires qui feront élûs Vifiteurs qui auront fait la vifitation felon, & en fuivant l'ancienne Ordonnance, & quand aux articles prefentement requis par nôtre Procureur Général pour le bien & réformation de l'Art & Métier d'Apotiquairerie nôtredite Cour a ordonné. &c.

· Enjoint nôtredite Cour au Prévôt de Paris & fes Lieutenans Civil & Criminel de faire garder & entretenir les Ordonnances fufdites, & faire enquerir diligemment par les Examinateurs du Châtelet de Paris contre les Tranfgreffeurs d'icelles Ordonnances, pour ce fait proceder à l'encontre d'eux pour en faire la punition exemplaire, ainfi qu'il appartiendra par raifon, & fi enjoint aufdits Examinateurs obéir en ce que deffus, ou qui leur fera ordonné par le Prévôt de Paris ou fes Lieutenans, & au Subftitut de nôtredit Procureur Général audit Châtelet en faire la pourfuite telle qu'il eft requis. MANDONS, mettre le prefent Arrêt à l'exécution. DONNE' en Parlement, le trois Août, l'an de grace mil cinq cent trente-fix, & de nôtre Regne le vingt-uniéme, collationné, *Signé* L'ANGELE', par la Chambre, *Signé* DUFRANC.

Arrêt du Parlement rendu entre le Cardinal de Tournon Abbé de Saint Germain-des-Prés, prenant le fait & cause des Officiers de la Justice de ladite Abbaye; & Monsieur le Procureur général, prenant le fait & cause de son Substitut au Châtelet de Paris, par lequel il est jugé que les Causes de Police ne peuvent être renvoyées aux Requêtes du Palais qui n'en peuvent connoître, & que le Prévôt de Paris, ses Lieutenans & Commissaires, pourront pour l'exécution des Ordonnances Royaux concernant le poids & blancheur du pain, faire des visites dans l'étenduë de ladite Justice quand ils le jugeront nécessaire.

Extrait des Regîtres de Parlement.

3. Juillet 1537.

Grand Livre jaune, fol. 36. V°.

ENTRE le Cardinal de Tournon Archevêque de Bourges, Abbé de Saint Germain-des-Prés-lès-Paris, prenant la cause pour ses Officiers audit Saint Germain, appellans de certaine clause contenuë en une commission décernée par le Prévôt de Paris ou son Lieutenant, portant injonction auxdits Officiers de Saint Germain, de mener prisonnier au Châtelet Guillaume Boullet; exécution d'icelle commission faite par certain Sergent, & exécution d'icelle & de tout ce qui s'en est ensuivi, d'une part; & Guillaume Boullet prisonnier ès prisons dudit Saint Germain intimé, d'autre; & encore icelui Boullet appellant de l'emprisonnement fait de sa personne par les Officiers dudit Saint Germain, d'une part; & ledit Cardinal de Tournon, prenant la cause pour sesdits Officiers, d'autre; & encore entre Messire Charles de Crussol * Chevalier, Conseiller, Chambellan ordinaire du Roy & Grand-Pannetier de France, Demandeur en matiere d'exé-

---

* Vicomte d'Uzez

cution d'Arrêt & empêchant l'enthérinement de certaine Requête ; & encore ledit de Cruſſol Demandeur, & requerant l'enthérinement de certaine autre Requête, d'une part ; & le Cardinal de Tournon Abbé de Saint-Germain-des-Prés-lès-Paris Défendeur, & requerant être reçû à oppoſition à l'exécution dudit Arrêt ; le Procureur général du Roy prenant la cauſe pour ſon Subſtitut au Châtelet de Paris, & les Maîtres & Gouverneurs de la Confrairie & Communauté des onze-vingt Sergens à Verge d'icelui Châtelet, ajournés reſpectivement par Ordonnance de la Cour, pour aſſiſter à la plaidoirie, dire ce que il appartiendra & que bon leur ſemblera, à voir reigler les parties, & auſſi pour répondre à l'enthérinement de ladite Requête dudit Grand - Pannetier, d'autre part ; & encore entre le Procureur général du Roy , prenant la cauſe pour ſon Subſtitut au Châtelet de Paris , & Me. Pierre Conſtant Examinateur audit Châtelet de Paris , appellant de certain renvoy fait par Gilbert Billiart Huiſſier en ladite Cour , de certaine cauſe pendante audit Châtelet ; la Requête dudit Cardinal & Défendeur à l'enthérinement de ladite Requête ; & encore entre Pierre & Robert les Vergnes & François de Hueul, eux diſans Maîtres Charcuitiers de la Ville & Fauxbourgs dudit Saint Germain , appellans de certains exploits de viſitations faites par l'ordonnance du Prévôt dudit Saint Germain ou ſon Lieutenant, d'une part ; & ledit Cardinal de Tournon, prenant la cauſe pour ſon Procureur Fiſcal audit Saint Germain, Jacques Moret, Guillaume Trouart, Jehan Denis, Jehan Lemaître, le Jeune & Germain Jacquelin, eux diſans Maîtres Jurés Charcuitiers & Chandeliers dudit Saint Germain intimés, d'autre.

De Saint Melier pour Boullet appellant, diſant que les tiers des Etuviers & faiſeurs d'Etuves, eſt un métier juré en cette Ville de Paris & par ſtatut & privilege royal vérifié & publié au Châtelet de Paris, les Maîtres & Jurés de ce métier ont telles prérogatives, privileges & prééminences que les autres métiers de cette Ville ; ont ſtatuts & privilege, par lequel ils peuvent être deux ou quatre d'entr'eux, leſquels ils appellent les Jurés, & doivent ces Jurés aller aux maiſons des Etuviers voir & viſiter les Eteufs & marchandiſes qu'ils ont & employent à les faire ; & s'ils y trouvent aucun faux

abus ou malverfation, en font leur rapport pardevant le Prévôt de Paris ou fon Lieutenant, qui en fait la pugnicion felon
les ftatuts & exigence des cas. Or *noviſſimè*, Boullet appellant & les autres Jurés de ce métier, en vertu d'une commiſſion du Prévot de Paris ou de fon Lieutenant Civil, à eulx
& au premier Sergent du Châtelet adreſſante, font leurs vifitations en la compagnie d'un Sergent, & fe tranfportent en
plufieurs maifons & jeux de paulme de cette Ville de Paris,
& de la Ville fe tranfportent au Fauxbourg Saint-Germain-
des-Prés pour faire achever leur vifitation, & de faict, vifi-
tent quelques maifons de   ils fe trouvent en la
maifon d'un nommé Blancheur Etuvier, & ainfi qu'ils font
& veulent faire la vifitation, arrive le Procureur d'Office de
l'Abbé de Saint-Germain-des-Prés, accompagné du Greflier
& plufieurs Bedeaulx & Sergens, tous embâtonnés & à port
d'armes ; lefquels s'efforcent excéder les Maîtres Jurés & le
Sergent étant avecque eulx, tellement que *fuga præcipiti fa-*
luti confuluerunt dempto, l'appellant qui demeure feul, lequel
ils s'efforcent excéder, & après qu'ils en ont fait leur effort,
pour cuider couvrir l'excès fans charge ne information, mandement, decret ou auctorité de Juge, ils conftituent l'appellant prifonnier, & en le menant ès prifons lui font plufieus
excès & opprobres dont il appelle ; le paſſent par l'Auditoire
de Saint-Germain-des-Prés, où étoit le Prévôt, lors tenant fa
Jurifdiction : ce Prévôt l'interroge, qu'il eft venu faire à Saint
Germain & pourquoi il porte épée, répond qu'il eft Maître-
Juré Eteuvier, & que par commiſſion du Prévôt de Paris il
eft venu vifiter, & qu'il porte épée pour autant qu'il eft Bedel
& Sergent de l'Evêque de Paris au Fort-l'Evêque, non-obftant
lefquelles remontrances le Prévôt ordonne qu'il fera mené
prifonnier, dont il appelle, non-obftant lequel appel il eft
conftitué prifonnier, où il eft détenu l'efpace de fept ou huit
femaines en grand mifere dont il appelle en adhérant ; rellieve
fes appellations pardevant le Prévôt de Paris & de l'octroi de
la commiſſion du relief d'appel, partie appellée, & voyant lequel appellant la Cour faifie de la matiere, prefente fa requête,
à ce qu'il plaife à la Cour évoquer l'inftance des appellations
pendantes pardevant le Prévôt de Paris, fi conclud à l'enthérinement de fa requête, & quant à fon appel, conclud à mal
emprifonné,

empriſonnié, mal detenu & demande dépens, dommages & interêts.

LE MAITRE dit, que l'Abbaye de Saint-Germain-des-Près eſt l'une des plus anciennes & notables Abbaye de ce Royaume, ayant des grands droits & privileges confirmés par les Roys ſucceſſivement, & juſques au Roy moderne, fut fondée par le Roy Childebert en l'an cinq cent quarante-deux, & par Chartre dont il y a le *vidimus*, * fut ladite Abbaye fondée en l'honneur de Saint-Vincent, & pour la dotation d'icelle donna, ledit Roy Childebert, le Fief d'Iſſy qui ſe conſuet depuis le rus de Sevre, qui eſt prez Saint-Cloud, juſqu'au pont de Paris avec tout droit de Juſtice, voirie & pêcherie en la riviere de Seine, iſles & rivages d'icelle *ab utraque parte*, & fit ledit Childebert ladite fondation par le conſeil de Saint-Germain, lors Evêque de Paris, l'an quarante-huit du regne dudit Childebert, pour rendre graces à Dieu des victoires qu'il avoit eûes ſur les infidels, & même ès pays d'Eſpagne, & depuis le Roy Charlemagne confirma ladite fondation de point en point, le cinquiéme an de ſon regne, qui fut l'an ſept cent ſoixante-ſeize; car ledit Charlemagne commença à regner l'an ſept cent ſoixante-onze, & par ladite confirmation eſt appellée l'Abbaye de Saint-Vincent *Alias* de Saint-Germain, pour ce qu'elle avoit été fondée par le Conſeil dudit Saint-Germain, & auſſi que l'on veut dire que ledit Saint-Germain y fut enterré, ainſi qu'il eſt écrit ès annales de France, & depuis, ladite fondation & privilege furent depuis confirmés par Loys le debonnaire, Charles le Chauve, Charles le Simple, & depuis par pluſieurs autres Roys leurs ſucceſſeurs, & juſqu'au Roy qui à preſent eſt, qui les a confirmés, reçûs & approuvés, & pour ce que ſur le differend de la juriſdiction que avoient leſdits de Saint-Germain en la Ville de Paris, juſqu'au pont qui étoit lors le petit pont, pour ce que lors de la fondation d'icelle Abbaye la Ville de Paris, n'étoit que ce que l'on appelle aujourd'hui la Cité, & le lieu où fut bâtie ladite Abbaye Saint-Germain, s'appelloit *Locoteria*, ainſi que porte la Chartre, & n'étoit dedans la Ville de Paris, & depuis en fut mis une partie dedans la Ville, que l'on appelle de preſent le quartier de l'Univerſité, ſurvient debat du temps de Philippe le Hardy,

E

fils du Roy Saint-Loys, & par tranſaction faite l'an mil deux cent ſoixante & douze (*a*) entre ledit Philippe le Hardy, & les Abbé & Convent dudit Saint-Germain, que lors étoient, fut dit & accordé qu'auxdits Saint-Germain demoureroit, toute la Juſtice haute & moyenne, & baſſe voirie & pêcherie, & tous autres droits, depuis le rus de Sevre juſqu'à l'abrévoir près le pont Saint-Michel en allant contremont du coin Saint-André aux Cordeliers, & de-là au coin Saint-Coſme, juſqu'à la porte que l'on appelle de preſent la porte Saint-Michel, & leur ceda & délaiſſa le Roy tous droits de Juſtice & Seigneurie; reſerve à lui ſeulement le guet, la taille de pain & vin, & le reſſort; & entr'autres choſes fut dit par exprès, que les Sergens & Officiers du Châtelet de Paris ne pourroient faire aucun exploit en ladite Terre Saint-Germain, ſuivant laquelle Tranſaction leſdits de Saint-Germain ont toûjours depuis joüi; ont eû un Bailly, Prévôt, Sergens & autres Officiers pour l'exercice de leur juriſdiction, & n'ont été juſticiables devant le Prévôt de Paris & Officiers du Châtelet de Paris, ſinon en cas de reſſort & par appel, & ont métiers Jurés, ſujets à la viſitation de leurs Officiers, & non des Officiers du Châtelet, ni des Jurés des Métiers de Paris, & en ont Chartres, Arrêts, Sentences & Jugemens, & pour ce montrer, dit que du tems des guerres en l'an mil trois cent ſoixante & ſix du regne du Roy Charles ſeptiéme (*b*) fut crié, par Ordonnance du Roy, que les gens du plat-pays ſe rétiraſſent ès Villes & Fortereſſes au moyen dequoi les Habitans dudit Saint-Germain furent contraints eux retirer dedans la Ville de Paris, & eux y étant, pendant la neceſſité de la guerre, chacun d'eux voulut ouvrer de ſon métier pour gagner ſa vie, lors ceux des Maîtres de Paris les voulurent empêcher, & les voulurent viſiter, & vint debat juſques à la perſonne du Roy; par lequel après avoir oüi & fait oüir les parties, fut ordonné que tant que leſdits Habitans de Saint

---

(*a*) Cette tranſaction en forme de chartre ſe trouve dans le premier Volume des Métiers, fol. 135. dans le Liv. blanc petit, fol. 151. & dans le Liv. vert viel, fol. 127. ou 162.

(*b*) Ces époques ne ſont pas juſtes, & ne ſe rapportent pas, Charles VII. a commencé de regner, l'an 1422. & a ceſſé l'an 1461. Les commencemens de ſon regne ont été remplis de grands troubles.

Germain feroient dedans la Ville de Paris, ils feroient vifités par les Jurés des métiers de Paris, ce qui donne clairement à connoître que eux étant hors ladite Ville, ils ne feroient plus fujets aufdites vifitations de ceux de Paris pareillement en l'an mil quatre cent fept, advint que le Procureur du Roy au Châtelet de Paris mit en procès un nommé Jehan de Baillon potier de terre demeurant à Saint Germain des près, parce qu'il avoit ouvrouer de pottier audit Saint Germain, & exerçoit ledit métier, fans le congé des Maîtres, & fans avoir été reçû & approuvé par les Maîtres Jurés de Paris, & fait Chef-d'œuvre, & demandoit condamnation contre lui de 100. liv. d'amande & deffenfes de n'exercer ledit métier, & contre les Abbé & Convent dudit Saint Germain qui lui avoient donné de ce faire, requeroit ledit Procureur du Roy, qu'ils fuffent condamnés en 100 livres d'amande. Par Sentence du Prévôt de Paris lui furent fes conclufions adjugées, dont il fut appellé, & par Arrêt fut dit, mal jugé, bien apellé, & lefdits de Saint Germain & Baillon abfous, auffi en l'an mil quatre cent foixante-quinze furvint autre debat pour ce que les Maîtres Tixerans de la Ville de Paris furent fçeller & arrêter quelques toilles, outils & métiers des tixerans befongnans audit Saint Germain, prétendant qu'il ne leur étoit loifible befongner dudit métier, fans être reçûs & approuvés par les Maîtres Jurés Tixerans de Paris, dont y eut appel par les Abbé & Convent dudit Saint Germain, & *tandem* par Arrêt donné, parties oüies, fut faite main-levée par provifion aufdits de Saint Germain, & ordonné qu'ils pouvoient exercer ledit métier audit Saint Germain, & que le fçellé, feroit levé & ôté, d'avantage en l'an 1476. furvint autre débat fur ce qu'un nommé Crat Hafterel Boulanger demeurant à Saint Germain fut vifité par les Officiers dudit Saint Germain, & fon pain pris & confifqué, pour ce qu'il ne le faifoit de poids & de blancheur, comme étoit requis, il fe porte pour appellant de ladite vifitation, & prinfe de fon pain, foûtenant qu'il n'appartenoit aufdits Abbé & Couvent de Saint Germain ou leurs Officiers de faire ladite vifitation ; mais que c'étoit au Roy, ou à fes Officiers en Châtelet, & aux Maîtres Jurés Boulangers, & requit que pendant le procès, le pain arrêté, fut arrêté par un des Huiffiers de ladite Cour, finallement par Arrêt donné le 28e. jour de Mars 1476. avant Pâques fut dit que ledit Hafterel Boulanger feroit tenu déformais faire le pain du poids & prix de celui de la Ville de Paris, & qu'il feroit vifité audit lieu par lefdits de Saint Germain ou leurs Officiers, & non par autres; fauf que fi ledit de Hafterel faifoit aucun pain pour apporter vendre à Paris, il feroit vifité par ceux de Paris, & a au poing plufieurs Sentences & Jugemens donnés, tant par le Prévôt que Bailly dud. Saint Germain, fur les vifitations & rapports des gens des métiers dudit Saint Germain, qui par ci-devant ont toûjours été vifités par les Officiers dudit Saint Germain & non autres, & en a de cent à deux cent ans, & pareillement depuis dix, quinze & vingt ans, & des Arrêts donnés entre le Procureur Général du Roy, par lefquels fur aucunes appellations interjettées, des entreprifes faites par les Officiers du Châtelet de Paris, en ladite Terre & Juftice defdits Abbé & Couvent, le Procureur Général du Roy a reconnu, qu'il ne leur étoit loifible de ce faire : d'avantage, il eft fondé en l'Ordonnance du Roy Philippe le Bel, par laquelle il eft deffendu à tous Sergens Royaux, de n'exploiter ès Terres des Barons & Prélats, finon en cas de reffort, & quant au fait des vifitations, il a Arrêt que le Bourg de Saint Germain eft diftinct & feparé de la Ville de Paris, & que au payement du droit de ten lieu, & autres droits que payent les gens des métiers de Paris, font par exprès exceptés, les gens des métiers demeurant, en la Terre Saint Germain des-près, & ainfi le portent les Ordonnances mêmes enregiftrées au Châtelet fur le fait des métiers de la Ville de Paris, dont il a l'extrait au poing, qu'il ne faut que lire. Ce préfupofé, dit que l'une des parties adverfes, nommé Guillaume Boullet, fe difant Maître Eftuvier à Paris, garni d'une épée accompagné de quatre ou fix autres pareillement garnis d'Efpée, fe tranfportent en la Terre Saint Germain, s'efforcent vifiter quelques Eftuviers & maîtres de jeux de peaulme, pour & fous couleur de ce en exiger quelque argent d'eux, qu'ils exigent, & pendant que les uns faifoient contenance de vifiter, les autres roboyent des poulets & autres menuës chofes qu'ils trouvoient par la place ; font trouvés faifant lefdits exploits, & ledit Boullet conſtitué priſonnier : quant aux autres ils s'évadent & fuyent ; & en prenant ledit Boullet , il eſt trouvé ſaiſi de quelques poulets par lui dérobés , & fait pluſieurs inſolences , & denient les Officiers dudit Saint Germain , dont du tout eſt ſur le champ informé , & ſont les informations par-devers les gens du Roy , qui en pourront faire recit , dudit empriſonnement , y a appel par ledit Boullet , qu'il releve par commiſſion du Prévôt de Paris , en laquelle il fait mettre une clauſe abuſive de l'emmenner ès priſons dudit Châtelet , s'il eſt detenu , & de laquelle commiſſion , en ce que touche ladite clauſe , y a appel par ledit Cardinal , & eſt la matiere quant auſdits Eſteuviers , DEPUIS n'a guerre ſeroit advenu qu'un Commiſſaire du Châtelet nommé Conſtant , ſe ſeroit tranſporté au Bourg Saint Germain des-près , s'efforçant avec quelques Sergens dudit Châtelet viſiter les Boulangers dudit Saint Germain , au moyen de quoy ledit Cardinal l'auroit fait ajourner pour apporter les Exploits devant le Prévôt de Paris , & depuis en vertu du *commitimus* dudit Cardinal , on auroit fait renvoyer la cauſe aux Requêtes du Palais , & contre le Procureur du Roy en Châtelet , dont le Procureur Géneral du Roy eſt appellant , & en ce ne veut ſoûtenir , car il entend bien que ledit Cardinal , ne autre ne joüiroit du privilege de ſon *commitimus* contre le Roy , ainſi qu'il eſt jugé par pluſieurs Arrêts : mais depuis ledit Cardinal s'eſt porté pour appellant de l'entreprinſe faite par ledit Conſtant , voulant faire ladite viſitation ſur leſdits Boulangers , & pour ce , en tant que touche l'appel dudit Boullet , employe pour ſes deffenſes ce que a dit ; & en tant que touche ſon appel contre ledit Boullet , conclud à mal decerné par le Prévôt de Paris ; & en l'appel par lui interjetté dudit Commiſſaire Conſtant , conclud à mal procedé & entreprins par ledit Conſtant , & bien appellé par lui.

DE SAINT MELIER , dit pour deffendre aux cauſes d'appel de partie , & pour ſa réplique , que partie - adverſe penſant ſonder ſon intention , a allegué pluſieurs titres ou contrats , ou quaſi contrats & arrêts , dont il ne lui a rien communiqué , ne monſtré , & s'en rapporte aux gens du Roy ; & toutes fois ont droit les Jurés Eſtuviers de la Ville de Paris d'aller faire leur viſitation auſdits Fauxbourgs , par autant que leur privilege eſt de viſiter à Paris , & d'avantage

il n'y a aucuns Jurés de ce métier au Fauxbourg Saint Germain : au moyen de quoy les Eftuviers font plufieurs abus
en leurdite marchandife ; enforte qu'un maître de jeu de peaulme de cette Ville de Paris , pour avoir vendu & employé des
Efteufs , qui lui avoient été vendus par aucuns defdits Fauxbourgs , pour ce qu'ils ne fuffent trouvés bons , a été condamné en une groffe amande , & fes Efteufs brûlés , & fuivant les Statuts dont il a la Sentence en la main , à cette caufe
les Maîtres Efteuviers Jurés de la Ville , peuvent vifiter aux
Fauxbourgs ; car tous les privileges & arrefts de parties ne
parlent des Efteuviers , mais de quelques autres Maîtres dont
y a métiers jurés efdits Fauxbourgs & non des Efteuviers ;
pourquoi ne fervent de rien les arrefts , privileges , contrats ,
& quafi contrats de partie-adverfe : venant à fon appel , dit
qu'il eft bien fondé ; & pour répondre aux caufes d'appel de
partie , a dit que l'appel n'eft recevable , ne valable la fin de
non-recevoir ; eft pour conftant que fuivant la claufe de la
commiffion du Prévôt de Paris , commandement a été fait
de amener le prifonnier dont il y a appel , & au refus de
ce faire jour eft baillé pardevant le Prévôt de Paris , où a
comparu partie-adverfe , à laquelle en la prefence de fon Prro-
cureur eft le commandement réïteré , dont femblablement il
appelle , & de la fin de non-recevoir la partie n'eft point relevée , la fin de non-valoir eft ; car le propos de partie contenu en fon relief d'appel eft en l'efcrouë de l'emprifonnement de Boullet ; il eft conftitué prifonnier pour l'abus &
malverfation qu'ils prétendent avoir été commis en faifant
la vifitation qu il faifoit par commiffion du Prévôt de Paris ,
& par confequent exécutant une commiffion du Prévôt de
Paris : or fi aucun abus y avoit été commis , c'étoit au Prévôt
de Paris à en connoître & decreter , *qui inter adminiftrationem
habent , non fordides neque turpis acceptionis paratos adminiftrato-
res habere debeant , quod fi quem eorum peccaffe contigerit hoc pu-
nire intereft fua* , & encore s'il y eût eu aucun délict , c'eftoit
au Prévôt de Paris à en connoiftre ; car Boullet eft fon do-
miciliaire , & partant fon jufticiable ; à cette caufe le Prévôt
de Paris a bien ordonné quand il a ordonné que le prifonnier
lui feroit mené avec les charges & informations. Si conclud
comme deffus , & a lû l'efcrouë dudit Boullet avec la com-

miſſion du Prévôt de Paris, adreſſée auxdits Maîtres Jurés, du huitiéme Février mil cinq cens trente-ſix.

REBOURS pour le grand-Pannetier, dit que par anciennes Ordonnances & Privileges du grand-Pannetier de France, le grand-Pannetier a tout droit d'inſtitution, viſitation & reformation ſur les Boulangers & Tallemelliers de la Ville & Banlieuë de Paris, & au cas qu'il lui ſoit beſoin d'aide ou de force, eſt le Prévôt de Paris tenu enſemble ſes Officiers, lui bailler aide, force & priſon, ne veut par le Grand-Pannetier dénier que le Prévôt de Paris, *per concurſum*, ne puiſſe par les Examinateurs faire viſitation ſur les Boulangers, en ce que concerne le poids du pain *& eſt quædam ſocietas injure ut ambæ poteſtates ſibi negociie ſi tueantur rem piſtorum ita ut inferior gradus meritum ſuperioris agnoſcat, atque ita ſuperior poteſtas ſe exerceat ut ſciat ex nomine archipiſtori debeatur*, ainſi qu'il eſt dit en cas ſemblable *de Præfecto Urbis & annonæ, in l. prima c. de officio Præfect. Urb.* conformément auſdites anciennes Ordonnances & Privileges, eſt intervenu Arrêt en la Cour de ceans de l'an deux cent vingt-un (a) par lequel l'Etat de grand-Pannetier eſt conſervé, & fut dit que le grand-Pannetier auroit juriſdiction & connoiſſance ſur les Boulangers & Tallemelliers juſqu'au tant   & quant aux autres cas la juriſdiction en appartient au Prévôt de Paris, peuvent toutes fois le grand-Pannetier, ou ſes Officiers prendre les Boulangers & Taillemelliers, & les conſtituer priſonniers ès priſons du Châtelet de Paris, leſquels ainſi mis priſonniers par ordonnance & autorité dudit grand-Pannetier, ne peut icelui Prévôt de Paris délivrer ſans ledit grand-Pannetier & ſes Officiers, & par ledit Arrêt, a ledit grand-Pannetier droit de recevoir & inſtituer, en ladite Ville & Banlieuë,

(a) Il doit y avoir 1281. Cet Arrêt qui eſt du Parlement de la Touſſaint ſe trouve dans le cinquiéme Vol. des Regîtres du Parlement nommés *Olim*. fol. 71. dans le livre blanc petit, fol. 232. Et dans le Traité de la Police livre 5. tit. 12. ch. 6. où ils ſont ſuivis des Arrêts des premier Juin 1316. 31. Decem. 1333. 12. Decem. 1416. 2. May 1485. 20. May 1511. 13. Fevrier 1523. qui tous concernent la Juſtice du Grand-Pannetier & précedent celui-ci.

Cette Juſtice du Grand-Pannetier a été ſupprimée par Edit du mois d'Août 1711.

les Boulangers & Taillemeliers , & fur iceux faire vifitation par chacun jour de la femaine ; depuis lequel temps a d'iceux droits , le grand-Pannetier toujours joüi en ladite Ville & Banlieuë , conformément aufquelles Ordonnances & anciens Arrêts eft intervenu autre Arrêt du mois de Mars mil cinq cent dix-neuf; encore autre Arrêt du treiziéme jour de Février mil cinq cent vingt-trois , par lequel ledit grand-Pannetier eft maintenu en fon droit de recevoir les Maîtres Boulangers , & faire vifitation & correction fur eux ; & font iceux Boulangers privés d'avoir corps & faire Communauté enfemble de leurs Jurés, Confrairie & Bourfe commune , & eft enjoint au Prévôt de Paris , & fes Officiers d'entretenir ledit arrêt , & indire amande de trente fols *parifis* contre ceux qui contreviendront , moitié au Roy , autre moitié au Dénonçant , qui eft le grand-Pannetier , par le moyen des vifitations qu'il fait , & fuivant que deffus eft recité , eft intervenu autre arrêt particulier du premier jour de Juillet mil cinq cent trente-cinq entre ledit grand-Pannetier d'une part , & les Religieux, Abbé & Couvent de Saint Germain-des-près , & les Boulangers & Taillemelliers des Fauxbourgs dudit Saint Germain ; par lequel eft dit que l'arrêt précedent de l'an mil cinq cent vingt-trois qui avoit été donné contre les Boulangers de Paris, feroit exécuté contre les Boulangers & Taillemelliers dudit Saint Germain , fans préjudice des droits de jurifdiction en autres chofes defdits de Saint Germain , & depuis par appointement de Maître-François Tunel exécuteur dudit arrêt , eft dit avec lefdits de Saint Germain , que ledit arrêt fera exécuté réellement & de fait: à laquelle exécution eft procedée en Juin cinq cent trente-fix , par Raoult de Chauvenay Huiffier ; à laquelle compart le Procureur du Cardinal de Tournon , Abbé dudit Saint Germain ; lequel s'efforce empêcher ladite exécution fous couleur de fa juftice : combien que cela fut vuidé par l'arrêt. Les Religieux & Couvent ne l'empêchent , auffi l'accordent les Boulangers , au moyen de quoi quant à eux l'Huiffier fait exécution , & quant à l'Abbé furfit jufqu'à quelque jour en fuivant , auquel l'Huiffier vient de livrer au Procureur dudit Abbé
qu'il n'a connoiffance de caufe , & attendu l'arrêt & appointement fur   le dix-feptiéme d'icelui donné
                                                                              même

même contre l'Abbé, qu'il fera ladite exécution, ce qu'il fait, fauf audit Abbé, fur fon dire fe pourvoir céans, où il renvoye les parties; & eft la matiere qui s'offre quant à l'Abbé : mais y a outre contre ceux du Châtelet, le Geolier & les Sergens qui ne veulent obéir aux arrêts de céans, & en contrevenant directement à l'arrêt de cinq cent vingt-deux (a) prohitif aufdits Boulangers eux affembler & avoir Confrairie & Bourfe commune; le Prévôt de Paris ou fon Lieutenant leur a permis eux affembler, lever fur eux quatre-vingt livres parifis, qui eft pour plaider contre ledit grand-Pannetier, pour raifon de quoi il a par fa Requête qu'il recitera ci-après, dit quant à l'Abbé de Saint Germain qu'il n'eft recevable, & n'y a propos ni apparence de vouloir être reçû à oppofition à l'exécution dudit arrêt, car ledit arrêt eft donné contre lui même, & dit avec lui, qu'il fera exécuté, parquoi lui condamné n'eft recevable à oppofition : n'y fait rien la fondation de Childebert, arrêt du potier & du tixerant, le fief d'Iffy jufqu'au petit pont, & tout ce que l'Avocat a plaidé, car tout cela a été déduit par les Religieux, Abbé & Convent en l'inftance, fur laquelle eft intervenu ledit arrêt, en laquelle lefdits de Saint Germain ont déduit & produit tous les titres & arrêts qu'ils alleguent & montrent à prefent; & fur ce les productions vûës & communiquées aux parties & contredits baillés, eft enfuivi ledit arrêt, par lequel tout ce qu'ils plaident à prefent eft vuidé quant au fait de prefent & fans préjudice de leur Jurifdiction en autre cas, & quand ils n'auroient point déduit les titres & droits qu'ils alléguent à prefent, encore ne feroient-ils recevables à les alléguer, *Poft rem judicatam*, parce que l'exécution feroit péremptoire & impugneroit le jugement, & partant ledit Abbé déboutable de la Requête par lui faite pour être reçû à oppofition ; & quant aux Sergens & Geollier de Châtelet, conclud qu'ils foient condamnez fuivant les arrêts précedens; à fçavoir, iceux Sergens à accompagner le Grand-Pannetier ou fes Officiers, & à lui bailler aide & force en faifant lefdites vifitations & exerçant fa Juftice ; & quant au Geollier, à lui bail-

(a) C'eft l'Arrêt cy-devant mentionné fous la date du 13. Fevrier 1523.

ler prifons , & défenfes à lui faites de ne mettre hors ceux qui lui font baillés par ledit Pannetier ou fefdits Officiers , fans ce que ils ayent été appellés ne oüis : au furplus requiert que la permiffion donnée par ledit Prévôt de Paris ou fon Lieutenant auxdits Boulangers, d'eux affembler & lever deniers en contrevenant audit arrêt , foit caffée & annullée , & s'il plaît à la Cour ordonner lefdits deniers être mis à la boëte aux pauvres , & ceux qui les ont reçûs contraints à les bailler ; au furplus ordonner à tous iceux Officiers de Châtelet, obéir aux arrêts ja donnés & qu'ils foient exécutés à l'encontre, & défendre fur grandes peines de n'y contrevenir. Conclud aux fins que deffus , & demande dépens, dommages & interêts.

RAYMOND pour le Procureur Général du Roy dit que cette matiere a été vuidée par deux Arrêts de la Cour , le premier contre les Boulangers de Saint-Germain-des-Près, (a) & vû par la Cour les titres & lettres mifes en avant par les parties au profit du grand-Pannetier de France; *par lequel eft dit que les Officiers du Roy au Châtelet de Paris & ledit Grand-Pannetier ou fes Commis, pourront vifiter les Boulangers en cette Ville & Fauxbourgs dudit Saint-Germain.* L'autre qui de ce Parlement a été donné au profit des Apotiquaires de cettedite Ville contre les Religieux, Abbé & Convent de Sainte Génevieve (b) & à cette caufe, pour la décifion de cette maticre , reprendra *brevibus,* ce que lors a été remontré. C'eft à fçavoir qu'en cettedite Ville qui eft la Capitale de ce Royaume , & en laquelle y a plufieurs Juftices fubalternes; *au Roy & à fes Officiers a toûjours appartenu la connoiffance de la Police , non-feulement fur les chofes & fujets du Roy , mais auffi fur tous les autres ; & les vifitations faites, les fautes & abus rapportés à la Police pardevant le Prévôt de Paris ou fes Lieutenans , par lefquels les délinquans font punis.* Vrai eft que les amendes s'appliquent au profit des Seigneurs fubalternes; & tout ainfi que ceux qui ont Juftice en la Ville , par les arrêts de la Cour, ont été contraints fouffrir lefdites vifitations, auffi

(a) C'eft l'Arrêt du 13. Fevrier 1523. cy-devant mentionné.

(b) C'eft l'Arrêt cy-devant imprimé, du 3. Août 1536.

ont été ceux qui ont Juſtices ès Fauxbourgs, & ce, tant par la diſpoſition du Droit eſcrit, auſſi que le Roy a le principal intereſt que toutes telles choſes ſervant à l'uſage commun de ſes ſujets mêlées avec les autres, ſoient bien ordonnées & conduites, & néantmoins les Religieux de Saint Germain-des-Prés, qui dient avoir Juſtice en cette Ville & ès Faux-bourgs après ce droit tant éclairci, ont voulu y contrevenir, & en ce faiſant fait deux exploits abuſifs. Le premier, qu'ils ont empriſonné un Sergent viſitant eſdits Fauxbourgs avec les Maires Jurés Eſteuviers, ſur les Eſteuviers dudit Saint Germain, contre tout ordre de droit; car attendu que leſdits Maîtres avoient commiſſion du Prévôt de Paris ou ſon Lieu-tenant, par vertu de laquelle ledit Sergent beſognoit, leurs Officiers qui ſont inférieurs ſe doivent pourvoir par appel & non par empriſonnement. Le deuxiéme, car en ſuivant plu-ſieurs arrêts de la Cour & les injonctions contenuës en iceux, le Commiſſaire Conſtant & autres ont viſité les Boulangers dudit Fauxbourg & y ont trouvé pluſieurs fautes au pain, dont ils ont fait rapport audit Prévôt de Paris ou ſes Lieute-nans à la Police. Or combien qu'ils ſe deuſſent être pour-veus par la voye d'appel, s'il y eût eu entrepriſe, que non, comme ils diſent depuis avoir fait; mais ſont par vertu de leur *Committimus* & par un Huiſſier, demander le renvoi de cette cauſe, pardevant les gens tenans les requêtes du Palais, ce qui eſt refuſé, au moyen de quoy ils ſont par ledit Huiſ-ſier renvoyer ladite cauſe, dont il eſt appellé, & eſt l'appel qui s'offre. Davantage, ſont adjourner ledit Commiſſaire eſ-dites requêtes, pour apporter lettres & exploits par vertu deſ-quels il avoit ſaiſi quelques pains; & depuis ſe ſont portés pour appellants dudit Prévôt de Paris, comme d'entreprinſe de juriſdiction & eſt la matiere preſente. Or, dit que quand à l'empriſonnement de Boullet n'y a propos par ce qui a été dit, & ſe joint avec la partie à ce qu'il ſoit dit qu'il a été mal procédé & empriſonné; & quant à ſon appel, dit que le renvoy eſt abuſif où la connoiſſance de telles matieres ap-partient au Juge ordinaire, joint qu'en cela le Procureur du Roy étoit partie, contre lequel leſdites parties ne ſe peu-vent ayder de leur *commitimus*, & ſi y a arrêt exprès, par lequel il eſt défendu aux Huiſſiers de ne faire renvoyer de

femblables matieres : à cette cause conclud à son appel , qu'il a été mal renvoyé par ledit Huissier , & défenses lui soient faites, & à tous autres de ne faire plus renvoyer de telles matieres sur grandes peines , & quant à l'instance introduite èsdites Requêtes, requiert qu'elle soit évoquée, & pour y défendre , ensemble à l'appel des parties, dit qu'il a été bien procedé par ledit Commissaire ; & pour ce montrer, employe ce qu'il a dit, & lesdits Arrêts ; & aux Lettres & Titres par eux allegués , dit qu'ils font évidemment contre eux, *primùm* la premiere Lettre de l'an 272. car jaçoit ce que par ladite Lettre ils ayent justice ; comme ne leur veut denier, toutes fois le Roy retient plusieurs droits , *veluti guetum , taliam , cavalcatum , & bannum taliam panis & vini cæterasquè coustumas , ab antiquo debitas : vult etiamquè, si evocati fuerint, coram Judice regio, de contemptu non puniantur , nisi fortè hoc esset ratione prædictorum casuum , vel alterius qui ad nos pertinet , vel nostros successores ratione debiti nostri , vel alicujus fori facti nobis vel servientibus illati , & qui aliquo alio modo jurè communi nobis posset pertinere, in quibus altam justiciam retinebat: quibus Urbis,* l'on ne peut calumnier que ce cas n'y soit comprins, & partant cette Lettre fait contre eux, *secundò loco,* ils s'aident d'une Lettre du Roy Charles septiéme , de l'an quatre cent soixante & dix-huit (*a*) par laquelle fut permis aux Forains, qui pour les guerres s'étoient retirés à Paris, besongner en la Ville, à la charge que pour ledit temps ils seront sujets à visitation ; voulant inferer que, *extra* icelui temps, & après qu'ils seront hors Paris, ne seront sujets à visitation, mais dit qu'il y a bonne réponse ; car non seulement ceux de Saint Germain s'étoient retirés à Paris, mais aussi ceux du plat-pays, lesquels retournez en leurs Villages, veritablement ne seront sujets à ladite visitation
des sujets des parties *qui passim &*
commercium avec les sujets du Roy, à la troisiéme Lettre par eux alleguée , dit que la Sentence du Prévôt de Paris ne fut infirmée comme ils dient, par Arrêt de la Cour : mais feu-

---

(*a*) L'on a déja remarqué que cette Lettre étoit mal datée cy-dessus, elle l'est encore en cet endroit, puisque Charles VII. a cessé de regner en 1461.

lement fut dit que les parties informeroient fur le fait de leurs reproches, qui montrent bien que le Roy & fes Officiers ont la vifitation èfdits lieux, joint que ce n'eft pas pareils cas; car il ne veut prétendre que les Officiers dudit Abbé ne puiffent vifiter fans les Officiers du Roi; mais dit auffi que les Officiers du Roy peuvent vifiter à part, ou avec eux, & vaut ce pour réponfe à la quatriéme piéce, & quant à la cinquiéme, dit qu'elle fait formellement pour lui; car il eft dit que le pain qui fe vendra à Saint Germain fera du poids & prix de celui de Paris, & outre ce, pour ce que les parties faifoient les vifitations par leurs Serviteurs, & non par leurs Officiers, la Cour leur permet vifiter le pain vendu là, par leurs Officiers, & non par autres, qui eft à dire par leurs Serviteurs; mais n'entendit jamais en défendre, *in concurfu*, la vifitation aux Officiers du Roy: & quant au pain fait là, pour être vendu à Paris, la Cour leur défend la vifitation, mais a laiffé à la difpofition de droit, *fic* aux Officiers Royaux, & ne peut-on dire que ce foit entreprinfe fur la jurifdiction d'autrui; car ce cas eft excepté, & autrement feroit plus privilegié partie que l'Evêque de Paris, & tous les autres Jufticiers fur les fujets du Roy, èfquels fe fait ladite vifitation, s'y dit par fes moyens qu'il eft par tout bien fondé.

La Cour, quant à l'appellation du renvoi fait par Billiard Huiffier, a mis & met ladite appellation, & ce dont a été appellé au néant, & a fait & fait inhibitions & défenfes audit Billiard, & à tous autres Huiffiers ou Sergens de ne faire d'orénavant aucun renvoi defdites matieres de Police, defquelles font les renvoys défendus, & quant à l'appellation interjettée par le Maître Eftuvier de l'emprifonnement fait de fa perfonne, a mis & met ladite appellation, & ce dont a été appellé au néant, fans amande; condamne les Intimés ès dépens de ladite caufe d'appel, dommages & interêts procedant à caufe dudit emprifonnement & longue détention de fa perfonne, & quant à la feconde appellation interjettée de l'octroi de ladite commiffion decernée par le Prévôt de Paris ou fon Lieutenant, contenant claufe d'amener le prifonnier; ladite Cour a mis & met ladite appellation au néant, fans amande; ordonne que ce dont a été appellé, fortiroit fon plein & entier éfet, & condamne lefdits appellans ès dépens de ladite caufe d'appel, tels que de raifon, & quant à la Requête faite par lefdits Religieux, Abbé & Convent de Saint Germain des-Près, tendante afin que inhibitions & défenfes fuffent faites au Prévôt de Paris ou à fes Lieutenans, & Commiffaires de ne faire aucune vifitation deffus les fins & limites de leur détroit & jurifdiction, & celle faite au contraire par le Procureur Général du Roy, qu'il fut permis audit Prévôt, fes Lieutenans & Commiffaires de faire la vifitation avec lefdits Abbé, Religieux & Convent; ladite Cour a ordonné & ordonne que les parties corrigeront leurs plaidoyers, & à iceux ajoûteront dedans trois jours tout ce que bon leur femblera; dedans lefquels trois jours mettront pareillement tout ce que bon leur femblera par-devers ladite Cour, pour la verification & inftitution de ce qu'ils ont déduit & allegué par leurs plaidoyers & au Confeil, fans contredits; pour le tout veu, faire droit aufdites parties, ainfi qu'il appartiendra par raifon, & cependant par maniere de provifion, a ordonné ladite Cour, que fuivant les arrêts d'icelle donnés, au profit defdits Religieux, Abbé & Convent de Saint Germain des-Près, iceux Religieux, Abbé & Convent, pourront par leurs Officiers faire, quand bon leur femblera, & féparement la vifitation, & les fautes qui feront trouvées en faifant ladite vifitation ès chofes qui feront vifitées, feront corrigées & amandées, ainfi qu'il appartiendra par raifon: *& néanmoins que les Prévôt de Paris, fes Lieutenans & Commiffaires appellé avec eux l'un des Officiers defdits Religieux, Abbé & Convent, pourront pour l'obfervance, & entretennement de l'Ordonnance Royale, concernant le poids & blancheur du pain, faire la vifitation quand verront être neceffaire de ce faire, & s'ils trouvent faute, en feront le rapport à la Police pour amander la faute à ladite Police, ainfi qu'il appartiendra par raifon, & fera l'amande qui fera adjugée pour ladite faute*, baillée & appliquée par provifion aufdits Abbé & Convent de Saint Germain des-Près, & non à autres, le tout fans préjudice de leurs droits   & des inftances appointées au Confeil entre les parties, & quant à la Requête defdits Religieux, Abbé & Convent, tendant afin être reçûs à oppofition, à l'encontre de l'exécution de l'Arrêt obtenu par le Grand-Pannetier de France; ordonne ladite Cour que les parties corrigeront femblablement leurs

Plaidoyers, & à iceux pourront ajoûter tout ce que bon leur femblera dedans trois jours ; dedans lefquels mettront par-devers
ladite Cour tout ce que bon leur femblera, pour la juftification
& vérification du contenu en leurfdits Plaidoyers, & au Confeil, fans contredit, pour le tout vû par ladite Cour faire
droit aufdites parties ainfi qu'il appartiendra par raifon, & cependant par provifion, ledit arrêt donné au profit dudit Grand-
Pannetier, fera exécuté fans préjudice de l'inftance appointée
au Confeil, & quant à la Requête faite par ledit Grand-Pannetier, pour le regard des onze-vingt Sergens de Châtelet,
ladite Cour en icelle Requête enterinant, a enjoint & enjoint aufdits onze-vingt Sergens, fur peine d'amande arbitraire pour la premiere faute, & premiere contravention, &
de fufpenfion ou privation de leurs offices pour la feconde,
de obéir & fatisfaire aux arrêts de ladite Cour donnés au profit
dudit Grand-Pannetier, toutes fois & quantes qu'ils feront
par lui requis en les payant raifonnablement & competem-
ment de leur falaire, & en tant que touche la Requête faite
par les Religieux, Abbé & Couvent de Saint Germain-des-
Près, tendante à ce que défenfes fuffent faites à tous Sergens & Commiffaires de Châtelet, de ne exploiter aucunement en leur Terre & Territoire, finon ès cas contenus en leur
contract ; ladite Cour, en icelle Requête enterinant, a fait &
fait inhibitions & défenfes au Prévôt de Paris fes Lieutenans
Commiffaires & Sergens, de n'exploiter aucunement en la
Terre & Territoire defdits Religieux, Abbé & Convent finon
ès cas de Police, refforts & autres cas à plein défignés èfdites
Lettres de Contract, èfquels cas il leur eft loifible exploiter
en demandant, pour ce faire, l'affiftance en la maniere accoûtumée, & quand aux jeux de peaulme, a ordonné & ordonne
ladite Cour, qu'avant que faire droit fur les conclufions prin-
fes par le Procureur Général du Roy, il fera appeller par
Commiffaire de lad. Cour les Propriétaires, détenteurs & lo-
catifs d'iceux jeux de peaulme à huitaine, pour tenir défendre à fefdites Requêtes & conclufions ; pour après les parties oüies faire droit ainfi qu'il appartiendra par raifon ; & cependant par maniere de provifion, pour obvier aux maux &
diffolutions qui ordinairement adviennent à caufe defdits
jeux, fait lad. Cour, inhibitions & défenfes aux Maîtres def-

dits jeux, fur peine de punition corporelle, & autre amande arbitraire à la difcretion de ladite Cour, de ne fouffrir, ne tenir en leurs jeux & maifons les jeux de cartes & de quilles, & autres jeux prohibés & défendus, ne faire bordeaulx & tenir filles, & enjoint audit Prévôt de Paris, fes Lieutenans & Commiffaires, qu'en faifant les vifitations ils s'enquerront s'il y en a, & faffent la punition telle qu'ils verront être à faire par raifon.

APRE's lequel Arrêt, le Maître, a requis congé lui être donné contre les parties, pour lefquelles occupe Debrée Procureur, qui au commencement de la Playdoirie vouloit plaider.

DEBRE'E a dit que la premiere appellation, c'étoit un procès par écrit, y avoit des appellations verbales ; offroit conclure en la premiere, comme en procès par écrit, & que les appellations verbales y fuffent jointes.

A DIT LE MAITRE que l'Advocat dudit Debrée avoit voulu plaider au commencement du Playdoyer, nonobftant que lui qui parloit eut remontré que c'étoit procès par écrit, & à prefent que Debrée voyant que par l'arrêt prefentement donné il s'en alloit condamné, ne vouloit plaider, requis qu'il plaidât à leur congé.

LA COUR a ordonné que Debrée plaidera, *Alias* donnera Exploit.

A DIT DEBRE'E que c'étoit procès par écrit.

LA COUR a donné aux Intimés congé contre les appellans en la prefence dudit Debrée, collation eft faite, *extractum à regiftris Curiæ Parlamenti , ainfi Signé*, BERRUYER.

Lettres patentes contenant les Statuts des Maîtres Four-biffeurs & Garniffeurs d'Epées, & autres Bâtons au fait d'Armes de la Ville de Paris.

ARTICLE XVI.

Mars 1566.
Regiftrées en
Parlement le 8.
Fevrier 1567.

ITEM fera auffi permis auxdits quatre Maîtres Jurés dudit métier de Fourbiffeurs, aller d'orefnavant en vifitation quand bon leur femblera, par tous les Fauxbourgs de la Ville de Paris, foit ès Fauxbourgs Saint Germain-des-Prés, Saint Jacques

Jacques & Saint Marcel; & illec vifites toutes & chacunes les armes des Fourbiffeurs qui y demeurent, fans que les Juges & Officiers des Jurifdictions fubalternes d'iceux Fauxbourgs, n'autres quelconques les en puiffent aucunement empêcher : & ce fur peine de vingt livres parifis d'amende, à appliquer comme deffus, pour chacune fois qu'ils les en voudront troubler ou empêcher.

ARTICLE XXV.

ITEM, & des méfaits, fautes & malfaçons par lefdits Jurés efdites marchandifes trouvées, feront lefdits Maîtres Jurés le rapport dedans 24. heures après ladite vifitation, pardevant le Prévôt de Paris, où en la Chambre du Procureur du Roy audit Châtelet; & ce, à peine de huit fols parifis d'amende, applicable comme deffus pour chacune fois.

Lettres patentes portant Erection de la Communauté des Marchands de Vin de la Ville, Fauxbourgs & Banlieuë de Paris, & leurs premiers Statuts.

ARTICLE XXV.

LESQUELS Gardes pour obvier aux malverfations qui fe pourront commettre audit état, pourront faire vifites ordinaires par toute cette Ville, Fauxbourgs & Banlieuë, fans que pour faire lefdites vifites ils foient tenus demander aucun placet ou pareatis aux Haut-Jufticiers ou à leurs Officiers, parce qu'il eft queftion du fait de Police, dont la connoiffance appartient au Prévôt de Paris feul.

Octobre 1587. regiftrées au Parlement le 6. Acût 1588.

Traité de la Police liv. 5. tit. 46. chap. 22. tome 3. pag. 692. & fuiv.

Statuts des Patissiers, Pain-d'Epiciers des Villes, Faux-bourgs & Banlieuë de Paris, confirmés par Lettres patentes du mois de Février 1596.

ARTICLE XXIV.

Huitiéme Vol. des Bannieres, fol. 200.
Traité de la Police liv. 5. tit. 45. ch. 3. tom. 3. pag. 485.

QUE pour la conservation dudit métier, feront élûs quatre Prud'hommes Jurés d'iceluy, en la forme que les Jurés des autres métiers, par la Communauté des Maîtres dudit métier, par lesquels Jurés feront faites toutes visitations necessaires à faire audit métier, tant en ladite Ville que Fauxbourgs de Paris, sans que pour visiter lesdits Fauxbourgs ils soient tenus demander licence aux Hautt-Justiciers quelques privileges & droit de Haute-Justice qu'ils ayent, attendu qu'il est question de Police, de laquelle la connoissance appartient seulement au Prévôt de Paris.

Traité de la Police liv. 6. tit. 15. chap. 3. tom. 4. pag. 675. & suivantes.

Il y a une Commission & deux Ordonnances du Tribunal de Police du Châtelet de Paris, en datte des 13. Août & 11. ou 16. Septembre 1599. & 10. Septembre 1600. pour obliger au rétablissement des grands chemins, ponts & chaussées des Ville, Prévôté & Vicomté de Paris, les Seigneurs Hauts-Justiciers, & tous autres qui en peuvent être tenus.

Arrêt du Parlement rendu sur productions respectives, qui authorise les Commissaires du Châtelet à faire la Police dans l'Enclos de l'Abbaye de Saint-Martin-des-Champs.

23. Decembre 1603.

HENRY, PAR LA GRACE DE DIEU, Roy de France & de Navarre: Au premier des Huissiers de notre Cour de Parlement ou autre Huissier ou Sergent sur ce re-

quis: Sçavoir faisons, qu'entre les Religieux, Prieur & Convent de Saint Martin-des-Champs, Demandeurs en Requête
du 21 Mars 1601. concluant, afin d'être maintenus & gardés ès Droits, Poffeffion & Saifine de Haute-Juftice,
Moyenne & Baffe, au-dedans de leur Seigneurie & Territoire, & fur toutes les Maifons, étant en leur Cenfive &
Voirie, de faire par leur Bailly toutes faifies & fçellés, informer de tous crimes & délits commis au-dedans de leurdit Territoire, vifiter par leurfdits Bailly & Officiers les Bre-
lans, Bordeaulx, Jeux de Quilles, Billiards, Cabarêts & autres lieux diffamés, prendre & apprehender les Délinquans,
les emprifonner en leurs Prifons, faire & parfaire leurs procès, & condamner en amandes & peines corporelles felon
la qualité des délits, & que défenfes fuffent faites aux Lieutenant Civil, Commiffaires & Sergens du Châtelet, de les troubler ni empêcher en leurs vifites, poffeffion, captures & emprifonnemens, & que tout ce qui auroit été fait par eux au
préjudice d'iceux droits, contre leur Bailly & Officiers, fut
caffé, annulé & revoqué, même en ce qu'il avoit condamné
deux Sergens en deux écus d'amande pour avoir affifté leur
Bailly, faifant les vifites & captures d'une part, & M^e. François Miron Lieutenant Civil de la Prévôté & Vicomté de
Paris, Défendeur d'autre, Veu par nôtredite Cour ladite Requête, les défenfes & répliques defdites parties, l'appointement du 11 Janvier 1602. par lequel les parties auroient été
appointées à écrire par avertiffement, & produire dans huitaine par-devers elle tout ce que bon leur fembleroit, avertiffement & production defdits Demandeurs, & des Officiers du Châtelet de Paris: conclufions de nôtre Procureur
Général, auquel par Ordonnance de nôtredite Cour, ladite
inftance auroit été communiquée; & tout confideré.

Il sera dit, que nôtredite Cour a maintenu & gardé, main-
tient & garde les Demandeurs en poffeffion de la Juftice-
Haute Moyenne & Baffe, au-dedans de leur Territoire &
Seigneurie, pour y faire exercer la Juftice, tant Civile que
Criminelle fur leurs fujets, & faire tous Exploits de Haut-
Moyen, & bas Jufticier; faire vifiter par leur Bailly & Offi-
ciers les Cabarêrs, Brélans, Jeux de Quilles, Billiards &
autres lieux diffamés, faire captures, informer, faire & par-

faire les Procès Criminels ; *pourront néanmoins les Officiers du Châtelet, faire Visite dans ledit Territoire, & exécuter les Ordonnances de la Police, pour en faire le Rapport pardevant le Prevost de Paris, s'ils se trouvent en même tems en quelqu'un desdits lieux avec les Officiers desdits Demandeurs faisant Visite ; feront seuls les Procès-verbaux : Fait inhibitions & défenses ausdits Officiers de Saint Martin, de les troubler ni empêcher en l'exécution de leurs Charges :* Ordonne que si aucune chose a été payée des deux écus d'amande adjugés par le Prévôt de Paris ou son Lieutenant contre les Sergens qui avoient assisté ledit Bailly de Saint Martin, sera rendu sans dépens. Si MANDONS, mettre le present Arrêt à exécution, DONNE' en Parlement le 23 Décembre, l'an de grace 1603. & de nôtre Regne le 14ᵉ. collationné, *Signé* LANGELE', avec paraphe, & plus bas est écrit par la Chambre, *Signé* DUFRANC, avec paraphe.

Statuts des Maîtres Brasseurs des Ville, Fauxbourgs & Banlieuë de Paris confirmés par Lettres patentes du mois de Janvier 1630. registrées en Parlement le 16. Mars suivant. .

ARTICLE XVIII. & dernier.

SERA permis & loisible auxdits Jurés d'aller en visitation non-seulement dans la Ville de Paris, mais aussi dans la Banlieuë & Fauxbourgs d'icelle, tant sur les Maîtres reçûs par Monsieur le Procureur du Roy au Châtelet, qu'autres reçûs par les Juges Subalternes ; enjoignant auxdits Brasseurs souffrir ladite visitation, & défenses aux Juges des lieux de les y troubler.

Traité de la Police liv. 5. tit. 46. chap. 30. tome 3. pag. 778.

*Arrêt du Conseil, privé du Roi qui fait deffenses au Bailly de
S. Germain de troubler les Commissaires dans leurs fonctions, & ordonne que le Commissaire Girard continuera sa résidence au Fauxbourg Saint Germain.*

Extrait des Regitres du Conseil Privé du Roy.

SUR la Requête presentée au Roy, en son Conseil par
les Commissaires Enquêteurs & Examinateurs du Châtelet de Paris, contenant, qu'encore qu'ils ayent été créés &
établis pour avoir l'œil, & prendre garde à tout ce qui concerne la Police, en l'étenduë de la Ville & Fauxbourg de
Paris, dont le Lieutenant Civil est seul Juge, lequel suivant
le pouvoir attribué à sa Charge, les ordonne & départ, en
tous les quartiers & endroits de ladite Ville & Fauxbourgs,
où il juge leur presence necessaire pour l'utilité publique,
néanmoins au préjudice de ce droit, & de la possession établie par plusieurs Arrêts & Reglemens sur ce fait rendus,
tant au Conseil de Sa Majesté, qu'en la Cour de Parlement,
qui les ont maintenus & conservés, contre les usurpations &
entreprises des Seigneurs Haut-Justiciers & leurs Officiers,
tant en ladite Ville qu'aux Fauxbourgs, & notamment contre
le Sieur Archevêque de Paris, l'Abbé de Saint Germain-des-
Prés, & leurs Baillifs dont les appellations ressortissent au
Châtelet, ledit Bailly de Saint Germain qui voudroit étendre
s'il pouvoit sa jurisdiction & son pouvoir au préjudice des
Officiers du Roy, & se rendre Chef de la Police audit Fauxbourg, plutôt pour y profiter de la continuation des désor-
dres qui s'y sont glissés, que pour y apporter les remedes
necessaires, auroit par une insigne surprise, sans oüir ni appeller les Supplians ; fait mander le Commissaire Girard en
la Chambre des Vaccations, ou sans aucune assignation précedente, sur une plainte verbale contre lui faite, qu'il étoit
demeurant audit Fauxbourg, & pouvoit entreprendre sur sa
Charge, auroit fait ordonner sur le champ, que ledit Girard
Commissaire, vuideroit dudit Fauxbourg, avec défense à lui

19 Novembre.
1641.

G iij

d'entreprendre aucune chofe fur la Juſtice & Police appartenant audit Bailly dans ledit Fauxbourg, enforte que par
cet Arrêt, ladite Chambre qui ne pouvoit connoître d'un
Reglement entre Officiers, auroit non feulement ôté audit
Commiſſaire, ce qui a été donné à lui & à ſes Confreres
par pluſieurs Arrêts de la Grand Chambre, mais même attribué audit Bailly la Police, qui appartient audit Sieur Lieutenant Civil dans ledit Fauxbourg, & contre les Ordonnances; donné la proviſion à l'Abbé de Saint Germain contre le Roy: quoique ledit Sieur Lieutenant Civil ſoit en poſſeſſion de ladite Police, & qu'il ait même tenu ſes aſſiſes
durant la Foire dans le Siége dudit Bailly, les appellations
duquel reſſortiſſent par-devant lui, & d'autant que ledit Arrêt ne ſe peut défendre, tant pour avoir été rendu en ladite
Chambre des Vaccations, où tels reglemens ne ſe peuvent
faire, que pour avoir été donné ſans aucune aſſignation précedente, & par une voye du tout extraordinaire; ledit Girard
mandé en ladite Chambre par un Huiſſier, comme s'il eût
été criminel : A CES CAUSES requeroient leſdits Commiſfaires qu'il plût à Sa Majeſté, caſſer & révoquer ledit Arrêt,
datté du vingt-cinquiéme Octobre dernier comme nul, &
& faire très-expreſſes inhibitions & défenſes audit Bailly de
Saint Germain de s'en aider, ni en vertu d'icelui troubler les
Supplians en la fonction & exercice de leur Charge; à
peine de trois mille livre d'amande, & au ſurplus ordonner
que ledit Commiſſaire Girard continuera ſa reſidence & fonction audit Fauxboug Saint Germain, juſques à ce que ledit
Lieutenant Civil lui ait donné un autre département; VEU
ladite Requête, Arrêt du Parlement du trentiéme jour de
Décembre mil ſix cent quinze, * rendu contradictoirement
contre les Officiers dudit Sieur Archevêque de Paris, Prieur
de Saint Eloy, Arrêts y énoncés, & les autres piéces attachées à ladite Requête, oüi le rapport d'icelle, fait par le
Commiſſaire à ce député, LE ROY EN SON CONSEIL a renvoyé & renvoye la Requête & les parties en la Grand Chambre dudit Parlement, pour proceder entr'eux ſur leurs differens & Reglemens de leurs Charges, ainſi qu'il appartiendra,

* Il ſera imprimé cy-après.

& cependant a *fait défenses audit Bailly de Saint Germain,
de troubler lefdits Commiffaires en la Fonction & Exercice de leurs
Charges: Ordonne Sa Majefté que ledit Commiffaire Girard con-
tinuera fa réfidence audit Fauxbourg Saint Germain.* FAIT au
Conſeil privé du Roy, tenu à Paris le dix-neuviéme jour de
Novembre mil fix cent quarante-un, *figné* VICOAL.

L'AN mil fix cent quarante-un, le vingt-uniéme Novembre, à la Requête des Commiffaires Examinateurs du Châtelet de Paris ; le prefent Arrêt a été pat Nous Huiffier ordinaire du Roy en la Grande Chancellerie de France, fouffigné,
montré, fignifié & d'icelui baillé copie aux fins y contenues,
à Mᵉ. Loüis de Frutenay Bailly de Saint Germain-des-Près
en parlant à fa perfonne, trouvé en l'auditoire de ladite Juftice, à ce que du contenu audit Arrêt il n'en ignore, & n'ait à
y contrevenir. FAIT par Nous Huiffier fouffigné, *figné* FLEUZ.

ET ledit jour & an, en vertu & à la Requête que deffus,
autre fignification dudit Arrêt a été faite, & copie baillée
aux fufdites fins à Mᵉ Germain Procureur fifcal de ladite Juftice de Saint Germain, en parlant à Jeanne Tiou fervante
de cuifine en fon domicile audit Fauxbourg dudit Saint Germain, à ce qu'il n'ait à contrevenir à icelui. FAIT par Nous
Huiffier fufdit, *figné* FLEUZ.

---

*Statuts des Maîtres Huchers-Menuifiers des Ville Faux-
bourgs & Banlieuë de Paris, confirmés par Lettres
patentes du mois d'Aout 1645. enregiftrées en Parlement le 20. Decembre fuivant.*

ARTICLE III.

SERONT tenus lefdits Jurés de proceder aux vifites générales quatre fois au moins par chacun an, chez tous
les Maîtres Huchers-Menuifiers demeurans en notredite Ville,
Fauxbourgs & Banlieuë de Paris, tant ceux qui travaillent en
bois de Chêne, Noyer, Ebene & autres que ceux qui re-
vendent des ouvrages dépendans defdits métiers, fans qu'ils
foient obligés pour ce de demander aucune permiffion ni

Traité de la Po-
lice liv. 6. tir. 4.
chap. 11. tom. 4.
pag. 107.

pareatis des Hauts-Juſticiers deſdits Fauxbourgs & Banlieuë ni de leurs Officiers, en la maniere accoûtumée.

Traité de la Po-
lice liv. 1. tit 10.
chap. 1. tome 1.
pag. 160. de la
derniere Edition.

Le Commiſſaire de la Marre cite un Arrêt du Parlement du premier Novembre 1646. par lequel il eſt ordonné que le Prévôt de Paris connoîtra de la Police du Fauxbourg Saint Germain, que les rapports en ſeront faits au Châtelet; mais que les amendes qui ſeront adjugées appartiendront aux Abbé & Religieux, mais il faut qu'il y ait erreur dans la date de cet Arrêt, le premier jour de Novembre étant toûjours occupé par la Fête de Tous-les-Saints, depuis l'an 835. qu'elle a été établie par Edit de Loüis le Debonnaire Roy de France & Empereur.

*Statuts des Marchands de Vin des Ville, Fauxbourgs &
Banlieuë de Paris, confirmés par Lettres patentes du
mois d'Août 1647. enregiſtrés en Parlement le 9.
Août 1661.*

ARTICLE XXXIV.

13. Juillet 1647.

Traité de la Po-
lice liv. 5. tit. 46.
chap. 22. tom. 3.
pag. 700.

QUE lorſque leſdits Gardes procederont au fait des viſites par la Ville, Fauxbourgs & Banlieuë de Paris, ils ſe pourront faire aſſiſter d'un Commiſſaire ou Sergent du Châtelet ſi bon leur ſemble, pour leur donner confort & aide, & même ſi beſoin eſt faire ouverture & proceder par voye de ſcellé de tous les biens où ils ſçauront ou auront avis qu'il y échet viſite, il leur ſera permis pour éviter aux malverſations & abus qui ſe pourroient commettre audit trafic de ladite marchandiſe de vin, d'entrer dans toutes les Caves & celliers qu'ils trouveront ouverts où l'on vendra vin en détail pour y faire le devoir de leur charge, ſans que pour ce faire ils ſoient tenus demander placet ni pareatis aux Juſticiers ou leurs Officiers, parce qu'il eſt queſtion du fait de Police dont la connoiſſance ſeule appartient à notre Prévôt de Paris ou ſon Lieutenant Civil, pardevant lequel en ſera fait fidel rapport & pardevant notredit Procureur.

Arrêt

Arrêt du Parlement, qui conserve aux Commissaires du Châtelet, leurs fonctions de Police dans l'étenduë du Fauxbourg Saint Germain.

Extrait des Regîtres de Parlement.

CE JOUR, sur ce que les Gens du Roy ont dit à la Cour que les Officiers du Roy au Châtelet étoient au Parquet des Huissiers, & le Bailly de Saint Germain, demandoient à parler à ladite Cour sur quelque differend d'entr'eux, ont été fait entrer; & oüi lesdits gens du Roy, M^e. Omer Talon Avocat dudit Seigneur portant la parole, a fait recit de la contestation, au sujet du trouble prétendu avoir été fait aux Commissaires du Châtelet, faisant la Police Samedi dernier, dans le Fauxbourg Saint Germain, dont lesdits Commissaires ont dressé Procès-verbal, & que ledit Bailly fait exercer sa Charge par un Lieutenant, requerant être informé d'office du contenu audit Procès-verbal, que la Police soit exercée comme il est accoûtumé, & pourvû à ce que ledit Bailly étant present, le Lieutenant ne puisse exercer: Eux retirés, la matiere mise en déliberation; LADITE COUR a ordonné & ordonne, que d'office à la Requête dudit Procureur général, il sera informé du contenu audit Procès-verbal, en ce qui s'est passé Samedy dernier dans ledit Fauxbourg Saint Germain; cependant continueront les Officiers du Roy de faire la Police audit Fauxbourg Saint Germain, comme il est accoûtumé; & pour ce qui concerne le Lieutenant, seront les pieces communiquées audit Procureur général, pour donner conclusions, pour le tout fait & rapporté être ordonné ce qu'il appartiendra. FAIT en Parlement le cinquiéme Janvier mil six cens quarante-neuf, collationé, *signé* L'ANGELE': *Et plus bas,* DUFRANC avec paraphe.

Statuts des Maitres Charpentiers, des Ville , Prévôté &
Vicomté de Paris, confirmés par Lettres patentes du 11.
Août 1649. enregiſtrées en Parlement le 22. Janvier
1652.

ARTICLE III.

Troiſiéme vol.
des Ordonnances
de Louis XIV.
cotté L.L L. fol.
464.

Traité de la Po-
lice liv. 5. tit. 4.
ch. 6. tom. 4.pag.
76.

POUR facilement arrêter le cours des entrepriſes que toutes ſortes de perſonnes & gens ſans aveu ſont journelle-
ment au préjudice deſdites Ordonnances, tant en notredite
Ville de Paris, qu'en la Prévôté & Vicomté d'icelle , même
afin de remedier aux abus que les ouvriers commettent que
trop ſouvent au déſavantage du public, NOUS enjoignons
très - expreſſément aux pourvûs deſdites charges, de proceder
aux recherches & viſitations qu'ils ont juſqu'à preſent faites
chacun à leur tour, ſuivant l'ordre de leur reception, en tous
Batimens particuliers de Communauté, de Collège, Convent
& autres, ſans qu'il ſoit obligé de demander autre permiſſion
ni pareatis d'aucun Juſticier que de notre Procureur au Châtelet de Paris, en la forme qu'il l'a concedé par ſa Commiſſion du 13. Juin de la preſente année 1648. à l'un deſdits
Jurés, leſquels choiſiront tel nombre deſdits Maîtres qu'ils
eſtimeront à propos, pour les aſſiſter dans leſdites recherches
& viſites, ainſi qu'ils ont pratiqué juſqu'à preſent, à peine de
vingt livres d'amende contre chacun des contrevenans, que
nous avons adjugée pour ſubvenir aux affaires de ladite Compagnie.

ARTICLE IV.

VOULONS que ceux deſdits Jurés qui auront à leur tour,
ſuivant l'ordre de leur reception, fait leſdites recherches &
viſites, faſſent rapport dans 24. heures des ſaiſies qu'ils auront fait faire ſur les contrevenans aux ſuſdites Ordonnances, & des abus, malverſations & monopoles qu'ils auront
découvert contre les interêts publics , pardevant notredit Procureur audit Châtelet, auquel nous en attribuons toute
Cour, Juriſdiction & par renvoy à notre Prévôt de Paris, ou

fon Lieutenant Civil, avec deffenfes à tous autres Juges d'en connoître, pour y être par eux à l'inftant apporté les Reglemens qu'ils eftimeront à propos.

Statuts des Maîtres Serruriers, des Ville, Fauxbourgs & Banlieuë de Paris, confirmés par Lettres patentes du 12. Octobre 1650. regiftrées en Parlement le 27. Janvier 1652.

ARTICLE III.

LES DITS Jurés feront tenus conformément au 27ᵉ. Article defdits anciens Statuts, de proceder aux vifites générales cinq fois au moins tous les ans, chez tous les Maîtres dudit Art, demeurans en l'étenduë de notredite Ville, Fauxbourgs & Banlieuë de Paris, fans qu'ils foient obligés pour ce demander aucune permiffion ni pareatis des Hauts-Jufticiers, ni des Officiers des autres Juftices établies dans notredite Ville, Fauxbourgs, Bailliage du Palais, Prévôté, Vicomté & autres lieux d'icelle, à condition toutefois que l'un d'eux fera porteur d'une copie des prefentes düement collationnée par l'un des Secretaires de nos Finances, Maifon & Couronne de France, à laquelle Nous voulons que foy foit ajoûtée comme à l'original. ITEM, que lefdits Jurés ne puiffent être inquietés en leurs vifites par lefdits Hauts-Jufticiers, à peine d'en demeurer refponfables en leurs propres & privés noms, & de déchéance de leurs droits, aufquels Jurés fera payé pour droit de vifite par chacun defdits Maîtres, cinq fols feulement.

Arrêt du Parlement, rendu contre les Baillis de Saint Germain, Saint Marcel & Sainte Génevieve, lequel ordonne que les Maîtres & Gardes des Marchands de Vin, continueront leurs vifites chez les Marchands de cette Ville & Fauxbourgs de Paris, affiftés d'un Commiffaire au Châtelet feulement.

Extrait des Regitres de Parlement.

20. Juin 1659.

CE JOUR les Gens du Roy, M^e. Denis Talon Avocat dudit Seigneur, portant la parole, ont dit à la Cour que le Subftitut du Procureur général du Roy au Châtelet & les Commiffaires dudit Châtelet, & les Baillis des Fauxbourgs *Saint Germain, Saint Marcel & Sainte Génevieve*, étoient au Parquet des Huiffiers, & demandoient à être oüis fur quelques différends d'entr'eux, ont été faits entrer ; & après que le Bailly dudit Fauxbourg Saint Germain, à fait plainte, de ce qu'au préjudice de la poffeffion en laquelle il étoit d'envoyer un Officier du Bailliage pour affifter les Maîtres & Gardes de la marchandife de vin en la vifite qu'ils font chez les Marchands de vin demeurans audit Fauxbourg, lefdits Maîtres & Gardes venoient faire ladite vifite fans être affiftés d'aucun Officier dudit Bailliage, mais feulement d'un Commiffaire dudit Châtelet, requerant que deffenfes leur fuffent faites de la faire à l'avenir fans être affiftés dudit Officier, offrant même de les affifter en perfonne ; les Baillis defdits Fauxbourgs Saint Marcel & de Sainte Génevieve, ont requis les mêmes deffenfes à l'égard des Marchands de vin demeurans dans l'étenduë de leur Jurifdiction ; ledit Subftitut du Procureur général a foutenu qu'il n'y avoit raifon ni apparence en la plainte & demande defdits Baillis, les Commiffaires du Châtelet étant en poffeffion d'affifter lefdits Maîtres & Gardes dans les vifites qu'ils faifoient, & de faire les rapports des contraventions pardevant lui ; & après que Defchamps Avocat des Marchands de vin demeurans dans lefdits Fauxbourgs, & Laurencher Avocat defdits Maîtres

& Gardes, ont été oüis, enfemble ledit Talon pour le Procureur général, lequel a dit qu'il y avoit deux chofes à confiderer en l'affaire, le titre & la poffeffion: que pour ce qui concerne la poffeffion, le Bailly de Saint Germain étoit demeuré d'accord, que de tout temps la vifite avoit été faite par lefdits Maîtres & Gardes, affiftés d'un Commiffaire au Châtelet & d'un Officier du Bailliage, duquel lefdits Subftituts & Commiffaire ne demeuroient d'accord; & quant au titre que la Déclaration du Roy vérifiée en la Cour, de l'Etabliffement du Corps des Marchands de vin, portoit que ledit Etabliffement étoit fait à l'inftar de celui des fix Corps des Marchands de cette Ville, lefquels conftamment faifoient leurs vifites dans la Ville & Fauxbourgs, affiftés feulement d'un Commiffaire au Châtelet, qui faifoit fon rapport des contraventions pardevant ledit Subftitut du Procureur général du Roy au Châtelet, comme étant premier Juge des Arts & Métiers de cette Ville de Paris & Fauxbourgs, & Lieutenant du Prévôt de Paris en ce qui eft defdits Arts & Métiers, & ainfi eftimoit y avoir lieu d'ordonner, que lefdits Maîtres & Gardes continueroient leurs vifites chez tous les Marchands de vin de la Ville & Fauxbourgs, affiftés d'un Commiffaire du Châtelet feulement, lequel feroit rapport des contraventions pardevant ledit Subftitut; & qu'en cas d'amendes, elles feroient applicables aux Seigneurs fur les terres defquels les contraventions auroient été faites : LADITE COUR a ordonné & ordonne, que lefdits Maîtres & Gardes de la marchandife de vin, continueront leurs vifites chez les Marchands de cette Ville & Fauxbourgs, affiftés d'un Commiffaire du Châtelet feulement, lequel fera rapport des contraventions pardevant le Subftitut du Procureur général du Roy au Châtelet de Paris, en la maniere acoûtumée; & qu'en cas d'amendes, elles feront appliquées aux Seigneurs fur les terres defquels lefdites contraventions auront été faites : pourra néantmoins ledit Bailly de Saint Germain, faire la vifite particuliere chez les Marchands de vin demeurans au Fauxbourg Saint Germain, en la maniere accoûtumée. FAIT en Parlement le vingtiéme Juin mil fix cens cinquante-neuf. Collationné.

H iij

*Arrêt du Parlement rendu contre les Officiers du Bail-
liage de Saint-Germain-des-Prés, par rapport aux
Vifites des Maîtres & Gardes de la Mercerie dans
l'étenduë dudit Bailliage.*

Extrait des Regîtres de Parlement.

6. Août. 1661. LOUIS, PAR LA GRACE DE DIEU, Roy de
France & de Navarre: Au premier des Huiſſiers de nôtre Cour de Parlement, ou autre Huiſſier ou Sergent ſur
ce requis; SCAVOIR, FAISONS: Qu'entre Meſſire Henry
de Bourbon Abbé Commentaire de l'Abbaye de Saint Germain-des-Près, & les Religieux de ladite Abbaye appellants,
tant comme de Juge incompetent qu'autrement: d'une Sentence renduë par le Prévôt de Paris, ou ſon Lieutenant Civil, le quinze Février mil ſix cent quarante-huit d'une part,
& les Maîtres & Gardes de la marchandiſe de Mercerie,
Groſſerie & Joüaillerie de cette Ville de Paris Intimés, &
entre leſdits Maîtres & Gardes appellans de l'Ordonnance,
rendue par le Bailly de Saint Germain, le ſept Février mil
ſix cent cinquante, & de tout ce qui s'en eſt enſuivi, Intimés, & Nicolas Caron Ezehiel Jacob, Jean Dangers &
Honorée de Fexelles, veuve de Jacques Fontaine vivant,
Marchand demeurant en la Ville d'Amiens Intimés & Appellans, tant comme de Juge incompetent, que autrement
de la viſite faite par leſdits Maîtres & Gardes des Marchandiſes deſdits Caron & Conforts, en la Foire de Saint Germain de l'année mil ſix cent cinquante; Sentence donnée en
conſequence par le Lieutenant Civil au Châtelet de Paris,
le vingt Février audit an; & encore entre Maître André
Burideau Avocat en la Cour, exerçant la Charge de
Bailly dudit Saint Germain-des-Près, & autres Officiers
dudit Bailliage appellants auſſi, tant comme de Juge incompetent qu'autrement, de la permiſſion d'informer information decret d'ajournement perſonnel decerné contre ledit
Burideau, & de priſe de Corps contre leſdits Officiers,

rendu par ledit Lieutenant Civil, & de tout ce qui s'en eft
enfuivi, à la requête defdits Maîtres & Gardes, & ledit Buridau & Intimé; & entre Nicolas Hacq Marchand Sergetier
de ladite Ville d'Amiens, & Henry Leftoq Marchand à Paris auffi appellants, tant comme de Juge incompetent de la
prétendue permiffion d'informer contr'eux decernée par ledit
Lieutenant Civil, & de tout ce qui s'en eft enfuivi, même
ledit Hacq de fon emprifonnement, & entre Nicolas Belot
foit difant Marchand Drapier audit Fauxbourg Saint Germain-
des-Près, appellant de la permiffion d'informer, information,
decret decerné par ledit Lieutenant Civil, emprifonnement
fait de fa perfonne, & de tout ce qui s'en eft enfuivi; & encore entre lefdits Maîtres & Gardes appellans, tant comme
de Juge incompetent qu'autrement, de toute la Procedure
faite par le Bailly de Saint Germain, & Ordonnance appo-
fée, au bas de la Requête prefentée audit Bailly, ledit jour
fept Février mil fix cent cinquante, enfemble de l'emprifonnement, & détention faite de la perfonne de Pierre Gouffe
Clerc du Bureau defdits Gardes ès Prifons dudit Saint Germain-des-Prés de l'Ordonnance verbale, & autorité privée
dudit Bailly, & lefdits Nicolas Hacq & Ezechiel Jacob,
Nicolas Caron, Jean Delaftre, Jacques Guignon, Adrien
Cornet, Adrien Damiens, Antoine Pierre, Antoine Boeftel
& Eftienne Delaftre Intimés; & encore ledit de Buridau
Bailly dudit de Saint Germain Intimé, & pris à partie en fon
propre & privé nom; & encore entre les Prévôt & Eche-
vins de la Ville d'Amiens reçûs parties intervenantes, en l'inftance fuivant leur Requête du vingt-cinq Janvier mil fix cent
cinquante-un, & lefdits Ezechiel Jacob, Jean Dangers &
Conforts Deffendeurs; & entre ledit Henry de Bourbon,
Abbé de ladite Abbaye de Saint Germain, & les Religieux,
Prieur & Convent de ladite Abbaye, auffi reçûs parties intervenantes, en l'inftance d'entre lefdits Maîtres & Gardes,
& Intimés, & ledit Buridau Intimés, & pris à partie en
fon nom & appellant, & lefdits Maîtres & Gardes, & Buridau Défendeurs; & encore entre lefdits Maîtres & Gardes Demandeurs en requête par eux prefentée à la Cour,
le treize Novembre mil fix cent cinquante-cinq, & M^e. An-

toine Furetiere Procureur fifcal audit Bailliage (*a*) Défendeur, & entre lefdits Maîtres & Gardes Demandeurs aux fins d'une commiſſion par eux obtenuë en Chancellerie, le vingt-deux Décembre mil fix cinquante-un, & Maître Melchier Dufrefne, Bailly de Saint Germain-des-Près, Défendeur d'autre : VEU par la Cour, la Sentence du quinze de Février mil fix cent quarante-huit, datée du vingt-cinq, par l'Arrêt d'apointé au Confeil reformé, en vertu de l'Arrêt du vingt-fix Novembre mil fix cent cinquante-quatre ; ladite Sentence renduë en la Chambre Civile dudit Châtelet de Paris, entre les Maîtres & Gardes de la Marchandife de Mercerie, Groſſerie & Joüaillerie de cette Ville, Demandeurs en requête, contenant, qu'en confequence de leurs Reglemens, Statuts & Ordonnances, touchant le fait de leur trafic & Marchandife à eux concedés par le Roi, & vérifiées en la Cour, & des Sentences dudit Châtelet, des premier Février, huit Mars & premier Juin mil fix cent quarante-fept, & commiſſion du cinq Février mil fix cent quarante-huit, le Commiſſaire Delaiſtre fe feroit tranfporté avec eux, le fixiéme dudit mois de Février, en la Foire Saint Germain-des-Près ès loges & magazins tenus & occupés pendant ladite Foire par les Marchands, tant de cette Ville de Paris que Forains, & mentionnés en fon Procès-verbal dudit jour, cinq Février ; chez lefquels ayant trouvé quantité d'aulnes & demies aulnes, les unes quarrées, & les autres de bois rond, marquées de differentes Lettres, & ayant lefdits Maîtres & Gardes mefuré icelles dans leurs Etallons, auroient trouvé icelles aulnes courtes, & les demies aulnes trop longues, ainfi que le contenoit le Procès-verbal dudit Commiſſaire ; c'eft pourquoi aſſignation auroit été donnée à tous lefdits particuliers, par René le Comte Huiſſier ; ce requerant lefdits

(*a*) Perfonne n'ignore qu'il a été de l'Academie Françoife, & fon différend avec cette Academie au fujet de fon Dictionnaire ; il ne faut pas s'étonner du caractere dont il étoit, & après un différend auſſi vif que celui fur lequel cet Arrêt eft intervenu, qu'il ait mal parlé des Commiſſaires en quelques endroits de fon Dictionnaire : au refte l'article qui le concerne dans le Dictionnaire de Morery n'eft pas exact. Voyez la continuation de l'Hiſtoire de l'Academie, pag. 42. & fuivantes, Edition *in*-12.

Maîtres

Maîtres & Gardes, pour répondre fur le rapport dudit Commiffaire d'une part, & Loüis Millois & Crefpin Deformeaux Marchands, trouvés en ladite Foire, qui auroient dit pour défenfes, que lefdites aulnes & demies aulnes leur avoient été données la veille de ladite vifite, faite par lefdits Maîtres & Gardes en ladite Foire, par les Officiers du Bailly du Fauxbourg Saint Germain, moyennant douze fols pour chacune aulne, qu'ils leur faifoient payer, & les forçoient à prendre lefdites aulnes; que fi elles étoient défectueufes, cela ne provenoit de leur faute, ains de la part dudit Bailly de Saint Germain ou fes Officiers, qui endevoient répondre; d'autre part: laquelle oüie les parties en leurs Plaidoyers, & les gens du Roi en leurs conclufions, auroit été ordonné avant faire droit fur les conclufions defdits gens du Roi, que le Bailly, Procureur fifcal & Officiers dudit Fauxbourg Saint Germain-des-Près, qui avoient fourni lefdites aulnes & demies aulnes, feroient ouis au premier jour en la Chambre Civile, aufquels pour cet éfet affignation leur feroit donnée pour eux oüis être ordonné ce que de raifon. Arrêt d'appointé du fept Juin mil fix cent cinquante-neuf, donné fur l'appel interjetté de ladite Sentence, par lefdits Sieurs Abbé & Religieux de Saint Germain-des-Près; production defdits Maîtres & Gardes Intimés, faite en conféquence de l'Arrêt du vingt-fix Novembre mil fix cent cinquante-quatre, qui leur avoit permis refaire icelle, & mettre ès mains du Confeiller Rapporteur, au lieu de celle qui avoit été égarée: forclufions de fournir de caufes d'appel, & produire par lefdits Abbé & Religieux Saint Germain-des-Près, Procès verbal fait par ledit Buridau, Bailly dudit Saint Germain, du fept Février mil fix cent cinquante, contenant fon tranfport en ladite Foire, fur la plainte à lui faite par Nicolas Caron, Adrien Comette, Etienne Delaftre, la veuve Fontaine, Antoine Preffe, Nicolas Hacq, Jean Delaiftre, Henry Leftocq, Antoine Boiffel, François Comette, Ezechiel Jacob, Adrien Damiens, Jacques & Jean Guinon, tous Marchands de la Ville d'Amiens & autres de ladite Ville de Paris; que plufieurs particuliers fe difant Maîtres & Gardes de la Marchandife de Paris, s'éforçoient de faire des vifites fur eux, outre, & au préjudice des droits & franchifes de ladite Foire, même des Ordonnances, & l'em-

I

prifonnement fait de l'Ordonnance dudit Buridau, de l'un des maîtres & gardes, vétu de fa Robbe, faifant la vifite; permiffion d'informer dudit Juge, dudit jour fept Février; information par lui faite du contenu en fon procès, & prétendu vol y contenu, à la requête du Procureur fifcal; pourfuite & diligence defdits particuliers Marchands d'Amiens; decret de prife de corps decerné par ledit Juge, ledit jour dix Février, à l'encontre defdits maîtres & gardes leurs clercs & affiftant, portant, que le maître & garde qui avoit été conftitué prifonnier de fon ordonnance verbale, & mis en liberté par le Lieutenant Civil, feroit réintegré & informé de l'action, le Procès-verbal de vifite faite par le Commiffaire de Laiftre, en prefence defdits maîtres & gardes, du fept Février mil fix cent cinquante, contenant les faifies des aulnes des Marchands & poids défectueux, defdits Carron, Jacob, Dangers & veuve Fontaine, Pierre Michelet, Antoine Frejau & Conforts, la Sentence donnée, en confequence par ledit Lieutenant Civil, le vingt-trois Février mil fix cent cinquante-trois, par laquelle le poids dudit Michelet avoit été confifqué pour être défectueux, & lui condamné en douze livres parifis d'amende & aux frais, Antoine Fregau condamné en huit livres parifis d'amende & frais, Adrien Damiens en huit livres parifis d'amende & frais; & ordonné que les Marchandifes faifies fur ledit Jacob, feroient vendues, & lui condamné en quatre livres parifis d'amende & ès frais, Jean Guignon condamné en huit livres parifis d'amende, & que la piéce fur lui faifie feroit coupée, & après à lui rendüe, & ès frais; & les Marchandifes faifies fur Jean Dargent couppées en deux, & condamné en quatre livres parifis d'amende & ès frais, Antoine Baudet condamné en huit livres parifis d'amende & ès frais; Nicolas Carron en huit livres parifis d'amende, la veuve Fontaine, Edme Gallard & Claude Dutel auffi condamnés en chacun huit livres parifis d'amende & aux frais; & ordonné que la piéce vifitée fur ledit Dutel, feroit reprefentée pour être couppée en deux comme deffectueufe, ce qui feroit exécuté nonobftant oppofitions ou appellations quelconques, la permiffion d'informer dudit Lieutenant Civil; information & decret d'ajournement perfonnel, decerné contre ledit Buridau, & de prife de corps,

contre lefdits Officiers, Nicolas Hacq, & Henry Leftocq,
& Nicolas Vellot: Procès-verbaux d'emprifonnement defdits
Hacq & Vellot: autre Arrêt d'appointé au Confeil, à bailler caufes d'appel, réponfes & produire, du treize Août mil
fix cent cinquante: autre arrêt d'appointé au Confeil, du
quatre Septembre mil fix cent cinquante-un, fur l'appel defdits Maîtres & Gardes de la Procedure extraordinaire dudit
Buridau, & prife à partie contre lui faite, enfemble de
l'emprifonnement de la perfonne de Genffe Clerc de leur
Bureau: caufes & moyens d'appel, defdits Maîtres & Gar-
fes contenant leurs conclufions; à ce que, à l'égard de l'appel par lefdits Gardes interjetté, tant comme de Juge incompetent qu'autrement, de toute la procedure & Ordonnance decernée par ledit Buridau, au bas de la Requête
anti-datée du fept Février; il fut dit qu'il avoit été mal, nullement, & viollamment procedé, & incompetamment informé, ordonné & decreté contre lefdits Maîtres & Gardes & leurs Clercs; ledit Buridau déclaré bien Intimé,
& pris à partie en fon propre & privé nom: ce faifant que
toute fa Procedure fut caffée & annullée, avec deffenfe à l'a-
venir de plus ufer de telles voyes, ni d'empêcher lefdits Gardes de la Mercerie en leurs vifitations de Marchandife dépendante de leurs Corps, étant en ladite Foire, même de
plus exciter tumulte pour les y troubler, & pour l'avoir fait,
condamné en mille livres d'amende, & aux dommages &
interêts defdits Gardes, enfemble aux dépens, tant en demandant que deffendant caufe principale & d'appel; en fecond lieu, que l'emprifonnement & détention fait de la perfonne dudit Genffe Clerc du Bureau defdits Gardes de la
Mercerie ès prifons dudit Saint Germain-des-Près, de l'Ordonnance verbale dudit Buridau, fut déclaré nul tortionnaire & déraifonnable; ordonner que l'écroüe de fon emprifonnement feroit rayé & biffé, & ledit Buridau condamné
en fes dommages & interêts, & dépens, tant des caufes
principalle que d'appel; & en troifiéme lieu faifant droit fur
l'appel de la même Ordonnance, du fept Février mil fix cent
cinquante, à l'égard des Carron & Conforts, qu'il avoit été
mal requis par eux, & fubordinement mal jugé par ledit
Bailly cependant que deffenfes leur feroient faites, & à tous

autres de troubler, empêcher à l'avenir lefdits Gardes de la Mercerie aux vifitations qu'il leur eft permis de faire fur les Marchandifes dépendantes de leur vacation, étant en ladite Foire, & pour le trouble à eux fait, & tumulte excité chacun d'eux, condamné folidairement en mille livres d'amende, & en tous dépens, dommages & interêts, tant en demandant, deffendant des caufes principales & d'appel : quatre productions defdits Maîtres & Gardes, fuivant lefdits Reglemens, des trois Août mil fix cent cinquante, & quatre Septembre mil fix cent cinquante-un ; forclufions de fournir de réponfes, & produire par lefdits Carron, Cornette, Delaftre, Deflexelles, Pierre Hacq, Deleftoq, Boiffel, Jacob, Damiens, & Buridau Bailly dudit Saint Germain, & de fournir de caufes d'appel, & produire par lefdits Dangers, Carron, Jacob, Deflexelles, de Buridau, & autres Officiers du Bailliage de Saint Germain, Hacq & Leftoq, fur leurs appellations : Requête d'emploi pour caufes d'appel dudit Villot de fon emprifonnement : conclud à ce qu'il fut declaré nul injurieux ; les Maîtres & Gardes condamnés en une réparation honorable & profitable, & ordonné que l'écroüe feroit rayé, & la caution prefentée pour l'élargiffement de fa perfonne déchargée, avec dépens, dommages & interêts, & dépens de l'inftance : Requête d'emploi, pour réponfes defdits Maîtres & Gardes ; productions defdits Villot, & Maîtres & Gardes ; copie de la Requête prefentée par les Prévôt & Echevins de la Ville d'Amiens, le vingt-cinq Janvier mil fix cent cinquante-un, fur laquelle, par Ordonnance de ladite Cour, ils avoient été reçûs parties intervenantes, contre lefdits Maîtres & Gardes Jacob, Dangers & Conforts : Arrêt d'appointé à bailler, moyens d'intervention, réponfes & produire, dudit jour quatre Septembre mil fix cent cinquante-un ; production & requête d'emploi, pour production defdits Maîtres & Gardes fur ladite intervention ; forclufions de fournir de moyens d'intervention, & produire par lefdits Prévôt & Echevins d'Amiens, la Requête de Me. Henry de Bourbon Evêque de Metz, Abbé commandataire de Saint Germain-des-Prés, & Religieux de ladite Abbaye, du vingt Janvier mil fix cent cinquante-un, fur laquelle ils auroient auffi été reçûs parties intervenantes, à l'encontre defdits

Maîtres & Gardes, & Buridau : Arrêt d'appointé ; à bailler
moyens d'intervention, réponſes, & produire du cinquiéme
Septembre mil ſix cent cinquante-un, réponſes deſdits Abbé
& Religieux de Saint Germain - des - Près, aux cauſes &
moyens d'appel deſdits Maîtres & Gardes, & leurs moyens
d'intervention, contenant leurs concluſions ; à ce qu'ayant égard
à ladite Requête d'intervention, il fut ordonné que leſdits Abbé
& Religieux ſeroient maintenus en leur droit & poſſeſſion
de toute Juſtice & de Police, dans leur Terre & Seigneurie
de Saint Germain, & dans la Foire dudit lieu ; que deffenſes
ſeroient faites auſdits Maîtres & Gardes de la Mercerie de Paris, d'aller en viſite chez tous les Merciers & Marchands, tant
de ladite Ville de Saint Germain, que ceux qui alloient dans
ladite Foire, & à toutes autres perſonnes & Officiers, ſinon en
préſence & de l'autorité des Officiers dudit Saint Germain, &
à la charge que les rapports des malverſations qui ſe rrouve-
roient avoir été commiſes, ſeroient faites & jugées audit Bailliage
ge avec deffenſes de ſe pourvoir ailleurs, le tout à peine de trois
millivres d'amende, & pour l'entrepriſe faite par les Deffendeurs, en l'année mil ſix cent cinquante, & autres ſi aucunes ils ont fait condamnés en telle amende qu'il plairoit à la
Cour ordonner, & en tous les dommages & interêts envers
les Demandeurs, & ès dépens du Procès ; réponſes deſdits
Maîtres & Gardes, productions deſdits Abbé & Religieux,
& deſdits Maîtres & Gardes, forcluſions de fournir de réponſes, & produire par ledit Buridau : Requête, commiſſion &
demande deſdits Maîtres & Gardes, des vingt-un Novembre mil ſix cent cinquante-un, & treize Novembre mil ſix
cent cinquante-quatre, à ce que l'arrêt qui interviendroit fut
declaré commun avec Me. Melchior Dufreſne, Bailly dudit
Saint Germain, & Me. Antoine Furetiere Procureur fiſcal audit Bailliage ; & en conſequence que deffenſes leur fuſſent
faites, & à tous autres Officiers dudit Bailliage de Saint
Germain - des-Près, de troubler & empêcher leſdits Demandeurs èſdites viſitations ordinaires & accoûtumées être par
eux faites, tant en ladite Foire qu'au Fauxbourg Saint Germain & autres lieux ; & en cas de contravention, condamnés
en tous les dépens, dommages & interêts deſdits Demandeurs, & dès-à-preſent ès dépens de l'inſtance, & de tout

I iij

ce qui s'en est enfuivi ; deffenfes defdits Dufrefne & Furetiere, repliques defdits Demandeurs, appointement en droit
des douze & dix-huit Novembre mil fix cent cinquante-cinq;
productions defdits Maîtres & Gardes & Furetiere, forclufions de produire par ledit Dufrefne, arrêt des vingt-trois
Février mil fix cent cinquante-quatre, vingt-fix Janvier mil
fix cent cinquante-cinq, vingt-fept Janvier mil fix cent cin-
quante-fept, par le dernier defquels, auroit été ordonné, que dans
trois mois lefdits Abbé & Religieux feroient tenus de faire
juger l'inftance d'entre les parties, cependant que lefdits Maîtres & Gardes pourroient par provifion aller en vifite à la
Foire Saint-Germain, affifté de l'un des Huiffiers de la Cour,
qui en drefferoit Procès-verbal, pour icelui rapporté & communiqué au Procureur général du Roi, être ordonné ce qu'il
appartiendroit ; fignification defdits arrêts, & forclufion de
fatisfaire au dernier par lefdits Abbé & Religieux, Procès-
verbaux de vifite faite par lefdits Maîtres & Gardes des Marchandifes trouvées ès Boutiques de la Foire de Saint Germain, en prefence de l'Huiffier Cafault, contenant les def-
fectuofités qu'ils avoient trouvé, tant èfdites Marchandifes
qu'aulnes & mefures des Marchands, en date des cinq Février mil fix cent cinquant-fix, cinq Février mil fix cent cin-
quante-fept, fixiéme Février mil fix cent cinquante-huit,
cinq Février mil fix cent cinquante-neuf, neuf Février mil
fix cent foixante, & fept Février mil fix cent foixante-un ;
autre arrêt du quatre Mars mil fix cent foixante, portant qu'il
feroit procedé par faifie des Marchandifes deffectueufes par
lefdits Maîtres & Gardes, avec deffenfes aux Officiers du
Bailliage de Saint Germain de les y troubler, ce qui feroit
exécuté nonobftant oppofitions ou appellations quelconques ;
contredits des Maîtres & Gardes dudit Corps des Marchands Merciers, & Requêtes par eux employés pour contredits, fuivant l'arrêt à contredire du deuxiéme Janvier mil
fix cent cinquante-cinq, déclaré commun ; contredits defdits
Abbé & Religieux de Saint Germain-des-Près ; forclufions
d'en fournir, par lefdits Carron, Jacob Dangers, Deflexelles, Hacq, Villot & Conforts, Buridau, Dufrefne, Fureti-re
& autres Officiers, conclufions du Procureur général du Roy,
tout joint & confideré. Il SERA DIT que nôtredite Cour fai-

fant droit fur le tout, fans s'arrêter aux interventions, a mis & met les appellations interjettées par lefdits Maîtres & Gardes des Procédures faites au Bailliage de Saint Germain, & ce dont a été appellé au néant, émendant dit qu'il a été mal nullement, & incompetent ordonné, procedé & exécuté; déclare ledit Buridau bien Intimé, & l'emprifonnement dudit Genffe injurieux tortionnaire & déraifonnable; ordonne que l'écroïie fera rayé & biffé, & fur le furplus des appellations interjettées par lefdits Abbé & Religieux de Saint Germain, Buridau, Caron, Villot & Conforts, les parties hors de Cour & de Procès, & ayant égard aux demandes defdits Maîtres & Gardes, des vingt-deux Novembre mil fix cent cinquante-un, & treize Novembre dernier; fait deffenfes aux Officiers dudit Bailliage de Saint Germain, de troubler, ni empêcher à l'avenir lefdits Maîtres & Gardes, en l'exercice de leurs fonctions & vifites en la Foire de Saint Germain, à peine de mille livres d'amende, èfquelles vifites lefdits Maîtres & Gardes fe feront affifter d'un Huiffier du Châtelet, & pour les contraventions fe pourvoiront lefdits Maîtres & Gardes par-devant le Prévôt de Paris, & en cas d'oppofition ou appellation verbale, ou Procès par écrit; fe pourvoiront en la Grand Chambre du Parlement, & non ailleurs, fuivant les déclarations des mois de Juillet mil fix cent-un, & Janvier mil fix cent treize, regiftrés les onze Septembre mil fix cent-un, & fept Mars mil fix cent treize, le tout fans dommages & interéts, & dépens; condamne lefdits Abbé & Religieux, & Conforts, en une amende ordinaire de douze livres tournois feulement. SI MANDONS, mettre le prefent arrêt à l'exécution felon fa forme & teneur de faire te donnons pouvoir. DONNE' en nôtredite Cour de Parlement, le fix Août, l'an de grace mil fix cent foixante-un, & de nôtre Regne le dix - neuviéme, *collationné* LAURENT, par la Chambre, *figné* DUFRANC.

Statuts des Maîtres Queulx, Cuisiniers & Portechappes de la Ville, Fauxbourgs & Banlieuë, Prévôté & Vicomté de Paris, confirmés par Lettres patentes du mois d'Août 1663. registrées en Parlement le 29. Janvier 1664.

Article III.

Traité de la Police liv. . tit. 45. ch. 4. tom. 3. pag. 493.

Suivant ledit deuxiéme Article desdits Statuts du mois de Mars 1599. il y aura quatre Jurés de ladite Communauté, dont deux seront tous les ans au 15. Octobre, élûs à la pluralité des voix de tous lesdits Maîtres, pardevant le Procureur de Sa Majesté audit Châtelet, à condition toutesfois qu'ils auront avant été Administrateurs de la Confrerie, & passé par la Charge de Batonnier d'icelle ; prêteront le serment en ses mains de bien & fidellement observer les presens Statuts, les faire inviolablement exécuter par tous lesdits Maîtres, être ponctuels à toutes les visites ordinaires & extraordinaires, faire leurs rapports dans les vingt-quatre heures de toutes les contraventions & abus qu'ils découvriront contre l'honneur, la gloire & l'avantage de leur Communauté, & d'en pourfuivre la punition jufqu'à jugement définitif, sans que pour raison de ce ils soient tenus de prendre aucun visa, pareatis ni mandement des Hauts-Justiciers residens en ladite Ville, Fauxbourgs, Banlieuë, Prévôté & Vicomté de Paris.

Article XLII.

Tous Privilegiés généralement quelconques, seront réduits au nombre porté par le Reglement arrêté au Conseil de Sadite Majesté en l'année 1640. Ce faisant lors qu'icelle sera hors la Ville de Paris, ils seront visités par lesdits Jurés de l'autorité dudit Prévôt de Paris ou son Lieutenant Civil, sur les Conclusions du Procureur de Sa Majesté audit Châtelet.

'Arrêt

Arrêt du Conseil d'Etat, par lequel le Roy ordonne que la Police générale de la Ville, Fauxbourgs & Banlieuë de Paris, sera faite par les Officiers du Châtelet; avec défenses à tous autres Juges de s'en entremettre.

Extrait des Regiſtres du Conseil d'Etat.

SUR ce qui a été repreſenté au Roy étant en ſon Conſeil, que le droit de faire Police générale dans l'étenduë de la Ville, Fauxbourgs & Banlieuë de Paris, appartenant au Prévôt dudit Lieu & ſes Lieutenans Civil & Criminel du Châtelet, à l'excluſion de tous autres Officiers Royaux, & des Juſtices des Seigneurs particuliers; Sa Majeſté auroit donné ſes Ordres audit Lieutenant Criminel, pour avec ſon Procureur audit Châtelet faire lad. Police générale, & informer Sa Majeſté des abus & deſordres qu'ils y auroient remarqué contraires aux Ordonnances, Arrêts & Reglemens de Police : A quoi ayant été par eux procedé en différens jours à ladite Police générale commencée, ils auroient été troublés dans l'exécution deſdits Ordres, par la concurrence de pluſieurs Officiers deſdites Juſtices particulieres, & notamment par le Baillif du For-l'Evêque, lequel ſans titre & ſans pouvoir ſe feroit ingeré d'entreprendre ſemblable viſite de Police générale. Et d'autant qu'il importe d'arrêter le cours de ces ſortes d'enrrepriſes contraires au bien public, & qui pourroient empêcher le fruit d'une réformation ſi utile & ſi néceſſaire par la multiplicité & la confuſion de toutes ſortes d'Officiers, aux Ordonnances deſquels les Bourgeois ſe trouveroient en peine d'obéir dans la difference des Juſtices; à quoy étant neceſſaire de pourvoir : LE ROY ESTANT EN SON CONSEIL, a ordonné & ordonne, que la Police générale encommencée par leſdits Officiers du Châtelet, ſera par eux inceſſamment continuée, & à cet effet pourront ſe tranſporter dans toutes les Maiſons, Hôtels, Colleges, Communautés & autres lieux de ladite Ville, Fauxbourgs & Ban-

5. Nov. 1666.

Traité de la Police liv. 1. tit. (
chap. 9. tom. .
pag. 143. derni .
re Édition.

K

lieuë de Paris, dont ouverture leur fera faite nonobſtant tous prétendus Privileges, ſur leſquels Sa Majeſté ſe reſerve de faire droit en connoiſſance de Cauſe, ainſi qu'il appartiendra. Et en conſéquence, a fait Sa Majeſté très-expreſſes inhibitions & deffenſes à tous les Officiers des Seigneurs Hauts-Juſticiers de ladite Ville & Fauxbourgs de Paris, même aux Lieutenans du Grand-Prévôt de l'Hôtel, & Baillif du Palais, d'entreprendre de faire ladite Police générale, ni donner aucun trouble auſdits Officiers du Châtelet pour raiſon de ce, Et ſera le preſent Arrêt exécuté nonobſtant oppoſitions ou appellations quelconques, dont ſi aucunes interviennent, Sadite Majeſté s'en eſt reſervé la connoiſſance, & icelle interdite à tous autres Juges. Enjoint à ſon Procureur du Châtelet de tenir la main à l'exécution d'iceluy, lequel ſera publié & affiché en tous les lieux & endroits accoûtumés, à ſa diligence. FAIT au Conſeil d'Etat du Roy, Sa Majeſté y étant, tenu à Saint Germain en Laye le 5. Novembre 1666. *Signé* DE GUENEGAUD.

Leu, publié à ſon de Trompe & cri public, & affiché par tous les Carrefours de cette Ville & Fauxbourgs de Paris, par moi Charles Canto, Juré Crieur du Roi en ladite Ville, Prévôté & Vicomté de Paris, ſouſſigné, accompagné de Hieroſme Tronſſon, Eſtienne du Bos Jurez Trompettes du Roi, & de Jean de Beauvais Commis d'Eſtienne Chappé, auſſi Juré Trompette, le Samedi 6. Novemlre 1666. Signé CANTO.

Edit du Roy Loüis XIV. Pour la Police de la ſureté de la Ville & Fauxbourgs de Paris.

EXTRAIT.

<table><tr><td>

Decemb. 1666.
Enregiſtré au
Parlement le 11.
dudit mois.

</td><td>

VOULONS & ordonnons que la Police générale ſoit faite par les Officiers ordinaires du Châtelet, en tous les Lieux prétendus privilegiés, ainſi que dans les autres Quartiers dela Ville, ſans aucune différence ni diſtinction ; & qu'à cet effet le libre accès leur y ſoit donné. Et à l'égard de la

</td></tr></table>

Police particuliere, elle fera faite par les Officiers qui auront prévenu ; & en cas de concurrence, la préference appartiendra au Prévôt de Paris.

Le Commiffaire de la Marre cite un Arrêt du Parlement du 22. Decembre 1666. rendu entre les Officiers du Châtelet & le Bailly de Saint-Germain-des-Prés, par lequel il eft ordonné, qu'au Prévôt de Paris ou fon Lieutenant, privativement à tous autres Juges, appartiendra la connoiffance & exécution de la Police générale, dans la Ville & les Fauxbourgs de Paris, fans préjudice de la Police particuliere, qui fera exercée cumulativement à l'ordinaire, par les Officiers du Châtelet & ceux du Bailliage, dans l'étenduë de leur Jurifdiction.

Traité de la Police liv. 1. tit 10. chap. 1. tome 1. pag. 161. de la derniere Edition.

Arrêt du Confeil, qui fait deffenfes à tous Juges ayant Jurifdiction dans l'étenduë de la Ville, Fauxbourgs, Prévôté & Vicomté de Paris, de troubler les Officiers du Châtelet dans la Police générale.

Extrait des Regîtres du Confeil d'Etat.

LE ROY s'étant fait reprefenter en fon Confeil l'Arrêt rendu en icelui, Sa Majefté y étant, le 5 jour de Novembre dernier ; Par lequel Sa Majefté auroit entr'autres chofes ordonné, que la Police générale encommencée par les Officiers du Châtelet de Paris, feroit par eux inceffamment continuée ; & en confequence, fait très-expreffes inhibitions & deffenfes à tous les Officiers des Seigneurs Haut-Jufticiers de la Ville & Fauxbourgs de Paris, même aux Lieutenans du Prévôt de l'Hôtel, & Baillif du Palais, d'entreprendre de faire ladite Police générale, ni donner aucun trouble aufdits Officiers du Châtelet pour raifon de ce ; VEU auffi le Jugement rendu par le Baillif du Palais le 13. jour du prefent mois d'Avril, fur la Remontrance du Procureur du Roy audit Bailliage ; Par lequel il a ordonné que les Jurés Chandeliers de la

14. Avril 1667.

K ij

Ville de Paris, qui ont été affiftez de quelques Officiers dudit Châtelet en vifite chez le nommé Jean Baudin Maître Chandelier, demeurant au Fauxbourg faint Jacques, où ils ont trouvé, faifi & tranfporté de la Chandelle qu'ils ont crû défectueufe, feroient affignez en la Chambre dudit Bailliage, pour répondre aux conclufions dudit Procureur du Roy, qu'ils feroient tenus de reprefenter les Chandelles par eux faifies fur ledit Baudin, pour être vûës & vifitées par anciens Jurez dudit Métier, qui feront nommés d'office par ledit Baillif, & le Rapport fait être ordonné fur la prétenduë contravention aux Statuts & Reglement ce que de raifon ; à la reprefentation defquelles Chandelles faifies lefdits Jurez feront contraints par corps : Cependant fait défenfes audit Baudin de répondre audit Châtelet à aucune affignation qui lui pourroit être donnée, & aufdits Jurez de faire aucunes pourfuites ailleurs que pardevant ledit Bailly, à peine de quarante huit livres parifis d'amende contre les contrevenans, & que ladite Sentence feroit exécutée nonobftant oppofitions ou appellations quelconques, & fans préjudice d'icelles. La fignification faite de ladite Sentence ledit jour aux Jurez Chandeliers de ladite Ville de Paris, portant Affignation aux fins d'icelle pardevant ledit Baillif du Palais. Oüi le Rapport du fieur Hotman Confeiller du Roy en fes Confeils, Maître des Requêtes ordinaire de fon Hôtel, Intendant des Finances, Commiffaire à ce député : Et tout confideré; SA MAJESTE' EN SON CONSEIL a ordonné & ordonne, Que l'Arrêt du Confeil d'Etat du 5. Novembre dernier fera exécuté felon fa forme & teneur, & conformément à icelui, fait Sa Majefté iteratives inhibitions & défenfes audit Baillif du Palais, & à tous autres Juges qui ont Jurifdiction dans l'étenduë de la Ville, Fauxbourgs, Prévôté & Vicomté de Paris de troubler le Lieutenant du Prévôt de Paris pour la Police & Officiers du Châtelet dans la fonction & connoiffance de la Police generale d'icelle; & en confequence, fans s'arrêter à l'Ordonnance du Baillif du Palais du 13. du prefent mois, a déchargé & décharge lefdits Jurez Chandeliers de l'Affignation à eux donnée pardevant ledit Baillif du Palais : Enjoint, tant aufdits Jurés qu'audit Baudin, d'executer les Ordonnances dudit Lieutenant de Police exerçant la Police generale, à peine d'être procedé con-

tr'eux extraordinairement fuivant la rigueur des Ordonnances. FAIT au Confeil d'Etat du Roy, tenu à Paris le 14.
jour d'Avril 1667. *Signé* BERRYER.

---

*Sentence de Police, qui fait deffenfes aux Boulangers du
Fauxbourg Saint Germain, d'exécuter l'Ordonnance
renduë par le Bailly dudit lieu, fur le prix de certains
Pains appellés Grignons, dont il permet la vente; &
au Bailly de l'Abbaye, de rendre à l'avenir de pareilles Ordonnances fur le fait de la Police.*

SUR ce qui a été reprefenté par le Procureur du Roy,
que Sa Majefté ayant le principal interêt dans l'établiffement du taux des vivres & denrées, il a toûjours été fait par
fes Officiers, pour être generalement obfervé, dans toute l'é-
tenduë de cette Ville & Fauxbourgs, ès detroits même des Seigneurs Hauts-Jufticiers, & que pour éviter la confufion qui
s'en enfuivroit, fi plufieurs Officiers avoient cemême droit,
cette Police generale a toûjours appartenu à Nous feul, à l'exclufion même des autres Juges Royaux; neantmoins le Bailly
du Fauxbourg Saint Germain, quoiqu'il foit Juge Subalterne,
que la Juftice qu'il exerce, confiderée par fon origine, par le
rang qu'elle tient avec les autres de cette Ville, foit une des
dernieres, & qu'il n'a dû prétendre plus de droit que les autres Juges des lieux circonvoifins de Paris, n'ayant pour fondement que la conceffion du domaine d'Iffy; n'a laiffé d'entreprendre de faire imprimer & publier une Ordonnance par
lui renduë, fur le requifitoire du Procureur fifcal en fon Bailliage, le 30. Avril dernier, portant un prétendu Reglement fur
le taux du pain dans l'étenduë du Fauxbourg, par lequel contre la difpofition des Ordonnances du Roy, & au préjudice
des Reglemens de Police, il permet la vente de certains
pains appellés grignons, & même du prix de trois fols, en
quoy non feulement il a outrepaffé fon pouvoir, limité d'ailleurs par la tranfaction de 1272. dans laquelle le Roy fait referve expreffe du taux du pain & du vin, par l'Arrêt du 28.

19. Août. 1667.

K iij

Mars 1476. qui enjoint aux Boulangers du Fauxbourg de faire leur pain du poids & du prix de celui de Paris, par l'Arrêt du 3. Juillet 1537. qui ordonne aux Commissaires de visiter les Boulangers du Fauxbourg pour l'observation de l'Ordonnance Royale, dans le poids & la blancheur du pain, & par plusieurs autres Arrêts qui obligent les Artisans de garder dans les poids, dans les mesures & dans la qualité de leurs Ouvrages, les regles generales des Maîtres de Paris : mais encore il a fait un prejudice notable au public, qui ne pourroit à l'avenir éviter la fraude & l'abus trop ordinairement commis par les Boulangers & Cabaretiers, si l'Ordonnance dudit Bailly avoit lieu, & si l'on permettoit cette sorte de pains appellés grignons, qui ne sont faits ainsi défectueux dans leur forme & dans l'excez de leur cuisson, que pour couvrir le défaut de leurs poids. Car s'il est permis aux Boulangers & aux Cabaretiers de changer la proportion qui a toûjours été gardée entre les differentes sortes de petit pain, dont l'une doit être le double de l'autre, il sera difficile de leur faire garder aucune regle, particulierement pour le pain de deux sols, qu'ils feront passer dans leurs Boutiques & dans leurs Cabarêts pour du pain de trois sols quand il pesera une ou deux onces plus que le poids ordonné pour deux sols : Pourquoi requeroit sans avoir égard à l'Ordonnance dudit Bailly, laquelle seroit cassée & declarée nulle, comme faite & donnée par Juge incompetant & sans pouvoir, il fut fait deffenses aux Boulangers du Fauxbourg Saint Germain de l'exécuter, ni faire à l'avenir vendre & exposer en leurs Boutiques cette sorte de pain appellé grignon, ni même aucune autre que celle portée par les Ordonnances, de six deniers, un sol, & deux sols, si ledit pain n'est au dessus du poids de deux livres, sur lequel audit cas sera enjoint aux Boulangers de mettre des marques suffisantes pour en faire connoître les poids : Nous faisant droit sur les Conclusions du Procureur du Roy, & sans avoir égard à ladite Ordonnance dudit jour 30. Avril dernier, comme nulle & incompetamment donnée par le Bailly de Saint Germain, faisons deffenses aux Boulangers dudit Fauxbourg de cuire ni exposer en vente aucune sorte de pain appellé grignon, ni de faire autre pain que de l'Ordonnance, de six deniers, un sol, & deux sols, s'il n'est du poids de deux livres ou au deſſus, lequel pain du poids de deux livres & au deſſus, leur enjoignons marquer, à ce que le poids en ſoit connu par ceux auſquels il eſt expoſé en vente, le tout à peine de quatre-vingt livres pariſis d'amende contre les contrevenans : Comme auſſi faiſons deffenſes audit Bailly de rendre à l'avenir de pareilles Ordonnances, & d'entreprendre de faire aucuns Reglemens generaux, ni de contrevenir à ceux cy-devant faits ſur le fait de la Police : Ce qui ſera lû, publié & affiché en l'étenduë dudit Bailliage Saint Germaindes-Près, & exécuté nonobſtant oppoſitions ou appellations quelconques faites ou à faire, & ſans préjudice d'icelles pour leſquelles ne ſera differé. Ce fut fait & donné au Châtelet de Paris, par Meſſire GABRIEL - NICOLAS DE LA REYNIE, Conſeiller du Roy en ſes Conſeils d'Eſtat & Privé, Maître des Requêtes ordinaire de ſon Hôtel, & Lieutenant de la Police en la Ville, Prévôté & Vicomté de Paris, le 19. Aouſt 1667. *Signé* DE LA REYNIE. *Et plus bas, ſigné* DE RIANTZ. *Et* DE COUR. Greffier.

Lû, publié à ſon de trompe & cri public, & affiché en l'étenduë du Bailliage de Saint Germain-des-Près, & par tous les lieux & endroits accoûtumés de cette Ville & Fauxbourgs de Paris, par moi Charles Canto, Juré Crieur du Roi, en ladite Ville, Prévôté & Vicomté de Paris, ſouſſigné, accompagné de Hierofme Tronſſon, Eſtienne du Bos Jurez Trompettes du Roi, & de Jean de Beauvais Commis d'eſtienne Chappé auſſi Juré Trompette du Roi, le Samedi 27. jour d'Août 1667. Signé, CANTO.

L'on doit mettre au rang des Titres qui établiſſent la Police générale & la prévention en matiere de Police particuliere, l'Arrêt du Parlement du ſept Septembre 1678. qui n'ordonne l'Enregiſtrement des Lettres Patentes de rétabliſſement des Juſtices des Commanderies du Temple, & de Saint-Jean-de-Latran, pour l'Enclos & Cours d'icelles, en date du 20 Mars précedent; qu'à la charge que les Arrêts intervenus, avant la ſuppreſſion des Juſtices des Seigneurs de Paris, concernant la prévention, feront exécutés, & ſans rien innover pour le rapport des contraventions faites dans les Arts & Métiers; cet Arrêt eſt cy-après.

7. Septembre
1678.

*Statuts des Ordonnances des Maîtres Tisserans de Paris,
regiſtrés en Parlement le 22. Janvier 1686.*

ARTICLE XXIV.

22. Janvier
1686.

ITEM, & pour faire garder, obſerver & entretenir ces
preſentes Ordonnances, il y aura quatre Jurés qui ſeront
élûs pardevant ledit Procureur du Roy pour la Communauté
dudit métier, qui ſeront chargés par chacun an, comme les
autres Jurés des autres métiers de cette Ville de Paris, par
leſquelles ſeront faites toutes viſitations neceſſaires à faire aud.
métier, tant en ladite Ville que Fauxbourgs & Banlieuë de
Paris, ſans que pour viſite eſdits Fauxbourgs & Banlieuë ils
ſoient tenus de demander licence aux Hauts-Juſticiers deſd.
Fauxbourgs & Banlieuë, quelque privilege & droit de Haute-
Juſtice qu'ils ayent eſdits Fauxbourgs & Banlieuë, attendu
qu'il eſt queſtion de la Police, de laquelle la connoiſſance
appartient ſeulement au Prévôt de Paris & non à autre.

---

*Declaration du Roy, contenant entr'autres choſes, pluſieurs
Statuts ajoûtés à ceux des Maîtres Huchers-Menuiſiers
des Ville, Fauxbourgs & Banlieuë de Paris, du 19.
Juillet 1704.*

ARTICLE XII.

19. Juillet 1704.

Traité de la Po-
lice liv. 6. tit. 4.
chap. 11. tom. 4.
pag. 119.

ET d'autant qu'il eſt du bien public que la Police de
notre bonne Ville de Paris & des Fauxbourgs ſoit uniforme & obſervée également, permettons auſdits Principal
& Jurés de ladite Communauté, de faire leurs viſites dans
les maiſons des Menuiſiers du Fauxbourg Saint Antoine, dans
le Temple, dans l'Abbaye de Saint Germain-des-Prés, dans
l'Enclos de Saint Jean-de-Latran, de Saint Denis-de-la-
Chartre, dans les Colleges & autres lieux privilegiés ou

prétendus

prétendus tels, même dans les Foires de Saint Germain &
de Saint Laurent, conformement à la Sentence du Lieutenant Général de Police du 31. Mars 1702. comme aussi
dans les maisons de ceux qui exercent la Profession à titre
de privilege du Prévôt de notre Hôtel ou autrement; & en
cas qu'ils y trouvent des ouvrages défectueux, ils se pourvoiront pardevant ledit Lieutenant Général de Police, en
quelques lieux que lesdites saisies ayent été faites, sans néanmoins que lesdits Principal & Jurés puissent prétendre aucuns
droits de visite desdits Menuisiers à titre de privilege, ni de
ceux qui exercent la Profession dans des lieux privilegiés, à
moins que lesdits Menuisiers à titre de privilege ne soient
aussi Maîtres de ladite Communauté.

---

*Declaration du Roy, contenant entr'autres choses, plu-
sieurs Statuts ajoûtés à ceux des Maîtres Charpentiers,
des Ville, Prévôté & Vicomté de Paris.*

ARTICLE VII.

ET d'autant qu'il est du bien public que la Police de Notre bonne Ville de Paris & des Fauxbourgs soit uniforme & observée également, permettons aux Jurés-Sindics
de ladite Communauté, de faire leurs visites dans tous Atteliers & Chantiers, tant du Fauxbourg Saint Antoine, de l'Enclos du Temple, de Saint Jean-de-Latran, Saint Denis-de-
la-Chartre, de l'Abbaye de Saint Germain-des-Prés, que dans
la ruë de l'Oursine, Colleges & autres lieux privilegiés ou
prétendus tels, même dans les Foires de Saint Germain &
de Saint Laurent, comme aussi dans les Atteliers & Chantiers de ceux qui exercent ladite profession de Charpentiers
à titre de privilege du Prévôt de notre Hôtel, ou autrement;
& en cas qu'ils y trouvent des malfaçons, bois défectueux
ou des ouvrages contraires aux Reglemens de Police & à
l'Art de Charpenterie, lesdits Jurés-Sindics en dresseront leur
procès-verbal & se pourvoiront pardevant le Lieutenant Gé-

28. Juin 1705.
Enregistrées au
Parlement le 17.
Août 1706.

Traité de la Po-
lice liv. 6. tit. 4.
chap. 6. tome 4.
pag. 83.

L

néral de Police, en quelques lieux que lefdites vifites ou entreprifes fur ledit art. ayent été faites.

Déclaration du Roy, laquelle entr'autres chofes, accorde
de nouveaux Articles à la Communauté des Tifferans en
Toile & Cannevas, des Ville & Fauxbourgs de Paris.

ARTICLE II.

30. Juin. 1705.
Enregiftrées au
Parlement le 12.
Decembre fuiv.

ET d'autant qu'il eft du bien public que la Poltce de Notre bonne Ville de Paris & de fes Fauxbourgs foit uniforme, permettons aux Jurés de ladite Communauté, de faire
leur vifite, dans les maifons des Tifferans du Fauxbourg Saint
Antoine, de l'Enclos du Temple, Saint Denis-de-la-Chartre,
de Saint Jean-de-Latran, de l'Abbaye Saint Germain-des-
Près, de la ruë de Lourfine ou autres lieux privilegiés ou
prétendus tels de notre bonne Ville & Fauxbourgs, comme
auffi dans les maifons de ceux qui exercent ledit métier de
Tifferans en Toille & Cannevas, àtitre de privilege du Prévôt
de notre Hôtel ou autrement : Ne pourront néanmoins lefdits
Jurés prétendre aucuns droits de vifite defdits Tifferans à titre
de privilege, ni de ceux qui exercent ledit métier dans les
lieux privilegiés, à moins que lefdits Tifferans ne fuffent auffi
maîtres de ladite Communauté.

Declaration du Roy, contenant entr'autres chofes, plufieurs
Statuts ajoûtés à ceux des Maîtres Chaircuitiers
de Paris.

ARTICLE XVII.

24. Octobre
1705.
Traité de la Po-
lice liv. 5. tit. 21.
chap. 5. tome 2.

ET d'autant qu'il eft du bien public, que la Police de notre bonne Ville de Paris & des Fauxbourgs foit uniforme & obfervée également, permettons aux Sindics & Jurés
de ladite Communauté, de faire leurs vifites dans les maifons

des Chaircuitiers du Fauxbourg Saint Antoine, dans l'Enclos du Temple, de Saint-Jean-de-Latran, de Saint Denis de-la-Chartre, de l'Abbaye de Saint Germain-des-Près, dans la ruë de l'Ourfine, ruës adjacentes, Colleges & autres lieux privilegiés & prétendus tels, comme auffi dans les maifons de ceux qui exercent la profeffion de Chaircuitier à titre de privilege du Prévot de nôtre Hôtel ou autrement; & en cas qu'ils y trouvent des Marchandifes défectueufes de leur profeffion, ils fe pourvoiront pardevant le Lieutenant Général de Police, en quelques lieux que les faifies en ayent été faites, fans néanmoins que lefdits Sindics & Jurés puiffent prétendre aucuns droits de vifite defdits Chaircuitiers à titre de privilege, ni de ceux qui exercent ladite profeffion dans des lieux privigiés, à moins que lefdits Chaircuitiers ne foient auffi Maîtres de ladite Communauté.

pag. 1334. derniere Edition.

Declaration du Roy, contenant entr'autres chofes, plufieurs Statuts ajoûtés à ceux des maîtres marchands Grainiers & maîtreffes marchandes Grainieres, des Ville, Fauxbourgs & Banlieuë de Paris.

ARTICLE XII.

ET d'autant qu'il eft du bien public, que la Police de nôtre bonne Ville de Paris & des Fauxbourgs foit uniforme & obfervé également, permettons aux Jurés & Jurées Gardes de ladite Communauté, de faire leurs vifites dans les maifons des Grainiers & Grainieres du Fauxbourg Saint Antoine, dans l'Enclos du Temple, & de Saint Denis de la Chartre, Saint-Jean-de-Latran, de Saint Germain-des-Près, de la ruë de l'Ourfine, & ruës adjacentes, dans les Colleges & autres lieux privilegiés, ou prétendus tels de nôtredite Ville, Fauxbourgs & Banlieuë de Paris; comme auffi de ceux qui exercent ladite profeffion, à titre de Privilege du Prévôt de nôtre Hôtel ou autre fur mentionnés; fans que lefdits Jurés & Jurées puiffent prétendre aucuns droits de vifite defdits lieux privilegiés, à moins qu'ils ne foient auffi Maîtres de la-

1. Decembre 1705.
Enregiftrées au Parlement le 19. Août 1706.

Traité de la Police liv. 5. tit. 15. ch. 4. tom. 2. pag. 1114.

L. ij

dite Communauté : voulons qu'en cas que les Jurés & Jurées de ladite Communauté trouvent des Marchandifes deffectueufes, ils fe pourvoyent pardevant le Lieutenant Général de Police, en quelques lieux que les Marchandifes ayent été faifies ; mais s'il arrive quelques conteftations entre les Maîtres & Maîtreffes de ladite Communauté, & les Laboureurs & Marchands Forains, au fujet de la bonne ou mauvaife qualité des Marchandifes dépendantes dudit métier & profeffion ; lefdits Jurés & Jurées ne puiffent être traduits ailleurs, que pardevant ledit Lieutenant Général de Police.

Arrêt du Parlement, portant Reglement, qui declare bonnes & valables les Saifies faites par les Maîtres & Gardes des fix Corps des Marchands, dans l'Enclos Saint Martin-des-Champs ; & fait deffenfes à tous Marchands & autres, d'expofer en vente, ni de vendre même dans les lieux prétendus privilegiés, aucunes, Marchandifes les Dimanches, Fêtes Annuelles & Solemnelles.

18. Decembre
1734.

LOUIS, PAR LA GRACE DE DIEU, Roy de France & de Navarre : Au premier des Huiffiers de nôtre Cour de Parlement, ou autre nôtre Huiffier ou Sergent fur ce requis ; SÇAVOIR, FAISONS : Qu'entre les Maîtres & Gardes des fix Corps des Marchands de Paris appellants des Sentences renduës en la Chambre de Police du Châtelet de Paris, des 27 Novembre 1733 & 29 Janvier 1734. à ce qu'il plaife à la Cour, faifant droit fur leur appel, mettre l'appellation, & ce au néant ; émandant, fans avoir égard aux demandes formées en la Chambre de Police, par les Intimés cy-après nommés, afin de réclamation & reftitution des Marchandifes fur eux faifies dans l'Enclos Saint Martin des-Champs par le Procès verbal des Commiffaires Moncrif & Blanchard du 11 Novembre 1733. déclarer la faifie defdites Marchandifes faite à la Requête defdits Maîtres & Gardes des fix Corps des Marchands de Paris bonne & valable ; ordonner qu'elles feront & demeureront confifquées au profit des Maîtres & Gardes des six Corps des Marchands; que deffenses seront faites aux Intimés cy-après nommés de contrevenir aux Reglemens, & pour l'avoir fait, qu'ils seront condamnés aux dommages interêts envers les six Corps des Marchands, tels qu'il plaira à nôtredite Cour arbitrer, & aux dépens des causes principales, d'appel & demandes d'une part : & François Bourbin, Loüis Deldeüil, Michel Roissart & François Briquet, Maîtres Gantiers & Parfumeurs à Paris, & Adrien Langlois, Maître Peignier & Tablettier, Intimés & Deffendeurs d'autre part, & entre lesdits Bourdin, Deldeüil, Roissart, Briquet & Langlois, Demandeurs en Requêtes des 30 Juillet & 23 Novembre 1734. La premiere, à ce qu'ils fussent reçûs appellants de la Sentence de la Chambre de Police dudit jour 29 Janvier 1734. & faisant droit, tant sur leurdit appel, que sur celui des Maîtres & Gardes des six Corps des Marchands de Paris, des Sentences desdits jours 27 Novembre 1733. & 29 Janvier 1734. sans avoir égard à la Requête des Maîtres & Gardes des six Corps des Marchands de Paris dudit treiziéme jour d'Avril de la presente année, mettre sur leur appel l'appellation au néant; ordonner que ce dont est appel sortira son plein & entier effet, & les condamner en l'amende, & en ce qui touche l'appel desdits Bourdin, Deldeuil, Roissart, Briquet & Langlois, mettre l'appellation & ce au néant, en ce que par ladite Sentence dudit jour 29 Janvier dernier (sauf par les Maîtres & Gardes des six Corps des Marchands de Paris, de represcnter les Marchandises en question) ils n'ont point été condamnés d'en payer le prix, & en ce qu'il n'a pas été adjugé ausdits Bourdin & Consorts des dommages, interêts ni dépens; émandant quant à ce, faute par les Maîtres & Gardes de leur rendre & restituer les Marchandises qu'ils ont sur eux saisies indûment, à la premiere sommation qui leur sera faite en vertu de l'Arrêt qui interviendra; les condamner solidairement à leur payer la somme de 2000 livres pour le prix des Marchandises, si mieux ils n'aiment, suivant l'estimation qui en sera faite à dire d'Experts, dont les parties conviendront sur l'état qui en sera fourni; condamner aussi solidairement les Maîtres & Gardes en mille livres de dommages interêts, ou telle autre autre somme qu'il plaira à la Cour arbitrer, & aux dépens des causes

principales, d'appel & demandes, même en ceux refervés :
fauf à notredit Procureur général à prendre telles autres conclufions qu'il avifera : la feconde à ce qu'en leur adjugeant les
conclufions par eux ci-devant prifes, les Maîtres & Gardes
fuffent condamnés aux dépens refervés par les Arrêts des 15
Avril & 15 Octobre dernier, & Deffendeurs d'une part ; &
les Maîtres & Gardes des fix Corps des Marchands de Paris Deffendeurs & Demandeurs en Requête du 25 Novembre dernier, à ce qu'il plût à notredite Cour, fur l'appel
dudit Bourdin & Conforts, mettre l'appellation au néant ; ordonner que ce dont eft appel fortira fon plein & entier effet, & les condamner en l'amende & en tous les dépens, même
en ceux refervés d'autre part ; après que Regnard Avocat des
Maîtres & Gardes des fix Corps des Marchands de la Ville de
Paris, & Millet Avocat de François Bourdin & autres, ont été
oüis pendant deux audiences, enfemble Jolly de Fleury pour
notre Procureur Général. NOSTREDITE COUR faifant
droit fur les appellations refpectivement interjettées par les
parties, a mis & met lefdites appellations, & ce dont a été
appellé au néant, émandant, déclare les faifies faites fur les
parties de Millet bonnes & valables, & néanmoins de grace
pour cette fois feulement, & fans que le prefent Arrêt puiffe
tirer à confequence ; ordonne que les Marchandifes faifies fur
les parties de Millet leur feront renduës & reftituées, à ce
faire les parties de Regnard contraintes ; quoi faifant, déchargés, dépens compenfés : faifant droit fur le requifitoire de
notre Procureur général ; ordonne que les Ordonnances, Arrêts & Reglemens feront exécutés felon leur forme & teneur :
en confequence fait deffenfes à tous Marchands & autres perfonnes de quelque état & qualité qu'elles foient, d'expofer en
vente, ni vendre, même dans les lieux prétendus privilegiés,
aucunes Marchandifes les Dimanches & Fêtes annuelles &
folemnelles ; ordonne que le prefent Arrêt fera imprimé, lû,
publié & affiché partout où befoin fera. MANDONS mettre le
prefent Arrêt à exécution felon fa forme & teneur, de ce faire,
te donnons pouvoir. DONNE' en notredite Cour de Parlement le 18 Novembre, l'an de grace 1734. & de notre Regne le vingtiéme, *collationé* D'AUVERGNE, par la Chambre, *figné* DUFRANC.

SUPPLEMENT.

L'ON a omis de faire mention en son rang d'un Arrêt du Parlement du 21. Juillet 1546. qui permet aux Jurés Potiers d'Etaim, de visiter dans le Fauxbourg Saint Germain, & en faire rapport pardevant le Prévôt de Paris.

Grand Livre jaune, fol. 120.

RECUEIL

DES ORDONNANCES, EDITS,

Déclarations, Arrêts & autres titres, qui établissent
en faveur du Châtelet de Paris, la Police générale
& le Droit de Prévention en Matieres Civile, Criminelle & de Police particuliere, dans l'étenduë
des Ville, Fauxbourgs & Banlieuë de Paris.

SECONDE PARTIE.

Titres pour la Prévention en Matiere Criminelle.

AVERTISSEMENT.

 *A connexité qui se rencontre entre la plûpart des Ma-
tieres soumises à la Jurisdiction du Magistrat de Police,
& celles soumises au Magistrat qui exerce la Jurisdiction Criminelle, est la raison qui a determiné à mettre les Titres qui concernent la Prévention en matiere
Criminelle, immédiatement après ceux qui concernent la Police.
L'Auteur du Traité de la Police avoit déja remarqué* (a) *qu'il
étoit difficile en beaucoup d'occasions, de distinguer les matieres de
Police, des Criminelles.*

(a) Liv. 1. tit. 12. chap. 7. de la derniere Edition.

M

Arrêt du Parlement, par lequel l'Evêque de Paris eſt debouté de la revendication par lui faite de deux priſonniers arrêtés dans ſa Juridiction, pour crime, & les priſonniers renvoyés au Prévôt de Paris qui avoit prévenu.

Extractum è Commentariis Supremæ Parlamenti Curiæ.

22 Mars 1389.
Liv. vert. Vieil.
fol. 132.

CUM dilectus & fidelis Conſiliarius noſter Epiſcopus Pariſienſis, vel ejus Procurator proponeret in noſtra Parlamenti Curia, quod Jacobus & Waſteletus de Maubraye fratres & ſub omnimoda Juridictione, & Juſticia alta media & baſſa ipſius Epiſcopi, dictam villam noſtram pariſienſem commorantes, ac ejuſdem Epiſcopi & ſuorum juſticiariorum temporalium juſticiabiles, immediatè & ſubditi fuerant, & erant ex parte noſtra capti, & in Caſtelleto noſtro Pariſienſi, priſionarii mancipati & detenti; & licèt prepoſitus noſter Pariſienſis vel ejus locum tenens fuiſſet pro parte ipſius Epiſcopi ſufficienter & debitè requiſitus, ut eoſdem fratres, gentibus, & officiariis dicti Epiſcopi redderet & traderet, & hoc tamen dictus prepoſitus facere recuſaverat & contradixerat, & adhuc recuſabat, & contradicebat indebitè & injuſtè, in prejudicium ipſius Epiſcopi, potiſſimè cum dictus prepoſitus non pretenderet ſalvam gardiam noſtram infractam, aut alia crimina per dictos fratres commiſſa fuiſſe, quâ nobis cognitionem attribuerant, vel de quibus officiarii temporales ipſius Epiſcopi non poſſent, nec debebant cognoſcere ut dicebat, & ob hoc requirebat dictos fratres ſibi reddi, & tradi juri & juſticiæ ſtaturos in ipſius Epiſcopi curia temporali. Pro parte verò procuratoris noſtri generalis pro nobis fuit propoſitum ex adverſo, quod dictus prepoſitus vel ejus locum tenens ex officio ſuo prefatis fratribus certos caſus criminales, pro quarum ſuſpicione capti, & in dicto caſtelleto noſtro incarcerati fuerant, expoſuerat, & ſuper hoc dicti fratres reſponderant, aſſerentes ſe fore de hujus modi criminibus inculpabiles, & penitus innocentes, ipſa què crimina negaverant, abſquè eo quod coram gentibus, vel officiariis dicti Epifcopi remitti petiffent, aut quod juridictionem noftram ordinariam coram eodem prepofito declinaffent:& poft hujus modi refponfionem procurator prefati Epifcopi eofdem fratres fibi reddi petierat, quod dictus prepofitus nullatenus facere tenebatur. Nam hujus modi cognitio nobis extiterat, & erat totaliter attributa, tam de jure, & ratione, quam de ufu, ftilo, & confuetudine, inpredicto caftelleto noftro notorie in cafibus fimilibus obfervatis; quare petebat quod requefta ipfius Epifcopi non fieret, fed cognitio dictorum fratrum penes dictum prepofitum remaneret, pluribus rationibus fuper hoc allegatis. Dicto Epifcopo replicando dicente, quod fuppofito, quod ipfi fratres coram dicto prepofito fuper dictis criminibus refpondiffent, at tamen hujus modi refponfio dicto Epifcopo prejudicare non debebat, potiffime cum dictus Epifcopus folus, & immediatus dictorum fratrum fub refforto noftræ fuperioritatis confifteret, dicti que fratres fimplices & imperiti in facto jufticiæ, ftatim poft eorum captionem perdictum prepofitum precipitenter reddere coacti, qui forte dicta crimina negaverant, & dum captio dictorum fratrum ad notitiam prefati Epifcopi devenerat, Idem procurator confeftim ad dictum caftelletum accefferat, fatagens dictos fratres repetere, fed locum in quo dictus prepofitus, vel ejus locum tenens ad expeditionem incarceratorum federe confueverat, non valens ingredi ad oftium, feu guichetum dicti loci clofum & firmatum diuturno fpatio remanferat, frequenter pulfans ad oftium, feu guichetum prædictum, ut ibidem haberet ingreffum qui fibi fuerat denegatus, & quod cito dictum prepofitum alloqui potuerat, ipfe procurator dictos fratres fufficienter · & debite repetierat, quod dictus prepofitus reddere denegaverat; quare concludebat ut fupra præfato procuratore noftro duplicante proponente, quod dictus prepofitus ex ejus officio & pro bono jufticiæ poterat, & etiam tenebatur incarceratos feu criminofos, ftatim poft eorum captionem interrogare, & examinare diligenter, abfque eo quod dictum Epifcopum, vel alios quofcunque jufticiarios, vel eorum gentes, tenere expectare, nam per dilationes poffent malefici deffenfiones invenire, & ad inventas proponere fubdolas; atque falfas, per quas frequenter contingebat criminum veritatem fuffocari & extingui, nec non criminofos & delinquentes abfquè punitione liberari, & id circó concludebat ut supra; tandem auditis dictis partibus, in omnibus quæ circa præmissa dicere, proponere, & requirere voluerunt, visis que certorum testium ab utraquè parte productorum, & ex ordinatione dictæ nostræ curiæ examinatorum depositionibus, seu attestationibus, uná cum regiftro dicti castelleti nostri, & consideratis omnibus quæ predictam curiam nostram in hac parte movere poterant & debebant PER ARRESTUM DICTAE NOSTRAE CURIAE DICTUM FUIT, quod dicti fratres præfato Episcopo, vel ejus gentibus rentur, sed penes prepositum nostrum remanebant, qui sibi faciet debitum justiciæ complementum; PRONONCIATUM vigessimo secundo, die martii, anno millessimo trecentesimo octogesimo nono. (*a*) *Collatum & è verbo ad verbum fideliter, signé* F O E N A R D avec paraphe, & D U F R A N C.

(*a*) Cet Arrêt est de l'an 1390. Selon notre maniere de dater pre- | sentement, la Fête de Pâques tomboit cette année le 3. Avril.

L'on doit mettre au rang des titres qui établissent la Prévention en matiere Criminelle, l'Arrêt du Parlement du 23. Janvier 1392. (*b*) qui n'ordonne l'enregistrement des Lettres patentes du mois de Juin 1390. & Lettres de jussion du 16. Juin 1392. (*c*) concernant la Justice du Chapitre de l'Eglise de Paris, qu'à la charge de la Prévention; puisque ce droit de Prévention est conservé au Châtelet par cet Arrêt, d'une maniere indéfinie, & qui a son application aux matieres Criminelles, également comme aux matieres Civiles & de Police.

(*b*) Cet Arrêt est de l'an 1393. Selon notre usage present de dater, la Fête de Pâques tomboit en cette | année le 6. Avril.

(*c*) Ces Lettres patentes sont ci-après.

Arrêt du Parlement, qui renvoye pardevant le Prévôt de Paris, un Accusé reclamé par les Doyen, Chanoines, & Chapitre de Notre-Dame de Paris.

Extrait des Regîtres de Parlement.

LA Cour a renvoyé & renvoye Jean Brifard, prifon- nier en la Conciergerie du Palais à Paris, (au moyen de l'appel, interjetté par les Doyen & Chapitre de l'Eglife Notre-Dame de Paris, du Prévôt de Paris ou fon Lieute- nant Criminel,) pardevant ledit Prévôt de Paris ou fondit Lieutenant Criminel, pour lui faire fon Procès ainfi que de raifon. FAIT en Parlement, le vingt-quatriéme jour de Dé- cembre l'an mil cinq cent cinq, *ainfi figné,* Collation eft faite, ROBERT.

24. Decembre 1505.
Livre gris, fol. 46. R°.

Il y a un Arrêt du Parlement du 30. Août 1608. qui éta- blit le droit de Prévention en matiere Criminelle en faveur des Commiffaires & autres Officiers du Châtelet de Paris, dans le diftriét du Bailliage de Sainte Génevieve; mais comme cet Arrêt eft principalement important par les deffenfes qu'il fait aux Officiers de ladite Juftice, de decreter contre les Commiffaires du Châtelet faifant les fonctions de leurs Char- ges, il fera imprimé avec d'autres Arrêts qui portent de pa- reilles deffenfes contre des Officiers de Juftices fubalternes.

Arrêt du Parlement, rendu contre le Procureur-Fiscal du Bailliage de Saint Génevieve, portant deffenses à tous Juges Subalternes, de decreter contre les Sujets du Roy qui se feront pourvûs pardevant le Prévôt de Paris, ni de les condamner en l'amende.

Extrait des Regîtres de Parlement.

11.Fevrier 1645. ENTRE Jean Dutillet Praticien à Paris, & Marie Polly sa Femme, appellans tant comme de Juge incompétant qu'autrement, d'une Sentence renduë par le Bailly de Sainte Génevieve ou son Lieutenant, portant condamnation de 25. livres d'amende du neuviéme jour de Janvier dernier, pour divertissement de Jurisdiction & de tout ce qui s'en est enfuivi, d'une part; & M^e. Bourdon Procureur-Fiscal au Bailliage de Sainte Génevieve, pris à partie & intimé en son propre & privé nom; & encore M^{re}. Jacques Tardieu Conseiller du Roy en ses Conseils, Lieutenant Criminel de la Prévôté & Vicomté de Paris, intervenant, à ce que les Arrêts de la Cour soient exécutés & les Parties renvoyées pardevant lui, d'une part; & ledit Bourdon Deffendeur, d'autre, après que pour lesdits Dutillet & sa Femme, & lesdits Tardieu & Bourdin, ensemble le Lieutenant dudit Bailliage de Sainte Génevieve, ont été oüis au Parquet des Gens du Roy, sur la contestation de la jurisdiction d'entr'eux, pour raison du différend entre lesdits Dutillet & sa femme, à l'encontre de Laurent Monceau, sa femme & leur fille, & par leur avis demeuré d'accord de l'appointement qui ensuit. APPOINTE' EST : Oüy sur ce, le Procureur Général du Roy, que LA COUR a mis & met l'appellation & sentence de laquelle a été appellé, au néant, sans amende, émandant a déchargé lesdits appellans de la condamnation d'amende portée par icelle : Ordonne que les Parties procederont pardevant ledit Lieutenant Criminel, & que l'Arrêt de Réglement du 30. Décembre 1615. (*a*) portant deffenses à tous Juges Subal-

(*a*) Il est imprimé cy-après.

ternes, de decreter contre les Sujets du Roy, qui se feront pourvûs, pardevant le Prévôt de Paris, ni les condamner en l'amende & autres y énoncés, feront exécutés felon leur forme & teneur, & deffenfes d'y contrevenir. REÇU de l'Ordonnance de ladite Cour, le 11. Février 1645. Collationné. *Signé* FOENARD avec paraphe. *Et plus bas*, figné DUFRANC auffi avec paraphe.

Il y a un Arrêt du Parlement du 28. Avril 1655. qui établit le droit de Prévention en matiere Criminelle en faveur des Commiffaires au Châtelet de Paris, dans le diftrict du Bailliage de l'Abbaye Saint Germain-des-Prés ; mais comme cet Arrêt prononce des deffenfes aux Officiers de ladite Juftice, d'informer ni decreter contre les Commiffaires du Châtelet faifant les fonctions de leurs Charges, il fera imprimé avec d'autres Arrêts qui portent de pareilles deffenfes contre des Officiers de Juftices fubalternes.

Ordonnance concernant l'Inftruction des Affaires Criminelles.

TITRE PREMIER.

ARTICLE IX.

NOS Baillifs & Sénéchaux ne pourront prévenir les Juges Subalternes & non Royaux de leur Reffort, s'ils ont informé & decreté dans les vingt-quatre heures après le crime commis ; (*a*) N'entendons néanmoins déroger aux Coûtumes à ce contraires, ni à l'Ufage de notre Châtelet de Paris.

Août 1670. Enregiftrée au Parlement le 26. dudit mois.

XIV. Vol. des Ordonnances de Loüis XIV. cotté y y y, fol. 194.

(*a*) L'endroit du Procès-verbal des Conférences tenuës par ordre du Roy, entre Meffieurs les Commiffaires du Confeil, & Meffieurs les Députés du Parlement de Paris, pour l'examen de cette Ordonnance ; eft trop inftructif fur la matiere de la Prévention, & trop intereffant pour les Juges Royaux, pour fe difpenfer de le rapporter dans ce Recueil.

On y voit d'abord que cet Article étoit conçû en ces termes.

Nos Juges previendront les Juges Subalternes, & non Royaux, de leur Reffort, s'ils ont informé & decrete en même jour.

Voici préfentement, ce qui fut dit après la lecture de cet Article.

Procès-verbal de l'Ordonnance Criminelle, Edition de 1700. pag. 13. & fuiv.

MONSIEUR LE PREMIER PRÉSIDENT a dit, qu'il y avoit bien des chofes à confidérer dans cet Article : Que l'on donnoit en général aux Juges Royaux la Prévention fur les Juges Subalternes ; que cela ruinoit entierement les Juftices Subalternes, & renverfoit un ordre qui étoit peut-être auffi ancien que la Monarchie.

QUE dans le Droit Romain la Prévention n'avoit point de lieu ; & que Juftinien en rétabliffant les Juges des Villes, fous le nom de *Defferfires Civitatum*, pour adminiftrer la Juftice au nom des Communautés (ce font les premiers qui ne l'ont point exercée au nom de l'Empereur) ordonna par la Novelle 82. que les Caufes qui n'excéderoient pas la fomme *trecentorum folidorum*, ne puffent être portées devant les Juges Supérieurs, qui étoient les Préfidens des Provinces : *Non valentibus*, dit il, *noftris fubjectis, trahere fibi obligatos ad clariffimos Provinciarum Prefides, fi intra fummam 300 folidorum lis confiftat.* Et la Novelle 15. porte : *Ut fi quis dolo malo plus petiffet, ut caufam ad Prefidem traheret, eum amittat.*

QUE nos anciens Auteurs font de cette opinion à l'égard de la France ; & qu'un des plus célebres, qui eft *Joannes Faber*, fur le Titre des Inftituts, *le attil. Tutore*, dit que la Prévention ne doit pas être admife en France : *Non obftat*, dit-il, *L. 1. C. de Offic. Praf. Urb. quia tunc jurifdictio pertinebat, ad unum folum Imperatorum, nec erat alterius propria.* Il ajoûte ces mots, qui font remarquables : *Hæc autem (nempe in Gallia) eft propria Baronum* ; pour montrer que les Seigneurs & les Gentils-Hommes ont poffedé de tout tems en France ces jurifdictions dans leurs Terres, comme leur propre Patrimoine.

QUE fi cette Prévention n'avoit point lieu dans le Droit Civil, elle en avoit encore moins dans le Droit Canon, où nul Archevêque n'a de Prévention fur l'Evêque, *Can. nul us, & Can. conqueftus, 9. q. 4.* ce qui étoit fi véritable, que quoique l'Archidiacre fût un Officier de l'Evêque, néanmoins dans les lieux où les Archidiacres ont jurifdiction, l'Evêque ne les peut prévenir, comme remarque la glofe *ad Cap. Paftoralis, extr. de Offic. jud. ordin.*

QUE dans le Droit François, & dans l'ancien ufage du Royaume, fans s'arrêter à l'origine des Juftices, qui eft très-obfcure, & dont on trouveroit peut-être des veftiges du tems même de Jules-Céfar ; on voyoit que rien n'étoit plus défendu par les Ordonnances de nos Rois, que cette Prévention des Juges Royaux, fur les Juges des Seigneurs particuliers.

QU'ENTRE plufieurs, on pouvoit rapporter l'Ordonnance de Saint Loüis en 1254. celle de Philippe-le-Bel en 1302. de Philippe de Valois en 1338. du Roi Jean en 1355. & de Charles V. en 1357. que celle-ci eft remarquable, en ce que le préambule porte : *Voulant que chacun ufe de fon droit* ; ce qui marque le foin que les Rois ont pris de

conferver

conserver aux Gentils-Hommes la joüissance de leurs Justices, & en ce que Charles V. donne par cette Ordonnance, aux Juges des Seigneurs, la qualité de Juges ordinaires. Nos Auteurs les traitent de même, *Judices ordinarii*, *Judices publici*, pour les distinguer des Juges Ecclésiastiques, qu'ils appellent *Judices privatos*, qui n'ont qu'une simple notion, une simple connoissance de cause, & non pas une véritable jurisdiction.

Qu'il y a encore d'autres Ordonnances, comme celles de Charles VI. en 1408. de Charles VII. en 1443. de Charles VIII. en 1490. & celle de François en 1536. qui est la Déclaration sur l'Edit de Crémieu.

Qu'a l'égard des Coutumes, il y en a très-peu qui admettent cette Prévention.

Qu'il y a deux sortes de Préventions : la premiere, qui est la prévention parfaite & sans renvoi, est admise véritablement par la Coutume de Vermandois, & par quelques autres Coutumes de Picardie ; mais que les Seigneurs s'y sont opposés : qu'elle est aussi observée dans la Ville de Paris, le Prévôt de Paris ayant le droit de Prévention sur les Justices inférieures des Seigneurs particuliers, comme l'Abbé de S. Germain, l'Archevêque de Paris, les Chanoines & Chapitre de S. Marceau, & autres ; mais que le besoin qu'il y a de rendre la Police uniforme dans une grande Ville, l'a introduite dans celle-ci par un ancien usage.

La seconde, qui est la Prévention imparfaite à la charge du renvoi, lorsque le Seigneur réclame ceux qui sont sujets à sa Justice, est admise encore dans les Coûtumes du Maine, d'Anjou & de Poitou.

Qu'il est vrai que les Justices se rapportent uniquement au Roi, & qu'elles remontent nécessairement par degrés jusqu'à l'Autorité Royale, qui est le centre de toutes les Justices du Royaume ; mais qu'il est certain aussi, qu'elles sont patrimoniales, & attachées inséparablement aux Terres, & que si cette Prévention des Juges Royaux avoit lieu, ce seroit ruiner entierement la Justice des Seigneurs particuliers, & les dépoüiller de la principale partie de leur bien, sans laquelle les Terres n'auroient plus de considération, étant certain que les Gentils-Hommes n'ont rien plus à cœur que la conservation de leurs Justices, parce qu'il n'y a rien qui les distingue plus d'avec les autres Sujets du Roi, que l'avantage de faire rendre la justice en leur nom.

Que si les Juges Subalternes ne font pas leur devoir, & sont négligens à faire leurs Charges, il est aisé d'empêcher les mauvais effets de cette négligence, en fixant un terme à ces Juges, après lequel le Juge Royal auroit la Prévention : Qu'enfin il étoit persuadé que le Roi y apporteroit quelque tempérament, pourvû qu'on lui représentât bien que cette Prévention de ses Juges ruineroit tous les autres ; qu'elle renverseroit ce que tant de Rois ses Prédécesseurs ont conservé inviolablement ; & qu'elle dépoüilleroit les Gentils-Hommes, qu'il chérit si fort, de la plus importante & plus chere partie de leur Patrimoine.

MONSIEUR LE CHANCELIER a dit, que si la Prévention a lieu, ce ne sera donc plus le Juge du délit qui en prendra connoissance.

MONSIEUR PUSSORT a dit, que comme il n'y a rien qui forme plus de contestations que les Préventions, qui retombent toujours sur les Parties, aussi le Roi s'est particulierement appliqué à en arrêter le cours ; mais encore que cela ait été décidé par le Droit Civil & Canonique , néanmoins il se trouve un titre, *de supplenda negligentia Prælatorum* , qui est le Titre X. du premier Livre des Décrétales.

Qu'EN France il y a deux sortes de Préventions, l'une absolue, & l'autre conditionnelle.

L'ABSOLUE est celle qui se fait sans revendication , comme dans les Coutumes de Vermandois, Senlis, Compiegne , & autres ; & la conditionnelle , à la charge de revendication , comme dans l'Anjou, Touraine , le Maine, Poitou , & autres ; & même dans aucune de celles-ci, il faut que le Seigneur revendique lui-même.

LES Juges Royaux vont plus avant , & sont autorisés par les Arrêts contre les Juges des Seigneurs ; ainsi il est vrai de dire, que cette disposition ne resiste pas à l'esprit général du Royaume.

LA Prévention non-seulement a lieu dans la Ville & Fauxbourgs de Paris , mais encore dans toute l'étendue de la Prevôté de Rheims , dans laquelle le Lieutenant Criminel prévient toujours le Juge de l'Archevêché , quoique ce soit la premiere Pairie de France ; & la plus grande partie de l'Etat s'en trouve bien , parce que la plûpart des Juges des Seigneurs étant sans aucune capacité , les crimes demeurent impunis, ou par leur foiblesse, ou par l'autorité des Seigneurs , dont ils dépendent absolument : la justice est incomparablement mieux rendue , & avec plus de sévérité & de décence , par les Juges Royaux.

LES Seigneurs souffrent peu de cette Prévention, la Justice leur étant onéreuse par les frais qu'ils font obligés de faire pour l'instruction des Procès des Accusés , & pour l'exécution des condamnés ; & à l'égard des droits utiles qu'ils en pourroient retirer , par les adjudications d'amendes & par les confiscations, il n'est pas nécessaire que les Procès soient jugés par leurs Officiers pour les emporter , parce que c'est une suite de la mouvance & du ressort.

QUE les Justices des Seigneurs sont ou mêlées avec celle du Roi, ou elles en sont séparées ; si elles en sont séparées , & établies dans des lieux différens, les Juges des Seigneurs peuvent aisément prévenir , & s'ils ne le font pas, ils doivent s'imputer leur négligence ; que si elles sont mêlées, c'est aux Officiers à veiller à leur devoir, & lorsque le Roi a établi des Juges Royaux, ce ne peut avoir été qu'à condition qu'il n'y auroit pas entre eux de concurrence , mais que la Prévention appar tiendroit à ſes Officiers : il y auroit même de grands inconvéniens que le Juge d'un Seigneur put connoître du différend de ſes enfans, de ſa famille, & de ſes domeſtiques.

QUANT aux Ordonnances, celles qui ont été ci-deſſus rapportées ne défendent pas la Prévention (*), mais elles confirment chacun dans ſon droit.

L'ON pourroit dire davantage, & faire une grande diſtinction entre la Juſtice civile & la Juſtice criminelle : la civile a pû paſſer pour patrimoniale, & c'eſt le fondement de toutes les Ordonnances qui ont été alléguées ; mais quant à la criminelle, elle eſt d'une nature bien différente. La véritable propriété de cette Juſtice, qui s'apelle *Jus gladii*, eſt un droit de ſang ſur les Sujets du Roi, réſidant, à proprement parler, en la main de Sa Majeſté, qui le communique à ſes Officiers.

SI le Roi énerve ſouvent la Juſtice civile des Seigneurs, quoique patrimoniale, par la conceſſion des *Commitimus*, qui ſouſtrayent à ces Juſtices Seigneuriales leurs principales matieres, & qui ſont plus naturellement de leur compétence, il ſemble qu'il y a bien plus de raiſon que les Officiers du Roi ayent du moins la Prévention dans les affaires criminelles, dont la vengeance appartient particulierement au Souverain, comme étant un Droit Régalien de ſa Couronne, qu'il n'eſt jamais préſumé abandonner entierement ; enſorte que les conceſſions qui ont été faites des hautes Juſtices à ſes Sujets, ne s'entendent avoir été faites qu'à cette condition, que ſes Officiers pourront toujours exercer la Juſtice, ſi les Officiers des Seigneurs ne ſont pas aſſez diligens à faire leur devoir. Qu'en effet, lors de la réformation de la Coutume de Paris en 1579. les trois Etats ayant rédigé des Articles en leur faveur pour l'établiſſement de ces Juſtices, ils furent rejettés, ſans que les Commmiſſaires vouluſſent permettre qu'il en fût fait mention dans leur Procès-verbal.

QU'AU ſurplus, la Juriſprudence de ces Préventions n'eſt pas ſi inconnue au Parlement, qu'il n'ait rendu pluſieurs Arrêts & Réglemens ſur cette matiere. Il s'en trouve un rendu en faveur du Juge de Ribemont, contre le Juge du Duché de Guiſe, & un autre en faveur du Bailly de Noyon, contre le Juge de la Pairie du même lieu : il eſt vrai que c'eſt dans la Coutume de Vermandois ; mais cela prouve clairement qu'on n'a pas toujours ſi favorablement conſideré les Juſtices particulieres des Seigneurs, & néanmoins l'on pourroit apporter quelque tempérament à cet Article, en donnant le tems de vingt-quatre heures aux Juges des Seigneurs qui ont leur Juſtice mêlée avec celle du Roi, ſans déroger à la poſſeſſion des Juꝫes Royaux.

(*) Les Articles des Ordonnances de 1302. 1338. 1355. 1357. & 1408. ci-deſſus citées, ſont raſſemblés dans la Conférence des Ordonnances de Guenois, Liv. 3. Tit. 6. tom. 1. pag. 554. & ſuivantes, édition de 1660. Le mot de *Prévention* ne s'y trouve point.

N ij

Monsieur le Premier President a réparti, que du moins il falloit un tems fuffifant, dans lequel les Officiers des Seigneurs puffent exercer les fonctions qui leur appartiennent ; qu'il ne pouvoit pas être moindre de trois jours ; que l'exemple des *Committimus* ne convient pas à la matiere, parce qu'ils ne font pas accordés aux perfonnes des Officiers, mais en confidération du fervice du Roi, pour un tems feulement, & tant que l'Officier fe trouve revêtu de la Charge & obligé de faire fon fervice.

M. Pussort a repris, que ce n'eft pas ce qu'il en veut induire ; mais qu'encore que les Juftices foient patrimoniales, on n'a pas laiffé d'en détacher les Jufticiables.

M. Talon a dit, que fi l'on donnoit indiftinctement la Prévention à tous les Juges Royaux fur ceux des Seigneurs, cela pourroit apporter du trouble dans l'ordre de la Juftice ; mais que la Prévention n'étant accordée qu'aux Baillifs & Sénéchaux, les Seigneurs n'ont pas fujet de s'en plaindre : Qu'il demeure d'accord que la Prévention a lieu dans la Coutume de Vermandois, & dans la plûpart de celles qui en dépendent, fans que le Juge Royal qui a prévenu foit obligé au renvoi. Il eft vrai qu'il y d'autres Coutumes qui permettent aux Seigneurs de revendiquer les affaires criminelles, quand le Juge Royal a prévenu ; mais l'on peut dire que l'ufage les a réformées, & que les Juges Royaux jouiffent de la Prévention, fans jamais renvoyer les affaires criminelles dont ils font une fois faifis.

Dans les Provinces dont les Coutumes ne parlent point de Prévenvention, elle ne laiffe pas d'y être pratiquée, & il y a peu de Lieutenans Criminels qui n'en foient en poffeffion paifible, quelques-uns ayant obtenu des Arrêts par lefquels ce droit leur eft confirmé. En effet, toutes les Juftices étant émanées du Roi, il y a affez d'apparence de croire qu'il n'a pas voulu exclure fes principaux Officiers de connoître, du moins par prévention & concurrence, des crimes commis dans l'étendue de leur reffort ; & que s'il a communiqué à quelques-uns de fes Vaffaux le droit d'une jurifdiction criminelle, que les Loix appellent *merum Imperium*, *Jus gladii*, ce n'a été que cumulativement, & non pas privativement, & fans examiner les Juftices Seigneuriales & les plaintes qui en ont été tant de fois renouvellées. Peut-on douter qu'une affaire criminelle ne foit mieux jugée dans un Bailliage, que dans une Juftice de Village?

Mais la confidération la plus importante eft, que la Prévention n'aura lieu qu'en faveur des Baillifs & Sénéchaux qui ont les Siéges de leurs Jurifdictions dans les principales Villes de Royaume. Les Juges des Seigneurs répandus dans la campagne, ne recevront point de préjudice de la Prévention, s'ils font affez diligens pour informer d'un crime auffi-tôt que la plainte leur en eft rendue.

D'AILLEURS, rien n'étant plus important pour rendre une Loi durable, que de la faire uniforme ; il faudroit ôter abfolument la Prévention aux Officiers du Roi, & dans Paris, & dans tous les autres lieux où ils en jouiffent par titre ou poffeffion ; & ainfi, l'Ordonnance feroit une brêche notable à l'Autorité Souveraine : ou bien, il faut laiffer les chofes dans l'incertitude & la confufion où elles ont été par le paffé ; & ainfi, autorifer tous les déreglemens des Juges particuliers, qui font fi fréquens, & qui empêchent fi fouvent la punition des crimes.

QUANT à ce que l'on propofe de faire diftinction des Villes où la Juftice Royale & la Seigneuriale font mêlées, c'eft-à-dire, où il y a des Bailliages & Sénéchauffées, & des Juftices patrimoniales, dont le Reffort s'étend fur une partie de la Ville ; quelque jufte que paroiffe d'abord cette diftinction, elle feroit d'autant plus dangéreufe, que les Seigneurs Hauts-Jufticiers de la Ville de Paris prétendroient s'en prévaloir, & par là fecouer le joug de la Prévention, dont les Officiers du Châtelet de Paris font en paifible poffeffion ; ce qui eft entierement ruiner la Jurifdiction Royale dans Paris, & dans toutes les Villes confidérables de Champagne & de Picardie, de plufieurs defquelles les Archevêques & Evêques font Seigneurs ; & une raifon très-décifive pour ne point admettre cette diftinction, eft, qu'il ne fe trouvera prefque point de Villes où il y ait Bailliage ou Sénéchauffée, & en même tems Juftice Seigneuriale, fans que cette Juftice Seigneuriale appartienne à des Evêques, lefquels, pour beaucoup de raifons qu'il feroit trop long d'expliquer, pourroient être juftement privés de la Juftice criminelle.

MAIS comme un des principaux motifs pour lefquels on feroit quelque fcrupule de dépouiller les Seigneurs d'une portion de leur Jurifdiction, n'eft pas l'utilité que leur rapporte l'exercice de la Juftice, parce qu'elle eft toujours onéreufe à ceux qui n'en abufent pas, mais la confidération de ce que ce droit de Jurifdiction augmente le prix de leurs Terres ; ces raifons ne doivent pas, ce femble, avoir le même poids à l'égard des Eccléfiaftiques ; & n'y ayant point de milieu entre ôter abfolument la Prévention aux Officiers du Roi fur ceux des Seigneurs (ce qui feroit une playe irréparable à l'Autorité Royale) & étendre cette Prévention par tout le Royaume, où l'ufage l'a infenfiblement introduite, ce dernier parti paroît le meilleur & le plus fûr ; & fi l'on établit la moindre diftinction, il eft à craindre que l'on ne tombe dans l'embarras & dans la confufion où l'on a été par le paffé.

M. PUSSORT a dit, qu'il eft bon de ne donner la Prévention qu'aux Baillifs & Sénéchaux, & qu'il falloit le réformer dans l'article ; mais qu'on pourroit donner vingt-quatre heures, comme il a été propofé ci-deffus, dans les Villes où les Juftices du Roi & celles des Seigneurs font mêlées, fans néanmoins déroger à la poffefſion des Juges Royaux dans les Villes où ils jouiſſent de la Prévention ; & qu'il en falloit parler au Roi.

Cette derniere Propoſition a été ſuivie, & l'Article rédigé ainſi qu'il eſt ci-deſſus.

L'on doit mettre au rang des Titres qui établiſſent la Prévention en matiere criminelle, l'Arrêt du Parlement du 7. Mars 1725. * qui ordonne que les Lettres Patentes de rétabliſſement de la Juſtice de ſainte Geneviéve du Mont, du mois d'Octobre 1703. & Arrêt d'enregiſtrement d'icelles du 17. Décembre audit an, feront exécutées ſans préjudice du Droit de Prévention appartenant aux Officiers du Châtelet, dans la Ville & Fauxbourgs de Paris, dont ils joüiront dans l'étenduë de ladite Juſtice ; puiſque ce Droit de Prévention eſt conſervé aux Officiers du Châtelet indéfiniment, & d'une maniere qui a ſon application aux matieres criminelles, également comme aux matieres civiles & de Police.

* Cet Arrêt eſt dans la troiſiéme Partie, en ſon rang de datte.

RECUEIL

DES ORDONNANCES, EDITS,

Déclarations, Arrêts & autres titres, qui établissent
en faveur du Châtelet de Paris, la Police générale
& le Droit de Prévention en Matieres Civile, Criminelle & de Police particuliere, dans l'étenduë
des Ville, Fauxbourgs & Banlieuë de Paris.

TROISIEME PARTIE.

Titres pour le Droit de Prévention en Matiere Civile,
& particulierement pour les Scellés.

Lettres Patentes, portant confirmation ou plûtôt Etablissement (a)
de la Justice du Chapître de l'Eglise de Paris, lesquelles n'ont été
enregistrées qu'en conséquence de Lettres de Jussion, & à la
charge, entr'autres choses, du Droit de Prévention.

HARLES, par la grace Dieu Roy de
France ; Scavoir faisons, A tous pre-
sens & avenir : Nous avons reçû l'humble sup-
plication de nos bien Amés Chappellains, les
Doyen & Chapitre de l'Eglise de Paris, à Nous
presentée par notre très - chere & très-aimée Compagne la

Juin 1390.
Enregistrées le
23. Janvier 1392.
Ordonnances
Royaux, regis-
trées au Parle-
ment 2. Vol.
d'Henry II. cotté
2, fol. 56.
Item 6. vol. des
Ordonnances
d'Henry IV. cotté
y y, fol. 136.

(*a*) Les raisons qui font douter
que le Chapître de l'Eglise de Paris eût aucune Justice avant ces
Lettres, c'est que les Lettres qui
leur ont été accordées en 911.
986. 1157. & 1190. n'en font aucune mention ; cette remarque est
de l'Auteur du Traité de la Police
liv. 1. tit. 10. chap. 1. tom. 1. pag.
157. de la derniere Edition.

Reine après son joyeux avenement en notre Ville de Paris, & qu'elle eût visité ladite Eglise, contenant que comme de grande ancienneté ladite Eglise ait été fondée par nos Predeceffeurs Rois de France, & doüée de plusieurs possessions, Terres, Seigneuries & Noblesses, & à cause d'icelle ayent iceux Supplians, plusieurs Privileges, Franchises & Usages, & entre les autres choses ayent accoûtumé, & soient en possession & saisine de si longtemps qu'il n'est mémoire du contraire, de tenir les Villes, Terres, Seigneuries & Justices de ladite Eglise, & spécialement celles qui sont de l'ancienne Fondation & Domaine d'icelle, en toute Justice temporelle, sous le Ressort & Souveraineté de Nous & de notre Cour de Parlement sans moyen, & aussi que leurs causes touchant ladite Eglise, les Droits, Rentes & Noblesses d'icelles ayent été toûjours au tems passé demeurées pardevant Nous, ou en notredite Cour de Parlement, ou pardevant les Gens tenans les Requêtes de notre Palais par notre commission, & n'ont point accoûtumé de ressortir, ne de plaider en demandant, ni deffendant s'il ne leur plaît ; mêmement, à cause de leurdit temporel de ladite ancienne Fondation, pardevant autres Juges, Cour temporelle, & il soit ainsi que lesdits Supplians tiennent à present, les Villes, Terres & Seigneuries d'Outrebois au Bailliage d'Amiens, de Aubergennille au Bailliage de Mantes, & de plusieurs autres qui pas ne sont de l'Ancien Domaine & Fondation de ladite Eglise, dont aucunes leur ont été données par feu notre très-cher Seigneur & Pere que Dieu absolve pour certains services qu'ils sont chargés de faire pour lui, Nous, & autres qu'il lui a plû accompagner, & les autres ont acquises pour l'augmentation du service divin de ladite Eglise, de laquelle les Rentes sont tant diminuées par le fait des guerres, mortalités & autres pestilences qui ont été au tems passé : que si ne fut ladite augmentation & acquisitions dessusdites, les Vicaires, Chappellains, & autres servans en ladite Eglise eussent petitement dequoi vivre ; POUR raison desquelles, Terres & acquisitions, & à cause d'icelles, nos Gens & Officiers des pays où elles sont assises, veulent avoir, & attribuer pardevers eux Jurisdiction, connoissance & ressort sur lesdits Supplians, leursdites Terres, & leurs Juges & Officiers d'icelles, & les y faire plaider, & ressortir pardevant eux pareillement, comme ils faisoient paravant que lesdits Sup-

plians

plians les tinffent, & aucune fois quant par vertu de leurs
Gardes, ou impétrations Royaux aucunes chofes touchant
lefdites Terres, & les Droits & poffeffions d'icelles, font introduites en notredit Parlement, où pardevant nos Gens defdites Requêtes, les parties adjournées s'efforcent de demander
les renvois pardevant les Juges des pays où lefdites Terres
font affifes, & avec ce eft mû, & pendant dès longtems certain Procès en notredit Parlement, entre lefdits Supplians
d'une patt, & nôtre Procureur Général d'autre part, pour le
reffort des Terres de Verno, & d'aucunes autres Terres, qui
font de grande ancienneté, de l'héritage de ladite Eglife, lequel reffort, notre Procureur, dit appartenir à notre Bailly &
Prévôt de Melun, & de Moret, les Supplians difant au contraire, en laquelle caufe a tant été procedé que les parties
font appointées en faits contraires, & a été adjugé l'état à
nofdits Officiers pendant ladite caufe, & encore notre Procureur, & autres nos Officiers fe font efforcé, & efforcent
de vouloir voir les Privileges que lefdits Supplians ont comme leurs Terres & Domaines de l'ancienne Fondation ref-
fortiffent nûment en notredit Parlement, qui leur feroit fort, de
querir & montrer attendu l'ancienneté du tems, autrement
que par l'ufage qu'ils en ont eû & ont, POURQUOI ladite
Eglife feroit moult chargée, & dommagée pour caufe & occafion des Plaids & Procès; qu'il conviendroit que lefdits
Supplians euffent en plufieurs & divers Auditoires, fi leurfdites Terres reffortiffoient ailleurs que en notredit Parlement:
mêmement qu'il leur conviendroit avoir Procureurs & Avocats en plufieurs & divers pays, qui leur feroit de grands
frais, & moult dommageable chofe à leurdite Eglife, fi par
Nous ne leur étoit fur ce pourvû, & pour ce notredite Compagne nous a pour eux très-inftamment requis, que confideré
que ladite Eglife qui eft fondée en l'honneur de notre Dame
eft affife en la meilleure, & plus notable Ville de notre Royaume, en laquelle eft notre Siege & Cour principale & Souveraine, & a de tout tems été reputée Mere Eglife de Nous
& de nos Predeceffeurs Rois, pourquoi elle doit être plus privilegiée que aucune autre de notre Royaume. NOUS pour
échever les frais & miffions qu'il conviendroit aufdits Supplians faire & foûtenir en diverfes manieres, s'il leur conve-

O

noit plaider devant nos Juges des Pays & Bailliages , èfquels lefdites Villes , Terres & poffeffions, de leurfdites nouvelles acquifitions font affifes , ne ailleurs qu'en notredite Cour de Parlement, leurs veüillons fur ce pourvoir. POURQUOI nous attendu les chofes fufdites , & pour certaines autres juftes confiderations , qui à ce nous meuvent & par fpecial , voulant exaucer en ce la Requête de notredite Compagne la Reine , eûë fur ce mûre déliberation avec notre Confeil. AVONS OCTROYE' ET OCTROYONS de grace fpeciale, & de notre autorité Royale , par ces prefentes , aufdits plians, que eux , & leurs Terres , Seigneuries (a) & Juftice, & leurfdites nouvelles acquifitions, quelle, & de

(a) Ces Lettres n'étoient que pour les terres de la campagne ; il n'y êft fait aucune mention de Paris , & la Ville Capitale n'eft jamais fous-entenduë où elle n'eft point exprimée. Le Chapitre ne laiffa pas de s'en mettre en poffeffion dans l'Eglife , & dans tout le Cloître ; cela leur fut beaucoup contefté , ce qui les obligea d'obtenir de Loüis XI. les Lettres fuivantes.

LETTRES PATENTES de Loüis XI. du mois de Septembre 1465. par lefquelles le Roi confirme aux Doyen & Chapître de l'Eglife de Paris, & en tant que befoin feroit, leur donne & octroye de nouveau les droits, privileges, libertés, immunités, franchife, juftice & jurifdiction qu'ils avoient de toute antiquité dans leur Eglife & Cloître : Veut & entend que leurs perfonnes , leurs familles & ferviteurs , foient , & demeurent francs , quittes & exempts de tous Juges & Officiers Royaux, fauf le reffort au Parlement ; & que fi aucuns procès avoient été mûs & introduits pour raifon & à caufe de ce, entre le Procureur Général du Roi, & les Doyen & Chanoines, Sa Majefté veut qu'ils ceffent , & impofe fur ce filence perpetuel, à fon Procureur Général & à tous autres.

LETTRES DE JUSSION du troifiéme Février 1466. fur les difficultés qui avoient été faites par le Parlement, pendant près de dixhuit mois , d'enregiftrer les précédentes ; par celles-cy, le Roi reduit toute l'immunité & la jurifdiction du Chapître de l'Eglife de Paris , aux feules matieres criminelles pour les actions qui arriveroient dans l'Eglife ou dans le Cloître , & où les fieurs Doyen ou Chanoines feroient parties ; & avec cette modification, il y eut encore tant de difficulté , que ces Lettres ne furent regiftrées qu'après plus d'un an de follicitations, le 24. Février 1467.

Cette Jurifdiction pour les affaires criminelles qui arrivoient dans le Cloître de Notre-Dame , étoit alors limitée ; car en ce tems, les

quelconque valeur qu'elles foient exprimées en fes Lettres, foient & demeurent, à toûjours fous le reffort de notredite Cour de Parlement fans moyen, tout ainfi comme leurs Terres, Seigneuries & Juftices de leur ancienne Fondation, y

fieurs Doyen & Chanoines ne loüoient leurs maifons à perfonne, & ne recevoient même aucun étranger en penfion : Quelques-uns s'étant émancipés de le faire, le Chapitre fit un Statut exprès, l'an onze cent quarante-deux pour le deffendre, comme il eft fort court, nous le rapporterons dans fon entier ; voici ce qu'il contient. *Hoc quoque præfente Theobaldo Epifcopo, totiufque Capituli conventu annuente, in eodem Capitulo ftatutum, & fub anathemate corroboratum eft, quod nullus Canonicorum domum fuam alicui conduceret, nec aliquem in domo pretio prænominata procuraret.* Ce Statut avoit été renouvellé par le même Chapître au mois de Mars 1163. & il étoit fi régulierement obfervé, que l'an 1262. Le Pape Alexandre III. écrivant au Chapitre de Paris pour trois de fes Neveux qu'il envoyoit étudier en cette Ville, le fupplia par un Bref exprès, de vouloir bien lui faire le plaifir de les recevoir dans le Cloître, & de leur permettre d'y loger pendant le tems de leurs Études, fans néanmoins déroger au Statut qui le deffendoit ; *Statuto contrario,* ce font les termes de ce Bref, *quod habere dicimini juramento firmatum, ne quis non Canonicus, vel expenfis Canonici in domibus ipfis manere valeat, non obftante, preces noftras taliter impleturi, quod veftra indè poffit devotio commendari ;* cet

ufage étoit dans fon entier lors de l'obtention de ces Lettres, & nous verrons dans la fuite qu'il a encore fubfifté plus de quatre fiécles après. Ainfi il y avoit alors peu d'inconvénient pour la Juftice Royale, dans cette conceffion de la Juftice du Cloître ; puifque les matieres Criminelles entre perfonnes de la dignité de ceux qui en occupoient les maifons, font très-rares, & que toutes les matieres Civiles, la Police, & en matiere Criminelle, les Cas Royaux, n'y étoient pas compris ; ce fut auffi la raifon qui donna lieu aux Lettres fuivantes, pour l'expédition des affaires du Chapître au Châtelet, où il avoit fes caufes commifes dans toutes ces matieres refervées.

Lettres Patentes de Loüis XI. du 20. Mars 1480. par lefquelles il mande au Prévôt de Paris de donner ou faire donner chacun jour de plaidoirie, une audience aux Doyen & Chapitre de l'Eglife de Paris. Premier Vol. des Bannieres, fol. 198.

Le Commiffaire de la Marre de qui cette Notte eft tirée, cite encore dans la fuite du chap. 1. du tit. 10. du premier livre de fon Traité de Police, les pieces qui fuivent, qui tendent toutes à faire voir combien cette Juftice eft peu capable de nuire à celle du Châtelet, lorfqu'elle eft reftrainte dans fes véritables limites.

font, & ont accoûrumé de être au tems paffé, & que à caufe d'icelle en tant comme pourroit toucher ladite Eglife le temporel, & les Droits d'icelle dont notre Jurifdiction laye & temporelle appartiennent la connoiffance, lefdits Supplians & leurs Officiers à caufe de leurs Offices de leurfdites nou-

Arrêt du Parlement du 16. Mars 1544. fur la pourfuitte des Doyen, Chanoines & Chapître de l'Eglife de Paris, par lequel le Bail fait par l'un des Chanoines, à M. Loüis Chabannier Confeiller de la Cour, fut caffé, & ordonné que le Statut qui deffend de loger dans le Cloître d'autres perfonnes que les Chanoines, fera obfervé.

Arrêt du Parlement du 20. Novembre 1559. rendu fur les plaintes des Doyen & Chapître de Paris, que plufieurs Chanoines avoient encore contrevenu au Statut concernant les logemens du Cloître, par lequel il eft ordonné, que le Statut & les précédens Arrêts feront exécutés par les voyes de droit.

Statut du Chapître de l'Eglife de Paris pour les logemens du Cloître, du 30. Avril 1574. qui renouvelle, interprete & amplifie les précédens.

Pareils Statuts des 8. Juin 1580. & 13. Novembre 1586.

Arrêt du Parlement du 20. Avril 1655. rendu fur l'Appel comme d'abus interjetté, d'un Statut du Chapître de l'Eglife de Paris, du 23. Juillet 1632. par lequel il avoit été deffendu aux Chanoines, fuivant les Canons, de loger chez eux, leurs pere, mere, freres, fœurs, oncles, tantes, neveux & nieçes: par cet Arrêt les parties font ap-pointées au Confeil, & cependant il eft fait deffenfes aux Chanoines de Notre-Dame, de retenir en leurs maifons aucunes perfonnes laïques autres que leurs pere, mere, freres & fœurs; Enjoint à tous ceux qui ne font de cette qualité, de vuider les lieux dans la Saint Remy prochaine.

Arrêt definitif du Parlement du 4. Mai 1661. par lequel il eft ordonné que l'Arrêt du 20. Avril 1655. concernant les maifons du Cloître & le Statut fait en conféquence par le Chapître le 3. Décembre 1659. feront exécutés felon leur forme & teneur; & qne les Chanoines qui feront en demeure d'y fatisfaire, y feront contraints par faifie de leur Gros.

Arrêt du Parlement du 9. Juillet 1661. rendu entre les Officiers du Châtelet, & les Doyen & Chapître de l'Eglife de Paris, pour raifon de leur Jurifdiction, par lequel il eft dit que le privilege du Chapître d'être exempt de la Jurifdiction des Officiers Royaux, demeurera reftraint & limité fuivant fon ancienne conceffion, aux fieurs Doyen, Chanoines, Chapelains & autres Eccléfiaftiques deffervans actuellement dans l'Eglife de Paris.

Plufieurs de ces pieces feront imprimées à la fuite des Lettres patentes qui donnent lieu à ces Remarques.

velles acquifitions, ne foient tenus de plaider, foit en demandant, ou en deffendant, ailleurs que pardevant Nous, ou en
notredite Cour de Parlement, ou pardevant les Gens qui tiennent, ou qui tiendront nofdites Requêtes s'il ne leur plaife
ainfi, & par la maniere que ils le font, & ont accoûtumé de
faire pour leurfdites Terres de leur ancienne Fondation, ET
VOULONS, & aufdits Supplians AVONS OCTROYE' ET
OCTROYONS comme deffus; que eux & leurfdites Terres &
Seigneuries de leurfdites nouvelles acquifitions & leurs
Officiers, en tant comme touche leurs Offices, à caufe d'icelles nouvelles acquifitions, foient exempts du reffort, & Jurifdiction de tous nos Baillifs, Senechaux & Prévôts, & autres Officiers, ainfi comme leurs autres Terres & Domaines
de leurdite ancienne Fondation, & leurs Officiers à caufe
d'icelle, en font, & ont accoûtumé être exempts au tems
paffé, & que tous Procès fi aucuns font pour ce commencés
pardevant iceux nofdits Baillifs Senechaux, Prévôts & autres
Officiers, tant de par lefdits Doyen & Chapitre, comme
contre eux, ou entre aucunes parties leurs fujets, à caufe de
leurfdites Terres & Seigneuries de leurfdites nouvelles acquifitions, foit en principal ou par appellations, foient par
eux renvoyés fi-tôt comme requis en feront en l'état où ils font
ou feront en notredite Cour de Parlement pour en ordonner,
& juger illec ce que de raifon fera, & en outre que ledit
Procès commencé à caufe du reffort de ladite Terre de Verno, & autres fi aucuns en y a, ceffent du tout, & furtout les
chofes deffufdites impofons filence perpetuel à notre Procu-
cureur. SI DONNONS EN MANDEMENT par ces prefentes, à nos Amés & Feaux Confeillers les Gens qui tiendront
notredit Parlement, & de nos Comptes à Paris, au Prévôt
de Paris, & à tous les autres Jufticiers de notre Royaume prefens, & avenir, & à chacun d'eux fi comme à lui appartiendra
que lefdits Supplians faffent, fouffrent & laiffent joüir, & ufer
paifiblement de notre prefente grace, fans les molefter ou
empêcher aucunement au contraire, & afin que ce foit chofe
ferme & ftable à toûjours : nous avons fait mettre à ces Lettres, fauf en autres chofes notre Droit l'autruy en tout.
DONNE' à Paris au mois de Juin, l'an de grace mil trois
cent quatre-vingt-dix, & de notre Regne le dixieme.

O iij

Lefquelles Lettres prefent & appellé le Procureur Général du Roy furent prefentées à la Cour de Parlement, pour
icelles être par ladite Cour enterinées & vérifiées; mais afin
que lefdites Lettres ne fuffent enterinées, ne fortiffent aucun
effet, icelui Procureur en impugnant lefdites Lettres, fit pro-
pofèr par le Confeil, & Avocat du Roy plufieurs faits & raifons, après lefquelles chofes ainfi propofées lefdits Doyen &
Chapitre, fe trahirent derechef pardevers le Roy, & narra-
tion faite des chofes dites par ledit Procureur du Roy, obtinrent du Roy certaines Lettres, par lefquelles il veut, que
nonobftant les faits & raifons propofées par ledit Procureur,
les Lettres deffus incorporées ayent, & fortiffent leurdit effet,
& fur ce impofe filence à fondit Procureur, fi comme il appert par lefdites Lettres dont la teneur eft telle.

16. Juin 1392.
Enregiftrées le 23
Janvier 1392.
*Lettres de Juffion
obtenuës par le
Chapitre de l'E-
glife de Paris, pour
l'Enregiftrement
des préédentes.*
Deuxiéme Vol.
des Ordonnances
d'Henry II. cotté
2, fol. 56.
Item, fixiéme
Vol. des Ordon-
nances d'Henry
IV. cotté y y, fol.
136.

CHARLES, PAR LA GRACE DE DIEU, Roy de
France: A nos Amés & Féaux Gens de notre Parlement; SALUT, & dilection, comme par nos Lettres en Lacs,
de Soye, de Cire verte, données au mois de Juin, l'an mil
trois cent quatre-vingt-dix dernierement paffé, & tant à la
priere & contemplation de notre très-chere & Amée Compagne la Reyne, & de fon joyeux advenement en notre bonne
Ville de Paris, comme pour les autres caufes plus à plein dé-
clarées en nofdites Lettres, & qui à ce, nous meurent, &
meuvent, & par grande & meure déliberation de notre Confeil, nous euffions octroyé à l'Eglife de Paris, & à nos bien
Amés Doyen & Chapitre d'icelle, que eux, & leurs Terres,
Seigneuries & Juftices quelle, & de quelconque valeur elles
foient, & quelques titres qu'ils les ayent acquifes, fuppofé
qu'elles ne foient exprimées en nofdites Lettres, fuffent &
demeuraffent, foient & demeurent à toûjours fous le reffort de
notre Cour dudit Parlement, fans moyen tout ainfi comme
leurs Terres & Seigneuries, & Juftices de leur ancienne Fondation y font, & ont accoûtumé d'être, & demeurer au tems
paffé, & que eux & leurs Officiers, à caufe d'icelles ne foient
tenus de plaider en demandant, ou en deffendant ailleurs que
pardevant Nous ou en notredite Cour, ou pardevant nos Amés
& Féaux Gens des Requêtes du Palais, fi il ne leur plaît en
les exemptant, & leurfdits Officiers quant à ce du reffort, &

Jurifdiction de tous nos Baillifs, Senechaux, Prévôts & autres Officiers, pareillement que de leurdite Fondation an-
ciènne ont accoûtumés d'être, & avec ce euffions par nofdites Lettres voulu que tous Procès fi aucuns étoient pour ce
encommencés pardevant nofdits Officiers, pour caufes d'icelles nouvelles acquifitions, foit en principal, ou par appel, fuffent par eux renvoyés, fitôt que requis en feroient en notredite Cour de Parlement ; & en outre que certain Procès encommencé entre notre Procureur, & lefdits Doyen & Chapitre, pour caufe du reffort de leur Terre de Verno & autres
s'aucuns en y a, ceffaffent & ceffent du tout, fur toutes les
chofes deffufdites, euffions impofé filence perpetuel à notre
Procureur, fi comme ces chofes en nofdites Lettres font plus
à plein contenuës, & il foit ainfi qu'après ce que lefdits
Doyen & Chapitre vous ont prefenté nofdites Lettres, &
requis l'entherinement d'icelles, notre Procureur Général fe
foit oppofé au contraire, & fe foit efforcé d'impugner, &
débatre lefdites Lettres, difant entre autres chofes qu'elles
font octroyées contre Droit commun, & au préjudice de
Nous & de la chofe publique, & des refforts de Nous & de
nos fujets, & contre les Ordonnances Royaux, par lefquelles
nul ne doit être trait hors de fon ordinaire, & que ce feroit
travailler nos fujets de loingtain pays, & ôter la Jurifdiction
des Juges fujets de Nous & autres qui y ont interêt, pour les
profits & amendes, & forfaitures qui peuvent écheoir en leurs
Jurifdictions, & outre feroit donner caufe aufdits Doyen &
Chapitre, & leurs Juges de faire abus & entreprifes, parce
que notre Procureur Général n'en fçauroit rien, & nos Procureurs & Officiers du pays, ne s'en pourroient entremettre,
& faudroit de chacun pays envoyer inftructions pardevers notre Procureur, qui feroit travail & dépenfe, à Nous & à nos
Officiers, & auffi feroient nos fujets travaillés de loingtain
pays, & fi ne pourroient avoir leurs audiences, fors quand il
plairoit aufdits Doyen & Chapitre, & fi leur feroient, Avocats, Procureurs, Commiffaires & Ecritures de plus grand
couftement en notredite Cour de Parlement que autre part,
& fi leur faudroit payer en notredite Cour amendes en cas
d'appeaulx de foixante livres, & toutes fois en Prévôtés &
Bailliages, ils ne payeroient que foixante fols en cas d'appel

qui leur feroit grief infupportable, & ôter la faculté d'appeller quand ils feroient grevés, tant pour doute de ladite amende de foixante livres comme pour le travail de venir à Paris, & avec ce que nous leur avons octroyé les exemptions des fuf- dites en la maniere qu'ils font exempts de leur ancienne Fon- dation, ainfi ne leur vaut, ni ne font à recevoir, s'ils ne mon- trent promptement leurs Privileges de leur ancienne Fonda- tion dont n'en ont-ils point montré, & par ce ne fe peuvent être fans titres fur ce enfaifinés par quelques laps de tems, & fi ne les avons point relevés par nofdites autres Lettres de montrer leurs Privileges, & ainfi ne font à recevoir à eux ai- der defdites exemptions anciennes & nouvelles, & même- ment que à octroyer telle exemption nouvelle qui eft contre Droit commun; il faut qu'il y ait, ou neceffité, ou évidente utilité dont il n'y a rien en ce cas, avec autres debats, & alle- gations qui fur ce ont été propofés par notredit Procureur; furquoi les parties ayant plaidé d'une part & d'autre, & tant ait été procedé que par Vous ayent été appointées à mettre leurs Lettres pardevers Vous, & ce dont elles fe voudroient aider, & fi Métier eft Vous vous informiés du profit, ou dom- mage de ladite exemption, & au furplus leur ferés raifon, fans ce que autrement y ait été procedé, & Jaçoit que lefdits Doyen & Chapitre de Tel, & fi longtems qu'il n'eft mémoire du contraire, ayent ufé de ladite exemption quant à leur Fondation ancienne, & ait été tout pour fi notoire en notre- dite Cour de Parlement par nos Procureurs & Confeillers qui ont été ez tems paffés qui ont gardé nos Droirs au mieux qu'ils ont pû qu'il n'étoit point rappellé en doute, & auffi leur ayent été fur ce octroyés leurs Gardes & Lettres d'ajourne- ment par les Chancelliers, & ceux qui ont gardé la Chancel- lerie de nos Predeceffeurs, & de Nous fans aucune difficulté ou débat, comme tenant ladite exemption pour toute notoire, & avec ce que plufieurs autres Eglifes, & bonnes Villes de no- tre Royaume ayent exemptions telle que ils ne plaident qu'en notredite Cour, & que ladite Eglife de Paris qui eft Mere Eglife de la Cité Capitale de notre Royaume, fondée en l'hon- neur Notre-Dame par nos Predeceffeurs, foit bien prenable de telle liberté & exemption, & fi eft communément ledit Chapître gouverné par Gens Clercs fages, & de grande au-

torité

torité, & dont les plufieurs ont accoûtumés d'être, & font de
notre Confeil qui jamais ne voudroient faire griefs, ne mo-
leftations à autruy, toutes fois lefdits Doyen & Chapître dou-
tent que fous l'ombre defdits débats & allegations de notredit Procureur, & que prefentement ils ne peuvent pas faire
promptement foy de l'exemption devant dite, fors par très-
long ufage notoire devant dit, & par aucune de leurs Gardes anciennes qui fur ce leurs ont été octroyées, & autres
vous fiffiés aucune difficulté de obtemperer, & proceder à l'entherinement de nofdites autres Lettres, fi par Nous n'étoit fur ce
pourvû de remede. POURQUOI NOUS ces chofes confi-
derées voulant de tout notre cœur exaucer, & favorablement
traiter ladite Eglife, & les Droits d'icelle entre les autres Eglifes de notre Royaume, & nofdites autres Lettres octroyées
pour contemplation d'icelle Eglife, & à la priere de notredite
Compagne, à Nous fur ce faite en fondit joyeux advenement,
premier pelerinage & entrée par icelle faite en icelle Eglife,
avoir, & fortir leur plein effet, & mêmement, que icelles
Lettres nous avons octroyées, & paffées de notre certaine
fcience, & par grande déliberation de notre Confeil, & l'a-
vons commandé de Bouche à notre Procureur. VOUS MAN-
DONS, ET étroitement ENIOIGNONS que nonobftant les débats & allégations desfufdits de notre Procureur, ne autres
quelconques faites ou à faire, & ledit appointement de la
caufe, vous obéiffiés à nofdites autres Lettres & icelles entherinées, ou faites entheriner de point en point fans difficulté
aucune, felon leur forme & teneur, & d'icelles faites, &
fouffriés lefdits Doyen & Chapitre joüir, & ufer paifiblement
fans les fouffrir inquieter ne molefter, au contraire en mettant ledit Procès au néant, & impofant fur ce à notredit Procureur filence, auquel nous l'impofons par ces prefentes.
CAR AINSI nous plaît il eft ce fait de notre grace fpecialle ,
certaine fcience & autorité Royalle nonobftant ce qui dit eft,
& que lefdits Doyen & Chapitre n'ayent fait, ou puiffent
faire foi de l'exemption ancienne, dont nous les avons relevés
par ces prefentes de plus ample grace, attendu le long ufage
qu'ils ont eû, fur ce relevons, & quelconques autres Lettres
à ce contraire. DONNE' à Paris le feiziéme jour de Juin, l'an de
grace mil trois cent quatre-vingt-douze, & le douziéme de
notre Regne.   P.

Et après ce que lefdites Lettres furent prefentées à ladite Cour de Parlement, lefdites parties, c'eft à fçavoir lefdits Doyen & Chapître d'une part; les Procureur & Avocats, plufieurs autres Confeillers du Roy fe font affemblés, & ont enfemble debattu & difcutté les matieres par grande & meure déliberation par fpecial, fur ce que ledit Procureur difoit que les Privileges & exemptions contenuës èfdites Lettres defdits de Chapître, étoient fubreptices, & n'étoient à entheriner, ainfi abfolument, par plufieurs faits & raifons qu'il difoit. FINALLEMENT ACCORDE' EST entre lefdites parties par la déclaration deffufdite, & de l'autorité de ladite Cour s'il lui plaît, que lefdites Lettres Royaux deffus tranfcrites auront, & fortiront leur effet, & feront entherinées au profit defdits Doyen & Chapître, & de ladite Eglife par les modifications, forme & maniere qui s'enfuit, c'eft à fçavoir que les Baillifs & autres Officiers Royaux, èfquels Bailliages & Jurifdictions lefdites Terres font affifes, auront les connoiffances des Droits Royaux, & des cas dont la connoiffance en appartient au Roy feul, & pour le tout, comme de crime de Leze-Majefté, de port d'armes, de fauve-gardes enfraintes de fa main brifée, de forger fauffe Monnoye, & autres femblables, fur & entre les hôtes & fujets defdits Doyen & Chapître, & auffi des cas de nouvelleté, *par prévention & de tous autres cas dont la connoiffance par prévention*, & autrement, devroit, & doit appartenir au Roy, pour raifon, coûtume & ufage; mais s'il advenoit que lefdits Doyen & Chapître, ou leurs Officiers à caufe de leurs Offices fuffent parties, ils ne feroient, & ne feront tenus plaider pardevant lefdits Baillifs ou autres Officiers Royaux des pays; mais feront & demeureront fujets de la Cour de Parlement feuls, & pour le tout, & s'il advenoit que aucuns des Baillifs, ou autres Officiers Royaux vouluffent entreprendre aucune connoiffance d'aucune caufe fut, des deffus déclarés, ou autres à l'encontre defdits Doyen & Chapître, ou de leurs Officiers à caufe de leurs Offices: ou s'il advenoit que lefdits Doyen & Chapître prinffent l'aveu d'aucunes caufes, ou caufe qui par adjournement, ou autrement fuffent introduites devant les Baillifs & Officiers Royaux, iceux Doyen & Chapître ne feront tenus de plaider pardevant eux s'il ne leur plaît, mais feront tenus iceux Baillifs, & Of-

ficiers Royaux de renvoyer lefdites caufes à la Requête defdits Doyen & Chapître, ou de leur Procureur à ladite Cour
de Parlement, pour illec être determinée & ordonnée comme il appartiendra par raifon, & eft à entendre que lefdites
Lettres ne s'étendent, ne s'étendront point aux fujets defdits
Doyen & Chapître; que les caufes d'iceux fujets doivent
venir, ne être demenées en Parlement, ne aux Requêtes du
Palais, ne aucunement que paravant faifoient, fi ce n'eft en
cas d'appel fait des Juges defdits de Chapître, & en outre
feront, & pourront faire les Baillifs, Prévôts, Sergens & autres Officiers Royaux quelconques, chacun ez mettes de fa Jurifdiction, tous exploits d'exécutions, d'arrêts, adjournemens
& autres par commiffion ez caufes, dont la connoiffance leur
appartient feul & pour le tout, *ou par prévention*, auffi comme
paravent l'impétration defdites Lettres ils faifoient, & avoient
accoûtumé de faire fur les fujets, & ez Terres defdits de
Chapître, tant en celles de leur premiere Fondation, comme
de toutes les autres acquifitions anciennes ou nouvelles, &
en connoîtront les Juges Royaux, fi debat, ou plaîd fe y affied
& détermineront, fi toutesfois lefdits de Chapître, ou leurs
Procureurs par Adveu, adjonction, ou autrement ne fe bou-
tent au plaîd, ou requierent la caufe, ou caufes être renvoyées
en Parlement, auquel cas les Juges feront tenus de tout renvoyer en Parlement, excepté pour lefdits de Chapître; que lefdits Baillifs, Prévôts ou autres Officiers Royaux, ne fe entrê-
mettront en rien de donner commiffion pour adjournement
en cas d'appel fait des fujets, ne ez Terres defdits de Chapitre, ne d'exécuter iceux adjournemens; mais faudra les adjournemens être pris en la Chancellerie de France, & non
ailleurs en cas d'appel.

Quibus quidem litteris præinfertis per dictam curiam
noftram vifis, memorata curia noftra eifdem litteris, modi-
ficationibus tamen, & conditionibus fupra dictis mediantibus,
obtemperavit & obtemperat per prefentes, quod ut firmum,
& ftabile permaneat, in futurum, prefentes litteras figilli noftri
munimine juffimus roborari. Datum & actum parifiis in pa-
lamento noftro die vigefima tertia menfis Januarii anno Do-

P ij

mini millefimo trecentemfio nonagefimo fecundo (*a*) &
regni noftri decimo tertio, *ainfi figné fur le reply* concordatum
in Camera Joan. Villeguin, regiftrata collatio facta eft, & fcellé en lacs de foye rouge, & verte, avec deux contre-fceaux
l'un fans cire, collationné : *Signé* Langelé, *avec paraphe.*

*E X T R A I T des Regiftres des Ordonnances Royaux regiftrées en
Parlement :* Signé D U F R A N C, *avec paraphe.*

(*a*) Cet Arrêt d'Enregiftrement | niere prefente de dater.
eft de l'an 1393. felon notre ma- |

*Lettres Patentes, concernant la Juftice du Chapître de l'Eglife
de Paris, dans leur Eglife & Cloître, lefquelles n'ont été enregiftrées qu'en vertu de Lettres de Juffion, qui réduifent ledit
Droit de Juftice, aux feules Matieres Criminelles concernant
les Doyen & Chanoines de ladite Eglife.* (a)

Septemb. 1465.
Enregiftrées le 24
Février 1467.
   Ordonnances
Royaux, premier
vol. de Louis XI.
cotte E, fol. 155.
   Item, fixiéme
vol. d'Henry IV.
cotté y y , fol.
156.

L OUIS, PAR LA GRACE DE DIEU, Roy de France : Sça-
VOIR FAISONS à tous préfens & à venir, que Nous à plein informés
des Droits, Libertés, Franchifes, Immunités & Privileges que nos Pre-
déceffeurs Rois de France, ont donné & octroyé le tems paffé, à nos
chers & bien amés les Doyen & Chapître de l'Eglife Notre - Dame
de Paris, & auffi de l'Immunité, Juftice & Jurifdiction qu'ils ont de
toute ancienneté en leur Cloître ou pourpris, & autres lieux prés, & ès
environs d'icelui ; de Notre certaine fcience, propre mouvement, pleine puiffance & autorité royale, à iceuxDoyen & Chapître & à leurs Suc-
cefleurs, avons confirmé & approuvé, confirmons & approuvons par ces
prefentes, leurfdits Droits, Libertés, Franchifes, Privileges & Immunités, Juftice & Jurifdiction de leurdit Cloître ; & outre par ces mêmes
prefentes, pour la grande dévotion qu'avons toûjours eu, & avons de prefent à la glorieufe Vierge Marie, en l'honneur de laquelle ladite Eglife
eft fondée, & afin qu'ils foient plus enclins & tenus de prier Dieu & ladite Vierge pour Nous & notre Lignée, & pour ôter tous doutes, &
pour obvier à toutes altercations & matieres de procès qu'on leur voudroit faire, & à ce qu'ils puiffent déformais joüir paifiblement de leurfdites Immunités, Juftice & Jurifdiction qu'ils ont en leurdit Cloître &
Eglife fans aucune inquiétation, Nous en tant que meftier eft ou befoin
leur feroit, de notredire certaine fcience, propre mouvement, pleine
puiffance & autorité royale, AVONS à iceux Doyen & Chapître, & leurfdits Succeffeurs, donné & octroyé, donnons & octroyons de nouvel

(*a*) Ces Lettres de Juffion font | Royaux, enregiftrées au Parlement.
dans les Regiftres des Ordonnances | 1. vol. de Loüis XI. cotté E. f. 156.

iceux Droits, Privileges, Libertés, Immunités & Franchifes; & d'a-
bondant, que de leurſdites Immunités, Juſtice & Juriſdiction, ont de
toute ancienneté en leurdit Cloître & Eglife , comme de ce avons été
dûëment acertenés, ils joüiſſent d'oreſnavant, pleinement, paiſible-
ment, ſans contredit & empêchement quelconque , & qu'eux , leur famille & ſerviteurs, & leſdits lieux, ſoient & demeurent francs, quittes
& exemts de nos Baillif, Prévôt, Sénéchaux, & autres Juges & Officiers quelconques, ſauf & reſervé à Nous & à notre Cour de Parlement,
la Souverainneté & Reſſort tant ſeulement ; & ſi aucuns procès ont été
le tems paſſé, mûs & introduits pour raiſon & à cauſe de ce, entre notre
Procureur, & leſdits Doyen & Chapître , ſoit en ladite Cour de Parlement ou ailleurs, VOULONS qu'ils ceſſent, & ſur ce avons impoſé &
impoſons ſilence perpetuel à notredit Procureur Général , & à tous autres à qui ce touche ou pourra cy-après toucher; & afin que ce ſoit choſe
ferme & ſtable à toûjours , Nous avons fait mettre notre Scel à ceſdites
preſentes, ſauf en autres choſes notredit Droit , & l'autrui en toutes, &
pour ce que de ceſdites preſentes, leſdits Doyen & Chapître pourront
avoir affaire en pluſieurs & divers lieux , Nous voulons qu'au *Vidimus*
d'icelles, fait ſous Scel Royal, foy ſoit adjoûtée comme à ce preſent
original. DONNE' à Paris au mois de Septembre, l'an de grace mil
quatre cent ſoixante-cinq , & de notre regne le cinquieme. *Ainſi ſigné*,
par le Roy, l'Evêque d'Evreux & autres preſens. G. PICART. *Viſa*,
& ſcellé ſur lacs de ſoye de cire verte.

Statut du Chapître de l'Eglife de Paris, concernant les logemens du Cloître de ladite Eglife.

HODIE renovatum eſt expreſſum Capituli ſtatutum pluries repe-
titum & corroboratum, de alienis ab Eccleſia non hoſpitandis in
Clauſtro; quo cavetur quod nullus cujuſcumque ſit gradus aut præemi-
nentiæ, habens clauſtralem domum in eadem, ſub pœna excommunica-
tionis hoſpitetur, præſertim homines alterius ſtatus quàm Eccleſiæ ; etiam
ſuos parentes, niſi obitèr tranſeundo, & pro modicâ mora temporis ſex
vel octo dierum. Similitèr ne ejuſmodi domos locare præſumat, niſi per-
ſonis ipſius Eccleſiæ : cùm reputetur unica & religioſa domus dictum
Clauſtrum, ubi Clerus in eo degens tranquillo animo & quietâ mente;
Officiis Divinis dictæ Eccleſiæ inhærere debet.

30. Avril. 1574. Traité de la Po-
lice liv. 1. tit. 10. chap. 1. tome 1. pag. 160. de la derniere Edition.

Arrêt du Parlement, qui regle par proviſion les logemens du Cloître de l'Eglife de Paris.

LOUIS, PAR LA GRACE DE DIEU, Roy de France & de
Navarre, au premier notre Huiſſier de notre Cour de Parlement, ou
autre notre Huiſſier ou Sergent ſur ce requis. SALUT, SÇAVOIR FAI-
SONS que cejourd'ui date des preſentes, comparans judiciairement en

20. Avril 1655.

notredite Cour M^e. Itier-François Chaſtelain, Prêtre, Docteur en Théologie, Chanoine de l'Egliſe de Paris, Appellant comme d'abus des Statuts faits par le Chapître de ladite Egliſe de Paris, des 18. Juin 1618.
& 25. Juillet 1632. & de pluſieurs Ordonnances Capitulaires pour la
diſtribution de l'argent provenant de la vente des maiſons du Cloître de
ladite Egliſe, comme contraires aux anciens Statuts & Arrêts de notredite Cour, & encore Appellant d'un autre Statut dudit Chapître, du 7.
Février 1637. & Demandeur en Requête par lui preſentée à notredite
Cour le 3. Août 1648. d'une part; & les Doyen, Chanoines & Chapître
de ladite Egliſe, Intimés & Deffendeurs d'autre; & encore entre les
Grands - Vicaires d'icelle Egliſe, Demandeurs en Requête du 3. Mars
1650. afin d'être reçûs Parties intervenantes en lad. Cauſe d'appel d'une
part, & leſd. Doyen, Chanoines & Chapître Deffendeurs, d'autre; & encore M^e. J. Granger auſſi Chanoine de lad. Egliſe, pareillement Demandeur en Requête du 28. Mars afin d'intervention, & d'être reçû appellant d'une Sentence des Requêtes du Palais du 10. Mars 1653. & autres
renduës en conſéquence, & de ce qui s'en eſt enſuivi d'une part, & ledit
Chapître & M^e. Pierre Fournier auſſi Chanoine en ladite Egliſe, reſpectivement Deffendeurs d'autre; & encore entre les Chapelains de l'ancienne Communauté de ladite Egliſe, auſſi Demandeurs en Requête à fin
d'intervention du 23. Juillet audit an 1653. d'une autre part, & leſdits
Doyen, Chanoines & Chapître, Deffendeurs d'autre, ſans que les qualités puiſſent nuire ni préjudicier aux Parties; après que Langlois pour
Chaſtelain, Guehery le jeune pour Granger, Laurenchet pour les Chapelains, Habert pour les Grands-Vicaires, Jobert pour le Chapître, &
Gaumont pour Fournier, ont été oüis, enſemble Talon pour notre Procureur Général, NOTREDITE COUR ſur les appellations a appointé les
Parties au Conſeil, & ſur les interventions en droit & joint; & cependant par maniere de proviſion ſans préjudice du droit des Parties, a fait
deffenſes auſdits Chanoines de Notre-Dame de retenir en leurs maiſons
aucunes perſonnes laïques autres que leurs peres, meres, freres & ſœurs:
Enjoint à tous ceux qui ne ſont de cette qualité, de vuider les lieux
dans la Saint Remy prochaine. SI TE MANDONS, à la Requête deſdits
Doyen, Chanoines & Chapître, le preſent Arrêt mettre à dûë & entiere
exécution ſelon ſa forme & teneur, de ce faire te donnons pouvoir.
DONNE' à Paris en notre Parlement, le vingt Avril l'an mil ſix cent cinquante-cinq, & de notre regne le douziéme. *Signé par la Chambre,*
GUYET, *& ſcellé le cinq May audit an.*

'Arrêt du Parlement, qui juge définitivement quelles perſonnes peuvent habiter dans le Cloître Notre-Dome de Paris.

Extrait des Regiſtres de Parlement.

4. May 1661.

VEU PAR LA COUR la Requête a elle preſentée par les Doyen, Chanoines & Chapîtres de l'Egliſe de Paris, à ce que pour les cauſes y contenuës; & attendu qu'aucuns deſdits Chanoines étoient refuſans d'exécuter l'Arrêt de ladite Cour du 20. Avril 1655. qui regloit les qualités des perſonnes qui pourroient demeurer dans le Cloître, quelques ſommations qui leur en euſſent été faites, même au nouveau Statut fait par leſd. Supplians le 3. Decembre 1659. par lequel il auroit été réſolu & arrêté que les particuliers qui étoient en demeure, y ſatisferoient dans le jour de Saint Jean, autrement qu'il feroit procedé par ſaiſie de leurs gros, dont la moitié feroit appliquée au profit de la Fabrique; il fut ordonné que leſdits Arrêt & Statuts deſdits jours 20. Avril 1655. & 3. Décembre 1659. feroient exécutés; ce faiſant, que tous les particuliers Chanoines qui étoient en demeure de ſatisfaire auſdits Arrêt & Statut, feroient contraints à les exécuter par ſaiſies de leurs gros, nonobſtant oppoſitions ou appellations quelconques, & ſans préjudice d'icelles: VEU auſſi ledit Arrêt dudit jour 20. Avril 1655. ledit Statut dudit jour 3. Décembre 1659. leſdites ſommations faites auſdits particuliers Chanoines refuſans, & autres pieces attachées à ladite Requête ſignée P. Fournier Procureur, Concluſions du Procureur Général du Roy. Oüy le rapport de Me. Michel Ferrand Conſeiller en ladite Cour: Tout conſideré, LADITE COUR ayant égard à ladite Requête, a ordonné & ordonne que leſdits Arrêt & Statut deſdits jours 20. Avril 1655. & 3. Décembre 1659. feront exécutés ſelon leur forme & teneur; à ce faire les particuliers Chanoines en demeure d'y ſatisfaire dans trois mois du jour de la ſignification du preſent Arrêt pour tout délay, & ſans eſpérance d'autre, contraints par ſaiſie de leurs gros, nonobſtant oppoſitions ou appellations, ſans préjudice d'icelles, en vertu du preſent Arrêt, & ſans qu'il ſoit beſoin d'autre. FAIT en Parlement, le quatre May mil ſix cens ſoixante-un. *Signé* DUTILLET,

Arrêt du Parlement, qui restraint le Privilege de Messieurs du Chapître de Notre-Dame de Paris, aux Chanoines, Chapelains & autres Ecclesiastiques déservans actuellement dans ladite Eglise.

9. Juillet 1661. Chartrier des Notaires, Edition de 1663. pag. 701.
Traité des Scellés & Inventaires, pag. 325.

LOUIS, PAR LA GRACE DE DIEU, Roy de France & de Navarre : Au premier des Huissiers de notre Cour de Parlement, ou autre Huissier ou Sergent sur ce requis ; SÇAVOIR FAISONS qu'entre la Communauté des Notaires du Châtelet de Paris, Appellans des Ordonnances renduës par le Bailly & Chambrier Lay de l'Eglise de Paris, les 28. & 30. Juin dernier, par la premiere desquelles ledit Bailly s'est commis pour faire l'inventaire des effets qui se sont trouvés après le décès de Monsieur le Prévôt, vivant Conseiller en notredite Cour & Chanoine de Paris en sa maison Canoniale au Cloître de ladite Eglise, sur la requisition des parties ; & par la seconde, il a été ordonné que sans s'arrêter à la nomination faite par les sieurs Exécuteur & présomptif Héritier & Légataire universel dudit feu sieur le Prévôt, des personnes de Maîtres Huart & le Cat Notaires, pour ledit inventaire, il seroit par les Officiers de la Barre passé outre à iceluy inventaire d'une part, & M. Pierre Fournier Procureur en notredite Cour, Bailly dudit Chapître, intimé d'autre ; & encore les Doyen, Chanoines & Chapître de l'Eglise de Paris, Demandeurs en Requête par eux presentée à notredite Cour le 8. de ce mois, tendante à ce qu'il plût à notredite Cour leur donner acte de ce qu'ils prenoient le fait & cause pour leurdit Bailly, & en conséquence déclarer les Notaires non recevables en leur appel ; & attendu que lesdits Notaires n'ont aucune Jurisdiction dans leur Cloître, qu'ils sont fondés en Lettres patentes & Arrêts qui les ont confirmées en divers tems, il y a prohibition aux Commissaires & Notaires de faire aucuns scellés & inventaires dans le Cloître d'une autre part, & la Communauté des Notaires deffendeurs encore d'autre ; & encore entre Mre. Edoüard le Prevost, Chevalier habile à se dire héritier dud. feu Sr. le Prevost, & Mre. Dreux d'Aubray Conseiller en tous nos Conseils, Lieutenant Civil de la Ville, Prévôté & Vicomté de Paris, Exécuteur du testament dudit deffunt Sr. le Prevost, Demandeur en Requête judiciaire faite en plaidant, à ce qu'ils fussent reçûs Parties intervenantes entre lesdits Notaires & Bailly de la Barre faisant droit sur leur intervention, leur donner acte de ce qu'ils persistent en ladite déclaration par eux ci-devant faite, qu'ils entendent l'inventaire en question être fait par les Notaires du Châtelet par eux nommés ; ce faisant, qu'il y sera incessamment par eux procédé, & encore à ce que le scellé apposé en la maison de Vanvres par le Prévôt dudit Vanvres, soit declaré nul : ce faisant, celui apposé audit lieu de Vanvres par le Commissaire d'Espinay par lui levé, inventaire & description de ce qui

se trouvera

ſe trouvera ſous icelui fait par les mêmes Notaires d'une part, & leſdits Bailly de la Barre du Chapître, Maître Samuel Lucas Procureur au Châtelet, Prévôt de Vanvres, Deffendeur encore d'autre; après que Guehery pour les Notaires du Châtelet, Chemiot pour ledit Edoüard le Prevoſt, Clement pour ledit d'Aubray, Fournier en ſon nom & pour le Chapître, Percheron pour ledit Lucas, Garnot pour le Commiſſaire, d'Eſpinay, Talon pour le Procureur Général du Roy : NOTREDITE COUR ſur l'appel, a mis & met les Parties hors de Cour & de Procès; ce faiſant, ordonne que le ſcellé appoſé en la maiſon de Paris ſera levé, & l'inventaire de ce qui ſe trouvera ſous icelui fait par le Bailly de la Barre du Chapître, celui des meubles de la maiſon de Vanvres par le Bailly de Vanvres; & à cette fin, ſera tenu le Commiſſaire d'Eſpinay y aller reconnoître le ſcellé par lui appoſé, à la premiere aſſignation qui lui ſera donnée, ſinon paſſé outre à la levée d'icelui; & faiſant droit ſur les Concluſions de notre Procureur Général, a déclaré le privilege dont eſt queſtion, reſtraint aux Chanoines, Chapelains & autres Eccleſiaſtiques deſſervans actuellement dans l'Egliſe Notre - Dame de Paris, ſans dépens entre les parties, condamne néanmoins les parties de Guehery en une amende de douze livres envers Nous : SI MANDONS mettre le preſent Arrêt à exécution. DONNE' en Parlement le neuf Juillet, l'an de grace mil ſix cens ſoixante-un, & de notre regne le dixhuitiéme. Collationné. *Signé* L'ANGELE' : par la Chambre. *Signé* DUFRANC.

Réflexions ſur le précédent Arrêt du 9. Juillet 1661.

DESMAISONS dans ſes Arrêts, page 241. parle de la conteſtation ſur laquelle eſt intervenu l'Arrêt du 9. Juillet 1661. rapporté dans le Chartrier des Notaires, page 701. de l'Edition de 1663. mais avec peu d'exactitude.

IL DIT qu'il y avoit appel de l'appoſition de ſcellé du Prévôt de Vanvres, faite à Vanvres après le décès de M. le Prevoſt Conſeiller au Parlement, Chanoine de Notre-Dame, Seigneur de Vanvres, de la part du Lieutenant Civil du Châtelet de Paris, ce qui n'eſt pas ; & là-deſſus il raconte un fait concernant le Commiſſaire d'Eſpinay, qui avoit contreſcellé le Prévôt de Vanvres, lequel a tout l'air d'un conte, & d'une hiſtoire faite exprès pour avoir occaſion de dénigrer les Officiers du Châtelet.

IL DIT donc que le Prévôt de Vanvres appoſa ſcellé audit lieu après le décès du Seigneur; que comme le Châtelet voudroit étendre ſa Juriſdiction autant que celle du Parlement s'il pouvoit, le Lieutenant Civil y envoya un Commiſſaire pour y appoſer ſon ſcellé ; mais comme il étoit très-malhabile homme, le Prévôt dudit lieu plus adroit que lui, ne le voulut jamais permettre, qu'après lui avoir baillé une déclaration par écrit que ſon intention n'étoit pas pour courir & entreprendre ſur ſa Juriſdiction, mais que c'étoit pour obéir aux ordres de M. le Lieutenant Civil, qui avoit deffein d'aller appoſer les ſcellés juſqu'à Saint Germain-en-Laye, qui étoit du Reſſort du Préſidial de Mantes : il ajoûte quelques lignes après que le Commiſſaire qui avoit baillé une telle déclaration, fut mocqué comme un ignorant, de s'être laiſſé ſurprendre à un petit Juge guêtré.

E T c'eſt ſur cet appel d'appoſition de ſcellé, qui n'a point exiſté, qu'il fait tomber la diſpoſition de l'Arrêt dont eſt queſtion.

P O U R réfuter tout ce tiſſu de fauſſetés, il ſuffit de rapporter les véritables circonſtances du fait, tirées de l'Arrêt même qui a jugé la conteſtation.

M O N S I E U R l'Abbé le Prevoſt étant décédé dans ſa Maiſon Canoniale à Paris, le Bailly du Chapître mit le ſcellé dans ſa maiſon de Paris.

L E Prévôt de Vanvres mit le ſien dans ſa maiſon de Vanvres, à une bonne lieuë de Paris & dans la Banlieuë.

L E Bailly du Chapître ſe commit pour faire l'inventaire.

E T par une deuxiéme Ordonnance, il ordonna que ſans s'arrêter à la nomination faite par les ſieurs Exécuteur, préſomptifs Héritiers & Légataires univerſels du Deffunt, de deux Notaires du Châtelet pour faire l'inventaire en queſtion, il ſeroit par les Officiers de ſon Bailliage paſſé outre à la confection dudit inventaire.

L A Communauté des Notaires interjetta appel de ces deux Ordonnances, & intima le Bailly du Chapître.

L E Chapître intervint & prit le fait & cauſe de ſon Bailly.

M O N S I E U R le Prevoſt préſomptif Héritier du Deffunt, & Monſieur le Lieutenant Civil du Châtelet de Paris, comme Exécuteur teſtamentaire du deffunt Abbé, intervinrent, perſiſterent dans la nomination par eux faite des deux Notaires du Châtelet pour faire l'inventaire en queſtion, & demanderent que le ſcellé appoſé par le Prévôt de Vanvres, fût déclaré nul, & que le contre-ſcellé du Commiſſaire d'Eſpinay fût levé par ledit Commiſſaire, & l'inventaire fait par les Notaires du Châtelet par eux nommés.

S U R ces appellations & demandes, & le Prévôt de Vanvres étant en cauſe, L A C O U R par ſon Arrêt ſur l'appel, mit les Parties hors de Cour & de Procès ; ce faiſant, ordonna que le ſcellé de Paris & l'inventaire, ſeroit fait par le Bailly du Chapître, & le ſcellé de Vanvres, par le Bailly de Vanvres, à l'effet de quoi le Commiſſaire d'Eſpinay reconnoîtroit ſon contre-ſcellé, ſinon ſeroit paſſé outre ; & faiſant droit ſur les concluſions du Procureur Général du Roy, déclara le privilege dont le Chapître avoit excipé, reſtraint aux Chanoines, Chapelains & autres Eccleſiaſtiques déſervans actuellement dans l'Egliſe de Paris.

A I N S I, ſi les Notaires perdirent leur cauſe, ce fut à cauſe du privilege dont le Chapître excipa, privilege néanmoins reſtraint aux Matieres Criminelles, par Lettres patentes du 3. Février 1466. vérifiées le 24 Janvier 1467. leſquelles Lettres ne furent point alleguées lors de ce

Arrêt, & dont ils n'ont eu connoiſſance que depuis, ainſi qu'ils l'ont remarqué dans leur Chartrier, Edition de 1663. pag. 703.

Si les préſomptifs Héritiers & Exécuteur teſtamentaire perdirent leur cauſe, par rapport au contre-ſcellé du Commiſſaire d'Eſpinay fait à leur Requête; ce fut par deux raiſons.

1°. Le Commiſſaire d'Eſpinay n'ayant point ſcellé à Paris, il ne pouvoit aller contre-ſceller le Prévôt de Vanvres par droit de ſuite.

2°. A conſiderer la Prévôté de Vanvres comme une Juſtice Seigneuriale de la Banlieuë, le contre-ſcellé du Commiſſaire d'Eſpinay ne pouvoit avoir lieu par droit de prévention, puiſque le Juge du lieu avoit ſcellé le premier.

L'on voit par cet exemple combien peu de fond l'on doit faire ſur les Arrétiſtes, qui pour la plûpart cherchent plus à plaire à leurs Lecteurs, qu'à être utiles par des diſcutions exactes.

Quant à ce que le même Deſmaiſons dit, que lors de la plaidoirie de cette cauſe, le Bailly du Chapître dit qu'il avoit droit de ſuite en matiere de Scellé, & qu'il en avoit uſé après le décès de M. Sevin; ſi ce fait a été allegué, il eſt formellement démenti par l'Arrêt du 18. Janvier 1661. qui concerne le ſcellé dudit ſieur Sevin, lequel eſt rapporté dans le Chartrier des Notaires, pag. 700. de l'Edition de 1663.

Et quand il ſeroit vrai qu'il auroit ſcellé & fait inventaire après le décès de M. Sevin ailleurs que dans ſon Cloître, ce ſeroit la faute des Officiers des lieux où il auroit inſtrumenté, de n'avoir pas reclamé contre ſon entrepriſe, & cela ne pourroit lui faire de titre contre les Officiers ſur les fonctions deſquels il auroit entrepris.

Depuis & le 7. Octobre 1707. il eſt intervenu Arrêt, qui a débouté les Officiers de la Barre du Chapître du Droit de Suitte; il eſt ci-après dans ce Recueil, & l'on verra dans celui qui concerne le Droit de Suitte, que ce cas n'eſt pas le ſeul où les Juges & Officiers Royaux ou Subalternes, ayent été déboutés de ce Droit, qui n'appartient qu'au Châtelet.

Il y a une Sentence des Requeſtes du Palais à Paris du 6. Octobre 1455. dans le Chartrier des Notaires page 630. Edition de 1663. dans laquelle les Prieur, Religieux & Couvent de Saint Martin des Champs, diſent préciſément que l'Inventaire lors en conteſtation entre les Officiers de leur Juſtice, & les Notaires du Châtelet de Paris, devoit être fait par leurs Officiers, parce qu'ils avoient prévenu par l'appoſition de leurs ſcellés, ce qui eſt reconnoître le droit de prévention; ainſi cette Sentence fait un titre contre eux, parce que ce droit eſt reciproque.

Arrêt du Parlement, qui déclare le Commiſſaire Lormier follement intimé, pour un ſcellé mis par prévention dans la Juſtice du Fort-l'Evêque, & au principal appointe au Conſeil. (a)

Extrait des Regîtres de Parlement.

6. Février 1531.

ENTRE l'Evêque de Paris, ayant pris la cauſe pour ſon Procureur Fiſcal en ſa Juriſdiction temporelle du For-L'Evêque, Appellant, & Me. Adam Lormier Examinateur au Châtelet de Paris, & Robert de Pouzot Sergent à verge audit Châtelet de Paris, & leſdits Lormier, & de Pouzot, aſſignés, & Intimés, Le Procureur Général du Roy prenant la cauſe pour ſes Subſtituts audit Châtelet, joint avec eux d'autre part, après que Dumé pour Lormier a conclu, a follement intimé & demandé dépens, & que de Vion pour l'Evêque de Paris a dit qu'il conſentoit les dépens de la folle Intimation dudit Lormier, & quant à l'article de l'appel avec le Procureur Général du Roy & partie, a dit qu'il étoit queſtion du droit de prévention de ſcellé en la Juriſdiction du For-l'Evêque, & que Alligret pour ledit Procureur Général du Roi, a dit qu'il y a autres appellations ſemblables appointées au Conſeil, LA COUR declare Lormier follement Intimé en cette cauſe d'appel, & condamne l'Appellant ès dépens de la folle intimation tels que de raiſon, & quant à l'article de l'appel appointe ladite Cour au Conſeil, & ordonne qu'elle ſera jointe avec les autres qui y ſont appointées, pour en jugeant y faire droit fait en Parlement le 6 Février 1531. collationé : *Signé*, LANGELE', *Signé* DU FRANC.

(a) Le droit de prévention en matiere de ſcellé dans la Juſtice de l'Evêque de Paris, a été jugé définitivement en faveur des Commiſſaires du Châtelet, par l'Arrêt du 3. Décembre 1569. qui ſuit.

Arrêt du Parlement, qui maintient les Officiers du Châtelet de Paris dans le Droit de Prévention en Matiere de Scellé, dans la Ville & Fauxbourgs de Paris.
Contre l'Evêque de Paris.
Les Religieux, Abbé & Convent de Sainte Géneviéve.
Les Doyen, Chanoines & Chapître de Saint Marcel.
Les Religieux, Abbé & Convent de S. Germain-des-Prés.
Les Religieux, Abbé & Convent de Saint Magloire.
Les Relig. Prieur & Convent de S. Martin-des-Champs.
Et le Grand-Prieur du Temple. (a)

Extrait des Regîtres de la Cour de Parlement.

ENTRE la Communauté des Clercs Notaires du Châtelet de Paris, demandeurs d'une part ; & l'Evê-

(*a*) Cet Arrêt a terminé un Procès confidérable, qui fubfiftoit depuis plus de 50. ans, c'eft-à-dire, depuis le commencement du regne de François I. qui a monté fur le Trône en 1515. Cette Caufe avoit été plaidée folemnellement pendant deux Audiences, les 5. & 12. Janvier 1552. & avoit été appointée.

Les Notaires plaidoient contre trois fortes de Parties.

1°. Les Seigneurs Haut-Jufticiers dénommés dans le titre de cet Arrêt.

2°. Le Greffier du Trefor.

3°. Les Examinateurs.

Ils demandoient de faire à l'exclufion de ces différentes Parties, les Inventaires, Partages, & autres Actes de leur miniftere; ils fe fondoient fur leur Charte du 5. Juin 1317. qu'ils appellent Philippine, laquelle bien entenduë ne leur attribuë pas à beaucoup près tout ce qu'ils prétendent, ce premier chef

de demande entraînoit néceffairement avec lui la queftion du droit de Prévention, vis-à-vis des Seigneurs Hauts-Jufticiers.

De plus ils demandoient que les Examinateurs fuffent tenus en tous Examens de témoins, de les prendre pour Adjoints.

Les Examinateurs fe deffendirent de la demande des Notaires par rapport aux partages, fur un Arrêt du Parlement de l'an 1509. qui les leur avoit attribués par provifion, lors qu'ils étoient judiciaires.

Monfieur le Procureur Général prit le parti des Examinateurs contre les Notaires par rapport aux partages, & demanda que l'Arrêt provifoire de l'an 1509. fût declaré définitif.

A l'égard des Seigneurs Hauts-Jufticiers, il foûtint que tenant leur Juftice du Roi, ils ne pouvoient ni devoient dire que Sa Majefté leur en eût tant baillé qu'il n'en eût retenu la concurrence.

3. Déc. 1569.
Filleau tom. 2, pag. 271.

Joly tom 2. pag. 1673. avec les plaidoyers des 5. & 12. Janvier 1552. fur lefquels ledit Arrêt du 3. Décembre 1.69. eft intervenu.

Chartrier des Notaires, Edition de 1663. pag. 282.

Item pag. 388. avec les plaidoyers cy-deffus datés.

Traité des Scellés & Inventaires pag. 319.

Q iij

que de Paris , les Religieux, Abbé & Convent de Sainte
Genevieve, les Doyen, Chanoines & Chapitre de l'Eglife
Saint Marcel , les Religieux , Abbé & Convent faint Germain
des Prez ; les Religieux, Abbé & Convent de faint Magloire ;
les Religieux, Prieur & Convent de faint Martin des Champs ;
le Grand Prieur du Temple ; le Greffier du Tréfor, & la Communauté des Examinateurs dudit Châtelet de Paris , Défendeurs d'autre part. V u par la Cour l'Arrêt d'icelle du cinquiéme jour de Janvier l'an mil cinq cens cinquante-deux , par
lequel lefdites Parties fur leurs differends auroient été appointées au Confeil, leurs plaidoyers, productions, lettres & titres , fors defdits Evêque de Paris , Religieux , Abbé & Convent de faint Magloire, qui n'auroient de leur part aucune
chofe produit, & en auroient dùement été forclos ; contredits
defdits Notaires, Examinateurs, Religieux , Abbé & Convent
faint Germain des Prez, par eux refpectivement fournis fuivant l'Arrêt du 4. Mai 1560. emploi, falvations defdits Notaires & Examinateurs ; forclufions de fournir par les autres
Parties de contredits & falvations, l'Arrêt du troifiéme jour de
Septembre dernier paffé, intervenu fur l'entherinement des
Lettres patentes du Roi obtenues par lefdits Notaires le vingt-
troifiéme jour d'Août aufli dernier paffé, aux fins y contenues :
les conclufions du Procureur Général du Roi, auquel le tout
auroit été communiqué, & tout confideré. D i t a e't e', en
faifant droit diffinitivement fur le different d'entre lefdites
Parties , que ladite Cour a ordonné & ordonne , que où les
Officiers du Roi auroient prévenu par fcellé en la Ville &
Fauxbourgs de Paris , aufdits Notaires du Châtelet, Demandeurs appartiendra privativement auxdits Examinateurs, hauts
Jufticiers , leurs Officiers & Greffier du Tréfor, la confection
des Inventaires, & defcription des biens ès maifons fur lefquels
auroit ledit fcellé été mis & appofé, enfemble des partages
quand volontairement en feront requis par les Parties , fans que
lefdits Examinateurs, hauts Jufticiers, leurs Officiers ne Greffier du Tréfor s'en puiffent aucunement entremettre , fur peine
de faux & de nullité de ce que par eux feroit fait au contraire.

Et en cas que lefdits hauts Jufticiers, ou leurs Officiers en
& au-dedans des fins & limites de leurfdites Juftices , & fur

leurs Hôtes & Jufticiables, auroient prévenu par appofition de leur fcellé, à eux refpectivement appartiendra la confection des Inventaires des biens, ès maifons fur lefquelles leur fcellé auroit premierement & avant tous autres été mis & appofé privativement aufdits Notaires & Examinateurs, fur les peines que deflus, finon que lefdites Parties vouluffent les Inventaires être faits par lefditts Notaires.

Et quand par Sentences & Jugemens contradictoires de Juge compétent, donné fans fraude & fuppofition d'inftance, aura été ordonné partages être faits entre les Parties qui auront contefté & pourfuivi par Juftice en Jugement lefdits partages; en ce cas, en exécutant lefdites Sentences & Jugemens, feront lefdits partages faits par lefdits Examinateurs du Châtelet, hauts Jufticiers, ou leurs Officiers, chacun en leur endroit, & en tant qu'à eux appartiendra privativement aufdits Notaires, finon que par commun accord & confentement des Parties, les Notaires du Châtelet de Paris fuffent requis faire, paffer, & recevoir lefdits partages; auquel cas pourront iceux Notaires faire paffer & recevoir lefdits Partages, nonobftant lefdites Sentences & Jugemens.

Auffi pourront lefdits Notaires paffer & recevoir tous Contrats, Teftamens, Procurations, Atteftations, & tous autres Actes & inftrumens volontaires, en & au dedans ladite Ville & Fauxbourgs de Paris, privativement aufdits hauts Jufticiers, & leurs Officiers, aufquels ladite Cour a inhibé & défendu paffer & recevoir aucuns Contrats, Teftamens, Procurations, Atteftations, ne autres actes & inftrumens volontaires; même aux Greffiers de les recevoir par forme de jugement, encore qu'ils en fuffent requis par les Parties fur peine de nullité & d'amende arbitraire.

Et en tant que touche les adjonctions à faire enquêtes & examens de témoins avec lefdits Examinateurs, en demeurera l'élection & accord aux Parties, fans qu'iceux Examinateurs foient tenus y prendre ni appeller lefdits Notaires, finon qu'ils fuffent convenus & accordés par icelles Parties, & fans dépens & pour caufe. Prononcé le troifiéme jour de Décembre l'an mil cinq cens foixante-neuf. Collationné, *figné*, LANGELE'. Par la Chambre, *figné*, MIREY, avec paraphe.

Arrêt du Parlement, qui juge, qu'où les Commiſſaires au Châtelet auront prévenus par appoſition de ſcellés ès maiſons ſiſes dans l'étenduë de la Juſtice du Chapítre de l'Egliſe de Paris, appartiendra aux Notaires la confeƈtion des Inventaires, ſans que les Officiers du Chapítre puiſſent s'en entremettre. (a)

HENRY, PAR LA GRACE DE DIEU, Roi de France & de Navarre, au premier des Huiſſiers de notre Cour de Parlement, ou autre Huiſſier ou Sergent ſur ce requis, ſçavoir faiſons qu'ENTRE les Doyen, Chanoines & Chapitre de l'Egliſe de Paris, Appellans une fois ou pluſieurs en adherant des Jugemens donnés par le Prevoſt de Paris ou ſon Lieutenant, les 11. & 14. Août 1584. ſcellé fait par le Commiſſaire Bazin; levement du ſcellé deſdits du Chapitre & de tout ce qui a ſuivi, comme de Juge incompetant & d'entrepriſes de Juriſdiƈtion, d'une part & Catherine Thireul veuve d'Eſtienne Robineau, tant en ſon nom que comme tutrice des enfans mineurs dudit défunt & d'elle, Intimé d'autre, & encore ladite Thireul & Mᵉ François Herbin, Notaire au Châtelet de Paris, Appellant de la Sentence donnée par le Bailly & Chambrier-Lay de ladite Egliſe de Paris, le 10. Septembre 1584. comme de Juge incompetent, & deny de renvoi d'une part: & leſdits Doyen, Chanoines & Chapitre d'autre: & encore ladite Communauté des Notaires de cette Ville de Paris, demandeurs en Requeſte du 9 Janvier 1585. d'une part: & leſdits du Chapitre défendeurs d'autre, ſans que les qualités puiſſent nuire ni préjudicier. VEU par notredite Cour le plaidoyer deſdites Parties, & Arrêt intervenu ſur icelui, par lequel a été ordonné que l'appointement dont étoit appellé ſeroit mis pardevers notredite Cour, pour icelui vû faire droit aux Parties au Conſeil. Vû ladite Sentence dont étoit reſpeƈtivement appellé. Produƈtion deſdites Parties reſpeƈtivement. Cauſes d'oppoſitions & défenſes. Contredits &

30. Avril 1588.

Joly tom. 2. pag. 1690.
   Chartrier des Notaires, page 655. Edition de 1663.

(a) Cet Arrêt eſt cité dans le Traité de la Police liv. 1. tit. 10. | ch. 1. dern. Edit. d'une maniere toute différente de ce qu'il prononce.

ſalvations

falvations refpeêtives. Produêtions nouvelles de la Communauté defdits Notaires. Renonciation à bailler contredits par lefdits du Chapitre, & tout ce qui par chacune defdites Parties a été mis & produit pardevers notredite Cour. Conclufions de notre Procureur Général qui a dit qu'il employe ce qui a été mis & produit par la Communauté defdits Notaires, & tout confideré, IL SERA DIT, en tant que touchent les appellations interjettées par lefdits Doyen, Chanoines & Chapitres, du Prevoft de Paris ou fon Lieutenant, que notredite Cour a mis & met les appellations & les Sentences dont eft appellé au néant, fans amende, & les Parties hors de cour & de Procès, & pour le regard des appellations interjettées par ladite Thireuil & Herbin & Chambrier-Lay de ladite Eglife de Paris, a mis & met les diverfes appellations au néant fans amende ; ordonne que ce dont a été appellé fortira fon effet, & faifant droit fur l'intervention de la Communauté defdits Notaires du Châtelet de cette Ville de Paris, a ordonné & ordonne, que où les Officiers du Roy auroient prévenu par fcellé ès maifons affifes fur le Pont aux Meûniers, étant en la Juftice defdits Doyen, Chanoines & Chapitre, appartiendra aufdits Notaires du Châtelet, privativement au Chambrier-Lay & autres Officiers defdits Doyen, Chanoines & Chapitre ; la confeêtion des Inventaires & defcription des biens des Maifons fur lefquelles auroit été mis & appofé ledit fcellé, enfemble les partages quand lefdits Notaires feront appellés & requis à proceder par les Parties, fans que ledit Chambrier-Lay, ni autres Officiers defdits Doyen, Chanoines & Chapitre puiffent aucunement entremettre fur peine de faux & de nullité, de ce que par eux feroit fait au contraire, & au cas où ledit Chambrier-Lay ou autres Officiers defdits Doyen, Chanoines & Chapitre au dedans des fins & limites de leur Juftice, & fur leurfdites Maifons, Hôtes & Jufticiables dudit Pont, auroient prévenu par oppofition de leur fcellé, à eux refpeêtivement appartiendra la confeêtion des Inventaites, des biens & Maifons fur lefquelles leur fcellé auroit été mis premierement & avant tous autres appofé, privativement aufdits Notaires, finon que les Parties requiffent les Inventaires être faits par lefdits Notaires, auquel cas lefdits Notaires pourront procéder à la confeêtion defdits Inventaires & defcription defdits biens & partages d'iceux comme deſſus & ſans dépens : Sɪ Mandons mettre le preſent Arrêt à exécution. Donne' en notredite Cour de Parlement, le trente Avril, l'an de grace mil cinq cens quatre-vingt-huit, & de notre Regne le quatorze, *collationé* avec paraphe, *ſigné* Langele'. Par la Chambre, du Franc.

Il y a un Arrêt du Parlement du 30. Aouſt 1608. qui établit le droit de prévention en matiere de ſcellé, en faveur des Commiſſaires au Châtelet de Paris, dans le diſtrict du Bailliage de ſainte Genevieve ; mais comme cet Arrêt eſt principalement important par les défenſes qu'il fait aux Officiers de ladite Juſtice de décreter contre les Commiſſaires du Châtelet, faiſant les fonctions de leurs Charges ; il ſera imprimé avec d'autres Arrêts qui portent de pareilles défenſes contre des Officiers de Juſtices ſubalternes.

Arrêt du Parlement, qui adjuge la Prévention aux Officiers du Châtelet de Paris, dans le Diſtrict de la Juſtice de Saint Eloy, & qui fait défenſes aux Officiers des Juſtices Subalternes, d'appoſer ſcellé après le décès de leurs Juſticiables, s'ils n'en ſont requis par les Héritiers ou Créanciers, & de mulcter d'amende leurs Juſticiables, qui ſe feront pourvûs pardevant le Prévôt de Paris.

Extrait des Regiſtres de Parlement.

30. Décembre 1615.
Filleau tom. 2. pag. 338.
Joly tom. 2. p. 1535.
Chartrier des Notaires, Edition

ENTRE Meſſire Henry de Gondy Evêque de Paris, Conſeiller d'Etat, Maître de l'Oratoire de Sa Majeſté, Prieur de la Prieuré de Saint Eloy, ayant pris la cauſe pour ſon Procureur Fiſcal & Officiers dudit Prieuré, Appellant de l'Ordonnance donnée par le Prevôt de Paris, ou ſon Lieutenant Civil ; portant que le Scellé appoſé à la requête dudit

Procureur Fifcal fur les biens de feu Adrien de Touffainville, Ecuyer Sieur de Saint Jean, par les Officiers de l'Appellant, à la requête de Jean-Jacques d'Amours, créancier dudit fieur de SaintJean, feroit brifé ; & le Scellé de Paris appofé par le Commiffaire Fizeau, après les Officiers dudit Appellant, levé & inventaire fait en préfence du Subftitut du Procureur Général audit Châtelet, exécution de ladite Ordonnance, & de ce qui s'en eft enfuivi, & oppofant à l'appofition & levée d'un autre Scellé auffi appofé par le Commiffaire Fizeau, fut les biens de feu Nicolas Lot décedé fans enfans, fur le territoire de la Juftice dudit Prieuré de Saint Eloy, le premier jour du préfent mois de Décembre, & requérant fuivant la Requête par lui préfentée à ladite Cour en conféquence, dès le feptiéme jour du préfent mois & an, qu'acte lui foit donné de ce qu'il empêche la connoiffance de cette matiere, & autre femblable être attribuée aux Officiers dudit Châtelet à fon préjudice, & de l'oppofition qu'il formoit d'abondant à la levée dudit Scellé, & demandeur aux fins d'une autre Requête du 17 Novemb. 1614. à ce qu'icelui Commiffaire Fizeau fut affigné en ladite Cour en exécution des Arrêts d'icelle, pour répondre fur les prétendues violences, troubles & entreprifes par lui faites fur ladite Juftice ; & voir ordonner fuivant lefdits Arrêts, que l'Appellant fera maintenu & gardé par préférence en fondit droit de Juftice par toute l'étendue dud. territoire, tant en la Ville de Paris, qu'autres lieux dépendant dud. Prieuré, & condamner icelui Fizeau, pour raifon defdits prétendus troubles, violences & attentats aufdits Arrêts en la fomme de 1500. livres d'amende, moitié envers ledit Appellant, & l'autre moitié envers les pauvres enfermés ; avec défenfes itératives, tant au Prevôt de Paris ou fon Lieutenant, qu'audit Fizeau & autres Commiffaires, Huiffiers, Sergens, tant du Châtelet qu'autres quelconques, d'entreprendre à l'avenir fur ladite Juftice de Saint Eloy, troubler ni empêcher les Officiers d'icelle Juftice en l'exercice de leur Charge, ni prendre aucune Jurifdiction fur eux, ni fur les Jufticiables de ladite Juftice, fuivant les fufdits Arrêts ; & aufdits fujets & jufticiables de Saint Eloy auffi de fe pouvoir en premiere inftance ailleurs que pardevant le Juge de Saint Eloy, fur les peines ci-deffus, & autres qu'il plaira à ladite Cour ar-

R ij

de 1663. p. 668.
Traité des Scellés & Inventaires pag. 443.

bitrer fuivant lefdits Arrêts; le tout avec adjudication de dépens, dommages & interêts à l'encontre dudit Fizeau d'une part, & le Procureur Général du Roi, prenant la caufe pour Maître Claude de Paris fon Subftitut au Châtelet de Paris, Intimé; & Maître Henry de Mefmes, Lieutenant Civil, & les Lieutenans Criminel & Particulier, Confeillers & Commiffaires audit Châtelet de Paris, deffendeurs; & la Communauté des Notaires & Gardes-notes audit Châtelet, Intervenans d'autre: & encore Jean-Jacques d'Amours, Ecuyer, fieur de Deubs, Roland Mefnard, Bourgeois de Paris, Jacques Bigot, & Jean de Saint Romain, tous créanciers dudit deffunt Adrien de Touffainville, auffi intervenans & demandeurs en Requête du 29. Juillet dernier, tendante à ce que fans préjudice des droits & conteftations d'entre lefdits fieurs Evêque & Prevôt de Paris, & fauf à pourfuivre leur Reglement entr'eux, il fut paffé outre au parachevement de la vente defdits biens en exécution, & les deniers baillés & diftribués à qui il appartiendra; & encore demandeurs à ce que pour la longue détention & dépériffement des meubles, qui font confommés depuis fept mois en ça, la reftitution fut faite, & les dommages & interêts adjugés au profit des créanciers, à l'encontre de celui des Parties qui fe trouveroit avoir indûement empêché la vente d'iceux meubles, d'une autre part; & lefdits fieurs Evêque de Paris, & Officiers du Châtelet dudit lieu, deffendeurs d'autre, fans que les qualités puiffent nuire ni préjudicier.

APRES QUE DELAMET pour l'Evêque de Paris, prenant le fait & caufe pour les Officiers de fa Juftice de Saint Eloy, a dit, qu'au mois de Mai dernier fon Procureur Fifcal en ladite Juftice, ayant été averti du décès du fieur de Saint Jean, avenu à une maifon fife près Saint Paul, au-dedans du territoire dudit Saint Eloy, s'y feroit tranfporté & auroit appofé fon Scellé le 28. dudit mois de Mai, au préjudice de quoi le Prevôt de Paris, ou fon Lieutenant Civil, en vertu de fon Ordonnance, le lendemain auroit fait appofer autre Scellé par un Commiffaire du Châtelet, & par ce moyen voulu entreprendre fur la Jurifdiction dudit Evêque; de cette Ordonnance s'eft porté pour Appellant; néanmoins on a ordonné qu'il feroit paffé outre & procedé à la levée du Scellé; conclud en fon appel tant de l'Ordonnance dudit Lieutenant Civil, que procédures en conféquence, à ce qu'il foit dit mal jugé; & fubordinement en fa Requête, à ce qu'attendu que le décès dudit de Saint Jean eft avenu dans le territoire de Saint Eloy, il plaife à la Cour de le recevoir oppofant au Scellé appofé par le Commiffaire, émandant & faifant droit, que le Scellé fait à la requête de fon Procureur Fifcal fera levé par lui, & deffenfe au Prevôt de Paris d'appofer dorefnavant aucun Scellé dans l'étendue du reffort dudit fieur Evêque.

Le Lieutenant Civil préfent (licentié par la Cour de plaider fa caufe) a dit, fans approbation de la Juftice prétendue par l'Appellant, comme Prieur de Saint Eloy, que quant à l'appel interjetté de fa Sentence, par laquelle il a ordonné que le Scellé appofé par les Officiers du Châtelet après le décès du fieur de Saint Jean, fera levé par le Commiffaire qui l'avoit appofé, nonobftant le Scellé appofé auparavant par les Officiers dudit Saint Eloy; Il n'y a aucune apparence audit appel, d'autant que ledit Scellé ayant été appofé à la requête du Procureur Fifcal, fans avoir été requis par les Parties créanciers ou héritiers du deffunt, il étoit nul & ne pouvoit fubfifter ainfi qu'il a été jugé par les Arrêts; & pour le regard de la Requête préfentée par l'Appellant, à ce que le Scellé appofé par les Officiers du Châtelet, après le décès de Nicolas Lot foit déclaré nul; & que deffenfes leur foient faites d'appofer aucuns Scellés ès maifons étans de la Juftice de l'Appellant; dit que les Officiers du Châtelet ayant prévenu, ont pû appofer le Scellé, d'autant qu'*en la Ville, Prévôté & Vicomté de Paris*, il eft conftant & certain que les Officiers du Roi ont prévention fur les Juges fubalternes, dont y a Arrêt général du troifiéme jour de Décembre 1569. & autres, fi bien qu'il n'y a apparence de ramener cette queftion en Jugement, puifqu'elle a été tant de fois décidée par les Arrêts, au profit des Officiers du Châtelet. Refte une entreprife dont fe plaignent les Officiers du Roi contre ceux de l'Appellant, qui va à la foule & oppreffion du peuple; car pour diftraction prétenduë de leur Juftice, ils moleftent les fujets du Roi par groffes amendes, même procédent à l'encontre d'eux extraordinairement, par enprifonnement de leurs perfonnes, comme ils ont fait contre le nommé Détan, contre lequel on a vû

R iij

un décret de prife de corps , pour s'être pourvû pardevant les Auditeurs du Châtelet ; & partant conclut à ce qu'il foit dit qu'il a été bien jugé, mal & fans grief appellé : ordonné que le Scellé appofé par le Commiffaire fera levé, & l'Inventaire fait par les Notaires conformément aux précédens Arrêts ; & deffenfes faites aux Officiers des Juftices fubalternes de Paris, ufer de telles voyes, & molefter les Sujets du Roy.

TILLIER pour la Communauté des Notaires, a dit que par les Ordonnances & Arrêts, la confeſtiondes Inventaires leur a toujours été attribuée , avec deffenfes aux Officiers de l'Evêque de Paris, & autres hauts Jufticiers de les y troubler, ni en prendre aucune connoiffance ; néanmoins ne laiffent les Officiers dudit fieur Evêque d'entreprendre la confeſtion des Inventaires , appofans à cette fin des Scellés à la requête du Procureur Fifcal, au moyen defquels ils contraignent puis après les héritiers & créanciers des deffunts de faire faire lefdits Inventaires par leur Greffier, ainfi qu'il eft avenu au fait particulier du feu fieur de Saint Jean , qui a donné occafion aufdits Notaires de préfenter leur Requête afin d'intervention, à ce que conformément aux Arrêts ils foient maintenus & gardés au droit de faire les Inventaires des biens des décédés au-dedans de la Juftice dudit fieur Evêque de Paris & de tous autres hauts Jufticiers , avec deffenfes de les y troubler.

RAFFART pour les créanciers du feu fieur de Saint Jean, dit que la contention de Jurifdiſtion qui fe préfente, a été caufe que fes Parties n'ont encore fçû être fatisfaites, fupplie la Cour d'y pourvoir, & ordonner que fur les deniers qui proviendront de la vente des biens, ils feront payés de leur dû par préférence à tous autres.

SERVIN, pour le Procureur Général du Roi ouy, lequel a dit qu'il adhere aux conclufions prifes par le Lieutenant Civil.

LA COUR, tant fur l'appel, requête, qu'oppofition de l'Evêque de Paris, prenant la caufe pour fes Officiers de Saint Eloy, a mis & met les Parties hors de Cour & de procès, fans dépens ; a ordonné & ordonne conformément à l'Arrêt de foixante-neuf, & autres depuis donnés, que la prévention appartiendra, & l'a adjugée la Cour au Prévôt de Paris, fon Lieutenant, & Officiers du Châtelet ; & en conféquence de ce, ordonne que le Scellé appofé par le Commiffaire Fizeau fera levé par ledit Prévôt de Paris : fait deffenfes aux Officiers de lad. Juftice de Saint Eloy, d'appofer aucun Scellé à la requête du Procureur Fifcal, ains leur enjoint ce faire à la requifition des Parties, héritiers & créanciers feulement fous les peines portées par l'Arrêt de foixante-treize (a) ; & aufd. Juges de décreter contre les fujets du Roi, qui fe feront pourvûs pardevant le Prevôt de Paris, ni les condamner en amende : Et ayant égard à la Requête des Notaires, ordonne auffi, fuivant ledit Arrêt de foixante-neuf, qu'ils procéderont à la confeҫtion des Inventaires, partages & autres actes à eux attribués, & fur la Requête judiciairement faite par Raffart, à ce qu'il foit pourvû aux créanciers du feu fieur de Saint Jean pour le payement de leur dû, les a renvoyés & renvoye pardevant le Prevôt de Paris ou fon Lieutenant Civil, pour y être fait droit ainfi qu'il appartiendra par raifon. F a i t en Parlement le trente Décembre mil fix cens quinze. Collation faite. *Ainfi figné,* DU TILLET.

(a) Cet Arrêt eft du 4. Avril 1573. il ordonne l'exécution de l'Arrêt du 3. Décembre 1569. qui eft cy-deffus, avec inhibition à tous Juges, tant Royaux que Hauts-Jufticiers & Subalternes, de procéder par fcellé ès maifons des décédés, s'il n'y a partie requérante ou que ce foit à faute d'hoirs apparens, ou pour autre interêt apparent des Droits du Roy, à peine de tous dépens, dommages & interêts des parties ; cet Arrêt eft dans Joly tom. 2. pag. 1686. & dans le Chartrier des Notaires, Edition de 1663. pag. 584. *Item* pag. 645. avec la fignification qui en a été faite aux Juftices de Saint Martin-des-Champs, Saint Germain-des-Prés, Chapître de l'Eglife de Paris, Saint Lazare, Sainte Génevi éve, Saint Victor, For-l'Evêque, Saint Jean-de-Latran, Saint Marcel, le Temple & Saint Merry.

Cette difpofition de l'Arrêt du 4. Avril 1573. a été convertie en Loi générale pour tout le Royaume par l'art. 164. de l'Ordonnance appellée de Blois, donnée à Paris au mois de May 1579. Voici ce qu'il porte.

Après le décès d'aucun, foit qu'il y ait enfans ou non, les héritiers du deffunt ne feront contraints admettre aucune garnifon ni appeller nos Juges ou Procureurs, ni pareillement le Greffier de la Juftice pour faire Inventaire ; mais pourront prendre Notaires & Tabellions à leur choix & commodité, finon en cas de prétenduë confifcation, aubeine ou contention entre les parties, ou que par aucun ayant interêt il foit requis à fes dépens, périls & fortunes, fauf néanmoins de procéder par voye de fcel fi faire fe doit, pour la confervation des biens des mineurs ou abfens, ce que nous entendons auffi avoir lieu ès Juftices Subalternes non Royales, efquelles quand le fieur Jufticier ou fes Officiers auront faifi ou mis la main, nous n'entendons que nos Officiers s'y entremettent, finon pour la confervation de nos droits. *Fortanon tom. I. pag. 770. Edition de 1611.*

Ainfi la difpofition de l'Arrêt du 30. Décembre 1615. qui donne lieu à cette Notte, eft conforme non-feulement à l'Arrêt du 4. Avril 1573. qui y eft cité, mais encore à l'article 164. de l'Ordonnance de Blois; & depuis cet Arrêt du 30. Décembre 1615. il en eft intervenu plufieurs qui portent la même difpofition.

Arrêt du Parlement, portant Réglement pour l'Adminif- tration de la Juftice.

ARTICLE XVIII.

NE pourront aucuns Juges appofer Scellés fur les biens des défunts, ni les Subftituts les requerir, s'ils n'en font requis par les Parties, aufquelles il fera libre de faire procéder aufdits Inventaires par les Notaires chacun dans leur détroit; ce qui aura lieu même pour les biens des Mineurs qui feront affiftés de Tuteurs, & néanmoins en cas d'abfence des héritiers légitimes ou des Seigneurs, ayant droit par confifcations, aubeines & deshérence, feront lefdits Scellés appofés, le Subftitut préfent, ou requerant, lefquels Scellés ou Inventaires pour les Nobles feront faits par les Lieutenans Généraux des Bailliages & Sénéchauffées, & pour les perfonnes Coutumieres feront faits par les Juges ordinaires quand ils en feront requis, fans par lefdits Juges, Subftituts, autres Officiers, faire aucune dépenfe de bouche dans les maifons des Parties, ni que pour raifon de ce, il leur foit taxé ou payé aucune chofe outre le falaire, tel qu'il fera reglé cy-après.

ARTICLE LVI.

LES Subalternes, Greffiers & Sergens, ne pourront s'ingerer de faire aucunes appofitions de Scellés fur la requifition du Procureur-Fifcal au autres, fuppofé même qu'il y eût des Mineurs ou des abfens, s'ils n'en font requis par l'une des Parties intereffées par un Acte par écrit figné d'elle; & fi elle ne fçait figner, ledit acte fera écrit par le plus prochain Tabellion ou Notaire fur la requifition de la partie intereffée, pour lequel il ne pourra exiger que cinq fols tournois, à peine de concuffion; & quelques requifitions qui leur ayent été faites, ne pourront aux lieux où il y aura Notaires, faire l'Inventaire ni affifter

à iceluy

à icelui, mais feront tenus de se retirer après la réconnoiſſance des Scellés par eux appoſés ; & aux lieux auſquels il n'y aura Notaires, fera l'Inventaire fait par le Greffier, qui ne prendra plus grand ſalaire qu'auroit fait le Notaire.

Arrêt du Parlement, portant Réglement ſur l'exécution de l'Arrêt de Réglement du 10. *Juillet* 1665.

EXTRAIT.

L A Cour ordonne, qu'à la diligence des Subſtituts du Procureur Gé-néral du Roi & des Procureurs-Fiſcaux, les Scellés feront appoſés ſur les biens des Mineurs qui n'auront point de Tuteurs, ſans néanmoins qu'ils puiſſent aſſiſter à la levée deſdits Scellés après qu'ils auront été reconnus, ni aux Inventaires, ſous prétexte de minorité ou abſence de l'une des parties ; & feront tenus ceux qui provoqueront la levée deſd. Scellés, d'accorder un délay compétant pour élire un Tuteur auſdits Mineurs, & pour avoir procuration de l'abſent, ſinon qu'il y eût un péril évident en la demeure, à peine de reſtitution de ce qu'ils auront pris pour leur ſalaire, & qu'au ſurplus ledit Article feroit exécuté.

11. Juin 1666.

Locis ſuprà cita-tis.

Arrêt du Parlement, portant Réglement ſur l'exécution des Arrêts de Réglement des 10. *Juillet* 1665. & 11. *Janvier* 1666.

EXTRAIT.

L A Cour ordonne, que les Arrêts des 10. Juillet 1665. & 11. Janvier 1666. feront exécutés, fait itératives deffenſes à tous Juges, tant Royaux qu'autres du Reſſort, Subſtituts du Procureur Gé-néral ou Procureurs-Fiſcaux, Greffiers ou Sergens, de faire aucunes expéditions de Scellés ſur les biens des deffunts, s'ils n'en ſont expreſſé-ment requis par les parties intereſſées, encore qu'il y eût des Mineurs ou abſens : feront néanmoins conformément audit Arrêt du 11. Janvier 1666. les Scellés appoſés, à la diligence des Subſtituts dudit Pro-cureur Général, ou Procureurs-Fiſcaux, ſur les biens des Mineurs qui n'auront point de Tuteurs, ſans qu'ils puiſſent aſſiſter à la levée deſd. Scellés après qu'ils auront été reconnus, ni aux Inventaires, ſous pré-texte de minorité ou abſence de l'une des parties ; & feront tenus ceux qui provoqueront la levée deſdits Scellés, d'accorder un délay com-pétant pour élire un Tuteur aux Mineurs, & pour avoir procuration de l'abſent, pour par leſdits Tuteur & l'abſent ſe trouver à la confection de l'Inventaire.

3. Septembre 1667.

Iiſdem locis ſu-prà citatis.

L'Auteur du Traité des Scellés & Inventaires, cite page 21. un Arrêt du Parlement du 23. Juillet 1676. portant Reglement pour les Duchés-Pairies de Mazarin, de la Meilleraye & Mayenne, Prévôtés & Juſtices Subalternes qui en dépendent, lequel renferme les mêmes diſpoſitions.

Arrêt du Parlement, portant Réglement pour les Scellés des Mineurs & des Abſens, dans les Juſtices Subalternes

EXTRAIT.

LA Cour a fait deffenſes à tous Prévôts & autres Juges Royaux, Officiers & Praticiens exerçant les Juſtices des Particuliers, aux Greffiers, Notaires & Sergens qui travailleront de leur ordonnance, d'appoſer des Scellés dans les maiſons des deffunts, ſans en être requis par les parties; & en cas que les enfans ou héritiers préſomptifs deſdits deffunts ſoient Mineurs, Ordonne qu'il ſera procedé à l'appoſition du Scellé à la requiſition du Procureur-Fiſcal, & enſuite à la nomination du Tuteur, à la pourſuite du parent le plus prochain qui ſe trouvera dans le lieu, ou du Procureur-Fiſcal s'il n'y en a point, après quoi le Scellé ſera levé, & ſera procedé ſi beſoin eſt à l'Inventaire par un Notaire, lequel en ce cas ſera payé de ſes vacations, ſans que la préſence du Juge ou autre Officier y ſoit néceſſaire; & ſi leſdits héritiers préſomptifs ſont abſens, le ſcellé pourra être appoſé à la Requête du Procureur du Roi ou Procureur-Fiſcal, ſans qu'en aucuns deſdits cas leſdits Juges & Officiers puiſſent prendre aucunes vacations ni ſalaires pour les appoſitions de Scellés & Inventaires faits ſans réquiſition des parties, lorſque les meubles, beſtiaux & effets mobiliers des ſucceſſions dont il ſera queſtion, ne monteront qu'à deux cens livres & au - deſſous.

15. Janv. 1684.

Locis iiſdem ſuprà citatis.

Arrêt du Parlement, qui enthérine des Lettres en forme de Requête Civile, obtenuës par les Officiers du Châtelet, contre un Arrêt du 7. Septembre 1613. lequel avoit fait deffenses aux Commissaires du Châtelet, d'appofer fcellé dans la Juftice du Chapître de l'Eglife de Paris. (a)

Extrait des Regiftres du Parlement.

V EU PAR LA COUR le défaut judiciairement obtenu en icelle le 12. Avril 1616. par les Lieutenans Civil, Criminel, Particulier & Confeillers de la Prévôté & Vicomté de Paris, Commiffaires, Notaires Gardes-Notes audit Châtelet, Demandeurs à l'entherinement des Requêtes civiles par eux obtenuës les 16. Octobre 1613. & 5. Mars 1616. contre l'Arrêt du 7. Septemb. 1613. & encore led. Lieutenant, Confeillers & Communauté des Notaires, Demandeursà l'entherinement d'autre Requête civile du 12. Mars 1616. contre l'Arrêt d'appointé au Confeil du 9. Janvier 1616. contre les Doyen, Chanoines & Chapître de l'Eglife de Paris deffendeurs ; la demande fur le profit dudit deffaut, fignification au Procureur des deffendeurs, & ce que les demandeurs ont produit, D I T A E T E' : que ledit deffaut a été bien & duëment obtenu, & adjugeant le profit d'icelui, ladite Cour entherinant lefdites Lettres en forme de Requête civile, a remis & remet les Parties en tel état qu'elles étoient auparavant, lefdits Arrêts des 7. Septembre 1613. & 9. Janvier 1616. Condamne les Deffendeurs ès dépens. PRONONCE' le fixiéme Mai mil fix cent dix - fept. *Signé* VOISIN.

L'AN mil fix cent dix - fept & huit Mai, fut le prefent fignifié & baillé copie à Maître Jacques le Royer, Procureur de Partie-adverfe, en fon domicile, parlant à fa perfonne. *Signé* HEGRON.

6. May 1617.
Chartrier des
Notaires , Edit.
de 1663. p. 673.

(*a*) Cet Arrêt du 7. Septembre 1613. & les Lettres en forme de Requête Civile, obtenuës par les Commiffaires au Châtelet de Paris, du 16. Octobre 1613. font imprimées à la fuite de cet Arrêt,

Arrêt du Parlement, qui fait deffenses aux Commissaires au Châtelet, d'appofer aucuns fcellés ès maifons fcifes ès fins & limites de la Juflice du Chapître de l'Eglife de Paris.

7. Sept. 1613.

LOUIS, par la grace de Dieu, Roi de France & de Navarre: Au premier des Huiffiers de Notre Cour de Parlement ou autre Huiffier ou Sergent fur ce requis; Sçavoir faifons: Qu'ENTRE les Doyen, Chanoines & Chapitre de l'Églife de Paris, Appellans d'une Sentence donnée par le Prévôt de Paris ou fon Lieutenant le 12. Mai 1609. d'une part; Notre Procureur Général ayant pris le fait & caufe pour fon Subftitut au Châtelet de Paris, & Mre. Antoine Ferrand Lieutenant Particulier audit Châtelet, Intimé d'autre; & entre Mre. Nicolas le Jay Lieutenant Civil, & Mre. Gabriel l'Allemand Lieutenant Criminel audit Châtelet, & les Confeillers dudit Siége, Demandeurs à l'enthérinement d'une Requête d'intervention par eux préfentée à notredite Cour le 27. Janvier 1610. d'une part, & lefdits du Chapitre & Ferrand, Deffendeurs d'autre; & entre Damoifelle Madelaine Marchand, Femme autorifée par Juftice au refus dudit le Jay, Héritiere pour un tiers de deffunt Charles Marchand fon Pere, fieur de Chambuiffon, Capitaine des trois Compagnies de la Ville de Paris, Demandereffe & Intervenante, fuivant la Requête par elle prefentée à la Cour le 4. Août 1612. d'une part, & lefdits Doyen, Chanoines & Chapitre de Paris, Deffendeurs d'autre. VEU PAR NOTREDITE COUR l'Arrêt du 17. Février 1610. par lequel fur l'appel lefdites Parties auroient été appointées au Confeil bailler Caufes d'appel, Réponfes & produire, ordonné que les Lieutenants Civil, Criminel & Confeillers, demeureroient Parties jointes avec le Procureur Général; ladite Sentence dont eft appel, par laquelle ledit Prévôt de Paris ou fon Lieutenant, ayant égard à la Requête du Subftitut de notre Procureur Général audit Châtelet, auroit ordonné que le fcellé appofé par le Commiffaire Blays, en la maifon de Jacques Puydamour Maître Lapidaire & Graveur de Pierres, après le décès de Marie Grenoble fa femme décédée fans enfans, fcize au milieu du Pont-aux-Marchands, feroit levé & ôté; & celui appofé par les Officiers dudit Chapitre, rompu & brifé par ledit Commiffaire qui auroit appofé ledit fcellé, en la préfence dudit Subftitut, & defcription, fommaire faite par ledit Commiffaire, fans qu'à ce faire il fût befoin d'appeller lefdits Officiers dudit Chapître, auquel il auroit fait inhibitions & deffenfes de plus appofer aucun fcellé fur ledit Pont-aux-Marchands, & de plus rien entreprendre à l'avenir fur la Juftice du Prévôt de Paris, à peine de deux cens livres parifis d'amende & de prifon; & au cas de contravention à ladite Sentence, permis au premier des Commiffaires dudit Châtelet de les emprifonner, non-obftant oppofitions quelconques, ce qui feroit fignifié au Bailly & Procureur-Fifcal de ladite Juftice dudit Chapitre de Paris, à ce qu'ils n'en prétendent caufes d'ignorance, caufes d'appel, réponfes, productions, contredits des Parties, falvations defdits du Chapitre, après que lefdits Ferrand, Lieutenant Civil, Criminel & Confeillers dudit Châtelet, intervenans, n'en auroient baillé; Requête prefentée à notredite Cour par notre Procureur Général le 13. Août 1610. par laquelle il auroit employé pour toutes réponfes aux caufes d'appel, productions & contredits, ce qui auroit été écrit & produit par lefdits Lieutenans & Officiers dudit Châtelet : Copie de la Requête prefentée par ladite Marchand ledit 4. Août pour être reçûë Partie intervenante, au Procès duquel à cette fin elle auroit communication, deffenfes & répliques defd. Parties, & appointement en droit à écrire par avertiffement, & produire & joint audit appointé au Confeil, avertiffement & production defdits Doyen, Chanoines & Chapitre, forclufion de produire par ladite Marchand, & tout confideré: Il sera dit que notredite Cour fans avoir égard à l'intervention defdits Lieutenans Civil, Criminel & autres Officiers dudit Châtelet, & de ladite Marchand, a mis & met l'appellation & Sentence de laquelle a été appellé, au néant, fans amende, a maintenu & gardé, maintient & garde lefd. Doyen, Chanoines & Chapitre de l'Eglife de Paris, comme Seigneurs Cenfiers & Hauts-Jufticiers en leur Haute-Juftice & Cenfive fur le Pont-aux-Marchands, depuis la groffe tour de l'horloge du Palais, jufqu'à la Vallée-de-Mifere, tant d'un côté que d'autre, a fait & fait inhibitions & deffenfes audit Blays & autres Commiffaires dudit Châtelet, de faire & appofer aucun fcellé ès maifons fcizes fur le Pont-aux-Marchands, n'aultres fins & limites de lad. Juftice dud. Chapitre ; & au Prévôt de Paris ou fes Lieutenans, bailler aucunes permiffions, à peine de tous dépens, dommages & interèts, a ordonné & ordonne que ledit prefent Arrèt fera fignifié au Syndic defdits Examinateurs & Commiffaires dudit Châtelet, à ce qu'ils n'en prétendent caufe d'ignorance : Si mandons mettre le prefent Arrèt à exécution felon fa forme & teneur, de ce faire te donnons pouvoir. Donne' en notredite Cour de Parlement le fept Septembre, l'an de grace mil fix cens treize, & de notre regne le troifiéme. Collationné. *Signé* L'Angele' avec paraphe : par la Chambre, Dufranc avec paraphe.

Lettres en forme de Requéte Civile, obtenuës par les Commiffaires au Châtelet, contre l'Arrèt précédent.

LOUIS, par la grace de Dieu, Roi de France & de Navarre : A nos amés & féaux Confeillers les Gens tenans notre Cour de Parlement à Paris, reçû avons l'humble fupplication de la Communauté des Commiffaires-Examinateurs au Châtelet de Paris : Contenant que dès l'Inftitution de la Juriidiction ordonnée dudit

16. Octobre 16 3.

Châtelet, ils ont été établis par nos prédéceſſeurs Rois pour faire exercer tous actes judiciaires, & particulierement pour mettre & appoſer le ſcellé ès maiſons de cette notre bonne Ville & Fauxbourgs de Paris, eſquelles aucunes perſonnes décédent, quand ils en ſont requis, ou à faute d'hoirs apparens, ou pour autres interêts apparens de nos droits, ſoit que leſdites maiſons ſoient aſſiſes en notre Juſtice, ou bien en celles des Hauts-Juſticiers de notredite Ville & Fauxbourgs de Paris, & ce par prévention à l'égard deſdits Hauts-Juſticiers, auquel droit ils ont été maintenus & gardés par pluſieurs Arrêts de notredite Cour, & particulierement par un ſolemnel donné avec notre amé & féal l'Evêque de Paris, & la plus grande partie des Hauts-Juſticiers de notredite Ville de Paris, le troiſiéme jour de Décembre 1569. & comme en l'an 612. les Religieux, Abbé & Convent de Saint Germain-des-Prés, leur euſſent voulu controverſer ce droit, ils y ont été maintenus & gardés par autre Arrêt contrad.ctoire donné au mois de Mai 1612. (a) & en conſéquence deſdits Arrêts, ils ſont en poſſeſſion paiſible d'an & jour dudit *Droit de Prévention de Scellé, non-ſeulement en cette Ville & Fauxbourgs de Paris, mais encore en toute notre Prévôté & Vicomté dudit Paris*, ce qui a été cauſe qu'advenu le décès de Jeanne Metayer, veuve de feu Jean le Févre, qui eſt décédée en une maiſon proche la groſſe tour de l'horloge du Palais hors du Pont-aux-Marchands, Me. Antoine Flament l'un deſdits Commiſſaires, à la réquiſition de ceux qui avoient interèts en ſa ſucceſſion, auroit mis & appoſé le ſcellé en ladite maiſon, au préjudice duquel ſcellé, autre ſcellé a été mis & appoſé en icelle maiſon de l'ordonnance du Bailly deſdits Doyen, Chanoines & Chapitre de l'Egliſe de Paris, leſquels de Chapitre ont preſenté Requête en notre Cour en la Chambre des Vacations, le huitiéme Octobre dernier, tendante aux fins que le ſcellé mis & appoſé par ledit Commiſſaire Flament, ſoit caſſé & briſé, prétendant iceluy avoir été mis & appoſé par attentat au préjudice d'un Arrêt de ladite Cour du ſeptiéme Septembre dernier, par lequel Arrêt, deffenſes ont été faites auſdits Supplians, de faire & appoſer aucun ſcellé ès maiſons ſciſes ſur ledit Pont-aux-Marchands, ne autres fins & limites de la Juſtice deſdits de Chapitre, & au Prévôt de Paris ou ſes Lieutenans, bailler aucune permiſſion, à peine de tous dépens, dommages & interèts; & à cette fin a été ordonné que ledit Arrêt ſera ſignifié au Syndic deſdits Supplians, ce qu'ayant été fait, ont preſenté leur Requête en notredite Cour, aux fins d'être reçûs

---

(a) Cet Arrêt qui eſt du 26. Mai 1612. porte que le Bailly de Saint Germain levera un ſcellé par lui appoſé dans ſon Diſtri. parce qu'il avoit prévenu le Commiſſaire Arroger; les Commiſſaires ont allegué ici cet Arrêt comme un titre qui leur étoit favorable, parce que le Droit de Prévention eſt réciproque, il eſt dans Joly tom. 2. pag. 1696. & dans le Chartrier des Notaires, Edition de 1663. pag. 547. *Item* pag. 663.

oppofans à l'exécution dudit Arrêt qui n'a point été donné avec eux, néanmoins il leur eft grandement préjudiciable, & ne peut avoir été obtenu par lefdits Doyen, Chanoines & Chapitre de l'Eglife de Paris fans ufer d'une grande furprife, vû que par autre précédent Arrêt du dernier Avril 1588. (a) donné avec eux & la Communauté des Notaires du Châtelet de Paris, lefdits Supplians comme étant du nombre de nos Officiers ont été maintenus au Droit de Prévention dudit fcellé à nous appartenant, tant aux maifons affifes fur le Pont-aux-Meuniers, au lieu duquel a été fubrogé le Pont-aux-Marchands, que par tous les autres lieux & endroits de notre bonne Ville & Fauxbourgs de Paris; & combien qu'ils foient bien fondés en leur oppofition, toutefois pour l'honneur & révérence qu'ils doivent aux Arrêts de notre Cour, & pour le tel quel préjudice que ledit Arrêt du feptiéme jour de Septembre dernier leur peut apporter, ils defireroient d'eux pourvoir contre iceluy par nos Lettres de Requêtes Civiles, humblemen rtequerant icelles, POUR CE EST-IL que nous vous mandons & commettons par ces prefentes, que lefdits Chanoines & Chapitre de l'Eglife de Paris appellés pardevant vous par notre premier Huiffier ou Sergent fur ce requis, auquel de ce faire donnons pouvoir, s'il vous apert de ce que deffus, même dudit Arrêt du dernier Avril 1588. & attendu que lefdits Supplians, comme nos Officiers, font en poffeffion paifible de tems immémorial dudit Droit de Prévention de fcellé, & de faire tous autres actes de juftice par Prévention en la jurifdiction des Hauts-Jufticiers de notredite Ville & Fauxbourgs, Prévôté & Vicomté de Paris, & d'autres chofes tant que fuffire doive, VOUS procédiez au jugement de l'oppofition formée par lefdits Supplians, fans vous arrêter audit Arrêt du feptiéme Septembre, en remettant les Parties en tel état qu'elles étoient auparavant ledit Arrêt; & au furplus, faites aux Parties ouyes bonne & briefve juftice, CAR tel eft notre plaifir. DONNE' à Paris le   jour du mois d'Octobre mil fix cens treize, & de notre regne le

Sur le Verfo eft écrit ce qui fuit.

A nos amez & féaux Confeillers, les Gens tenant nôtre Cour de Parlement à Paris.

REQUESTE CIVILE.

Pour la Communauté des Commiffaires-Examinateurs au Châtelet de Paris, figné F. BOURSIN. avec paraphe.

LOUIS, par la grace de Dieu, Roi de France & de Navarre: A nos amez & féaux Confeillers, les Gens tenant notre Cour de Parlement à Paris: NOUS vous envoyons la Requête Civile ob-

(a) Il eft cy-deffus.

tenuë par la Communauté de nos bien-amez les Commiſſaires & Examinateurs au Châtelet de notre bonne Ville de Paris, à l'encontre des
Doyen, Chanoines & Chapitre de l'Egliſe de notredite Ville de Paris
& leurs Officiers, cy-attachée, ſous le contre-ſcel de notre Chancellerie, POUR CE EST-IL que Nous vous mandons, que leſdites Parties comparantes pardevant Vous ou Procureurs pour elles, & leſquelles nous voulons à cette fin y être aſſignées par le premier notre Huiſſier ou Sergent ſur ce requis, auquel mandons ainſi le faire, Vous
voyiés & viſitiés bien & diligemment ladite Requête Civile; & ce
faiſant, faites aux Parties bon & brief droit : CAR ainſi nous plaît-il
être fait, nonobſtant quelconques choſes à ce contraires. DONNE' à
Paris le ſeiziéme jour d'Octobre, l'an de grace 1613. & de notre
regne le quatriéme : par le Conſeil, ſigné F. BOURSIN avec grille
& paraphe. Et ſur le dos, ſcellé le 16. Octobre 1613.

A Noſſeigneurs de Parlement.

SUPPLIE humblement la Communauté des Commiſſaires & Examinateurs au Châtelet de Paris, diſant qu'ils ont obtenu Lettres en forme de Requête Civile, en datte du ſeiziéme Octobre 1613.
contre l'Arrêt de ladite Cour, donné au profit des Doyen, Chanoines & Chapitre de l'Egliſe Notre-Dame de Paris, à ladite Cour adreſ-
ſantes : CE CONSIDERE' NOSSEIGNEURS, il vous plaiſe de bon gré
enthériner leſdites Lettres ſelon leur forme & teneur, & vous ferez
bien. *Signé* MILLAN *pour* APETIT. *Et plus bas eſt écrit ce qui*
ſuit.

EN plaidant faut la Requête en Jugement. Fait ce dix Février
mil ſix cent quatorze.

Et ſur le dos eſt écrit ce qui ſuit.

LE dix Février mil ſix cent quatorze, fut la preſente Requête
ſignifiée & baillée copie, enſemble de la Requête Civile, à Mᶜ. le
Royer Procureur de Partie-adverſe, en ſon domicile, parlant à Géneviéve Fleſchy ſa ſervante, *ſigné* HEGRON avec paraphe.

Arrêt du Parlement, qui ordonne que les Scellés appofés par le Commiffaire le Vacher après le décès de Jeanne de Laiftre, feront par lui levés; le Bailly de S. Germain-des-Prés, tenu de venir reconnoître le fien. (a)

Extrait des Regiftres de Parlement.

ENTRE Jean de la Balle, Marchand & Bourgeois de Paris, & Jean Goureau Maître Barbier & Chirurgien, demeurant ès Fauxbourg Saint Germain-des-Prés, à caufe de Louife Piqué fa femme, enfans de deffunte Jeanne Delaître, veuve en dernieres nôces de deffunt Jullien Doyt, vivant Maître Paumier à Paris, & en premiere noces de Florent de de la Balle, Marchand de vin, & Bourgeois de Paris, habiles à fe dire & porter héritiers de ladite défunte, Demandeurs en Requête par eux préfentée à la Cour le 15. Juin 1633. & Appellants tant de l'appofition du Scellé faite par le Bailly de Saint-Germain-des-Prés, fur les biens de ladite deffunte Delaiftre, que de la Sentence par laquelle Jacques Doyt & Nicolas Poullain ont été élûs pour tuteur & fubrogé tuteur à la perfonne & biens de Marie Doyt, fille de ladite deffunte Delaiftre, & dudit deffunt Jullien Doyt fon dernier mari d'une part, & lefdits Jacques Doyt, & Nicolas Poullain Appellans, Intimés & Défendeurs en ladite Requête d'autre part; & encore iceux Jacques Doyt & Nicolas Poullain Appellans de la Sentence renduë par le Prevôt de Paris, ou fon Lieutenant Civil le 14. Juin 1633. par laquelle icelui de la Balle auroit été nommé & élû pour curateur à la perfonne & biens de ladite Marie Doyt, & Demandeurs aux fins de leur Requête par eux préfentée à la Cour le 15. Juin 1633. & lefdits de la Balle &

18. Juin 1633.
Chartrier des No-
taires, Edition de
1663. pag. 678.

(a) Quoique cet Arrêt ne faffe point expreffément mention de prévention, il n'en eft pas moins un titre pour les Officiers du Châtelet, à cet égard; puifqu'ils n'ont pû remporter l'avantage fur le Bailly de Saint Germain par aucune autre raifon, ni fur aucun autre fondement.

T

Goureau ès noms, Intimés & Deffendeurs, & encore la Communauté des Commissaires du Châtelet, intervenans & Demandeurs suivant la Requête par eux presentée à la Cour ledit jour 10. Juin & lesdits de la Balle & Goureau, Jacques Doyt & Poullain & le Procureur Fiscal au Bailliage de Saint-Germain-des Prés, Deffendeurs en ladite Requeste d'intervention : après que Deschamps pour lesdits de la Balle & Goureau, Germain pour lesdits Doyt & Poullain, Jobert pour la Communauté des Commissaires du Châtelet, ensemble le Procureur Fiscal au Bailliage dudit Saint-Germain-des-Prés ont communiqué de la cause au Parquet des Gens du Roi, & par leurs avis demeuré d'accord de l'appointement qu'il en suit, appointé & oüi sur ce, le Procureur Général du Roi: La Cour avant faire droit sur les Appellations a ordonné & ordonne que les Scellés tant par le Commissaire le Vacher, que par le Bailly de Saint Germain ou son Procureur Fiscal sur les biens de ladite deffunte Delaistre, seront levés par ledit Commissaire le Vacher, ledit Procureur Fiscal appellé pour reconnoître sondit Scellé, sans prétendre aucuns frais, ce fait procedé à la confection de l'Inventaire par deux Notaires du Châtelet, à la requête & diligence desdits de la Balle & Goureau en la presence dudit Jacques Doyt ou lui appellé, pour ce fait être par la Cour fait droit sur lesdites appellations ainsi que de raison. Fait en Parlement le dix-huitiéme jour de Juin mil six cens trente-trois, *signé* Radigues.

Arrêt du Parlement, rendu contre le Bailly de S. Germain-des-Prés, qui ordonne que les Scellés appofés par Me. de la Hogue Commiffaire, après le décès de Jacques Belleville, feront par lui levés ; & que ceux appofés depuis par le Bailly de Saint Germain, demeureront convertis en oppofition.

Extrait des Regîtres de Parlement.

ENTRE Antoinette Guibourg veuve de deffunt Jacques Debelleville, vivant conducteur des Ballets du Roi, qui a fait appofer Scellés fur les biens délaiffés par ledit deffunt par Maître Pierre la Hogue Commiffaire Examinateur au Châtelet de Paris, Demandereffe en Requefte par elle préfentée à la Cour, le 4. du prefent mois, à ce que fans avoir égard au Scellé depuis appofé par le Bailly de Saint-Germain-des-Prés, à la requefte du Procureur Fifcal dudit lieu, le Scellé dudit la Hogue foit levé par icelui la Hogue, enfemble celui dudit Bailly de Saint-Germain, & les biens meubles qui fe trouveront fous iceux baillés & délivrés à la demandereffe, fuivant le Contrat de mariage fait entr'elle & ledit deffunt, qui porte don au furvivant de tous & chacuns leurs biens, meubles, conquêts immeubles & propres de quelque nature qu'il foient d'une part, & ledit Procureur Fifcal au Bailliage de Saint Germain-des-Prés, deffendeur d'autre part, après que Barbier Procureur de ladite demandereffe a communiqué au Parquet des Gens du Roi, & que ledit Procureur Fifcal de Saint Germain, enfemble ledit Commiffaire la Hogue ont été oüis, & font demeurés d'accord de l'appointement qui enfuit fans tirer à conféquence à autres caufes, appointé, eft oüi fur ce le Procureur Général, que LA COUR a ordonné & ordonne que tous lefdits Scellés feront levés & ôtés par ledit Commiffaire la Hogue, & que le Scellé appofé par ledit Bailly de Saint-Germain vaudra feulement pour oppofition. Fait en Parlement le douze Août mil fix cens trente-fept. *Collationé* LANGELE', *figné* DU FRANC.

12. Août 1637.

T ij

Arrêt du Parlement, rendu contre les Officiers de la Juſ-
tice de Saint Marcel, qui ordonne que le Scellé appoſé
par le Commiſſaire de Boiſſy, du vivant & à la réqui-
ſition de Mre. Antoine de Veſtu, Prêtre, Chanoine de
l'Egliſe Saint Marcel, décédé dans le Cloître de ladite
Egliſe, feront par lui levés ; & les Scellés des Officiers
de la Juſtice dudit lieu, convertis en oppoſition.

Extrait des Regiſtres de Parlement.

13. Juin 1642.
ENTRE les Doyen, Chanoines & Chapitre de Saint
Marcel - lès - Paris, Seigneurs Hauts Juſticiers dudit
Saint Marcel, Demandeurs en Requeſte formelle preſentée à
la Cour le 23. Mai 1642. à ce que le Scellé appoſé par le Défendeur ci-après nommé ſur les biens de deffunt Mᵉ. Antoine
de Vetu Prêtre Bachelier en Theologie, & l'un deſdits Chanoines, en la maiſon où il étoit demeurant, liſe dans le Cloître
Saint Marcel, ſoit declaré nul, & fait par entrepriſe ſur leur
Juriſdiction, avec deffenſes de recidiver, & condamné en
tous leurs dépens dommages & intereſts, & qu'il ſera condamné à leur reſtituer les clefs des Coffres & Cabinets dudit
deffunt d'une part, aprés que Mᵉ Fevrier Procureur pour les
demandeurs a perfiſté à l'entherinement de leur Requeſte, &
a dit que les Commiſſaires du Châtelet n'ont prévention
quelconque ſur leur Juſtice, attendu que les appellations du
Bailliage de Saint Marcel ſe relevent directement en lad. Cour,
& qu'en tout cas le Commiſſaire Boiſſy n'a pû ſceller avant le
decès dudit deffunt ſieur de Vetu, & que ledit Commiſſaire
Boiſſy a été oüi, & dit que par pluſieurs Arreſts leſdits Officiers dudit Châtelet ont *prévention ſur toutes les Juſtices ſubal-*
ternes de la Ville, Prevôté & Vicomté de Paris, dit que le Scellé
a été par lui appoſé en la maiſon & du vivant dudit ſieur de
Vetu ſur ſon requiſitoire, comme il ſe voit par ſon Procès-verbal qu'il a ſigné, ayant même ledit Commiſſaire reconnu ledit
Scellé à l'inſtant de ſon decès, & icelui d'abondant baillé &
laiſſé en garde au gardien nommé par ledit deffunt, & ainſi

à prévenu par deux fois les Officiers dudit Saint Marcel, au moyen de quoi ledit Scellé par eux apposé sur le sien doit être declaré nul, & par lui levé comme étant une entreprise & contravention ausdits Arrests, appointé est oüi sur ce, le Procureur Général du Roi, que LA COUR a ordonné & ordonne que le Scellé apposé par ledit Commissaire Boissy sera par lui reconnu, levé & ôté lorsqu'il en sera requis par les Parties en la maniere accoûtumée, & nonobstant les Scellés desdits Officiers Saint Marcel, que la Cour a converti en opposition & qui seront levés & ôtés par ledit Commissaire Boissy, en vertu du present Arrêt & sans dépens. FAIT en Parlement le treiziéme jour de Juin mil six cens quarante-deux, *signé* GUYET.

Arrêt du Parlement, qui ordonne l'exécution du précédent.

Extrait des Regiſtres de Parlement.

ENTRE Jean le Juge pere & Jean le Juge fils, Marchands de vin, Bourgeois de Paris, & Me. Charles Joly Conseiller du Roi, & Controlleur des rentes sur la Ville, seuls. Exécuteurs testamentaires & legataires universels de feu Me Antoine de Vetu, Chanoine de Saint Marcel, Appellans de la Sentence des Requestes du Palais du 13. Juin dernier, & demandeurs en Requeste du 14. Juin aussi dernier, tendante à ce que les Intimés & deffendeurs fussent tenus justifier de leurs moyens de l'opposition par eux formée au Scellé apposé sur les effets dudit deffunt auparavant son decès, réapposé après son decès par le Commissaire Boissy, suivant l'Arrest rendu entre ledit Commissaire & lesdits Intimés deffendeurs, le 13. dudit mois de Juin d'une part, & les Doyen, Chanoines & Chapitre dudit Saint Marcel, Intimés & deffendeurs d'autre, sans que les qualités puissent préjudicier, après que Baraille pour les Appellans, & Fedeau pour les Intimés ont été oüis sur l'appel, auquel a été conclud: LA COUR a mis & met les appellations & ce dont a été appellé au néant, en émandant, a ordonné & ordonne que l'Arrêt du treize Juin sera exécuté selon sa forme & teneur; ce faisant, le Scellé dont est question levé par le Commissaire qui l'a apposé, auquel les Officiers de Saint Marcel assisteront sans que le pre-

4. Juillet 1642.

T iij

fent Arreſt leur puiſſe prejudicier au droit de leur Juſtice, en autre cauſe & ſans dépens. F A I T en Parlement le quatriéme Juillet mil ſix cens quarante-deux, *ſigné*, G U Y E T.

Arrêt du Parlement, rendu contre le Bailly de la Juſtice de Saint Victor, au ſujet du Droit de Prévention en Matiere de Scellé.

Extrait des Regiſtres de Parlement.

13. May 1645.
Chartrier des
Notaires. Edition
de 1663. p. 682.

V E U par la Cour la Requeſte à elle preſentée par Jacques Anceaume, Maître Chapelier à Paris, contenant que Marie Gouſe, ſa ſeconde femme, étant décédée le 26. Avril dernier, il auroit à même inſtant fait appoſer Scellé ſur les biens demeurés après ſon decès par le Commiſſaire Guienet; & néanmoins le 27. dudit mois d'Avril le Bailly de la Juſtice Saint Victor ſeroit venu en la maiſon du Suppliant, auquel il auroit fait reproches de ce qu'il avoit fait faire ſon Inventaire après le décès de ſa premiere femme, par Notaires du Châtelet de Paris, & d'avoir fait ſceller par un Commiſſaire dudit Châtelet, avec pluſieurs menaces & intimidations, & bien que le Suppliant lui eût fait voir le ſcellé fait par le Commiſſaire Guienet, ledit Bailly n'auroit délaiſſé d'y appoſer le ſien, & d'en charger le Suppliant, lequel il auroit forcé de ſigner ſon Procès-verbal, & s'il ne l'eût fait, il eût laiſſé garniſon en ſa maiſon, ce qu'il a fait ſans aucune Partie requérante, que Pierre Valeur mineur, qui ſe prétend héritier de ladite deffunte Gouſe, lequel ſecond ſcellé fait préjudice audit Suppliant, & l'empêche de pouvoir faire lever le premier ſcellé & faire proceder à l'Inventaire : Requeroit le Suppliant être reçu Appellant de l'appoſition dudit ſecond ſcellé fait par le Bailly de ſaint Victor, lequel ſera rompu & briſé, & ce faiſant que le premier ſera levé, préalablement reconnu par ledit Commiſſaire, & inventaire fait par les Notaires du Châtelet de Paris, les intéreſſés préſens ou dùement appellés, ladite Requête de l'Ordonnance de ladite Cour communiquée audit Guienet & Bailly de Saint Victor, & autres piéces attachées à ladite Re-

quefte. Conclufions du Procureur Général du Roi : & tout
confideré. La Cour a ordonné & ordonne qu'il fera procedé à la levée du fcellé par le Commiffaire Guienet, le fcellé
appofé par le Bailly de Saint Victor préalablement reconnu.
Fait en Parlement le treiziéme Mai mil fix cens quarante-
cinq. *figné* Guyet.

Arrêt du Parlement, qui ordonne que le Commiffaire la
Hogue levera fes Scellés, nonobftant le Scellé que le
Bailly de Saint Germain avoit appofé fur le fien, l'é-
vocation defdits Scellés faite par Meffieurs des Requê-
tes du Palais, & un troifiéme Scellé appofé par l'un
defdits fieurs des Requêtes.

LOUIS, par la grace de Dieu, Roy de
France & de Navarre : Au premier des Huiffiers de nôtre Cour de Parlement, ou autre Huiffier ou Sergent
fur ce requis ; Sçavoir, Faisons : Qu'entre Simon le
Juge, Ecuyer fieur de la Borde, Exempt des Gardes du
Corps du Roi, Michel le Juge Commiffaire Général des vivres & Armées de Sa Majefté en Flandres, Damoifelle Gene-
vieve le Juge femme feparée quant aux biens de Me Henry
Jacob, Agent de Banque & Change, Anne le Juge fille ma-
jeure ufante & jouiffante de fes droits, & Pierre le Juge éman-
cipé d'âge fous l'autorité dudit Me Michel le Juge fon Curateur aux caufes, enfans & préfomptifs héritiers de deffunte
Claude Meffager leur mere, vivante, femme de feu Michel le
Juge leur pere, Bourgeois de Paris, Exécuteur du teftament,
Codicile & ordonnance de derniere volonté de ladite deffunte,
Appellans d'une Sentence donnée par les Gens-tenans les
Requeftes du Palais à Paris, le 29. Février 1648. portant
évocation des Scellés appofés par Me Pierre la Hogue, Commiffaire au Châtelet, & le Bailly de Saint Germain-des-Prés
fur les biens de ladite deffunte après fon décès en la maifon
où elle eft décedée fife au Faubourg dudit Saint-Germain-des-
Prés, ruë Ferou, & que les Parties procederont aufdites Re-

3. Mars 1648.

quêtes, & encore Appellans de tout ce qui a été fait en conséquence par le Conseiller desdites Requestes, commis par icelle pour la levée desdits scellés, & demandeur aux fins de deux Requestes par lesdits Appellans, presentées à la Cour le 2. Mars present mois & an, à ce que sans avoir égard au troisieme scellé apposé par ledit Conseiller des Requestes; Inventaire & description sera faite de ce qui est sous icelui par deux Notaires dudit Châtelet en la presence dudit Commissaire la Hogue ; à ce voir faire, André Forbu, Maxime le Noble, & leurs femmes presens ou dûement appellés & deffendeur en intervention d'une part, & ledit le Noble Receveur des Consignations d'Amboise, & Damoiselle Marie le Juge sa femme à cause d'elle, héritiers presomptifs d'icelle deffunte, Intimés & deffendeur, d'autre, & encore ledit Forbu Chirurgien à Paris, à cause de Claude le Juge sa femme pareillement héritiers presomptifs de ladite deffunte, joints avec ledit le Noble demandeur en intervention suivant la Requeste judiciairement faite sur le Barreau d'une autre part, sans que les qualités puissent nuire ni préjudicier aux Parties, après que Deffita pour les Appellans, & demandeur Pucelle pour les Intimés & deffendeur & Mastinet pour les Intervenans ont été oüis ensemble, Talon pour le Procureur General du Roi : LA COUR a mis & met les appellations & ce dont a été appellé au néant, émendant ordonne que le scellé en question sera levé par le Commissaire la Hogue, & l'inventaire fait par les Notaires du Châtelet, sauf s'il intervient quelques oppositions être fait droit aux Parties, ainsi qu'il appartiendra. FAIT en Parlement le troisiéme jour de Mars mil six cens quarante-huit. & de notre Regne le cinquiéme, collationné *signé* LANGELE', Par la Chambre, *signé*, DU FRANC, avec paraphe.

Arrêt du Parlement, qui sans s'arrêter aux Scellés appo-
sés par les Officiers du Bailliage de Saint Germain-des-
Prés, après le décès de Philippes Gamard ; ordonne que
les Scellés apposés par prévention par le Commissaire
Hemon sur les effets dudit deffunt, seront par lui levés.

LOÜIS PAR LA GRACE DE DIEU, Roi de France   17. Août. 1652.
& de Navarre, au premier des Huissiers de notre Cour
de Parlement, ou autre Huissier ou Sergent sur ce requis :
SCAVOIR FAISONS : Qu'entre Marie Sainfray veuve de
feu Thomas Goupy opposante au prétendu Scellé apposé sur
les biens de deffunt Philippes Gamard son Gendre, par Durand Bedeau de la Justice de Saint-Germain-des-Prés, & de-
manderesse à ce que le scellé apposé à sa requeste par M^e.
Charles Hemon, Commissaire Examinateur au Châtelet de
Paris le 14 du present mois de Juin, soit declaré valable &
procedé à la levée d'icelui par ledit Commissaire qui l'a apposé
nonobstant le prétendu scellé dudit Bedeau qui sera brisé d'une
part, & Christophe & Hubert Gamard deffendeurs & demandeurs, à ce que le scellé apposé par ledit Durand Bedeau, de
l'Ordonnance du Bailly de Saint-Germain-des-Prés, soit declaré bon & valable, & en conséquence procedé à la levée
d'icelui par les Officiers dudit Bailliage de Saint-Germain
d'autre, & encore la Communauté des Commissaires du Châ-
telet intervenante, qui ont soutenu que le scellé apposé par le-   *Sic* dans la
dit Commissaire Hemon comme étant fait par prévention sui-   Grosse.
vant & au desir des Arrêts de notredite Cour, & demandeurs
à ce que deffenses soient faites aux Bedeaux dudit Bailliage
Saint-Germain, d'apposer aucuns scellés en vertu d'Ordonnance de leur Juge, & que celui qui a été apposé par ledit
Durand sera brisé comme fait par entreprise & contre les reglemens de notredite Cour, & Maître André de Buridau,
Bailly du Bailliage dudit Saint-Germain-des-Prés, & le Procureur Fiscal audit Bailliage, deffendeurs à ladite intervention & demande desdits Commissaires d'autre, après que Des-
champs Avocat de ladite Sainfray, & desdits Commissaires,

V

& que Girard Avocat defdits Gamard & Officiers de Saint-Germain, lefdits Bailly & Procureur Fifcal prefens, ont été oüis au Parquet de nos Gens, & par leur avis demeuré d'accord de l'appointement qui enfuit, appointé eft, que cüi fur ce notre Procureur Général: NOTREDITE COUR fans préjudice de la Jurifdiction des Officiers du Bailliage de Saint Germain-des-Prés en autre caufe, a ordonné & ordonne que le fcellé appofé par le Commiffaire du Châtelet, fera par lui reconnu & levé; lefdits Gamard & autres parties prefentes ou duëment appellées fans s'arrêter au fcellé appofé par Durand Sergent audit Bailliage Saint Germain des-Prés, reçû judiciairement: ce requerant, Defchamps Avocat pour ladite Sainfray, & lefdits Commiffaires par vertu du défaut contre les défaillants appellés, & rapporté. SI MANDONS mettre le prefent Arrêt à dûë, pleine & entiere exécution felon fa forme & teneur, de ce faire te donnons plein & entier pouvoir. DONNE' en notredite Cour de Parlement le dix-fept Août, l'an de grace mil fix cent cinquante, & de notre regne le feptiéme. Collationné, *figné* L'ANGELE': par la Chambre, *figné* DU FRANC.

Arrêt du Parlement, qui déclare le précédent commun avec Meffire Henry de Bourbon Evêque de Metz, Abbé de l'Abbaye de Saint Germain-des-Prés, Intervenant, & prenant le fait & caufe des Bailly & Procureur-Fifcal de la Juftice de ladite Abbaye.

27. Août. 1650.

LOUIS, PAR LA GRACE DE DIEU, Roi de France & de Navarre: Au premier des Huiffiers de notre Cour de Parlement ou autre Huiffier ou Sergent fur ce requis; SÇAVOIR FAISONS: Qu'entre Meffire Henry de Bourbon Evêque de Metz, Abbé de l'Abbaye de Saint Germain-des-Prés, & Religieux, Prieur & Convent de ladite Abbaye, prenant le fait & caufe pour Me. André de Buridau Bailly de Saint Germain-des-Prés & fon Procureur-Fifcal, Demandeurs en Requête par eux prefentée à notredite Cour le   Juillet dernier, tendante à ce qu'ils fuffent reçûs Parties intervenantes en l'Inftance pendante en notredite Cour entre la

Communauté des Commiſſaires du Châtelet de Paris d'une part, & les Officiers dud. Bailliage de Saint Germain-des-Prés d'autre, pour y déduire leur interêt ; & en ce faiſant, que les Officiers dudit Bailliage de Saint Germain feront maintenus & gardés en la poſſeſſion & joüiſſance en laquelle ils ſont de faire appoſer les ſcellés de l'ordonnance dudit Bailly, par les Sergens priſeurs & vendeurs de meubles, & les inventaires faits par les Officiers dudit Bailliage ; & pour avoir inſiſté au contraire par leſdits Commiſſaires, qu'ils ſeront condamnés aux dépens, dommages & interêts, tant des Officiers dudit Bailliage, que d'eux d'une part ; & Marie Sainfray veuve de Thomas Goupy, oppoſante au pretendu ſcellé appoſé ſur les biens de deffunt Philippes Gamard ſon gendre, par Durand, Bedeau dud. Saint Germain-des-Prés, & la Communauté des Commiſſaires dudit Châtelet de Paris, Deffendeurs d'autre : Appointé eſt, NOTREDITE COUR, oüy ſur ce, notre Procureur Général, a declaré & declare l'appointement cy-devant propoſé au Parquet entre les Parties, & offert le vingt-deux Juin dernier commun avec les Demandeurs, pour être exécuté ſelon ſa forme & teneur : reçû, ce requerant, Deſchamps Avocat pour ladite de Sainfray & leſdits Commiſſaires par vertu du défaut contre le défaillant, appellé & rapporté par Genet Huiſſier : MANDONS mettre le preſent Arrêt à exécution. DONNE' en Parlement le vingt-ſept Août, l'an de grace mil ſix cent cinquante, & de notre regne le ſeptiéme. Collationné, *ſigné* L'ANGELE' : par la Chambre, *ſigné* DUFRANC.

Arrêt du Parlement, rendu contre le Procureur-Fiscal des Religieux & Convent des Bernardins, lequel ordonne que les Scellés appofés par le Commiffaire Daminois, après le décès de Géneviéve Nivet, feront par lui levez comme les ayant appofé le premier. (a)

Extrait des Regiftres de Parlement.

ENTRE la Communauté des Commiffaires du Châtelet de Paris, Demandeurs en Requête du dix-feptiéme Octobre mil fix cent cinquante-deux, à ce qu'ils fuffent reçûs appellants de l'appofition & contre-fcellé fait par le Deffendeur cy-après nommé, fur le fcellé appofé par le Commiffaire Daminois, à la Requête de Géneviéve Nivet, veuve de deffunt Nicolas Peaulme Procureur en la Cour, après fon décès, fur les biens & effets de fa fucceffion, tenus pour bien relevé Audience au premier jour. Cependant, en conféquence des Arrêts & Réglemens de la Cour, ordonner que fans avoir égard audit contre-fcellé, celui appofé par ledit Commiffaire Daminois, fera par lui reconnu levé & ôté, & l'Inventaire fait en la maniere accoûtumée, avec deffenfes au Deffendeur de plus ufer de pareilles entreprifes, fur telle peine que de raifon d'une part; & Me. Claude Gillier Procureur au Parlement & Procureur-Fifcal des Religieux, Prieur & Convent des Bernardins, Deffendeur d'autre, après que les Parties ont été ouyes au Parquet des Gens du Roi: Appointé eft, que LA COUR, ouy fur ce le Procureur Général du Roi, a reçû & reçoit les Demandeurs Appellans, tenus & tient pour bien relevés, ordonne que fur ledit appel les Parties auront audience au premier jour d'après la Saint Martin; & cependant, feront lefdits fcellés reconnus

23. Octob. 1652

(a) Cette Juftice des Religieux, Prieur & Convent des Bernardins, ne fe trouve point dans le dénombrement des Juftices Seigneuriales, inferé dans le Procès-verbal de la Coûtume de Paris, & elle leur a toûjours été conteftée avant l'Edit de fuppreffion des Juftices Seigneuriales des Ville & Fauxbourgs de Paris, du mois de Février 1674.

levés & ôtés par ledit Commiſſaire Daminois ſeul, comme le premier qui les a appoſés, & l'Inventaire fait en la maniere accoûtumée, Parties preſentes ou dûëment appellées, ſans préjudicier au droit de Juſtice des Intimés en autres cauſes. FAIT en Vacations, le vingt-troiſiéme jour d'Octobre mil ſix cent cinquante-deux. Collationné.

Arrêt du Parlement, qui ordonne que le Scellé appoſé par le Commiſſaire Daminois, ſur les effets de Marin Deliſle, de ſon vivant & à ſa requiſition, ſera par lui levé; les Contre-ſcellés du Bailly de S. Marcel, préalablement reconnus.

Extrait des Regîtres de Parlement.

VEU par la Cour la Requête preſentée par Barbe Paillard, veuve de deffunt Marin Deliſle, vivant Maître Tondeur à Paris, & Charles Deliſle Prêtre, préſomptif héritier dudit deffunt, contenant que ledit deffunt en ſon vivant ayant fait appoſer le ſcellé ſur ſes biens & effets par le Commiſſaire Daminois, le Bailly de Saint Marcel auroit appoſé un ſecond ſcellé ſur celui dudit Commiſſaire; de ſorte que ladite Suppliante voulant faire lever celui dudit Commiſſaire, il lui a été impoſſible, ledit Commiſſaire ne le pouvant reconnoître : A CES CAUSES, requeroit que ſans avoir égard audit ſcellé dudit Bailly, il fût ordonné que le ſcellé appoſé par ledit Commiſſaire, ſeroit par lui reconnu, ôté & levé, & deſcription faite en la maniere accoûtumée. VEU auſſi les pieces attachées à ladite Requête, Concluſions du Procureur General du Roi, *après avoir ouy ledit Bailly :* Tout conſideré; LADITE COUR a ordonné & ordonne, que leſdits ſcellés ſeront levés par ledit Commiſſaire, après que ledit Bailly aura reconnu le ſien, ce qu'il ſera tenu faire dans le jour de la ſignification à lui faite du preſent Arrêt; & en conſéquence, ſera procedé à l'Inventaire & deſcription des biens & effets étant ſous leſdits ſcellés, en la maniere accoûtumée, par les Notaires. FAIT en Parlement le vingt-ſeptiéme Mars mil ſix cens cinquante-trois. Collationné.

27. Mars 1653.

Arrêt du Parlement, rendu contre le Bailly de S. Martin des-Champs, lequel ordonne que les Scellés appofés par le Commiffaire Meufnier, après le décès de Catherine Marchand, feront par lui levés, les oppofans prefens ou appellés.

Extrait des Regiftres de Parlement.

10. Juillet 1656.

ENTRE François Eudel, Bourgeois de Paris, Exécuteur du Teftament & Ordonnance de derniere volonté, de deffunte Catherine Marchand, au jourde fon decès, veuve de deffunt Guillaume Aubry, demandeur en Requefte du 6. Juillet 1656. à ce que les fcellés & contre-fcellés appofés fur les biens & effets trouvés après le décès de ladite deffunte Marchand, foient levés & ôtés par le Commiffaire Meufnier qui a appofé le premier fcellé avec les Parties intereffées en icelui d'une part, & Me. . . . Auroux Bailly de Saint Martin-des-Champs, & Me. Jacques Hallet, Greffier ancien de Châlons, foi difant donataire entre-vif de ladite deffunte, oppofant audit fcellé; & Damoifelle Elifabeth Léeffe propriétaire de la maifon de ladite deffunte, auffi oppofante, deffendeurs d'autre, fans que les qualités puiffent préjudicier aux Parties; après que Michel Procureur dudit Eudel a demandé deffaut pour le profit, l'appointement arrêté au Parquet des Gens du Roi, figné defdits Allain, Eudel, Elifabeth Léeffe être reçu, & Laurent Huiffier a rapporté avoir appellé ledit Bailly de Saint Martin : LA COUR a donné deffaut, & pour le profit ordonne que l'appointement fera reçu ; ce faifant conformement à icelui, ordonne que les fcellés dont eft queftion feront levés & ôtés par le Commiffaire Meufnier, les oppofans prefens, à ce faire dûement appellés. FAIT en Parlement le dixiéme Juillet mil fix cens cinquante-fix, collationné avec paraphe, · *figné*, GUYET, avec paraphe.

Arrêt du Parlement, rendu contre le Bailly de S. Germain-des-Prés, lequel ordonne que le Scellé appofé par le Commiffaire le Brun, après le décès du fieur Berthelot, fera par lui levé, & l'Inventaire fait en la maniere ordinaire, & juge que les Commiffaires du Châtelet peuvent appofer Scellés fans ordonnances.

SUR la Requefte judiciairement faite à la Cour par M^e. François le Brun, Commiffaire au Châtelet de Paris, affifté du Lieutenant Criminel du Subftitut du Procureur Général & de tous les autres Commiffaires du Châtelet contre M. (*a*) le Fevre, Bailly de la Juftice de S.-Germain-des-Prez, à ce qu'il plût à la Cour faire deffenfes aud. Bailly de S. Germain de troubler les Commiffaires du Châtelet en la fonĉtion de leurs Charges, lorfqu'ils auront prévention, & que le fcellé en queftion, feroit levé par ledit le Brun; qui l'a appofé, après que R A V I E R E pour ledit le Brun a dit que le 20. de ce mois, après le decès de ..... Berthelot; fur le requifitoire de Denis Cheret fon héritier ptéfomptif, le Commiffaire le Brun auroit appofé le fcellé dans fa maifon fur les effets de la fucceffion, & quelques tems après le Bailly de Saint Germain feroit venu en icelle maifon, & bien que par le moyen de la prévention, il eut eû perdu toute la Jurifdiĉtion qu'il y eut pû prétendre : toutes fois il fe feroit emporté de menaces contre ledit Commiffaire le Brun, l'auroit empêché d'achever fon fcellé, & d'y mettre un gardien, & même l'auroit mis hors de la maifon, ce qui étant une procedure tout-à-fait violente, & contre l'Ordonnance qui a donné à tous les Juges Royaux la prévention fur tous les Officiers des autres Juftices, il n'y auroit point de difficulté de lui adjuger les fins de fa Requefte : LE LIEUTEUANT CRIMINEL a dit que la Police lui appartenoit en l'abfence & pour la maladie du Lieutenant Civil, il eft obligé de paroître aux yeux de la Cour pour défendre contre l'entreprife du Bailly de Saint Germain ce droit de prévention accordé à tous les Juges.

22. Novembre
1659.

Chartrier des
Notaires, Edition
de 1663. p. 697.

(*a*) Il s'appelloit Claude, ainfi qu'il paroît par l'Arrêt qui fuit.

Royaux, & dans lequel ils ont été perpetuellement mainte-nus par les Arrests & Reglemens de la Cour, que ce qu'a fait le Commiſſaire le Brun eſt conforme aux Regles, & à l'uſage obſervé de tout tems, qu'il vient pour en certifier la Cour, & ſe joindre avec lui pour demander que les concluſions de ſa Requeſte lui fuſſent adjugées, & qu'il plaiſe à la Cour reprimer les entrepriſes dudit Bailly de Saint Germain, par ſon Arreſt ledit LE FEVRE BAILLY DE S. GERMAIN, a dit qu'il a ſujet de ſe plaindre des entrepriſes que les Commiſſai-res du Châtelet veulent faire ſur ſa Charge, pour maintenir l'uſurpation qu'ils en ont faite pendant l'abſence du titulaire de l'Office de Bailly de Saint Germain; que la procedure du Commiſſaire le Brun n'étoit pas ſoutenable, puiſqu'il avoit appoſé un ſcellè ſans en être requis & ſans Ordonnance de ſon Juge; que lui au contraire n'avoit rien fait que dans les regles, que l'héritier de la deffunte auſſi-tôt après ſon decès, & un de ſes Créanciers l'auroient requis d'appoſer le ſcellé dans cette maiſon qui étoit voiſine de la ſienne; que s'y étant tranſporté, & pendant qu'il ſcelloit dans une chambre, il avoit appris que le Commiſſaire le Brun ſcelloit dans une autre, que l'ayant été trouver & demandé à la Requeſte de qui il ap-poſoit le ſcellé, & où étoit l'Ordonnance de ſon Juge, il au-roit reconnu n'en avoir point, & ayant voulu faire accroire qu'il ſcelloit à la Requeſte de Denis Cheret héritier, il auroit été en même tems déſavoüé par lui, ce qui fait voir que la procédure ne peut pas ſubſiſter, n'étant pas permis à des Com-miſſaires d'appoſer des ſcellés s'ils n'en ſont requis par quel-qu'un; & leur étant même deffendu par Arrêt de la Chambre des Vacations du 7. Octobre dernier d'en appoſer ſans Or-donnance de leur Juge, lequel Arreſt demeureroit illuſoire, s'ils n'étoient obligés de juſtifier de l'Ordonnance de leur Ju-ge, lorſqu'ils en ſont requis, joint même que l'on n'appelle point de leur Ordonnance, mais de celles decernées par le Lieutenant Civil, conclud à ce que ſans s'arrêter au ſcellé par ledit Commiſſaire le Brun, le ſien ſera ôté & levé, & les deffenſes portées par l'Arrêt du 7. Octobre dernier réiterées. Ouï ROCHAIS Procureur pour ledit Cheret preſent qui a deſavoué le requiſitoire inſeré dans le Procès verbal du Commiſ-ſaire le Brun; TALON, pour le Procureur Général du Roi, a dit

que

que toute la conteſtation des Parties ſe reduit en deux queſtions, la premiere de fait, lequel du Bailly de Saint Germain, ou du Commiſſaire du Châtelet a prevenu ; la ſeconde de droit, ſi le Commiſſaire le Brun a pû appoſer un ſcellé ſans l'Ordonnance de ſon Juge ; que la premiere queſtion ſe décide par la propre reconnoiſſance du Bailly de Saint Germain, qui étant demeuré d'accord que quand il eſt entré dans l'une des Chambres de la maiſon pour y appoſer le ſcellé, il avoit appris que le Commiſſaire ſcelloit dans une autre, ne peut pas diſconvenir qu'il n'ait été prévenu, que la ſeconde queſtion dépend de ſçavoir quelle peut être l'étenduë de la fonction des Commiſſaires du Châtelet ; que par établiſſement ils ont une eſpece de Juriſdiction particuliere, qu'ils ſont Commiſfaires, Enqueſteurs, Examinateurs, qui eſt un droit qui leur eſt commun avec les Lieutenans Civil & Criminel, qu'ils peuvent informer d'Office, ce qui n'appartient pas aux Conſeillers du Châtelet, que de leur autorité privée & ſans avoir beſoin de leur Ordonnance, ils informent contre les coupables qui ſont ſurpris en flagrant delit : que ſi les Commiſſaires du Châtelet n'avoient pas droit d'appoſer ſcellé ſans Ordonnance de leur Juge, ils ſeroient obligés à la même formalité dans la Ville de Paris que dans le Fauxbourg de Saint Germain ; mais que cela ne ſe pratique point, & que c'eſt un uſage reçu par tout, qu'ils appoſent des ſcellez pourvû qu'ils en ſoient requis, ſans Ordonnance de leur Juge, n'y ayant rien de plus preſſant que l'appoſition des ſcellez, rien de plus préjudiciable au Public, que de les remettre, & de donner par ces difficultés que l'on apporteroit la liberté aux ſouſtractions & divertiſſemens dont les ſcellez ſont les remedes pour leſquels on doit toujours apporter beaucoup de facilité ; que l'Arrêt du 7. Octobre dernier rendu en la Chambre des Vacations ſur des circonſtances particulieres, par proviſion, contre un ſeul Commiſſaire, n'a pas pû faire préjudice au droit de ſes confreres, ne doit pas donner atteinte à une poſſeſſion ancienne dans laquelle ils ſont, & qui eſt fondée ſur l'utilité publique ; que le deſaveu de Cheret n'eſt pas conſiderable, puiſque ſa requiſition n'eſt pas ſeulement verbale, mais par écrit, & que quand il s'agiroit de maintenir le droit de prevention que le Roi s'eſt reſervé ſur toutes les Juriſdictions patrimonialles qui ne ſont

X

que des démembremensde la Juſtice Royale, ils eſtiment qu'il y a lieu d'ordonner que le ſcellé ſera levé par le Commiſſaire du Châtelet qui l'a appoſé pour être l'inventaire fait en la maniere acoûtumée : LA COUR, ſur la Requeſte appointe les Parties en droit à écrire & produire, & joint à l'Inſtance diſtribué à M. Doujat Conſeiller, & cependant par proviſion ordonné que le ſcellé dont eſt queſtion ſera levé par le Commiſſaire le Brun qui l'a appoſé, pour enſuite l'Inventaire être fait par deux Notaires en la maniere accoûtumée. FAIT en Parlement le ving-deux Novembre mil ſix cens cinquante-neuf, *ſigné* DUTILLET

Arrêt du Parlement, qui ordonne que le Scellé appoſé par le Commiſſaire le Brun, après le décès de Meſſire Jacques d'Hillerin Conſeiller au Parlement, ſera par lui levé ; les Contre-ſcellés du Bailly de ſaint Germaindes-Prés, préalablement reconnus, ſinon briſés par le Commiſſaire au Châtelet.

Extrait des Regiſtres de Parlement.

ENTRE Maître Claude le Febvre, Bailly du Faubourg Saint-Germain-des-Prez, & les Officiers dud. Bailliage demandeurs en Requeſte, à ce qu'attendu la Requeſte à lui preſentée par le ſieur de la Gueriniere ci-après nommé le 4. du preſent mois d'Octobre, contenant plainte d'un prétendu divertiſſement fait des effets de la ſucceſſion future en queſtion, le contre-ſcellé par eux appoſé en la maiſon de feu M. Jacques d'Hillerin, vivant Conſeiller en la Cour, ſur les biens & effets étant en ladite maiſon, à la requeſte de Pierre d'Hillerin, Ecuyer ſieur de la Gueriniere, ſoi-diſant l'un des préſomptifs heritiers dudit deffunt ſieur d'Hillerin le 5. du preſent mois d'Octobre, ſoit par eux levé & inventaire & deſcription par eux faite de ce qui ſe trouveroit ſous icelui, nonobſtant & ſans avoir égard au ſcellé qui avoit été auparavant appoſé par le Commiſſaire le Brun, qui ſera declaré

nul , comme fait contre l'ordre & au préjudice des Arrêts &
Reglemens de la Cour, & deffendeur d'une part, & M.
François le Brun Commiſſaire au Châtelet de Paris, & la
Communauté des Commiſſaires dudit Châtelet deffendeurs &
demandeurs en Requeſte judiciaire par eux faite à la Cour ,
à ce que le ſcellé appoſé par ledit le Brun Commiſſaire ledit
jour 5. du preſent mois d'Octobre , à la requeſte dudit ſieur
d'Hillerin , Conſeiller en la Cour, ſieur de Bazoches, neveu
& preſomptif heritier dudit feu ſieur d'Hillerin ſur le requiſitoire de M. Claude Blondeau Avocat en la Cour , ayant charge dudit ſieur d'Hillerin pour ſon abſence , ſoit par lui levé ,
& deſcription faite de ce qui ſe trouvera ſous icelui par les
Officiers du Châtelet, en la maniere accoûtumée, nonobſtant & ſans avoir égard au contre-ſcellé appoſé par les Officiers dudit Bailliage Saint-Germain , lequel ſera declaré nul,
comme fait par entrepriſe & attentat à l'autorité des Arrêts,
Reglemens , & au préjudice deſdits Commiſſaires Officiers
du Roi d'autre part ; & encore entre ledit Pierre d'Hillerin,
Ecuyer ſieur de la Gueriniere , Capitaine & Chef du vol pour
les Champs de la grande Fauconnerie du Roi , demandeur
en Requeſte par lui preſentée à la Cour le 7. du preſent mois
d'Octobre , à ce qu'il fut reçu partie intervenante en ladite Inſtance , pour y déduire ſes intereſts , & faiſant droit ſur ſon
intervention , que le contre-ſcellé appoſé à ſa requeſte par les
Officiers du Bailly Saint-Germain , ſoit par eux levé , ſans avoir
égard au ſcellé appoſé par ledit Commiſſaire le Brun qui ſera
declaré nul d'une part , & leſdits le Brun & Communauté des
Commiſſaires du Châtelet , ledit le Febvre & Officiers dudit
Bailliage deffendeurs d'autre ; & encore Me. Claude Blondeau Avocat en la Cour qui a fait appoſer le ſcellé par ledit
le Brun Commiſſaire , à la requeſte dudit ſieur d'Hillerin,
Conſeiller en la Cour, neveu & préſomptif heritier dudit
ſieur d'Hillerin pour ſon abſence , demandeur en requeſte
judiciaire par lui faite à la Cour, à ce que le ſcellé appoſé
par ledit Commiſſaire le Brun , ſoit par lui levé & ôté , nonobſtant le contre-ſcellé dudit Bailly de Saint Germain qui
ſera declaré nul , & qu'il ſera reintegré en ladite maiſon pour
la garde deſd. ſcellés auſquels il a été établi par ledit Commiſſaire le Brun , & qu'il lui ſoit permis de prépoſer telles

X ij

perfonnes dont il demeurera garand civilement pour la garde defdits fcellés d'une autre part, & lefdits le Brun, Communauté des Commiffaires dudit Châtelet, ledit le Febvre & autres Officiers dudit Bailliage de Saint Germain, & ledit fieur Pierre d'Hillerin, fieur de la Guermiere, deffendeurs d'autre, fans que les qualités puiffent préjudicier, après que le Febvre Bailly de Saint Germain-des-Prez, en fon nom, Bordet pour d'Hillerin & Huot pour lefdits Commiffaires ont été oüis, enfemble de Harlay, Subftitut du Procureur Général du Roi: La Chambre des Vacations fans avoir égard aux Requeftes du Bailly du Faubourg Saint Germain, & de la Partie de Bordet, ordonne que le fcellé appofé par le Commiffaire le Brun fera par lui levé, & enfuite procedé à l'Inventaire & defcription des chofes qui fe trouveront fous icelui en la maniere accoûtumée, le fcellé appofé par le Bailly de Saint Germain préalablement reconnu, lequel fera tenu le venir reconnoître à la premiere fommation, finon, paffé outre par ledit Commiffaire & Blondeau gardien rétabli. Fait en Vacations le huitiéme jour d'Octobre mil fix cens foixante-quatre.

Arrêt du Parlement, qui reçoit Jofeph le Grand, oppofant à l'exécution du Contre-fcellé appofé par le Bailly de Saint Victor, après le décès de Jacqueline de la Verde; ce faifant, ordonne que les Scellés appofés par le Commiffaire Daminois, feront par lui levés, & l'Inventaire fait en la maniere ordinaire.

Extrait des Regîtres de Parlement.

5. Août 1666.

ENTRE Jofeph le Grand, Maître Barbier Etuvifte à Paris, fubrogé tuteur des enfans mineurs de deffunt Pierre Chenois, vivant Marchand de vin à Paris, & de Jacqueline de la Verde fa veuve, & au jour de fon decès, femme de Charles d'Outreleau, demandeur aux fins de la Requefte prefentée le 2. du prefent mois d'Aouft, à ce qu'il fut reçu oppofant à l'exécution du contre-fcellé fait par le Bailly de Saint

Victor, lequel feroit brifé ; ce faifant que le Commiffaire Da-minois feroit tenu de reconnoître inceffamment le fcellé par lui appofé, & icelui lever Partie prefente ou dûement appel-lée, pour être fait defcription & Inventaire de ce qui fe trou-veroit fous le fcellé & en évidence ; & ce qui fe trouveroit, être mis en bonne & fûre garde, pour la confervation defdits Mineurs, pour ce faifant être procedé à la vente en la maniere accoûtumée d'une part, & Me. Jerofme Daminois Commiffaire au Châtelet de Paris, Me.   Guerin Bailly de Saint Victor-lez-Paris, & Charles Doutreleau deffendeurs d'autre, fans que les qualités puiffent préjudicier. Après que Cochon le jeune Procureur dudit le Grand a demandé def-faut, & pour le profit la reception de l'appointement arrêté au Parquet des Gens du Roi, & que Talvats Huiffier a rap-porté avoir appellé les deffendeurs, Bignon pour le Procureur Général du Roi oüi, LA COUR a donné deffaut, & pour le profit ordonne que l'appointement fera reçu, & fuivant ice-lui a reçu le demandeur oppofant à l'exécution du contre-fcellé fait par le Bailly de Saint Victor, ordonne qu'il fera brifé ; ce faifant que le Commiffaire Daminois fera tenu de recon-noître inceffamment le fcellé par lui appofé, icelui levé Par-tie prefente ou dùement appellée pour être fait defcription & Inventaire de ce qui fe trouvera fous le fcellé & en évidence, & ce qui fe trouvera, être mis en bonne & fûre garde pour la confervation des Mineurs, & du tout être procedé à la vente en la maniere accoûtumée, dépens refervés. FAIT en Parlement le cinq Aouft mil fix cens foixante-fix.

Arrêt du Parlement, qui maintient les Commiffaires au Châ-telet de Paris dans le Droit de Prévention, contre les Seigneur & Officiers de la Juftice & Commanderie du Temple.

Extrait des Regiftres de Parlement.

ENTRE Maître Pierre Guyennet, Confeiller du Roi,   8. Février 1674
Commiffaire Enquêteur & Examinateur au Châtelet de Paris, Demandeur aux fins de la Requefte par lui prefentée à

la Cour le trois du préfent mois, tendante à ce que les Arrefts de Réglement de la Cour, qui ont adjugés la prévention
aux Officiers du Châtelet de Paris, fur tous les Officiers des
Seigneurs Hauts-Jufticiers, notamment ceux des trois Décembre mil cinq cens foixante-neuf, trente Décembre mil
fix cens quinze, dix-huit Juin mil fix cens trente-trois, douziéme Aouft mil fix cens trente-fept, dix-neuf Novembre mil
fix cens quarante-un, vingt-deux Novembre mil fix cens cinquante-neuf, & huitiéme Octobre mil fix cens foixante-quatre & autres, foient exécutées felon leur forme & teneur; ce
faifant que les contre-fcellés appofés par Maître Tarbouchet,
Bailly du Temple, l'un des deffendeurs ci-après nommés poftérieurement aux fcellés appofés par le Demandeur, après le
decès du deffunt fieur de Combez à la requefte de Damoifelle
Françoife Faoulgue de Montharlan creanciere de la fucceffion
dudit deffunt fieur de Combez, en fa maifon dans l'enclos
du Temple, où il faifoit fa demeure, feroient brifés d'une
part; Charles de Machault, Chevalier de l'Ordre de Saint
Jean de Hierufalem, Commandeur de Fontaine, de Mont-
didier & Catelet, Receveur du commun trefor dudit Ordre
au grand Prieuré du Temple, prenant en tant que befoin feroit le fait & caufe des Officiers de la Commanderie du Temple, & ledit Maître Tarbouchet, Bailly de la Juftice de ladite
Commanderie du Temple, deffendeur d'autre, après que le
Lieutenant Civil, Ranier Avocat pout ledit Commiffaire
Guyennet, Billard Avocat pour le Grand Prieur & l'Ordre
de Malthe, le Bailly du Temple en fon nom, ont été ouis,
enfemble Talon pour le Procureur General du Roi, qui a
dit que la conteftation dont il s'agit, eft de fçavoir, *fi les Officiers du Roi, ont prévention dans l'enclos du Temple comme dans
tous les lieux & endroits des Juftices des Seigneurs de cette Ville,
Fauxbourgs & Banlieue*, ou fi le Grand Prieur de l'Ordre de
Saint Jean de Hierufalem a des privileges particuliers qui le
difpenfe & empêche que les Officiers du Châtelet ne puiffent
faire les fonctions de leurs Charges dans l'étendue de l'enclos du Temple; qu'il eft conftant dans le fait entre les Parties que le Commiffaire Guyennet a prévenu le Bailly du Temple, & a appofé fcellé en la maifon du deffunt fieur de Combez, à la requefte de la Demoifelle de Montharlan le dixiéme

Janvier dernier, & que le Bailly a pofterieurement fcellé ce qui n'eft qu'un contre-fcellé; que le droit de prévention des Officiers du Châtelet a été jugé par l'Arreft de Reglement contradictoirement rendu en la Cour fur production des Parties le trois Décembre mil cinq cens foixante-neuf, non feulement contre le Grand Prieur du Temple, mais auffi contre tous les Hauts-Jufticiers, & par autres Arrefts des trente Décembre mil fix cens quinze contre le fieur Evêque de Paris, Prieur de faint Eloy & autres depuis rendus contre l'Abbé de faint Germain-des-Prez; à l'égard du Grand Prieur du Temple & Ordre de faint Jean de Hierufalem, ils n'ont communiqué ni fait voir autres privileges que ceux accordés aux Templiers, lefquels privileges l'on ne peut douter avoir été produits lors du Reglement general, & partant ne peuvent fervir ni s'appliquer à la conteftation d'entre les Parties : il eft un Arreft rendu en la Cour en mil fix cens quatorze, duquel les Parties de Billard tirent avantage, mais il fe trouve contraire à leur prétention, puifqu'il femble qu'il fert de décifion en l'affaire dont il s'agit; c'étoit un particulier decedé dans la Juftice du Temple, lequel avoit fait fon teftament pardevant les Notaires du Châtelet, & le Bailly ayant appofé fcellé, les Officiers du Châtelet prétendant connoître de l'exécution du teftament comme paffé fous le fcellé du Châtelet, & contenant foumiffion à la Jurifdiction du Prevôt de Paris, auroient rendu Sentence, par laquelle auroit été ordonné que le Commiffaire Mahieu leveroit le fcellé du Bailly du Temple, & de cette Sentence y ayant eû apel, Arrêt feroit intervenu qui auroit infirmé ladite Sentence, en ce que l'on avoit ordonné que le fcellé feroit levé par ledit Commiffaire, parce que ledit Bailly du Temple ayant prévenu, il étoit raifonnable de le maintenir : & pour la levée dudit fcellé que ce que dit le Bailly du Temple au fait particulier qu'il a fcellé en plufieurs endroits où le Commiffaire n'avoit point appofé le fien, n'eft qu'un pretexte qui n'eft pas confidérable, & n'empêche pas la prévention; eftime qu'il y a lieu de dire, conformément aux Arrêts & Réglemens cy-deffus énoncés, que le Bailly du Temple n'a pû ni dû appofer un contre-fcellé fur celui dud. Commiffaire, ordonner que par led. Commiffaire il fera procedé à la reconnoiffance & levée des fcellés par lui appofés

en la maifon dudit deffunt de Combez, le fcellé dudit Bailly
brifé, & l'inventaire fait par les Notairest duChâtelet en la
maniere accoûtumée ; deffenfes audit Bailly de troubler les
Commiffaires en la fonction de leur Charge en l'enclos du
Temple ni ailleurs, & de contrevenir aux Arrêts & Réglemens faits par la Cour, fur les peines y portées. La Cour,
fans s'arrêter au contre-fcellé, a ordonné & ordonne que le
fcellé appofé par le Commiffaire Guyennet, fera par lui levé,
lequel fera tenu d'appeller le Bailly du Temple pour reconnoître les fcellés par lui appofés feulement ès lieux où led. Commiffaire n'en a point appofé, & fera enfuite procedé à l'inventaire des chofes qui fetrouveront fous lefd. fcellés, par les Notaires du Châtelet de Paris. Fait en Parlement le huitiéme
Février mil fix cent foixante - quatorze. *Signé* **Dufranc.**

Arrêt du Parlement, portant Enregiftrement des Lettres
Patentes du 20. Mars 1678. contenant rétabliffement
de la Haute Juftice des Commanderies du Temple & de
Saint Jean-de-Latran, pour les Enclos & Cours feule-
ment, à la charge que les Arrêts intervenus avant la
fuppreffion des Juftices des Seigneurs de Paris concernant
la Prévention, feront exécutés ; & fans rien innover
pour les rapports des contraventions faites dans les Arts
& Meftiers.

Extrait des Regiftres de Parlement.

7. Septembre
1678.

ENTRE Frere Eftienne Teffier de Haulte - Feüille,
Bailly & Grand-Croix de l'Ordre de Saint Jean-de-Je-
rufalem, Ambaffadeur Extraordinaire dudit Ordre de Malte,
Demandeur en Enregiftrement des Lettres Patentes du Roi,
données au Camp devant Ypres le 20. Mars 1678. Signées
par le Roi, Colbert, Et fcellées du Grand Sceau de Cire
verte, d'une part. Et les Officiers du Châtelet de Paris deffendeurs & oppofans à l'Enregiftrement defdites Lettres Patentes, d'autre. Vu par la Cour lefdites Lettres par lefquelles pour les caufes y contenuës, ledit Seigneur Roi en in-
terpretant

terpretant fon Edit du mois de Février 1674. pour la Création du nouveau Châtelet, auroit déclaré n'avoir réuni aux
Châtelets, la Haulte-Juftice des Commanderies du Temple
& de Saint Jean-de-Latran, pour l'enclos & cours d'icelles;
& en conféquence, auroit maintenu & gardé ledit Ordre de
Malte en la poffeffion & exercice de la Haulte-Juftice dans
les enclos & cours du Temple, & de la Commanderie de
Saint Jean-de-Latran, pour être exercée à l'avenir par un
Bailly & autres Officiers neceffaires, aux mêmes honneurs,
pouvoirs, prérogatives, droits & privileges, pour lefdits enclos & cours feulement, que par le paffé, comme auffi de
la baffe Juftice pour les cens & rentes, & autres redevances des maifons & biens eftans dans la cenfive des Fiefs dépendans defdites Seigneuries du Temple & de Saint Jean-
de-Latran, fcitués dans la Ville, Fauxbourgs & Banlieuë de
Paris, le tout ainfi que ledit Ordre en a bien & dûëment
jouy, fans néanmoins qu'aucuns Artifans & Ouvriers faifant
commerce ou profeffion de quelque Art & Meftier que ce
foit, puiffent s'eftablir dans lefdits enclos & cours du Temple
& de Saint Jean-de-Latran, qu'ils ne foient fujets à la Vifite
des Maîtres, Gardes & Jurés de la Ville; Lefquelles vifites
ne pourroient eftre faites qu'en conféquence des Ordonnances du Lieutenant General de Police qui leur en donneroit
la permiffion, & en prefence d'un Commiffaire au Châtelet,
qui feroit par lui nommé: Deffenfes faites au Grand-Prieur,
Commandeur, Chevaliers & autres Officiers dudit Ordre,
de les y fouffrir, à peine d'eftre defchus de leurs privileges;
Et à l'égard du defdommagement deub audit Ordre de Malte, pour ce qui demeuroit ainfi réuni & incorporé à la Juftice du Châtelet en execution dudit Edit du mois de Février
1674. Ledit Seigneur Roi auroit accordé par forme d'efchan-
ge, les Droits Seigneuriaux pour les efchanges des Fiefs,
Terres & Domaines, qui font de la mouvance defdites Seigneuries du Temple & de Saint Jean-de-Latran, pour en
joüir conformement aux Edits & Declarations de fa Majefté,
du 20. Mars 1673. & Février 1674. comme auffi auroit def-
chargé ledit Ordre de la contribution de quinze cens livres
qu'il eftoit tenu payer chacune année, pour aider à la fubfif-
tance des enfans trouvez, de laquelle fomme ledit Seigneur

Y

le feroit chargé du jour de ladite réunion, lefdites Lettres à la Cour adreffantes, Requefte dudit Teffier de Haute-Feüille, pour l'enregiftrement defdites Lettres ; Arreft du vingt Mai dernier, par lequel avant proceder à l'enregiftrement defdites Lettres, auroit efté ordonné qu'elles feroient communiquées aux Officiers Subftituts du Procureur General du Roi de l'ancien & nouveau Châtelet, pour donner fur icelles leur confentement ou y dire autrement ce que bon leur fembleroit, pour ce fait rapporté & communiqué audit Procureur General du Roi, eftre ordonné ce que de raifon ; fignifications defdites Lettres aufdits Officiers, oppofition defdits Officiers du Châtelet & leur Requête du cinquiéme Juillet dernier, employée pour moyens d'oppofition, concluant à ce que ledit Teffier fuft débouté defdites Lettres en tout cas, qu'il fuft ordonné que les appellations du Juge du Temple & de Saint Jean-de-Latran, reffortiroient en matieres Civiles pardevant les Lieutenans Civils & Officiers defdits Châtelets ; & en matieres Criminelles, pardevant les Lieutenans Criminels, aux termes des Ordonnances, & qu'il ne pourroit entrer en poffeffion de ladite Juftice, qu'il n'euft préalablement indemnifé lefdits Officiers, ladite Requefte fignée le Camus, Ferrand, de Laulne & Bachelier, & le Leu Procureur : Arreft du vingt-un dudit mois de Juillet, qui auroit fur lefdites Requeftes & deffenfes, appointé les Parties en droit, Requefte dudit Teffier employée pour réponfes aufdites caufes d'oppofitions ; Production d'icelui Teffier, Requefte defdits Officiers du Châtelet employée pour production ; Requête dudit Teffier du vingt-fixiéme Aouft dernier, employée pour réponfes ; Acte de reprife faite au Greffe de la Cour de ladite Inftance du 27. dudit mois d'Aouft, par Meffire Philippes de Vendofme, Chevalier dudit Ordre & Grand-Prieur de France ; autre Acte de reprife de ladite Inftance par Frere Chriftophle Perrot de la Malmaifon, Chevalier dudit Ordre & Commandeur de Saint Jean-de-Latran, du trente-un dudit mois d'Aouft, concluant à l'enregiftrement defdites Lettres. Conclufions du Procureur General du Roi, Oüy le rapport de Maiftre Jacques de Geniers Confeiller ; Tout confideré : LA COUR, fans s'arrefter à l'oppofition des Officiers dudit Châtelet, ordonne que lefdites Lettres feront regiftrées au Greffe de ladite Cour, pour eftre executées felon leur forme & teneur, & joüir par ledit Ordre de Malte, & Commandeur du Temple & de Saint Jean-de-Latran, de leur effet & contenu, à la charge néanmoins que les appellations des Sentences qui feront données dans lefdits Bailliages du Temple & de Saint Jean-de-Latran, reffortiront pour les matieres Civiles, aux Châtelets refpectivement, & en matieres Criminelles ès cas portés par les Ordonnances, & que les Arrefts intervenus avant la fuppreffion des Juftices des Seigneurs de Paris concernant la prévention, feront exécutés; fans rien innover pour le rapport des contraventions faites dans les Arts & Meftiers, ni la nomination des Commiffaires, dont il fera ufé ainfi qu'il fe pratique entre les Officiers du Châtelet, pour les Arts & Meftiers de la Ville; & fauf aufdits Officiers à fe pourvoir devers le Roi pour leur indemnité, ainfi qu'ils adviferont bon eftre. FAIT en Parlement le feptiéme Septembre mil fix cent foixante-huit, *Signé* DONGOIS. Et collationné par JOURDAIN.

Arrêt du Parlement, rendu en faveur des Commiffaires au Châtelet, contre les Officiers de la Barre du Chapitre, qui les dépouille du Droit de Suitte, & ordonne que les Scellés appofés par le Commiffaire Menyer, après le décès de Meffire Henry-Charles Ancelin, Prêtre, Cha noine de l'Eglife de Paris, en fa maifon de Gentilly, Banlicuë de Paris, par prévention fur le Juge dudit lieu, feront par lui levés, & l'Inventaire fait par les Officiers du Châtelet.

LOUIS, PAR LA GRACE DE DIEU, Roi de France & de Navarre, au premier des Huiffiers de notre Cour de Parlement, ou autre notre Huiffier ou Sergent fur ce requis: SCAVOIR, FAISONS: qu'entre Maître Pierre François, Greffier des Decrets du Châtelet, Exécuteur teftamentaire de défunt Meffire Henry Charles Ancelin, Prêtre Chanoine de l'Eglife de Paris, Abbé Commendataire de l'Abbaye de Saint

7. Octob. 1707

Vincent de Metis, demandeur en Requefte du 4. Octobre 1700. à ce que fans préjudice des droits de la Jurifdiction des deffendeurs ci-après nommés, il plaife à notredite Cour ordonner que par provifion il fera inceffamment procedé à la reconnoiffance & levée des fcellés & contre-fcellés appofés tant dans la maifon Canoniale dudit feu fieur Ancelin, Cloître Notre-Dame, que dans la maifon de Gentilly-lez-Paris, où il eft décedé, & ce par qui il plaira à notredite Cour commettre; ce faifant ordonner que les gardiens & fequeflres établis aufdits fcellés & contre-fcellés, en feront bien & valablement quittes & déchargés, pour enfuite être à la diligence & requefte dudit François audit nom d'Exécuteur teftamentaire dudit feu fieur Ancelin, procédé par tels Officiers qu'il plaira auffi à notredite Cour, aux defcription & Inventaire des effets mobiliers, étant fous tous lefd. fcellés en la maniere ordinaire & accoûtumée, condamner les conteftans aux dépens, que le demandeur pourra en tout cas employer en frais d'exécution teftamentaire d'une part, & les Commiffaires Enquêteurs & Examinateurs au Châtelet de Paris, & les Officiers de la Barre du Chapitre de l'Eglife de Paris deffendeurs d'autre, & encore entre les fieurs Doyen, Chanoines & Chapitre de l'Eglife de Paris, demandeurs en Requefte du 4. du prefent mois d'Octobre, à ce que fans s'arrêter aux fcellés & contre-fcellés appofés par led. fieur Commiffaire Mefnier, fur les biens & effets du feu fieur Ancelin, tant en fa maifon Canonialle, au Cloître de lad. Eglife de Paris, qu'à celle de Gentilly qu'il tenoit à vie de Meffieurs du Chapitre de lad. Eglife, lefquels feront brifés, préalablement reconnus par ledit Commiffaire, pour ce prefent ou dûment appellé, ceux appofés par les Officiers dudit Chapitre de l'Eglife de Paris, demeureront & auront leurs effets, pour être par eux procedé à l'Inventaire & defcription defdits effets, à la requefte & à la confervation des droits qu'il appartiendra en la maniere accoûtumée, & condamner le Commiffaire Mefnier aux dépens d'une autre part, & ledit Mefnier Commiffaire au Châtelet deffendeur d'autre, fans que les qualités puiffent préjudicier aux Parties; après que Guyot Dechefne Avocat des Doyen, Chanoines & Chapitre de l'Eglife de Paris, Doulcet Procureur de Mefnier, & Michel Procureur de François, ont été

ouis : NOTRE CHAMBRE ordonne que par provision &
sans préjudice des droits des Parties au principal, les contre-
scellés apposés par la Partie de Doulcet dans la maison Canoniale dudit Ancelin , & ceux apposés par les Officiers de la
Barre du Chapitre dans la maison que ledit Ancelin occupoit
à Gentilly, seront levés, iceux préalablement reconnus par
les Officiers qui les ont apposés , & que l'Inventaire & description des effets étant dans la maison Canoniale de Paris ,
seront faites par les Officiers de la Barre du Chapitre , & celui des effets étant dans la maison de Gentilly , par les Officiers du Châtelet, dépens compensés, & néanmoins la
Partie de Michel pourra employer ceux par lui faits en frais
d'exécution testamentaire : SI MANDONS mettre le present
Arrêt à duë & entiere exécution selon sa forme & teneur, de
ce faire te donnons pouvoir. DONNE' en notredite Cour
de Parlement le septiéme jour d'Octobre , l'an de grace mil sept cens sept, & de notre Regne le soixante-cin-
quiéme. Collationné , *signé* BAILLIF, Par la Chambre, *signé*
DU FRANC.

---

*Arrêt du Parlement , qui ordonne que les Lettres Patentes
de rétablissement de la Justice de Sainte Généviéve-du-
Mont, du mois d'Octobre 1703. & Arrêt d'Enregistrement d'icelles, du 17. Decembre audit an, seront exécutés , sans préjudice du Droit de Prévention , appartenant aux Officiers du Châtelet, dans la Ville & Fauxbourgs de Paris, dont ils jouiront dans l'étenduë de ladite
Justice. (a)*

LOUIS, PAR LA GRACE DE DIEU, Roi de France   7. Mars 1715.
& de Navarre : au premier des Huissiers de notre Cour
de Parlement, ou autre Huissier ou Sergent sur ce requis,
SÇAVOIR, FAISONS : qu'entre les Abbé, Prieur, Chanoi-

(*a*) Il y a eu un Mémoire im-   né lieu à cet Arrêt, lequel sera cy-
primé au sujet du scellé qui a don-   après.

nes Religieux de l'Abbaye de Sainte Geneviéve au Mont de Paris, prenant le fait & caufe de leurs Officiers au Bailliage de ladite Abbaye, demandeurs en Requefte du vingt-huit Mars mil fept cens vingt-quatre, & encore aux fins de la Requefte & exploit du dix-fept Mai audit an, à ce qu'il plût à notredite Cour ordonner que les Lettres patentes, portant rétabliffement de la Haute-Juftice de ladite Abbaye, Arreft d'enregiftrement d'icelles & autres intervenus en conféquence, notamment ceux du vingt Mars mil fept cens treize & quatre Septembre enfuivant, feroient exécutés felon leur forme & teneur; & en conféquence qu'ils feroient maintenus & gardés dans le droit & poffeffion de la haute, moyenne & baffe Juftice dans l'étenduë dudit Bailliage, conformement aufdites Lettres-patentes & au plan qui en a été levé en exécution d'icelles; que deffenfes feroient faites aux Commiffaires & autres Officiers du Châtelet de Paris, de les y troubler; ordonner que les fcellés appofés par les Officiers des demandeurs fur les effets délaiffés par Me. Couturier de Larobliniere & par Me. Dallainville dans l'étenduë dudit Bailliage, feroient reconnus & levés par lefdits Officiers, même procedé à l'Inventaire, s'il y échet: qu'à cet effet le défendeur ci-après nommé qui a auffi appofé les fcellés fur les effets defdits de Larobliniere & Dallainville, feroit tenu à la premiere fommation qui lui feroit faite, de les venir reconnoitre & lever, finon qu'ils feroient levés par les Officiers dudit Bailliage, condamner ledit deffendeur aux dommages, interefts & dépens; & encore demandeurs en Requefte du quatre Aouft dernier, à ce qu'où noftredite Cour trouveroit à propos de ne pas prononcer définitivement & ordonneroit quelque inftruction fur la premiere defdites Requeftes, il lui plût ordonner par provifion & fans préjudice du droit des Parties, au principal, que les arrefts de notredite Cour intervenus au profit defdits demandeurs en femblables occafions que celles dont il s'agit, feroient exécutés, & que les fcellés s'il s'en prefentoit dans le cas de droit, dans l'étenduë & territoire dud. Bailliage de l'Abbaye Sainte Geneviéve, feroient faits par les Officiers dudit Bailliage en la maniere accoûtumée, condamner le deffendeur aux dépens d'une part; & Maître Jofeph Fremin notre Confeiller Commiffaire au Châtelet de Paris, deffendeur d'au-

tre ; & entre les Syndic & Compagnie des Commiſſaires au
Châtelet de Paris, demandeurs en Requête du cinq Septembre dernier, à ce qu'il plût à notredite Cour les recevoir Parties intervenantes en la cauſe des Abbé & Religieux de Sainte
Genevieve ès noms qu'ils procedent, & le Commiſſaire Fremin & autres, faiſant droit ſur ladite intervention, leur donner acte de ce qu'ils prennent les Requeſtes & demandes que
leſdits ſieurs Abbé & Religieux de Sainte Geneviéve, ont
formé contre le Commiſſaire Fremin, à l'occaſion des ſcellés dont eſt queſtion, pour trouble en la poſſeſſion dans laquelle
ils ſont de tems immemorial du droit de prevention ſur les
Hauts Juſticiers, & notamment ſur leſdits ſieurs Abbé & Religieux de Sainte Geneviéve ; ce faiſant, les maintenir & garder en la poſſeſſion dudit droit, faire deffenſes auſdits ſieurs
Abbé & Religieux & Officiers de leur Haute-Juſtice de les
y troubler, & pour l'avoir fait, les condamner aux dommages, intereſts deſdits demandeurs, & en tous les dépens,
même en ceux faits à l'égard du Commiſſaire Fremin, d'une
part ; & leſdits ſieurs Abbé, Prieur, & Religieux de Sainte
Geneviéve deffendeurs d'autre ; & entre Meſſire François
Moreau Conſeiller honoraire en notredite Cour & notre Procureur au Châtelet de Paris, demandeur en Requeſte du ſix
Février dernier, à ce qu'il plût à notredite Cour le recevoir
Partie intervenante en la cauſe ci-deſſus, faiſant droit ſur ladite intervention, ordonner que les Ordonnances, Arreſts &
Reglemens de notredite Cour ſeroient exécutés ſelon leur
forme & teneur ; ce faiſant, ſans s'arrêter aux Requeſtes deſdits ſieurs Abbé & Chanoines Reguliers de Sainte Geneviéve, dont ils ſeroient déboutés, maintenir & garder les Officiers du Châtelet dans le droit & poſſeſſion dans laquelle ils
ſont de tems immemorial de la prevention qu'ils ont ſur les
officiers de la Juſtice de Sainte Genneviéve & autres Officiers des Juſtices Royales & Seigneuriales dans l'étenduë de
la *Ville, Prévôté & Vicomté de Paris*, leur faire deffenſes de
les y troubler, & pour l'avoir fait, les condamner aux dommages & intereſts, & en tous les dépens d'une part ; & leſdits
ſieurs Abbé, Prieur, Chanoines & Religieux de Sainte Geneviéve, le Commiſſaire Fremin, & les Syndic & Commiſſaires du Châtelet deffendeurs d'autre ; après que Malou Avo-

cat des Abbé, Prieur & Chanoines Reguliers de l'Abbaye Royale de sainte Geneviéve au Mont; Daunart, Avocat du Subftitut de notre Procureur General, & des Commiffaires an Châtelet de Paris ont été oüis enfemble, Gilbert pour notre Procureur Général. NOTREDITE COUR, reçoit le Subftitut de notre Procureur general & les Commiffaires au Châtelet de Paris, parties intervenantes, faifant droit fur l'intervention, enfemble fur les demandes, ayant aucunement égard à la requefte des Parties de Mahou, ordonne que les Lettres-patentes obtenuës par les Parties de Mahou, & Arreft d'enregiftrement d'icelles feront exécutés fans préjudice du droit de prévention appartenant aux Officiers du Châtelet dans la Ville & Fauxbourgs de Paris, dont ils jouiront dans l'étenduë de la Juftice des Parties de Mahou, & continueront de jouir & ufer ainfi qu'ils en ont joui & ufé par le paffé; fur le furplus des demandes, met les Parties hors de cour, dépens compenfés. SI TE MANDONS de mettre le prefent Arrêt à dûë & entiere exécution felon fa forme & teneur, de ce faire te donnons pouvoir. DONNE' à Paris en notredite Cour de Parlement le feptiéme jour de Mars, l'an de grace mil fept cens vingt-cinq, & de notre Regne le dixiéme. Collationné, Par la Chambre, *figné* MIREY.

MEMOIRE

MEMOIRE

POUR Maître Joseph Fremin Commiſſaire au Châtelet de Paris, Deffendeur.

LES Syndic & Compagnie des Commiſſaires, & le Subſtitut de Monſieur le Procureur Général au Châtelet, Intervenans.

CONTRE les Abbé, Prieur & Chanoines-Réguliers de Sainte Géneviéve-au-Mont-de-Paris, prenant le fait & cauſe de leurs Officiers, Demandeurs.

LES Demandeurs ont fait aſſigner le Deffendeur en la Cour, pour voir ordonner que les Lettres Patentes portant établiſſement de leur Haute-Juſtice, l'Arrêt d'enregiſtrement, & ceux intervenus en conſéquence, feront exécutés; ce faiſant, qu'ils feront maintenus & gardés dans le droit de poſſeſſion de la Haute, Moyenne & Baſſe-Juſtice, que deffenſes feront faites aux Officiers du Châtelet de les y troubler; & en conſéquence, que les Scellés appoſés par leurs Officiers, feront par eux levés, & qu'ils procederont à l'Inventaire s'il y échet, avec dommages & interêts contre les contrevenans.

CE n'eſt pas dans ces concluſions qu'il faut chercher la queſtion qui diviſe les Parties : les Officiers du Châtelet ne prétendent point faire de fonctions contre les diſpoſitions des Lettres Patentes, & de l'Arrêt d'enregiſtrement; ils conviennent que les Demandeurs ont tout droit de Juſtice dans l'étenduë du plan attaché à leurs Lettres; ils n'entendent point les troubler dans l'exercice de leurs droits; mais ils ſoûtiennent qu'en qualité d'Officiers Royaux, ils ont le droit de Prévention ſur les Officiers des Demandeurs. (*a*)

CETTE queſtion a été ſi ſolemnellement jugée en faveur des Officiers Royaux contre les Demandeurs même, qu'il eſt étonnant qu'ils oſent la renouveller.

LE 16. Octobre 1722. Maître Loüis Grillet, Principal du Collége de l'*Ave-Maria*, requit le Commiſſaire Fremin de ſe tranſporter dans une chambre du Collége, pour appoſer les Scellés ſur les effets de Maître René Couturier, Docteur en Théologie, qui venoit de

____

(*a*) Il y a ſur le Droit de Prévention un Arrêt célébre du Parlement du 4. Juin 1643. que l'on trouvera à la fin de ce Recueil.

Z

décéder ; en conféquence de cette requifition, il appofa les Scellés en la maniere ordinaire ; les Officiers du Bailliage de Sainte Géneviéve ont contre-fcellé.

Le 14. Février 1724. Le fieur Carpentier Treforier de France en la Généralité de Paris, requit encore le Commiffaire Fremin, d'appofer les Scellés fur les effets de Maître Paul Derichier d'Allainville, Prêtre habitué en l'Eglife de Saint Etienne-du-Mont, dont il étoit Exécuteur teftamentaire.

L'Apposition de Scellés fut commencée, & dans le tems que le Commiffaire Fremin achevoit fes fonctions, les Officiers des Demandeurs arriverent, qui déclarerent qu'ils alloient contre-fceller.

C'est de ces deux appofitions de Scellés que les Demandeurs ont pris occafion de donner la Requête qui forme la conteftation, & dont les conclufions viennent d'être rapportées.

Il faut néceffairement la divifer en deux parties, parce que la premiere de ces deux parties ne forme point de doute.

Ils demandent le librec xercice de leur Haute-Juftice : on ne la leur contefte point.

La feconde partie de leur Requête fait la feule caufe qui eft à décider.

Les Officiers du Châtelet conviennent que lorfque les Officiers des Demandeurs auront été appellés les premiers, & qu'ils auront prevenu, il leur appartient privativement à tous autres l'exercice des fonctions pour lefquelles ils auront été mandés ; fi ils ont appofé un Scellé, les Officiers du Châtelet ne pourront contre-fceller ; mais par une réciprocité indifpenfable, lorfque les Officiers du Châtelet auront prévenu, ils font fculs en droit de continuer, fans que les Officiers des Demandeurs puiffent les troubler ni les interrompre dans leurs fonctions.

C'est cette prévention qui fe préfente à juger, & qu'il n'eft pas difficile d'établir.

La prévention des Officiers Royaux fur ceux des Seigneurs, n'eft point un droit nouveau ; lorfque les Officiers Royaux font des actes de juftice, c'eft plûtôt *jure nativo & primitivo, quam extraneo*, parce que toutes les Juftices font originairement émanées du Roi, les Seigneurs ne les ayant que par grace & par communication.

C'est dans cette idée que M^e. Charles Dumoulin fur la Coûtume de Paris, a dit, que quand le Juge Royal prévient, *non eft propriè devolutio feu tranflatio poteftatis de uno ad alium, fed potiùs recuperatio, feu reverfio ad priftinam naturam & ftatum*.

Mornac fur la Loy premiere au Code *de Officio præfecti urbi. Concefsâ enim Juridictione Ecclefiæ, aut aliis quibufcumque feudalibus patronis, à fe tamen Princeps abdicare numquam intelligitur, cognofcendi jus, in locis in quibus dominicos judices effe conceffit ; fi modò deferatur ei à litigatoribus prima cognitio, præventionem vulgò dicimus.*

Si cette queſtion de prévention avoit beſoin d'un grand nombre de preuves, on en trouveroit aſſez pour compoſer un Volume complet; mais ſans entrer dans un nombre infini de citations, il ſuffira de faire voir que la Cour l'a authoriſée dans tous les cas où on a voulu la conteſter.

Il y en a un Arrêt rendu en forme de Réglement le trois Décembre 1569. entre les Officiers du Châtelet, & une grande partie des Seigneurs Hauts-Juſticiers dans la Ville de Paris.

Notredite Cour par ſon Arrêt, en faiſant droit definitivement ſur le difrend des Parties, a ordonné & ordonne, que où vos Officiers auront prévenu par Scellé, en notre Ville & Fauxbourgs de Paris, aux Notaires du Châtelet appartiendra privativement, aux Examinateurs, Hauts-Juſticiers, leurs Officiers & Greffiers du Tréſor, la confection des Inventaires, & deſcription des biens & maiſons ſur leſquelles auront été ledit Scellé, mis & appoſé, enſemble les partages, quand volontairement en ſeront requis par les Parties; & au cas que leſdits Hauts-Juſticiers ou leurs Officiers, en & au dedans des fins & limites de leurſdites Juſtices, & ſur leurs hôtes & juſticiables, auroient prévenu par appoſition de leur Scellé, à eux reſpectivement appartiendra la confection des Inventaires.

Quand la Cour a jugé que lorſque les Officiers Royaux auroient prévenu, ils continueroient leurs fonctions, c'eſt diſertement décider que la prévention leur appartient; il ne faut point de Commentaire ſur cette prononciation.

Les Seigneurs Hauts-Juſticiers ont tâché dans tous les tems d'étendre leurs droits de Juſtice autant qu'ils ont pû.

Le premier Décembre 1615. Le Commiſſaire Fizeau prévint les Officiers de la Juſtice du Prieuré de Saint Eloy, par l'appoſition de ſes Scellés ſur les effets laiſſés après le décès de Nicolas Lot, décédé ſans enfans ſur le territoire de ladite Juſtice.

Messire Henry de Gondy Evêque de Paris, Prieur du Prieuré de Saint Eloy, s'oppoſa en cette derniere qualité, à la reconnoiſſance & levée du Scellé en queſtion, & prétendit que les Officiers du Châtelet n'avoient point de juridiction ſur le territoire du Prieuré de Saint Eloy. Toutes les Parties intereſſées intervinrent dans la Cauſe. Maître Henry de Meſme Lieutenant Civil, portant la parole pour les Officiers du Châtelet.

La Cour tant ſur l'appel, requête, qu'oppoſitions de l'Evêque de Paris, prenant la Cauſe pour ſes Officiers de Saint Eloy, a mis & met les Parties hors de Cour & de Procès, ſans depens; a ordonné & ordonne conformément à l'Arrêt de 1569. & autres depuis donnés, que la prévention appartiendra, & l'a adjugée, la Cour, au Prevôt de Paris, ſon Lieutenant & Officiers du Châtelet; & en conſéquence de ce, ordonné que le Scellé appoſé par le Commiſſaire Fizeau ſera levé par le Prevôt de Paris: fait deffenſes aux Officiers de la Justice de Saint Eloy, d'appofer aucun Scellé à la Requête du Procureur - Fifcal, ains leur enjoint ce faire a la réquifition des Parties, Héritiers & Créanciers feu emem. L'Arrêt eft du 30. Décembre 1615. rapporté par Joly dans fon Traité des Offices de France liv. 3. tit. 29. des Commiffaires du Châtelet de Paris pag. 1535.

Toutes les difpofitions de cet Arrêt portent fur l'efpéce de la Caufe.

Il ordonne premierement l'exécution de l'Arrêt de Réglement de 1569. & il adjuge la Prévention au Prévôt de Paris & à fes Officiers.

En fecond lieu, il fait deffenfes aux Officiers des Seigneurs Hauts-Jufticiers, de faire aucune appofition de Scellé fans requifition d'héritiers ou de créanciers.

Le Contre-fcellé appofé par les Officiers des Demandeurs, eft fans requifition d'aucune Partie, & par conféquent ils font dans une double faute. La premiere, d'avoir contre-fcellé un Officier qui a la Prévention fur eux ; la feconde, d'avoir appofé un Scellé à la Requête du Procureur-Fifcal, & fans avoir été requis par qui que ce foit.

Il y a encore grand nombre d'Arrêts qui ont uniformement jugé fur la Prévention en faveur des Officiers du Châtelet ; & pour ne point furcharger ce Mémoire de tous ces Arrêts, ceux qui prendront la peine de le lire, auront recours au Recueil des Chartres, Titres & Arrêts rendus pour les Notaires au Châtelet, imprimé en 1663.

On y en trouvera contre les Officiers des Juftices de Saint Germain des-Prés, Saint Lazare, Saint Eloy, Sainte Géneviéve, le Chapitre de Paris, l'Abbaye de Saint Victor & autres, qui pour lors avoient droit de Haute-Juftice, depuis la page 609. jufqu'à la 713.

Les Demandeurs n'ont pas apparemment confulté tous ces Arrêts, s'ils s'étoient donné la peine d'ouvrir les Livres, il eft à préfumer qu'ils n'auroient pas porté fous les yeux de la Cour, une conteftation fi mal fondée.

Il eft vrai qu'ils ont groffi leur fac d'un nombre infini d'Arrêts, qu'ils difent avoir été rendus en leur faveur.

Les Officiers du Châtelet ont examiné avec attention les difpofitions de ces Arrêts, & ils ont reconnu qu'ils ne décidoient rien dans l'efpéce finguliere de la Caufe.

Ils font tous rendus dans les cas où les Officiers des Demandeurs ayant prévenu, on avoit contre-fcellé ; la Cour les a confirmés dans leur droit de Haute-Juftice, & a ordonné que les Scellés feroient levés par leurs Officiers.

C'est une difpofition fage & judicieufe, à laquelle les Officiers du Châtelet fe foûmettront toûjours avec refpect ; mais ils n'ont point trouvé que ces Jugemens ayent fait une Loy contraire à leur prétention.

Ils declarent formellement que lorſque les Officiers des Demandeurs auront prévenu & ſcellé, ils n'entendent point contre-ſceller ni les troubler dans leurs fonctions.

Si les Demandeurs vouloient faire la même declaration, ils n'auroient pas beſoin de ſupplier la Cour d'ordonner tout de nouveau, l'exécution de ſes Arrêts & Réglemens.

Les Scellés qui ont enfanté la conteſtation qui eſt à juger, ont été appoſés par le Commiſſaire Fremin; il a été requis par des Parties intereſſées; les Officiers des Demandeurs n'ont paru qu'après coup. C'eſt le cas des Arrêts qui viennent d'être cités, ils trouveront bon que l'on en demande l'exécution contr'eux.

Ce n'eſt point icy l'interêt qui détermine la conteſtation de la part des Officiers du Châtelet. Le Roy leur a fait l'honneur de leur confier l'adminiſtration de ſa Juſtice, ils trahiroient leur devoir & leur honneur, s'ils ſouffroient que l'on entreprit ſur une Juſtice Royale dont ils ſont les dépoſitaires. Maître DAUNART, Avocat, BRUERE, Procureur.

Arrêt du Parlement, qui ordonne que les Scellés appoſés par le Commiſſaire Chauvin dans la Juſtice de Charonne, Banlieuë de Paris, après le décès de Claude Chevet, ſeront par lui levés; les Contre-ſcellés du Juge dudit lieu préalablement reconnus à la premiere ſommation qui lui en ſera faite, ſinon briſés par ledit Commiſſaire au Châtelet.

Extrait des Regiſtres de Parlement.

ENTRE Meſſire Joſeph Sublet d'Heudicourt, Chevalier, Marquis de Lenoncourt, Seigneur de Charonne, Demandeurs aux fins de la Requeſte & Exploit du trente Janvier dernier, à ce qu'il plût à la Cour ordonner qu'il ſeroit maintenu & gardé dans le droit de la Haute, Moyenne & Baſſe Juſtice dans l'étenduë de ſa Terre & Seigneurie de Charonne, d'appoſition, reconnoiſſance & levée de ſcellé & de confection d'Inventaire ſur toutes ſortes de perſonnes, avec défenſes au Défendeur de plus à l'avenir entreprendre d'y appoſer des ſcellés: ce faiſant, qu'il ſeroit tenu à la premiere ſommation de reconnoître le ſcellé par lui appoſé en une Maiſon

21. May 1727.

Z iij

où pend pour enseigne les trois Rois, scise au lieu dit le petit
Charonne, sur les effets trouvés après le decès de Claude Chevet, vivant Marchand de vin audit lieu, à la requeste de Mar-
guerite-Jacqueline Robineau sa veuve; sinon qu'il seroit levé
& ôté par le Juge de Charonne, qui procéderoit à la recon-
noissance de ceux par lui apposés, & ensuite à l'Inventaire, &
condamner le Défendeur en ses dommages, interests & aux
dépens, & Défendeur d'une part; & Mᵉ. Georges-Hubert
Chauvin, Commissaire au Châtelet de Paris, Défendeur, &
Demandeur en Requeste du six Mars dernier, à ce qu'il plût à
la Cour lui donner acte de ce qu'il prenoit l'entreprise des Officiers de la Justice de Charonne, d'avoir croisé d'Office le
vingt-neuf Janvier dernier, sans aucune requisition, le scellé
par lui apposé le vingt-sept dudit mois, sur les effets dudit Chevet, & l'assignation a lui donnée en la Cour ledit jour trente
dudit mois, pour trouble en la possession en laquelle lui & ses
Confreres sont de tems immemorial du droit de prevention sur
les Officiers des justices subalternes dans l'étenduë de la Ville,
Fauxbourgs & Banlieuë de Paris, & notamment sur celle de
Charonne : ce faisant ordonner que les Arrêts de la Cour seroient exécutez selon leur forme & teneur; & en conséquence
sans s'arrêter à la demande du sieur de Lenoncourt, dans laquelle il seroit declaré non-recevable, maintenir & garder le
Commissaire Chauvin en la possession en laquelle il est & ses
Confreres, dudit droit de prévention, faire défenses audit
sieur de Lenoncourt, & aux Officiers de sa Justice de Charonne de les y troubler, & pour l'avoir fait, le condamner solidairement en ses dommages, interests, & en tous les dépens, d'autre part : & entre les Syndics de la Compagnie des
Commissaires du Châtelet de Paris, & Messire François Moreau Conseiller Honoraire en la Cour, & Substitut du Procureur Général du Roy au Châtelet de Paris, Demandeurs en
Requestes des premier & quatre Mars dernier, à ce qu'ils
fussent reçûs Parties intervenantes en la Cause ci-dessus;
faisant droit sur leur intervention, leur adjuger les mêmes
fins & conclusions prises par le Commissaire Chauvin, d'une
part, & ledit sieur de Lenoncourt Défendeur, d'autre. Après
que Leprestre, Avocat de Joseph Sublet, & Mannory, Avocat de Georges-Hubert Chauvin, & des Syndics des Com-

miſſaires au Châtelet, ont été oüis pendant deux Audiences; enſemble Gilbert pour le Procureur Général du Roy : LA COUR reçoit les Intervenans, Parties intervenantes, pour faire droit ſur les interventions & demandes, appointe les Parties en droit, & cependant ſans préjudice du droit des Parties au principal : ordonne que le Commiſſaire Chauvin levera les ſcellés par lui appoſés ſur les effets dont eſt queſtion, & que le Juge de Charonne ſera tenu de reconnoître les contre-ſcellés par lui appoſés, à la premiere ſommation qui lui en ſera faite, ſinon en vertu du preſent Arreſt, permet audit Commiſſaire de les lever & ôter, & enſuite être procedé par les Notaires du Châtelet, ſi beſoin eſt, à l'Inventaire, dépens reſervés. FAIT en Parlement le vingt-un May mil ſept cens vingt-ſept. *Signé* YSABEAU.

MEMOIRE

POUR Maître Georges-Hubert Chauvin, Conſeiller du Roy, Commiſſaire-Enquêteur, Examinateur au Châtelet de Paris, Défendeur.

LES Syndics & Compagnie des Commiſſaires.

ET le Subſtitut de Monſieur le Procureur Général au Châtelet, Intervenans.

CONTRE le Sieur Marquis de Lenoncourt, Seigneur de Charonne.

IL s'agit de ſçavoir ſi le droit de prévention que l'on ne conteſte pas aux Officiers du Châtelet dans la Ville & dans les Fauxbourgs de Paris, ne s'étend pas auſſi dans la Banlieuë de cette Ville; ſi cette Banlieuë n'eſt jointe à la Ville que pour l'accroître, & pour en faire l'ornement, & ſi appellée au partage de pluſieurs de ſes Privileges, elle n'eſt pas également ſoumiſe à ſes charges.

ET cette queſtion devient d'autant plus importante pour les Officiers du Châtelet, que ce droit de prévention n'eſt autre choſe que l'exercice de la puiſſance qu'a le Prince ſur ſes Sujets, & que lorſqu'ils le deffendent, c'eſt le droit même de leur maître qu'ils ont l'honneur de ſoûtenir.

Or pour le faire avec ſuccès, il faut voir d'abord ce que c'eſt que la prévention. On diſcutera enſuite ce que l'on entend par Banlieuë de la Ville; ces deux points examinés, les Officiers du Châtelet ſe flattent, que la conſéquence qui en naîtra, établira leurs prétentions.

La prévention n'eſt point un droit nouveau; ce n'eſt pas même une charge impoſée aux ſujets: car toutes les Juſtices ſont originairement émanées du Prince; & le Souverain eſt le ſeul Juge naturel dans ſon Royaume; *eſt ſolus Dominus ſui territorii, & ſolus fundatus in Juriſdictione & Imperio.*

Aussi pendant les cinq premiers ſiécles de la Monarchie, la Juſtice n'étoit renduë qu'au nom du Roy: ce ſont les troubles qui virent naître la ſeconde & la troiſiéme branche de nos Rois, qui changerent cet uſage; mais ce que nos Princes ont accordé aux Seigneurs, ce n'eſt que par grace, & par une eſpéce de communication de leur autorité: cette condeſcendance qu'ils ont eu ne les ſçauroit priver de leur droit; & lorſqu'ils en uſent, on peut dire que c'eſt plûtôt, *jure nativo & primitivo, quam extraneo.*

Mᵉ. Charles Dumoulin ſur la Coûtume de Paris, dit que quand le Juge Royal prévient, *non eſt propriè devolutio, ſeu tranſlatio poteſtatis de uno ad alium; ſed potiùs recuperatio ſeu reverſio ad priſtinam naturam & ſtatum.*

Mornac ſur la Loy 1. du Titre 28. C. *de Officio præfecti urbi.* qui dit, *ſit que ſocietas muneris: ita ut inferior gradus meritum ſuperioris agnoſcat,* ajoûte, *allegatur autem de more hæc conſtitutio ad præfiniendas inter ſe judicibus, quibus conſtant, metas: aut ut valdè propriè vernaculo noſtro loquimur,* pour les reglemens entre Juges, & comme les Juſtices ſuperieures & generales ont droit de prévention ſur les inferieures & particulieres: & il rend raiſon de ce droit; *conceſſa enim Juridictione Eccleſiæ, aut aliis quibuſcumque feudalibus patronis, à ſe tamen Princeps abdicare nunquam intelligitur, cognoſcendi jus in locis in quibus Dominicos judices eſſe conceſſerit, ſi modo deferatur ei a litigatoribus prima cognitio, præventionem vulgò dicimus.*

Et ce droit de prévention reſpectable dans ſon principe, eſt auſſi utile dans ſon exécution, car il eſt de l'équité & du bien de la Juſtice, de concourir à l'abréviation des procès; mais nul droit n'y conduit plus ſûrement que celui de la prévention: il n'eſt rien même de plus favorable aux juſticiables des Hautes-Juſtices, que de ne les pas aſſujettir à l'ignorance trop ordinaire de leurs Officiers; & c'eſt un avantage pour eux de pouvoir s'adreſſer d'abord au Juge Royal & ſuperieur.

Aussi pluſieurs de nos Coûtumes établiſſent ce droit de prévention; elles le mettent au nombre de leurs Loix municipales, ſçavoir

les

les Coûtumes de Vermandois, de Picardie, d'Anjou, du Maine, de Sens ; (*a*) & en cela elles ne font que rendre au Roy ce qui lui eſt dû de droit divin & humain, en lui reſtituant, pour ainſi dire, dans l'étenduë de leur Reſſort, une Juriſdiction dont il a bien voulu ſe priver au profit des Seigneurs, & qu'il eſt avantageux à ſes peuples qu'il puiſſe toûjours leur rendre.

I L eſt vrai que notre Coûtume ne leur eſt pas conforme à cet égard ; mais l'uſage y a ſuppléé. Nous voyons dans le Procès-verbal des Conférences ſur l'art. 9. du tit. 1. de l'Ordonnance de 1670. que Monſieur le premier Préſident qui s'élevoit avec autant de vivacité que d'érudition contre la prévention, convient que la prévention parfaite & ſans renvoy admiſe par pluſieurs Coûtumes, eſt auſſi obſervée dans la Ville de Paris.

P L U S I E U R S Arrêts rendus ſur les Concluſions de Meſſieurs les Gens du Roy, l'ont ſoûtenu en faveur des Officiers Royaux ; il y en a un de l'année 1615. ſur les Concluſions de Monſieur Servin ; un autre de l'année 1659. ſur les Concluſions de Monſieur Talon, où ce Magiſtrat dit, *qu'il s'agit de maintenir le droit de Prévention que le Roy s'eſt réſervé ſur toutes les Juriſdictions patrimoniales, qui ne ſont que des dénembremens de la Juſtice Royale.*

C E S Arrêts ont été ſuivis de celui du 7. Mars 1725. rendu ſur les Concluſions de Monſieur Gilbert.

A U S S I n'oſe-t'on pas conteſter ce droit dans la Ville ni dans les Fauxbourgs, on prétend ſeulement que la Banlieuë n'y eſt pas ſoumiſe. Que l'on convienne donc en même tems que ce droit eſt naturel, qu'il eſt auſſi ancien que celui qu'ont les Princes de rendre la juſtice à leurs Sujets, qu'il eſt par conſéquent auſſi favorable que reſpectable ; & que par une ſeconde conſéquence néceſſaire, quand il s'en agit, il doit être plûtôt étendu que borné.

M A I S ce droit ainſi établi, puiſque ce n'eſt que dans la Banlieuë qu'on le refuſe aux Officiers du Châtelet, il faut examiner ce que c'eſt que Banlieuë, & pour cela ce ſont nos Grammairiens que l'on doit d'abord conſulter.

N I C O T nous apprend que Banlieuë eſt la contrée en diſtance d'une lieuë ſéant aux environs d'une Ville, qui eſt cenſée de même droit & privilege que la Ville, *Suburbana prædia intra primum lapidem.*

D U C A N G E dit, *Bannum leugæ, Bannileuca, Banleuca, Banleuga* : ce ſont les différentes dénominations ſous leſquelles ſe préſente notre mot François *Banlieue*, & il vient de *Ban*, vieux mot, ou *Bannum*, qui veut dire Juriſdiction ; & *leuca* ou *leuga*, pierre blanche, parce que l'on marquoit les lieuës avec des pierres blanches ;

(*a*) Il y en a pluſieurs autres dont on trouvera les Textes dans un Mémoire qui eſt à la fin de ce Recueil.

& c'eſt ainſi que l'on marquoit les bornes de la Juriſdiction des Villes, qui étoient pour l'ordinaire à une lieuë: de là même eſt venu
banni, c'eſt-à-dire, chaſſé d'une Juriſdiction.

BANLIEUE, ſelon du Cange, eſt donc *modus agri cujus finibus
loci, ſeu oppidi, vel Monaſterii alicujus immunitas, vel Juriſdictio terminatur, ſic dictus, quòd ut plurimùm intra leucæ ſpatium plus minus
quaqua verſus porrigatur; Bannum enim eſt Juriſdictio, ſeu diſtrictus,
intra quem jus ponendi Bannum protenditur, Banlieue, Gallis: vox
frequens in pleriſque conſuetudinibus Galliæ municipalibus.*

MENAGE rapporte un paſſage des Notes du P. Sirmond ſur l'Epit.
16. du liv. 2. de Geoffroy Abbé de Vendôme, qui dit *Banleuga ſeu
Bannileuga dicitur is modus agri cujus finibus loci alicujus immunitas,
vel Juriſdictio terminatur: nota vox & ſignificatio multis in locis Galliæ.*

BANNI apud majores noſtros multiplex fuit notio: *nam & publicum
edictum Bannum appellabant, & mulctam, & proſcriptionem bonorum,
& exilium, alia judiciariæ ſummæ, quæ poteſtati connexa: quos ergo
ad fines*; ceci décide la queſtion, *quos ergo ad fines ea poteſtas por-
rigebatur, eum ambitum, ſivè procinctum, ut loquebantur Bannileugam
dicebant.*

JUSQU'A l'endroit où ce pouvoir, où cette Juriſdiction s'étendoit,
cela s'appelloit donc Banlieuë; or ſi l'on appelle Banlieuë l'eſpace,
le pays qui eſt ſoûmis à la Juriſdiction de la Ville, du Monaſtere,
de l'endroit qu'il environne, par une conſéquence ſans réplique, tout
ce qui s'appelle *Banlieuë* eſt ſoûmis à la Juriſdiction du lieu qu'il
environne.

LE Gloſſaire François de Ragueau s'explique en ces termes, *Banlieue eſt Juriſdictio, & coërcitio urbis extrà murum; c'eſt* ajoûte-t'il,
l'étenduë, l'enclave, le détroit, la ſeptaine, ou Juriſdiction du Juge ordinaire d'une Ville ou Prévôté Royale, dedans laquelle il peut faire bannie & proclamation.

IL ne reſte donc plus de doute ſur ce que l'on entend par Banlieuë; c'eſt *urbanæ Juriſdictionis extrà pomœrium fines*, ou *ditionis
fines*, ou ce que l'on appelle *Territorium*, & ce que l'on appelloit à
Rome, *Regiones urbicariæ.*

CAR la Ville de Rome avoit auſſi ſa Banlieuë, comme nous le
voyons dans le tit. 12. du liv. 1. ff. *de Officio præfecti urbi; præfectus
urbi*, dit le Juriſconſulte, *eſt Magiſtratus, cui urbis terminorum que
ejus curam Princeps commiſit.* Voilà le Prévôt de Paris.

FINES *autem*, dit Cujas, *ſivè termini urbis Romæ non continentibus
finiuntur, ſed centeſimo milliario.* Voilà la Banlieuë.

CUM *urbem noſtram*, dit la Loy 1. de ce tit. 12. au §. 4. *fidei
tuæ commiſerimus; quicquid igitur intra urbem admittitur, ad præfectum urbi videtur pertinere; ſed & ſi quid intra centeſimum miliarium
admiſſum ſit, ad præfectum urbi pertinet; ſi ultrà ipſum lapidem egreſ-*

sum est præfecti urbi notionem. Voilà la Jurisdiction du Prévôt de Paris dans la Banliené.

Et c'est Mornac qui fournit cette ressemblance, il dit sur cette Loy, *particulam priscæ illius dignitatis obtinet præfectus Parisiensis, intra muros urbis, continentia ædificia, & alterum ab urbe lapidem, seu Banleucam, ut loquimur.*

Or si la Banlieuë est la borne de la Jurisdiction de la Ville, si c'est ce qui la termine, *ditionis fines,* si elle fait avec la Ville un seul corps, qui compose sa Jurisdiction, son territoire, *territorium,* elle est donc de la Jurisdiction de la Ville, c'est elle qui en fixe, qui en borne l'étenduë, elle est donc comprise dans cette étenduë.

Nous avons une Banlieuë, on en convient; cette Banlieuë, dit-on, n'est pas la Ville, mais elle n'est pas non plus le pays qui est hors la Banlieuë; elle est donc quelque chose de différent, & cette différence qui la caractérise, c'est son union à la Jurisdiction de la Ville, c'est en cela que consiste son essence, sa nature; qu'elle soit séparée de la Jurisdiction de la Ville, il ne lui reste plus rien qui la joigne à la Ville, c'est-à-dire, qu'elle n'est plus Banlieuë.

Et cette union parfaite qu'a la Banlieuë à la Jurisdiction de la Ville, on la peut démontrer par notre Coûtume, par le sentiment de tous nos Auteurs, par les Edits du Prince, & par la Jurisprudence des Arrêts.

L'Article 85. de la Coûtume de Paris, soûmet toutes personnes tenans maisons ou héritages en censives, à la nécessité de payer les droits de cens au Seigneur, sur peine d'une amende, *fors & excepté les héritages assis en la Ville & Banlieue de Paris, qui ne doivent aucune amende par faute dudit cens non payé.*

L'Article 86. dit, *il est loisible à un Seigneur censier en la Ville & Banlieue de Paris, en défaut de payement des droits de cens de* . . . . . donc la Banlieuë & la Ville ne font pas différentes; ce font les mêmes droits, les mêmes privileges; les héritages assis dans la Banlieuë ne différent en aucune façon de ceux assis en la Ville.

Les privileges du Seigneur censier font les mêmes dans la Ville & dans la Banlieuë, les redevances du tenant héritages font égales.

Et la Note du Coûtumier Général sur cet article dit, *Banlieuë est l'étendue, l'enclave, le district ou Jurisdiction du Juge ordinaire d'une Ville ou Prévôté Royale, dedans laquelle il peut faire bannie & proclamations, & contient une lieuë à la ronde de la Ville.*

Charondas dit, *que c'est le détroit ou l'étendue dans laquelle se peut faire le ban, c'est-à-dire, la proclamation de la Ville, & s'étend l'Echevinage & Justice d'icelle, qui comprend une lieue de tour.*

Brodeau sur le même article 85. num. 22. & suivant, traite amplement cette question, *& il remarque que le grand Coutumier de France lib. I. cap. 2. des Etats du Châtelet de Paris, art. 17. 18. & 19. dit qu'il y a différence entre la Prévôté, la Vicomté, & la*

*Banlieuë de Paris.... l'on appelle Banlieuë de Paris, là où Paris est,
& la circuitude, contenant environ une lieuë; de sorte que la Banlieuë
comprend tous les Fauxbourgs.*

IL *n'y a rien de plus fréquent,* ajoute ce Commentateur, *dans les
anciens Chartulaires, district & territoire, dans quelques Coutumes,
Bretagne, art.* 218. *Melun, art.* 9. *Berry tit.* 1. *art.* 41. *tit.* 19. *art.*
10. *& autres, où il faut ainsi lire, & non pas district, comme dans
tous les Livres imprimés où le mot est corrompu: districtus,* disent les
Sçavans, *est territorium, cujus inter fines Domino, & judici ejus jus
est distringendi, & districtio, quæ jure Magistratus competit:* ce district comprend non-seulement la Ville & Fauxbourgs, mais la Banlieuë dans l'espace circonscript & limité, & la Loy *pupillus* 239. §.
penult. de verbo signific. est singuliere pour l'explication du district,
ou de la Banlieuë: *territorium est universitas agrorum, intra fines cu-
jusque civitatis, quòd ab eo dictum quidam ayunt, quòd Magistratus
ejus loci, intra eos fines terrendi, id est submovendi jus habet.*

TRONÇON sur les mêmes articles 85. & 86. dit, *Banlieuë est l'é-
tenduë d'une lieuë a l'entour de la Ville; car jusqu'a cette distance les
publications se font en la Ville, & y sont sujets ceux qui sont demeurans
dans la Banlieuë, & en ladite Banlieuë les Sergens à Verge du Châtelet, font les ajournemens de bouche & sans commission.* Et c'est le
langage uniforme de tous les Auteurs.

NOUS avons une Transaction faite par Philippes Auguste avec
l'Evèque de Paris en 1222. fameuse dans notre Histoire, & con-
nuë sous le nom de *Charta pacis,* qui regle les différens attributs
de la Jurisdiction de l'Evêque; or à l'égard des crimes dont les Officiers peuvent connoître, & qui demandent une condamnation à quelque peine corporelle, elle statue que ces Jugemens ne pourront être
exécutés qu'à Saint Cloud, ou ailleurs, en sa Terre, hors la Banlieuë de Paris.

DONC toutes les Hautes-Justices de Paris sont subordonnées à celle
du Châtelet, & dans l'étenduë de la Justice du Châtelet, où se re-
connoît cette subordination, la Banlieuë est comprise: car ces Jugemens qui ne se peuvent exécuter dans la Jurisdiction du Châtelet,
le Prince veut qu'on ne les exécute que hors la Banlieuë; le Prince
décide donc formellement que la Banlieuë est de la Jurisdiction du
Châtelet.

ON trouve des Lettres Patentes de François I. du 16. Février
1539. le Roy y dit, *qu'il est venu à sa connoissance que la tran-
quillité, la sureté & le repos de ses sujets, etoient troublés par la pluralité des Justices qui s'exerçoient dans Paris,* il ne dit pas dans la
Banlieuë, *qu'il y avoit dix ans qu'il avoit etabli certains Commissaires
pour examiner & regler les droits de ces prétendues Justices, qui s'exerçoient dans la Ville & les Fauxbourgs de Paris;* il ne parle point
encore de la Banlieuë, *qu'ils y avoient peu avancé par les suites; sub-*

terfuges & délais de tous ceux qui prétendoient ce droit, & qui en jouissoient ; qu'il étoit d'autant plus nécessaire de faire cesser ces abus, que cette Ville capitale donne l'exemple & la forme à toutes les autres ; à quoy le Roy voulant pourvoir ; c'est donc aux abus qui se commettent dans la Ville & dans les Fauxbourgs, il saisit & met en sa main toutes & chacunes les Jurisdictions dans la Ville, Fauxbourgs & Banlieue de Paris.

LA Banlieuë est donc jointe à la Ville : lorsque l'on parle de l'une, l'autre s'y trouve donc comprise ; les droits qu'a la Jurisdicton dans la Ville, ne sont donc bornez que par la Banlieuë.

L'EDIT de Création des Huissiers-Priseurs du mois de Février 1691. leur donne le pouvoir d'exercer leurs fonctions dans la Ville, Fauxbourgs, & Banlieuë.

ET la Jurisprudence des Arrêts est conforme.

EN 1707. le sieur Ancelin, Chanoine de Notre-Dame, qui avoit une Maison au Village de Gentilly, y meurt ; un Commissaire requis va à Gentilly mettre le Scellé, il revient par suite dans sa Maison Cloître Notre-Dame ; de son côté le Bailly du Chapitre avoit déja apposé le Scellé dans cette Maison, Cloître Notre-Dame ; le Commissaire le contre-scelle ; le Bailly va aussi par suite à Gentilly, où il contre-scelle le Commissaire.

LA contestation portée en la Cour, les droits s'éclaircissent ; il est constant que le Bailly du Chapitre a le droit privativement à tous autres, d'apposer le Scellé dans le Cloître, sur les effets seulement des Chanoines ; il avoit donc usé de son droit : mais le droit du Bailly sur les effets même des Chanoines, ne s'étend pas hors du Cloître ; c'étoit donc à l'Officier de la Jurisdiction de laquelle dépend Gentilly, d'y apposer le Scellé. L'Officier du Châtelet n'avoit donc pû le faire qu'en soumettant Gentilly comme Banlieuë au Châtelet ; il n'y avoit point dans cette espece de suite.

OR par Arrêt du 7. Octobre 1707. il a été ordonné que les Scellés apposés à Gentilly, tant par le Commissaire que par le Bailly du Chapitre, seroient levés par le Commissaire, & l'Inventaire de ce qui se trouveroit sous iceux, seroit fait par les Officiers du Châtelet.

LES Officiers du Châtelet ont la possession, ils en rapportent plusieurs Actes ; cette possession est fondée sur la parfaite union de la Banlieuë à la Jurisdiction de la Ville.

ET quand cette union ne seroit pas aussi certaine qu'elle l'est, & qu'il y auroit du doute dans la possession, ce qui n'est pas, ce droit est si favorable, il est si nécessairement dû à l'autorité Royale, si avantageux même aux Sujets, qu'il n'y auroit aucune difficulté à l'étendre. Me. MANNORY, Avocat.

Arrêt du Parlement, rendu en faveur des Commissaires au Châtelet de Paris, contre les Officiers de la Justice Seigneuriale du Village de Pantin, situé dans la Banlieuë, pour raison d'un Scellé mis par droit de Prévention.

Extrait des Regiſtres de Parlement.

1. Juin. 173'. VEU par la Cour la Requeſte preſentée par Jean Bouret, demeurant à la Villette près Paris, habile à ſe dire & porter héritier pour un cinquiéme, à cauſe d'Anne Blard ſa femme, de défunts Nicolas Blard, & Deniſe Gilbert ſa femme ; à ce qu'il fût reçu Appellant, comme de Juge incompétent de l'appoſition des contre-ſcellez des Officiers de la Juſtice Seigneuriale de Pantin, faite ſans autre requiſition que celle du Procureur-Fiſcal en ladite Juſtice, ſur les Scellez appoſés par M. Julien Eſtienne Divot Commiſſaire au Châtelet de Paris, provoqué par le Suppliant le vingt-trois Mai dernier, après le decès de ladite Gilbert, ſur les biens & effets dépendans de la Communauté d'entre elle & ledit Blard, auſſi décedé dans leur demeure audit Village de Pantin, Banlieuë de la Prévôté & Vicomté de Paris, & de tout ce qui a ſuivi & pourroit enſuivre, tenir l'appel pour bien relevé, Audience ; & cependant par proviſion, ordonner que les Officiers de ladite Juſtice de Pantin, ſeront tenus à la premiere ſommation, de venir reconnoître, lever & ôter leurſdits contre-ſcellés : ſinon leurſdits contre-ſcellés levés, briſés & ôtés par ledit Commiſſaire Divot, & par lui procedé à la levée des ſcellés par lui appoſés ſur leſdits biens & effets, nonobſtant toutes oppoſitions, leſquelles tiendront ſur le Procès-verbal dudit Commiſſaire, & les Ordonnances qu'il rendra exécutées, nonobſtant toutes oppoſitions ou appellations, & enſuite procedé à l'Inventaire par les Notaires au Châtelet. Vû auſſi les piéces attachées à la Requête ſignée Perreau Procureur : Concluſions Procureur du Général du Roi. Oüy le Rapport de Mᵉ. Franç is Genoud Conſeiller. Tout conſideré, LA COUR reçoit le Suppliant appellant, tenu pour bien relevé, lui permet de faire

intimer qui bon lui femblera fur ledit appel, fur lequel les Parties auront Audience au premier jour, & cependant par provifion, ordonne que les Officiers de la Juftice de Pantin feront tenus, à la premiere fommation, de venir reconnoître, lever & ôter leurs contre-fcellés, finon & à faute de ce faire, lefdits contre-fcellés, levés, brifés & ôtés par ledit Commiffaire Divot, qui procedera en la maniere accoûtumée. à la levée des fcellés par lui appofés fur lefdits biens & effets, nonobftant toutes oppofitions faites ou à faire, lefquelles tiendront fur le procès-verbal dudit Commiffaire, auffi en la maniere accoûtumée, & les Ordonnances que ledit Commiffaire rendra exécutées, nonobftant oppofitions ou appellations quelconques, & enfuite procedé à l'Inventaire par les Notaires du Châtelet, ainfi qu'il appartiendra. FAIT en Parlement le premier Juin mil fept cens trente-un. Collationné, *figné*, RICHARD, & plus bas *figné*, DU FRANC, avec paraphe.

Arrêt du Confeil d'Etat privé du Roy, rendu en faveur des Commiffaires au Châtelet de Paris, contre les Religieux, Grand-Prieur & Convent de l'Abbaye Royale de Saint Denis, Seigneurs Hauts-Jufticiers de la Chapelle-Saint-Denis, fitué dans la Banlieuë, pour raifon d'un Scellé mis par droit de Prévention audit Village de la Chapelle.

Extrait des Regiftres du Confeil d'Etat privé du Roy.

SUR la Requefte prefentée au Roi en fon Confeil par Marie-Françoife Beuve, veuve de Jean Bardou, vivant Laboureur à la Chapelle-Saint-Denis, & Entrepreneur des Boües du quartier Saint-Euftache; contenant qu'après le décès dudit Bardou, les fcellés furent appofés à fa requifition fur les effets par lui délaiffés dans la maifon où il étoit décedé à la Chapelle-Saint-Denis, par Maître Regnard Commiffaire au Châtelet de Paris fuivant fon Procès verbal du 12. Janvier 1733. Comme la Suppliante continue l'entreprife des Boües du quar-

6. May 1733.

tier Saint-Euſtache, & que pour cet effet elle eſt obligée de nourrir & entretenir ſeize Chevaux; le Commiſſaire Regnard à la requiſition de la Suppliante, & pour ne pas interrompre le ſervice public, n'appoſa aucuns ſcellés ſur les Granges & Greniers contenans ſes foins, pailles, avoines & quelques grains pour ſa ſubſiſtance & de ſes enfans : Les Officiers des Religieux, Grand Prieur & Convent de l'Abbaye Royale de Saint-Denis, Seigneurs Hauts-Juſticiers de la Chapelle-Saint-Denis, ayant été inſtruits de la mort dudit Bardou, ſe tranſporterent dans ſa maiſon à la ſeule requiſition du Procureur-Fiſcal, & non-ſeulement ils contre-ſcellerent les ſcellés appoſés par le Commiſſaire Regnard; mais ils pouſſerent leur animoſité juſqu'à appoſer les ſcellés ſur les Granges & Greniers, & ils ont établi une Garniſon chez la Suppliante, enſorte que depuis le 12. Janvier dernier, elle ſe trouve privée de ſes grains, ſervans à ſa ſubſiſtance & de ſes enfans, & de ſes foins & pailles, & avoines, pour la nourriture de ſes Chevaux ſervans à l'enlevement des Bouës du quartier Saint-Euſtache; ces ſcellés & contre-ſcellés ont fait la matiere d'un Procès porté d'un côté au Grand Conſeil par les Religieux de Saint-Denis, & de l'autre au Parlement par la Suppliante, ce qui ayant formé un conflit entre ces deux Cours, la Suppliante a été obligée d'obtenir des Lettres en Reglement de Juges qui donnent lieu à une inſtance, la Suppliante a produit de ſa part dès le 28. Mars dernier, mais les Religieux de Saint-Denis par animoſité & dans la vûë de la ruiner par la durée des ſcellés qui cauſent la perte de ſes grains & autres effets, n'ont encore rien fait de leur part pour mettre l'Inſtance en état; les Commiſſaires au Châtelet de Paris ſont intervenus dans l'Inſtance, de même que le Procureur du Roi du Châtelet, & il s'agit entr'eux & les Religieux de Saint-Denis, de ſçavoir ſi la prévention eſt dûë ou non aux Officiers du Châtelet, ſur les Seigneurs Hauts-Juſticiers & leurs Officiers, dans l'étenduë de la Ville, Fauxbourgs & Banlieuë de Paris, ce qui entraînera des diſcutions qui feront d'une très longue durée; & comme il ne feroit pas juſte que la Suppliante, ſes enfans de trois differens lits dont la plus grande partie ſont mineurs, enſemble les créanciers de ſon deffunt mari, fuſſent la victime des conteſtations particulieres d'entre les Officiers du Châtelet & les Religieux

de

de Saint-Denis ; que depuis près de quatre mois que les fcellés & contre-fcellés font appofés , les grains s'échauffent, &
les foins & pailles qui font l'un & l'autre en très-grande quantité, déperiffent entierement, de même que tous les autres
effets, & mettent la Suppliante hors d'état de continuer l'entreprife de l'enlevement des Boües du quartier Saint-Euftache,
dans laquelle le public eft intereffé ; la Suppliante a recours à
Sa Majefté pour lui être fur ce pourvû. A CES CAUSES requeroit la Suppliante qu'il plut à Sa Majefté ordonner par provifion & fans préjudice du droit des Parties au principal , que
les fcellés & contre-fcellés appofés fur les grains, foins & autres effets délaiffés par deffunt Jean Bardou mari de la Suppliante feront levés & ôtés par tels Officiers qu'il plaira à Sa
Majefté de commettre à cet effet, & enfuite procedé à l'Inventaire d'iceux en la maniere accoûtumée, faire main-levée
à la Suppliante de la Garnifon établie à la garde d'iceux, &
ordonner que l'Arrêt qui interviendra fera exécuté nonobftant
toutes oppofitions ou autres empêchemens quelconques
faits ou à faire pour lefquels ne fera differé : Vû ladite Requête fignée Proa Avocat de la Suppliante & les piéces juftificatives d'icelles, OUI le rapport du fieur Mandat, Confeiller du Roi enfes Confeils, Maître des Requêtes ordinaire de fon Hôtel, Commiffaire à ce deputé & tout confideré.
LE ROI EN SON CONSEIL , a ordonné & ordonne
que par provifion & fans préjudice du droit des Parties
au principal, les fcellés & contre-fcellés appofés fur les grains,
foins & autres effets délaiffés par ledit deffunt Bardou, feront
levés & ôtés par le Commiffaire Regnard que Sa Majefté a
commis & commet à cet effet, les Officiers de la Juftice de
Saint-Denis prefens ou duement appellés, pour enfuite proceder à l'Inventaire defdits effets en la maniere accoûtumée,
fait main-levée à ladite veuve Bardou de la Garnifon établie à
la garde defdits contre-fcellés, & fera le prefent Arrêt exécuté nonobftant oppofitions ou empêchemens quelconques,
pour lefquels ne fera differé. Fait au Confeil d'État privé du
Roi tenu à Verfailles le fixiéme jour du mois de Mai mil fept
cens trente-trois, Collationné, *figné* HATTE, avec paraphe.

B b

Arrêt du Parlement, qui ordonne que les Scellés appofés par le Commiffaire le Droit, après le décès de la femme Tacquet, en fa maifon du Roulle dans la Banlieuë, par Prévention, feront par lui levés ; les Contre-fcellés des Officiers de la Juftice dudit lieu, préalablement reconnus, finon brifés par ledit Commiffaire.

Extrait des Regîtres de Parlement.

9. Décembre
1734.

VEU par la Cour la Requête prefentée par Louis Cochard Maître Menuifier à Paris, habile à fe porter feul & unique héritier de défunte Marie-Louife Cochard fa fœur, au jour de fon décès, femme de Sebaftien Tacquet, à ce qu'il fut reçu appellant comme de Juge incompetent, de l'appofition des contre-fcellés des Officiers de la Juftice Seigneurialle du Roulle, fur les fcellés appofés par M^e. Jacques Leonard le Droit Commiffaire au Châtelet de Paris, provoqué par le Suppliant du vingt Novembre dernier, après le decès de ladite Tacquet, en fa maifon audit lieu du Roulle, & de tout ce qui eft fuivi & pourroit s'en fuivre, tenir l'appel pour bien relevé, permettre d'intimer, Audiance au premier jour, & cependant par provifion, attendu que la Jurifdiction du Châtelet à la prevention dans la Banlieue, ordonner que les Officiers de ladite Juftice du Roulle, feront tenus à la premiere fommation de venir reconnoître, lever & ôter leurfdits contre-fcellés, finon lefdits contre-fcellés levés, brifés & ôtés par ledit Commiffaire le Droit, & par lui de fuite procedé à la levée des fcellés par lui appofés fur les biens & effets de ladite défunte nonobftant les oppofitions faites ou à faire, lefquels tiendront fur le Procès-verbal dudit Commiffaire, & les Ordonnances qu'il rendra exécutées nonobftant toutes oppofitions ou appellations quelconques, & proceder enfuite à l'Inventaire par les Notaires du Châtelet en la maniere accoûtumée : Vû les piéces attachés à ladite Requête, fignée de Couftard Procureur : Conclufions du Procureur Général du Roi, Oui le rapport de M^e. Jean-Baptiste Pajot Confeiller : Tout confiderét, LA COUR reçoit le Suppliant Appellant, & tient l'appel pour bien relevé, lui permet de faire intimer qui bon lui femblera fur ledit appel, fur lequel les Parties auront audience au premier jour, & cependant par provifion ordonne que les Officiers de la Juftice du Roulle, feront tenus à la premiere fommation de venir reconnoître, lever & ôter leurs contre-fcellés, finon feront levés, brifés & ôtés par le Commiffaire le Droit, & par lui de fuite procedé à la levée des fcellés par lui appofés fur les effets de ladite deffunte Tacquet, nonobftant toutes oppofitions faites ou à faire, lefquelles tiendront fur le Procès-verbal dudit Commiffaire, & les Ordonnances qu'il rendra exécutées nonobftant toutes oppofitions ou appellations quelconques, & proceder enfuite à l'Inventaire par les Notaires du Châtelet en la maniere accoûtumée. FAIT en Parlement le neuf Decembre mil fept cens trente-quatre. Collationné, *figné* LE SEIGNEUR. Par la Chambre, *figné* DUFRANC.

Arrêt du Parlement, qui ordonne que les Scellés appofés par le Commiffaire Grimperel à Vitry dans la Banlieuë, par prévention, après le décès du Curé dudit lieu, feront par lui levés ; les Officiers de la Juftice de Vitry, tenus de venir reconnoître leurs contre-fcellés, finon qu'ils feront brifés par ledit Commiffaire.

LOUIS, PAR LA GRACE DE DIEU, Roy de France & de Navarre : Au premier des Huiffiers de nôtre Cour de Parlement, ou autre Huiffier ou Sergent fur ce requis ; SÇAVOIR, FAISONS : Que vû par notredite Cour la Requête prefentée par Antoine Copineau Procureur en ladite Cour, au nom & comme Exécuteur teftamentaire de défunt Me Jacques Chedot, vivant, Curé de Saint Gervais de la Parroiffe de Vitry-fur-Seine, à ce qu'il plut à notredite Cour, ordonner que les Officiers de la Juftice de Vitry-fur-Seine, feront tenus de s'accorder avec les Commiffaires du Châtelet de Paris, ou autres pour raifon de leurs droits

21. Janvier 1736.

B b ij

& pretentions, au fujet des fcellés appofés fur les effets délaiffés par ledit deffunt Chedot, & comme il n'eft pas jufte qu'une
fucceffion dans laquelle il n'y a que des meubles meublans
de peu de valeur, fe confomme en frais de garde, & qu'il
faut rendre le Presbytere libre au Succeffeur dudit défunt, ordonner par provifion que les fcellés appofés fur les effets dudit défunt, par M^e. Grimperel Commiffaire audit Châtelet,
feront par lui reconnus & levés, & l'Inventaire fait des effets
qui fe trouveront fous iceux par M^e. Renard Notaire Dépofi-
taire du teftament dudit défunt, en préfence des héritiers ou
d'un Subftitut du Procureur Général du Roi au Châtelet, &
de toutes les Parties intereffées ou elles dûement appellées,
à la requefte & diligence du Suppliant, & à cet effet les Officiers de la Juftice de Vitry, feront tenus à la premiere fommation qui leur fera faite de reconnoître & lever les fcellés
appofés fur lefdits effets, finon levés par ledit Commiffaire
Grimperel; ordonner que l'Arrêt qui interviendra fera exécuté
nonobftant toutes oppofitions & empêchemens. Vû auffi les
piéces attachées à ladite Requête fignée Copineau Procureur :
Conclufions du Procureur Général du Roi: Oüi le rapport
de M^e. Anne Louis Pinon Confeiller : Tout confideré,
NOTREDITE COUR ordonne Commiffion être delivrée au Suppliant, pour faire affigner en icelle qui bon lui femblera aux
fins de la Requéte, & cependant par provifion, fans préjudice du droit des Parties au principal, ordonne que les fcellés
appofés par le Commiffaire Grimperel fur lefdits effets, feront par lui reconnus & levés, & l'Inventaire des effets qui
fe trouveront fous iceux, fait par Renard Notaire au Châtelet en prefence des héritiers ou d'un Subftitut du Procureur
Général du Roi au Châtelet, les intereffés prefens ou dûement appellés à la requête du Suppliant, à cet effet les Officiers de la Juftice dudit Vitry tenus à la premiere fommation
qui leur fera faite de venir reconnoître & lever leurs fcellés,
finon permet audit Grimperel de lever & brifer lefdits fcellés;
ordonne que le prefent Arrêt fera exécuté nonobftant toutes
oppofitions & empêchemens: TE MANDONS mettre le
prefent Arrêt à exécution. DONNE' en Parlement le vingt-un
Janvier mil fept cens trente-fix, & de notre Regne le vingt-

uniéme, collationné Par la Chambre, *signé*, MIREY, fcellé le vingt-un Janvier mil fept cens trente-fix, *signé* GAUTIER.

Arrêt du Confeil, rendu en faveur du droit de Préven-tion & de fuite des Commiffaires du Châtelet, à l'oc-cafion du Scellé mis par le Commiffaire le Comte, après le décès de Monfieur le Cardinal de Biffy, tant dans l'Enclos de l'Abbaye de Saint Germain-des-Prés, qu'en la Ville de Meaux.

Extrait des Regiftres du Confeil d'Etat.

LE ROI étant informé qu'après le décès du fieur Henry de Thiard de Biffy, Cardinal, Evêque de Meaux, Abbé commendataire de l'Abbaye de Saint Germain-des-Prés, le Commiffaire le Comte auroit été requis tant par le fieur Mar-quis de Biffy, habile à fe dire & porter héritier dudit fieur Car-dinal de Biffy ; & par l'Exécuteur teftamentaire, que par le fieur Marchal prépofé aux fonctions & exercices des Seque-tres, pour appofer les fcellés tant fur les meubles & effets par lui délaiffés dans fon Palais Abbatial de Saint-Germain-des-Prés, où il eft décedé le 26. Juillet dernier, que par fuite au Château de Berny, dépendant de ladite Abbaye, au Palais Epifcopal de Meaux, & au Château de Germigny dépen-dant dudit Evêché, que dans le tems qu'il appofoit fes fcellés dans le Palais Abbatial de Saint-Germain, le Bailly de ladite Abbaye, à la requifition des Religieux, auroit auffi appofé fes fcellés, & le Lieutenant Général de Meaux, inftruit du tranf-port du Commiffaire le Comte, auroit pareillement appofé fes fcellés dans le Palais Epifcopal de Meaux, lefquels ledit Com-miffaire le Comte auroit croifé & contre-fcellé à fon arrivée, que les Religieux de l'Abbaye de Saint-Germain-des-Prés au-roient obtenu au Grand-Confeil le premier du prefent mois d'Août un Arrêt qui les reçoit Appellans des fcellés ap-pofés par ledit Commiffaire le Comte dans ledit Palais Abbatial, leur permet d'intimer & affigner fur ledit appel,

11. Août 1737.

B b iij

& cependant par provifion & fans préjudice du droit des Parties au principal, ordonne que les fcellés appofés dans ledit
Palais Abbatial, & au Château de Berny feront levés par les
Officiers defd. Religieux, iceux préalablement reconnus par le
Commiffaire le Comte à la premiere fommation, finon brifés &
ôtés par lefd. Officiers; & qu'il fera enfuite procedé à l'Inventaire
en la maniere accoûtumée, lequel Arrêt auroit été fignifié au Sr.
Marquis de Biffy, de même qu'au Commiffaire le Comte qui
a été affigné pour proceder en exécution d'icelui avec défenfes aux Parties de proceder ailleurs qu'àu Grand - Confeil ;
que d'un autre côté ledit fieur Marquis de Biffy, auroit obtenu au Parlement de Paris le cinq du même mois d'Août un
Arrêt qui le reçoit Appellant des fcellés & contre-fcellés appofés par le Lieutenant Général de Meaux ; & par le Bailly
de l'Abbaye de Saint-Germain, & cependant ordonne par
provifion que les fcellés & contre-fcellés feront levés, ceux
appofés par les Officiers du Bailliage de Meaux, Bailliage de
Saint-Germain-des-Prés, & des autres Juges, fi aucuns y a
par eux préalablement reconnus ; ce qu'ils feront tenus de
faire à la premiere fommation qui leur en fera faite, finon
que lefdits fcellés & contre-fcellés feront brifés & levés par
le Commiffaire le Comte, nonobftant toutes oppofitions faites ou à faire, lefquels tiendront fur fon Procès-verbal, &
qu'il fera procedé à l'Inventaire dans les differens endroits
où lefdits fcellés & contre-fcellés ont été appofés, & ce par
les Notaires du Châtelet, & ainfi qu'il appartiendra, les Parties intereffées prefentes ou dûement appellées, autorife led.
Commiffaire le Comte à appofer fes fcellés fur les effets fur
lefquels ils ne l'auroient pas été, & à les lever & reappofer
à fur & à mefure, & à chacune vacation dudit Inventaire en
la maniere accoûtumée ; ordonne que les Ordonnances qui
feront renduës par ledit Commiffaire dans le cours de la levée
defdits fcellés & confection d'Inventaire, feront exécutées
nonobftant toutes oppofitions, appellations & recufations quelconques, le tout fans préjudice de la Jurifdiction des Officiers
du Bailliage de Meaux, & du Bailliage de l'Abbaye de Saint-
Germain-des-Prés, de Berny, & autres, d'autant que les difficultés qui fe font élevées au fujet de la Jurifdiction du Châtelet, du Bailliage de Saint-Germain & de celui de Meaux,

ne peuvent que former un conflit de Jurifdiction, & donner lieu à une Inftance en Reglement de Juges entre ces deux Cours, dont la durée pourroit être préjudiciable aux Parties, & à tous ceux qui ont des droits à prétendre dans cette fucceffion, & occafionner le déperiffement des grains qui fe trouvent dans le Palais Epifcopal de Meaux: à quoi étant neceffaire de pourvoir: Tout confideré, SA MAJESTE' étant en fon Confeil a ordonné & ordonne, que par provifion & fans préjudice du droit des Parties au principal, les fcellés & contre-fcellés appofés fur les meubles & effets délaiffés par le feu fieur Cardinal de Biffy, tant dans la maifon Abbatiale de S. Germain-des-Prés & maifon de Berny en dépendante, que dans le Palais Epifcopal de Meaux, & maifons auffi en dependantes feront levés & ôtés par le Commiffaire le Comte que fa Majefté a commis & commet à cet effet, les Officiers du Bailliage de Saint Germain-des-Prés, & du Bailliage de Meaux prefens ou dûe-appellés, pour enfuite proceder à l'Inventaire & à la vente defdits meubles & effets s'il y échoit en la maniere accoûtumée, fauf aux Parties à fe pourvoir fur le conflit de Jurifdiction, pardevant les Juges à qui la connoiffance en appartient, pour être par eux ftatué ce qu'ils aviferont convenable, & fera le prefent Arrêt exécuté nonobftant oppofitions ou empêchemens quelconques, pour lefquels ne fera differé. FAIT au Confeil d'Etat du Roi, Sa Majefté y étant, tenu à Verfailles le onziéme jour du mois d'Août mil fept cens trente-fept, *figné* PHILIPPEAUX, avec paraphe.

Arrêt du Parlement, qui ordonne que les Scellés appofés par le Commiffaire Trudon, dans l'étenduë de la Juftice du Roulle Banlieuë de Paris, par droit de prévention, après le décès de Mre. Barthelemy Defprés, Curé de la Paroiffe dudit lieu, feront par lui levés; les Officiers de la Juftice du Roulle, tenus de venir reconnoître leurs Contre-fcellés, finon qu'ils feront brifés par ledit Commiffaire.

1. Octob. 1738.

LOUIS PAR LA GRACE DE DIEU, Roi de France & de Navarre, au premier des Huiffiers de notre Cour de Parlement, ou autre Huiffier ou Sergent fur ce requis: SÇAVOIR, FAISONS: Que vû par notre Chambre des Vacations la Requefte à elle prefentée par Pierre Michel, Marchand Bourgeois de Paris, à caufe de Marie Defprés fa femme, habile à fe porter feule & unique héritiere de Me. Barthelemy Defprés, Prêtre Docteur en Theologie de la Faculté de Paris, Curé de l'Eglife Parroiffiale Saint Jacques-Saint Philippes du Roule, à ce que pour les caufes y contenuës, il fut reçu Appellant comme de Juge incompetent de l'appofition des contre-fcellés des Officiers de la Juftice du Roulle, faite fans autre requifition que celle du Procureur Fifcal en ladite Juftice, fur les fcellés appofés par Me. Louis Trudon Commiffaire au Châtelet de Paris, provoqué par le Suppliant le vingt-fixiéme Septembre dernier, fur les effets, papiers & meubles trouvés après le decès dud. fieur Defprés, pour la confervation des droits & actions de ladite Marie Defprés en la maifon presbyterale, en laquelle led. fieur Curé eft décedé, & de tout ce qui a fuivi & pourroit fuivre, tenir ledit appel pour bien relevé, permis d'intimer, audience; & cependant attendu que le Roulle eft Banlieuë de Paris, il fut ordonné par provifion que les Officiers de lad. Juftice feroient tenus à la premiere fommation de venir reconnoître, lever & ôter leurfdits contre-fcellés, qui feroient levés, brifés & ôtés par le Commiffaire Trudon,

don, lequel procederoit en la maniere acoûtumée à la levée
des fcellés par lui appofés; nonobftant toutes oppofitions faites ou à faire, lefquelles tiendroient fur le Procès-verbal dudit Commiffaire, & les Ordonnances qu'il rendroit exécutées
nonobftant oppofitions ou appellations quelconques, & procedé de fuite à l'Inventaire & defcription par les Notaires au
Châtelet, ainfi qu'il appartiendroit en la maniere ordinaire,
les piéces attachées à ladite Requefte fignée Bridou Procureur. Vu auffi la Requefte prefentée par les Prieure & Religieufes de la Royale Maifon de Saint Cyr, Dames de la
Ville, Bailliage & Pairie de Saint Denis en France, & de la
Prévôté du Port de Neüilly, Villers-la-Garenne & le Roule,
prenant le fait & caufe de leurs Officiers en la Juftice dudit
lieu du Roule, à ce qu'il fut ordonné que le Commiffaire qui
avoit appofé les fcellés fur les effets dudit fieur Curé du Roule,
feroit tenu de les venir reconnoître à la premiere fommation qui
lui feroit faite, finon que lefdits fcellés feroient levés & brifés par les Officiers des Dames de Saint Cyr, tant en abfence que prefence, comme auffi que lefdits fcellés feroient reconnus & levés par lefdits Officiers qui feront l'Inventaire, &
que deffenfes feroient faites aux Officiers du Châtelet de troubler les Officiers des Dames de Saint Cyr, à peine de tous
dépens, dommages & interefts, les pieces attachées à ladite
Requefte fignée Caillard Procureur. Conclufions de Pierron
Subftitut pour le Procureur Général du Roi: Oüi le rapport
de Me. Lambelin Confeiller: Tout confideré : NOTRE
CHAMBRE reçoit ledit Marchand ès noms Appellant, tient
l'appel pour bien relevé, lui permet de faire intimer qui bon
lui femblera fur ledit appel, fur lequel les Parties auront
audience au lendemain de Saint Martin, & cependant par
provifion, fans préjudice des droits refpectifs des Parties au
principal : ordonne que les Officiers de la Juftice du Roule,
feront tenus à la premiere fommation de venir reconnoître,
lever & ôter leurfdits contre-fcellés, finon qu'ils feront levés, & brifés par le Commiffaire Trudon, lequel procedera en la maniere accoûtumée à la levée des fcellés par lui
appofés, nonobftant toutes oppofitions faites ou à faire, lefquelles tiendront fur le Procès-verbal dudit Commiffaire, &
procedé de fuite à l'Inventaire & defcription par les Notaires

C c

du Châtelet ainſi qu'il appartiendra, joint le ſurplus des Requeſtes à l'appel pour y avoir en jugeant tel égard que de raiſon : Te mandons de mettre le preſent Arrêt à exécution.
Donne' en Parlement en Vacations le premier Octobre
mil ſept cens trente-huit, & de notre Regne le vingt-quatriéme, *collationné;* par la Chambre, *ſigné* Dufranc, avec paraphe.

---

*Arrêt du Parlement, qui ordonne que les Scellés appoſés
par le Commiſſaire Lavergée, à Chaillot, Banlieuë de
Paris, par droit de Prévention, après le décès de Marie-
Eliſabeth le Roux, ſeront par lui levés ; les Contre-
ſcellés des Officiers de la Juſtice de Chaillot, préalablement reconnus, ſinon briſés par ledit Commiſſaire.*

14. Octob. 1738.

Louis par la Grace de Dieu, Roi de France
& de Navarre, au premier des Huiſſiers de notre Cour
de Parlement ou autre ſur ce requis, Sçavoir faisons :
Que vû par notre Chambre la Requeſte preſentée par Louis
Chavignet Maître Chirurgien à Paris, & Geneviéve Courtin ſa
femme, icelle habile à ſe dire & porter héritiere de Marie Eliſabeth le Roux ſa mere, à ce qu'ils fuſſent reçus Appellans comme de Juge incompetent de l'appoſition des contre-ſcellés
des Officiers de la Juſtice de Chaillot, (a) ſur les ſcellés appoſés par le Commiſſaire Lavergée en la maiſon à Chaillot,

(a) Il y a au Village de Chaillot deux ſortes de Juſtices, une
Juſtice Royale, & pluſieurs Juſtices Seigneuriales.

L'on apprend l'origine de la Juſtice Royale de Chaillot, dans des
Lettres Patentes du 7. Octobre
1474. par leſquelles le Roy en fit
don au ſire d'Argenton ſon Chambellan, elle a paſſé depuis en différentes mains ; enfin les Dames
Supérieures & Religieuſes de la
Viſitation de Sainte Marie, s'en
font renduës Adjudicataires à la
Barre de la Cour le 12 Mai 1651.

A l'égard des Juſtices Subalternes, la principale eſt celle qui appartenoit au ſieur le Clerc lors de
l'Arrêt du Conſeil du 3. Septembre 1664. qui l'y a maintenu &
gardé ; les Dames du Convent de
la Viſitation de Sainte Marie de

où est decedée ladite le Roux, au jour de son decès femme de Philbert Gagnart, & auparavant veuve de Nicolas Courtin le trois Septembre dernier, à la requête des Supplians & Consorts, & de tout ce qui a suivi & pourroit s'ensuivre, tenir l'appel pour bien relevé, permettre d'intimer qui bon semblera, audience au lendemain de Saint Martin, & cependant par provision, ordonner qu'à la premiere sommation les Officiers de la Justice de Chaillot seront tenus de venir reconnoître, lever & ôter leursdits contre-scellés, sinon qu'ils seront levés & brisés par le Commissaire Lavergée, & par lui procedé à la levée des scellés par lui apposés sur les effets de la défunte, procedé & passé outre à l'Inventaire & description par les Officiers du Châtelet, nonobstant toutes les oppositions faites ou à faire, lesquelles tiendront sur le Procès-verbal dudit Commissaire, & les Ordonnances qu'il rendra exécutées, no-

Chaillot, ont acquis ces Justices Subalternes de Dame Marie Damond, Marquise d'Estiaux, Veuve de Charles Croiset Secretaire du Roy, Controlleur Général de la Grande Chancellerie de France, par deux Contrats, l'un du 24. May 1686. passé devant le Sceq Delaunay & Jean Moufle, Notaires au Châtelet de Paris, & l'autre du 13. May 1693. passé devant Delambon & Moufle, aussi Notaires audit Châtelet ; laquelle Dame Croiset les avoit acquises de Damoiselle Jeanne - Loüise - Françoise le Clerc de Coursel d'Erval fille majeure, par Contrat passé devant Lorimier & le Sceq Delaunay, Notaires audit Châtelet, le 7. Juillet 1684. & de Mre. André Loüis Victon, Prêtre, par Contrat du 24. May 1689. passé devant Moufle Notaire audit Châtelet.

C'est ainsi que les Dames de Chaillot dattent leurs titres dans un aveu & dénombrement qu'elles ont fourni au Terrier de Versailles le 9. May 1698. lequel est très-susceptible de critique, il seroit facile de le démontrer si c'en étoit icy le lieu.

Les Dames de Chaillot ont donc les différentes sortes de Justices qui sont à Chaillot, & elles les font exercer par les mêmes Officiers, ce qui jette une sorte de confusion sur leurs différens territoires.

Les Officiers du Châtelet de Paris ne peuvent exercer le droit de Prévention que dans le District des Justices Subalternes de Chaillot, ils ne peuvent exercer aucune fonction dans le District de la Justice Royale.

L'on trouvera les Lettres de Don du 7. Octobre 1474. & l'Arrêt du Conseil du 3. Septembre 1664. qui viennent d'être cités à la suite de l'Arrêt qui donne lieu à ces remarques.

nobftant toutes les oppofitions & appellations quelconques, & fans y préjudicier ; Vû auffi les piéces attachées à ladite Requefte fignée de Couftart Procureur : Conclufions de Pierron Subftitut de notre Procureur Général ; Oüi le rapport de Me. Jean-Baptifte Montullé Confeiller : Tout confideré : NOTRE CHAMBRE reçoit les Suppliants Appellants, tient l'appel pour bien relevé, permet de faire intimer qui bon leur femblera fur ledit appel, fur lequel les Parties auront audience au lendemain de Saint Martin ; & cependant par provifion ordonne qu'à la premiere fommation les Officiers de la Juftice de Chaillot feront tenus de venir reconnoître, lever & ôter leurfdits contre-fcellés, finon qu'ils feront levés & brifés par le Commiffaire de Lavergée, & par lui procedé à la levée des fcellés par lui appofés, & paffé outre à l'Inventaire & defcription par les Officiers du Châtelet, nonobftant toutes oppofitions faites ou à faire, lefquels tiendront fur le Procès-verbal dudit Commiffaire, & les Ordonnances qu'il rendra exécutées nonobftant toutes opppofitions ou appellations quelconques, le tout en prefence des Parties intereffées ou elles dûement appellées : Si te mandons mettre le prefent Arrêt à exécution. FAIT en Vacations le quatorze Oĉtobre, l'an de grace mil fept cens trentete-huit, & de notre Regne le vingt-quatriéme, collationné *figné* LE CAMUS, Par la Chambre, *figné*, DUFRANC. Scellé le dix-huit Oĉtobre mil fept cens trente-huit. *Signé*, DELAMET.

Lettres Patentes, portant Don au Sire d'Argenton, (a) de la Terre & Haute-Justice de Chaleau-les-Paris.

LOUIS, PAR LA GRACE DE DIEU, Roy de France : A tous ceux qui ces presentes Lettres verront, SALUT. Comme la Terre & Seigneurie de Chaleau-les-Paris avec ses appartenances, qui font une Tour quarrée & les prisons dessous, l'Hostel de la Seigneurie qui est de present en masures, & environ sept Arpens de Jardin & Seryfoies, qui va jusqu'aux fossés des Egouts de Paris, trois Arpens de vigne en une piece, seize ou vingt Arpens de terre, trente livres parisis de gros Cens, huit livres de menu Cens, Roüage des vins qui se baillent à ferme, & six ou sept Arriers-fiefs qui font tenus de ladite Tour quarrée, Justice-moyenne & basse, Maire & Sergent ; le tout tenu & mouvant du Seigneur de Merly-le-Chastel, ait japieça competé & appartenu à feu Jacques Michel, Ecuyer, lequel soit long-tems à, allé de vie à trepas, auquel Arnault Bachelé son neveu lui est succedé, lequel par aucun tems eût jouy de ladite Terre & Seigneurie ; & après en l'an mil quatre cens trente-huit, ait icelle Terre & Seigneurie transporté à Mᵉ. Henry Roussel, qui aussi soit allé de vie à trepas, délaissées deux de ses filles ; c'est-à-sçavoir, Simonne Roussel, Damoiselle qui fût Mariée à Mᵉ. Aymart Durand, Conseiller en notre Cour de Parlement, & la femme de Me. Jean de Colers, aussi à present nostre Conseiller en ladite Cour, lesquels dès l'an mil quatre cens cinquante, renoncerent à ladite Terre, ainsi que par la renonciation enregistrée en notredite Cour de Parlement peut plus à plein apparoir, pour laquelle cause icelle Terre comme vacant, & par faute d'homme ait été mise en la main du Seigneur de Merly, Seigneur Féodal de ladite Terre, qui depuis en ait jouy ; & ce voyant notre Procureur en notre Châtelet de Paris, & que de toute ancienneté avions accoûtumé de prendre & avoir les aubeines & Biens vaquans

7. Octob. 1474. Enregistrées au Parlement le
(b)
& à la Chambre des Comptes le 25. Septembre. 1480.
Livre vert neuf fol. 8.

(a) C'est Philippes de Commines ce célébre Historien, qui est mort âgé de 64 ans, le 17. Octobre 150.. ce n'est pas icy le lieu de s'étendre sur son sujet, mais l'incertitude où font plusieurs Auteurs sur l'époque de son décès, nous engage d'observer que ceux qui la reculent de dix ans & la mettent en 1519. ne font pas attention qu'étant entré en 1464. au service du Duc de Bourgogne en âge de monter à Cheval, il n'auroit eu alors que neuf ans, & qu'il est plus vrai-semblable qu'il en avoit alors dix-neuf à vingt.

.La Terre de Revescar dont il est parlé dans les Lettres Patentes qui donnent lieu à cette Notte, est selon toute apparence la même que celle de Renuscure, dont il est parlé dans Morery à l'Article de cet Historien.

(b) Cet Enregistrement est cité dans l'Arrêt du Conseil du 3. Septembre 1664. qui est cy-après, il y est même datté, mais mal.

audit lieu de Chaleau, & que les prifonniers dudit Chaleau fouloient être amenés ès prifons de notredit Châtelet quand il y avoit cas appartenant à Haute-Juftice, ou quand le Maire dudit Chaleau avoit gardé lefdits prifonniers vingt-quatre heures, & auffi que l'appellation du Maire de Chaleau devoit reffortir audit Châtelet, & qu'on vouloit contraindre les fujets à relever leurs appellations audit lieu de Merly; iceluy notre Procureur a mis en procès le Maire de Chaleau, & le Seigneur dudit Merly, auquel tant a été procedé que par Sentence donnée depuis deux ans en ça par notre Prévôt de Paris, la Haute-Juftice dudit Chaleau nous a été adjugée en toute ladite terre de Chaleau, avec le droit des aubeines, & le reffort par appellation; & pour ce que par la coûtume gardée en notredite Prévôté de Paris, lefdites aubeines & biens & héritages vacans appartiennent au Haut-Jufticier, & que ladite terre de Chaleau foit vacante, & comme vacante nous appartienne & doive appartenir par droit d'aubeine comme Haut-Jufticier, en faifant les devoirs audit Seigneur de Merly, ou lui baillant homme pour lui en faire les foy & hommage, & payer les reliefs qui y échoient, pour quoy nous Loyze compete & appartienne en difpofer : SÇAVOIR FAISONS; que Nous confiderant, les bons, grands, louables, agréables, continuels & recommandables fervices que nous a fait par cy-devant en maintes manieres, fait & continuë chacun jour, de bien en mieux autour de notre perfonne, notre amé & féal Confeiller & Chambellan le Sire d'Argenton & de Revefcar, & que efpérons que plus faffe au tems à venir, à icelui, pour ces caufes & confidérations, & autres à ce nous mouvans, & mêmement pour lui aider & entretenir fon état plus honorablement en notre fervice, avons donné, cedé, quitté, tranfporté & délaiffé, donnons, cedons, quittons, tranfportons & délaiffons, pour lui, fes hoirs & ayants caufes, icelle Terre de Chaleau, enfemble la Haute-Juftice, moyenne & baffe à Nous appartenant par droit d'aubeinage & par les moyens deffus declarés, & mêmement de ladite adjudication ainfi faite par notre Prévôt de Paris, comme biens vacans, dont n'a été appellé ni reclamé comme dit eft, ou autrement en quelque maniere que lefdites Terre & Seigneurie & Juftice, & fefdites appartenances nous puiffent ou doivent competer & appartenir, pour en joüir par lui, fefdits hoirs & fucceffeurs & qui de lui auront caufe, à toûjours mais & en faire & difpofer comme de leur propre chofe, à quelque valeur ou eftimation que lefdites chofes puiffent monter & valoir, fans rien y retenir ou referver pour Nous ou nos Succeffeurs, fors feulement le Reffort & Souveraineté, en faifant & payant toutes voyes, les droits & devoirs pour ce dûs & accoûtumés d'ancienneté aux lieux & perfonnes, ou & ainfi qu'il eft accoûtumé faire d'ancienneté. SI DONNONS EN MANDEMENT par cefdites prefentes, à nos amés & féaux Gens de nos Comptes & Treforiers à Paris, à notredit Prévôt de Paris, & à tous nos autres

Jufticiers & Officiers, ou à leurs Lieutenans ou Commis, préfens
& à venir, à chacun d'eux fi comme à lui appartiendra, & qui requis
en fera, que s'il leur appert ladite Terre & Seigneurie nous appartenir par droit d'aubeinage, à la caufe & par les moyens deffufdits,
ils, audit cas, en baillent & délivrent, ou faffent bailler & délivrer à notredit Confeiller & Chambellan, la poffeffion, faifine &
joüiffance, & d'icelle, enfemble de la Juftice deffus declarée & autres appartenances de ladite Terre, le faffent & fouffrent joüir &
ufer plainement & paifiblement, enfemble des fruits & revenus qui
y appartiennent pour la maniere devant dite, & pour rapportant cefdites préfentes fignées de notre main, ou *vidimus* d'icelles fait fous
Scel Royal pour une fois, & reconnoiffance fur ce fuffifante d'icelui notre Confeiller & Chambellan feulement, Nous voulons notre
Receveur de Paris & tous autres à qui ce pourra toucher, en être
& demeurer quitte & déchargé par nos amés & féaux Gens de nos
Comptes, aufquels nous mandons ainfi le faire fans aucune difficulté,
non-obftant que ne puiffions ou devions aucune chofe aliener de notre Domaine, & que la valeur de ladite Terre & Seigneurie, & fefdites appartenances ne foient cy-declarées, & quelconques ordonnances, mandemens, reftrictions ou deffenfes à ce contraires ; En temoin de ce, Nous avons fait mettre notre fcel à cefdites préfentes, Donne'es au Pont de Samoys le feptiéme jour d'Octobre, l'an
de grace mil quatre cens foixante-quatorze, & de notre regne le
quatorziéme. *Ainfi figné* L O Y S. *Et fur le reply :* par le Confeil,
Legoux.

N O U S les Gens des Comptes du Roy notre Sire à Paris : Vues
les Lettres Patentes du Roy notredit Seigneur, fignées de fa main,
auxquelles ces préfentes font attachées fous l'un de nos fignets, par
lefquelles il donne & tranfporte au fire d'Argenton & de Revefcar
fon Confeiller & Chambellan, pour lui, fes hoirs & ayants caufes,
la Terre, Seigneurie, Juftice, haute, moyenne & baffe, & autres
appartenances de Chaleau près Paris, comme à lui avenuës & échuës
par aubaine, ou autrement, en quelque maniere qu'elle lui appartienne, comme plus à plein le contiennent lefdites Lettres : Consen-
tons l'enthérinement d'icelles, fauf tout autruy droit ; & pourvû
que de ladite Haute-Juftice le Reffort foit devant le Prévôt de Paris,
& là tiendront lefdits fire d'Argenton, fefdits hoirs & ayants caufes,
en foy & hommage du Roy notredit Seigneur, à caufe du Châtelet
de Paris. Donne' à Paris le vingt-cinquiéme jour de Septembre,
l'an mil quatre cens quatre vingt. *Ainfi figné* De Badouiller. Collation faite, *figné* Diguet.

Arrêt du Conseil privé du Roy, lequel maintient & garde le Sieur le Clerc dans la Moyenne & Basse - Justice de sa Terre de Chaillot, indépendamment de la Justice Royale appartenante aux Dames Religieuses de la Visitation de Sainte Marie de Chaillot, par engagement.

Extrait des Registres du Conseil privé du Roy.

2. Septembre 1664.

Chartrier des Notaires, p. 211. de la derniere Edition.

ENTRE la Communauté des Notaires-Gardes-Nottes au Châtelet de Paris, opposans au titre & sceau de l'office de Notaire-Royal Garde-Nottes héréditaire en la résidence de Chaillot, dont est pourvû Charles Richer, suivant l'acte du vingt-un Mars mil six cens soixante-un, d'une part; & les Dames Superieure, Religieuses & Convent de la Visitation de Sainte Marie de Chaillot, de Fondation Royale, Proprietaires par engagement de la Haute-Justice dudit Chaillot, Deffenderesses d'autre part; & entre lesdites Religieuses Demanderesses en Requête inserée ès Arrêts du Conseil des cinq & vingt Août mil six cens soixante-un, & en Requête verballe inserée en l'appointement de reglement du quinze Février ensuivant, d'une part, & requerant le profit des défauts par elles obtenus au Greffe du Conseil les quatre, quatorze & vingt Septembre de ladite année mil six cens soixante-un, d'autre part; & Messire Jean le Clerc sieur de Boisrideau, Seigneur moyen & Bas-justicier dudit Chaillot, ladite Communauté des Notaires au Châtelet de Paris, Deffendeurs d'une part; & Messire Jean Armand de Riants, Conseiller ès Conseils de sa Majesté, & son Procureur au Châtelet, Ville, Prévôté & Vicomté de Paris, tant pour lui que pour tous les Officiers audit Châtelet, reçû Partie intervenante, suivant la Requête du vingt-trois Juin mil six cens soixante-deux, aussi d'une part; & les Bourgeois, Manans & Habitans de la Paroisse de Chaillot, reçûs Parties intervenantes en l'Instance d'entre les Parties, suivant l'Ordonnance du Conseil du trente Juin dernier mil six cens soixante-quatre, d'une part, sans que les qualités puissent nuire ni préjudicier aux Parties. VU au Conseil du Roy l'acte d'opposition desdits Notaires, formée au titre & sceau des provisions de l'office de Notaire-Royal à Chaillot, dont Charles Richer est pourvû du vingt-un Mars mil six cens soixante-un, ledit Arrêt du cinq Août audit an, donné sur la Requête desdites Religieuses, à ce que l'opposition formée par ledit sieur le Clerc, à l'enregistrement des Lettres d'établissement d'une Haute-Justice à Chaillot, & réception du Prévôt & Officiers de ladite Justice, fût évoquée au Conseil; & cependant par maniere de provision, que les Officiers par elle commis, continueroient l'exercice de leurs Charges, par lequel Arrêt auroit été ordonné

que

que les Parties feroient affignées au Confeil aux fins de ladite Requête ; exploit d'affignation donnée en conféquence le huit dudit mois,
ledit Arrêt du vingt dudit mois donné fur la Requête defdites Religieufes, à fin de caffation de l'Arrêt du Parlement de Paris du cinq
dudit mois d'Août, par lequel Arrêt auroit été ordonné, qu'il feroit procédé pardevant le Lieutenant Criminel au Châtelet de Paris
contre les accufés y mentionnés, fans préjudice des droits defdites
Religieufes au principal, & que les Parties procéderoient au Confeil, fignifié le vingt-trois Septembre mil fix cens foixante-un ; lefdits
défauts levés au Greffe du Confeil, les quatre, quatorze & vingt
Septembre mil fix cens foixante-un ; l'appointement de reglement intervenu en l'Inftance du quinze Février mil fix cens foixante-deux,
contenant la Requête verbale defdites Religieufes, à ce que ledit fieur
de Boifrideau fût tenu de rapporter les titres en vertu defquels il
prétend la qualité de Seigneur moyen & Bas-jufticier de Chaillot,
finon que les qualités foient rayées, deffenfes de les prendre à l'avenir ; la demande fur le profit defdits défauts ; deux copies de deux
diverfes Lettres patentes des Rois Loüis XIII. & XIV. portant confirmation des privileges des Notaires énoncés efdites Lettres, & entr'autres de la Déclaration du cinq Juin mil trois cens dix-fept, portant que nul ne pourroit faire, paffer, en la Ville, Fauxbourgs & Banlieuë de Paris, aucuns Contrats, Lettres, Teftamens, Inventaires,
Partages, Obligations, Tranfports & autres Actes & Inftrumens quelconques, s'il n'étoit Notaire au Châtelet, des mois de Novembre
mil fix cens dix, & mois de Novembre mil fix cens quarante-fix ;
impreffion de deux Arrêts, l'un du Parlement donné fur les Conclufions des Gens du Roy contradictoirement entre lefdits Notaires &
ledit Richer, par lequel la reception dudit Richer auroit été infirmée ; & en émandant les Arrêts & Reglemens donnés en faveur defdits Notaires exécutés, enjoint audit Richer fe retirer hors du Châtelet & Banlieuë de Paris pour y exercer fon office, avec deffenfes
de prendre la qualité de Notaire au Châtelet, à peine de faux, du
premier Avril mil fix cens foixante-un : l'autre Arrêt du Confeil donné
contradictoirement entre lefdits Notaires, oppofans au titre & fceau
des provifions de l'office de Notaire audit Châtelet ; & Marc-An-
toine Huet Refignataire dudit Richer, par lequel ayant égard à ladite oppofition, deffenfes font faites audit Huet & autres, de faire
aucunes fonctions, ni de prendre qualité de Notaire à Chaillot, du
vingt deux Avril mil fix cens foixante-deux ; Arrêt du Parlement de
Paris, par lequel Claude de Prat étant au lieu de Philippes Creffé,
a été maintenu & gardé en la poffeffion & jouiffance de la Haute-
Juftice dudit Chaillot étant de l'ancien Domaine du Roy : Extrait
collationné de l'adjudication faite au Parlement auxdites Religieufes
de la Maifon & Château de Chaillot, & de la Haute-Juftice dudit
Chaillot, appartenances & dépendances, & de tous autres droits qu'a-

D d

voient les fieurs Baffompierre au jour de leur décès, du douze May mil fix cens cinquante-un; quittances de confignation de foixante-fept mille livres pour le prix de ladite adjudication, du feize Juin audit an; l'enfaifinement de ladite adjudication, faite par le fieur de Courfeille comme Procureur du fieur fon Pere, & autres Seigneurs Cenfiers, moyens & Bas-jufticirs de Chaillot & Long-champs, du vingt-neuf   mil fix cens cinquante-un; Requête verbale faite au Châtelet de Paris par ledit fieur Boisrideau, contre lefdites Religieufes, & Etienne Batas, & Géneviéve Leroy, pour être reçus Parties intervenantes en l'Inftance d'entre lefdites Religieufes, Batas, Leroy & Officiers dudit le Clerc, même oppofans à l'exécution de la Sentence du neuf Décembre mil fix cens foixante-un; actes d'op-pofition dudit fieur le Clerc, à l'enregiftrement des Lettres d'établif-fement d'une Haute-Juftice à Chaillot, & reception du Prévôt & Officiers de ladite Juftice, du fept May mil fix cens foixante-un; copie collationnée d'Arrêt du Confeil, fur Requête du Syndic des habitans de Chaillot, portant érection dudit village de Chaillot en fauxbourg de Paris, en fin duquel font les Patentes octroyées en conféquence du dix-fept du mois de Juillet mil fix cens cinquante-neuf : Arrêt contradictoire dudit Parlement de Paris, entre lefdites Religieufes prenant la caufe de leurs Officiers, & M^e. Nicolas de Laynat, Prévôt de la moyenne & baffe-Juftice dudit Chaillot, par lequel les charges & informations mentionnées, font renvoyées par-devant le Lieutenant Criminel du Châtelet de Paris, pour le procès être fait & parfait aux accufés, du vingt-fix Février mil fix cens foixante-un; Arrêt contradictoire dudit Parlement, entre ledit Lieu-tenant Criminel du Châtelet de Paris, les Prévôt & Officiers du-dit Chaillot, Euftache Moneau & autres accufés, portant renvoy devant ledit Lieutenant Criminel, du cinq Août mil fix cens foixante-un; autre Arrêt dudit Parlement, fur Requête dudit fieur le Clerc, portant que celui du cinq Août feroit executé, deffenfes aux Offi-ciers de la Haute-Juftice de Chaillot, de faire aucunes fonctions de Juftice, du vingt Août mil fix cens foixante-un, fignifié le vingt-quatre dudit mois; Extrait de la Chambre des Comptes, dans lequel eft inferé le don fait au fieur d'Argenton, de la Terre, de la haute, moyenne & baffe-Juftice de Chaillot, appartenante à fa Majefté par droit d'aubeine, à la referve du Reffort de Souveraineté, du fept Octobre mil quatre cens foixante-quatorze, enregiftré audit Parle-ment, Chambre des Comptes & Trefor, des fix Mars mil quatre cens foixante-douze, (*a*) quatorze Octobre, dix-neuf Décembre mil qua-

(*a*) Il y a icy une erreur de date. Les Lettres Patentes font de 1474. Elles ne peuvent avoir été enregiftrées en 1472. L'on a marqué en marge du commence-ment de cette piece, qu'elle eft tirée du Chartrier des Notaires de la derniere Edi-tion; cet Anacronifme & quelques autres qui feront relevés cy-après, prouvent que l'exactitude ne s'y rencontre pas toûjours jointe à la beauté de l'impreffion.

tre cens foixante-dix-neuf, & quinze Septembre mil quatre cens quatre-
vingt. Copie collationnée du Contrat de Revente fait par les fieurs
Commiffaires députés par fa Majefté, au profit de Simon Creffé, de
la Haute - Juftice de Chaillot, & droit de Jurifdiction que fa Majefté y avoit, du vingt - neuf Décembre mil cinq cens foixante-feize,
en fin duquel eft la quittance de payement du prix de ladite Revente du trente-un dudit mois; autres copies collationnées du Contrat de vente fait par la Dame de Caftille aux fieurs Baffompierre,
de la Haute-Juftice de Chaillot, du douze Janvier mil fix cens trente;
nomination & prefentation faite à fa Majefté par lefdites Religieufes,
à l'office de Notaire & Tabellion en la Haute-Juftice dudit Chaillot, de l'année mil fix cens foixante - un; copie collationnée de la
quittance du marc d'or pour ledit office de Notaire - Tabellion, &
premiere provifion d'icelui, du neuf Mars mil fix cens foixante - un;
Lettres de provifion dudit office de Notaire, le nom en blanc, non-
fcellées, de mil fix cens foixante - un; autres nominations faites par
lefdites Religieufes de la perfonne d'Etienne Batas à l'office de
Procureur de fa Majefté en ladite Juftice, de mil fix cens foixante-
un; copie collationnée de la quittance de marc d'or pour la provifion dudit office, du neuf Mars mil fix cens foixante-un; provifions
de ladite charge, du quatre Avril enfuivant; autres nominations,
quittances de marc d'or, & provifions fcellées pour la Charge de
Prévôt, Juge & Garde de la Haute - Juftice de Chaillot, au profit
de Me. Gabriel Rolland, des huit, neuf Mars, & quatorze Avril
mil fix cens foixante-un; Ordonnance du fieur Rapporteur de l'Inftance, du quatre Mai mil fix cens foixante-deux, contenant la Requête verbale defdites Religieufes, à ce que lefdits Notaires euffent
à declarer s'ils entendoient confentir, ou empêcher le fceau des provifions dudit office de Notaire-Tabellion à Chaillot fur leurs nominations, finon qu'il feroit paffé outre au fceau d'icelles; Procès-verbal dudit fieur Rapporteur, contenant autre Requête verbale defdites
Religieufes, à fin que les oppofans fuffent déboutés de leurs oppofitions, en fin duquel eft l'Ordonnance dudit fieur Commiffaire, portant jonction defdites deux Requêtes verbales à l'Inftance, pour en
jugeant y avoir tel égard que de raifon, du neuf Mai audit an,
fignifié ledit jour; Arrêt du Confeil du onze Septembre mil fix cens
foixante-deux, fignifié le vingt - huit du même mois, par lequel fa
Majefté auroit retenu à foi & à fondit Confeil, la connoiffance des
différends des Parties, lefquelles ajoûteroient à leurs productions,
écriroient & produiroient ce que bon leur fembleroit, par devers le
fieur Commiffaire à ce député, pour à fon rapport au Confeil, leur
être pourvû & fait droit ainfi que de raifon, dépens refervés; écritures & productions, & Requêtes de contredits des Parties fur lefquelles ledit Arrêt eft intervenu; treize Regiftres, dont les uns font
fans titres, & les autres intitulés, Regiftres du Greffe de la Juftice,

D d ij

Prévôté de Chaillot, & les autres, Regiſtres des Cauſes de Chaillot, dans leſquels ſont tranſcrits pluſieurs Jugemens rendus en ladite Juſtice de Chaillot, actes rendus pour les Juſticiables dudit lieu, & comparutions faites au Greffe de ladite Juſtice & Prévôté de Chaillot, le premier deſdits Regiſtres commençant au dix-huit Aouſt mil ſix cens quinze, & le dernier finiſſant au vingt Aouſt mil ſix cens ſoixante-un, pluſieurs comptes de tutelle rendus, & inventaires fait |des biens des particuliers y dénommés, par les Greffiers & Tabellions & Officiers de la Juſtice de Chaillot, depuis le quatre Février mil ſix cens trente deux, juſqu'au vingt Février mil ſix cens cinquante-huit; Sentence du Prévôt de la Terre, Seigneurie, Haute, Moyenne & Baſſe Juſtice de Chaillot, pour le ſieur du Prat Conſeiller en la Cour des Aydes, Seigneur Haut-Juſticier, & des droits de Juriſdiction que le Roi pouvoit avoir à Chaillot & limites dudit lieu du vingt Décembre mil ſix cens ſoixante-un, (a) par laquelle Martin Plier auroit été condamné à payer à Denis Motte deux ſols pour vacations de chacun temoin oüi; autre Sentence dudit Prévôt pour le ſieur de Caſtille joüiſſant par engagement de la Haute-Juſtice, & Droit de Juriſdiction appartenantes au Roi à Chaillot, le quatorze Mars mil ſix cens vingt-huit, par laquelle le nommé Leger auroit été condamné envers Guillaume Benar ratifier le Contrat y mentionné; autre Sentence dudit Prévôt pour le ſieur de Baſſompierre Haut-Juſticier, du premier Février mil ſix cens ſoixante-trois, (b) qui condamne Pierre Blanchet envers Jacques Nicolas, faire les ouvrages y mentionnés; autre Sentence dudit Prévôt pour la Dame de Baſſompierre, Dame de Haute-Juſtice de Chaillot, du vingt-ſept Mai mil ſix cens trente-ſix, qui condamne Barthelemy Humeux payer quarante-huit ſols à Henry Gandouin. Bail d'une maiſon ſciſe au Roulle, fait le douze Juin mil ſix cens quarante-trois par Alexandre Ferrand à Roch de la Fond, pardevant Richer Greffier Tabellion en la Haute Juſtice de Chaillot pour la Dame de ladite Haute Juſtice. Sentence du Prévôt de la Haute Juſtice de Chaillot pour les Dames de ladite Haute Juſtice entre Felix Netigier & Fleurent Chabanne, portant qu'une autre Sentence ſeroit exécutée nonobſtant l'appel du huit Novembre mil ſix cens quarante-quatre; Sentence d'émancipation de Thomas Nicolle Berthault, qui a même titre du quatorze Février mil ſix cens quarante cinq Sentence dudit Prévôt qui a même titre, qui condamne Landry payer trois livres à Nicolas le Roi du premier Octobre mil ſix cens quarante-ſept; Arrêt du Parlement de Paris du vingt-ſix Avril mil ſix cens trente-ſix rendu par appointé entre Charles Duval & Conſors Demandeurs en reglement de Juges de-

(a) Il y a erreur de date en cet endroit; puiſqu'il eſt dit cy-deſſus, que Claude Duprat étoit au lieu de Philippes Creſſé, lequel étoit, ſelon toute apparence, ſucceſſeur de Simon Creſſé, acquereur de ladite Juſtice en 1576.

(b) Cette date ne peut être juſte; puiſque les Dames de Chaillot ont acquis ladite Juſtice en 1651.

vant le Lieutenant Criminel du Châtelet, & les Officiers de Chaillot, & afin de renvoi audit Chaillot, attendu que les Officiers dudit lieu avoient prévenu d'une part, & Pierre Baron demeurant à Chaillot, Défendeur d'autre, portant que le Procès en queftion feroit fait & parfait par les Officiers de Chaillot, & à cette fin les informations à eux renvoyées; (*a*) autre Arrêt dudit Parlement fur Requête defdites Religieufes du quatorze Janvier mil fix cens cinquante-neuf, portant que fur leur oppofition à l'exécution de l'Arrêt obtenu par Louis Pourcheval, les Parties auroient audience, & cependant paffé outre à l'inftruction, & Jugement dudit Procès dudit Pourcheval par les Officiers de Chaillot; Requefte d'Eftienne Batas Procureur Fifcal & Officier de ladite Haute Juftice de Chaillot au Lieutenant Civil du Châtelet de Paris, à ce que les prétendus Procureurs d'Office des fieurs le Clerc, & Victon & les autres Officiers des deux Juftices par iceux le Clerc, & Victon prétentenduës, fuffent affignés pour juftifier des titres en vertu defquels ils poffedoient les deux Juftices fufdites, & l'Ordonnance qui le leur a permis pour être accordés ou conteftés, & cependant les Officiers defdites Religieufes maintenus en la Haute Juftice, & de tous les droits & actións dont ils doivent connoître, deffenfes à tous Officiers moyens & bas de les troubler, fauf après la juftification à prendre telles autres conclufions que de raifon, au bas eft l'Ordonnance du Lieutenant Civil, portant affigné, & cependant deffenfes, avec l'affignation à Berthault & Ferrand, eux difants Procureurs Fifcaux ès Juftices de Long-Champ pour lefdits fieurs Victon & Boifrideau, du douze Février mil fix cens cinquante-neuf; Requête defdites Religieufes d'addition de Pieces, & fervant de contredits aux piéces ajoûtées par le fieur de Boifrideau du cinq Mars mil fix cens foixante-trois, fignifié le fix du même mois. Copie collationnée des Lettres du Roi obtenues par lefdites Religieufes au mois de Septembre mil fix fix cens cinquante-fix, par laquelle Sa Majefté auroit amorti le Chateau de Chaillot, maifon du Jardinier, Jardins & Bois, clos de murs avec la Haute Juftice parelle acquis, fans être tenus de payer indemnité ni finances, dont leur avoit été fait don, au bas eft l'Arrêt de la Chambre des Comptes portant verification defdites Lettres, & la réferve de la Haute Juftice, pour laquelle leid. Religieufes donneroient homme vivant & mourant; extrait du Procès-verbal de la réformation de la Coûtume de Paris, faifant mention de la comparution du tuteur des enfans de Simon Creffé, Seigneur Haut-Jufticier de Chaillot, du vingt-deux Février mil cinq cens quatre-vingt. (*a*) Impreffion de Lettres-Patentes du vingt-fept Décembre mil cinq cens quatre vingt-quatre, portant re-

(*a*) Cet Arrêt établit le Droit de Prévention dans l'étenduë de la Juftice Subalterne de Chaillot, en faveur des Officiers du Châtelet, puifque ce Droit eft réciproque.

(*b*) Voici les propres termes de la Comparution : Jean le Tonnelier Seigneur de Breteuil, Notaire & Secretaire du Roy, au nom & comme Tuteur & Curateur

vocation des aliénations du Domaine que le Roi aura retiré & remis **en
fes** mains , vérifiées au Parlement de Paris le dix Janvier mil cinq cens
quatre-vingt-quatorze. Autre impreffion de Lettres-Patentes du vingt-fept
Janv. mil cinq cens treize, & du mois d'Août mil cinq cens foixante-quinze
pour vendre & aliéner le Domaine, & confirmation des aliénations qui
feroient faites , néanmoins à faute de rachat ; autre impreffion de Lettres
pour revendre ce qu'auparavant avoit été aliené du Domaine, & Arrêt
de vérification audit Parlement des vingt-trois Février mil cinq cens treize,
& fept Septembre mil cinq cens foixante-quinze ; Requête d'addition de
piéces dudit fieur le Clerc à ce que fes conclufions par lui prifes en l'Inftance lui fuffent adjugées, du quatorze Février mil fix cens foixante-trois,
fignifiée le dix-neuf dudit mois & an; petit Regiflre contenant quarante-
un feuillets, & divers écroües de particuliers enprifonnés depuis le huit
Juin mil fix cens cinquante-fix , jufques & compris le vingt-un Décembre mil fix cens foixante-deux, dans les prifons de Chaillot, dont Pierre
le Roi étoit Concierge pour ledit fieur le Clerc; Imprimé des Lettres
de don & vérification , dont l'extrait de la Chambre des Comptes eft ci-
deffus du fept Octobre mil quatre cens foixante-quatorze; Copie collationnée du Contrat de vente fait pardevant Notaires au Châtelet par
Meffire Gilles de Frefnoy à Meffire Jean Griffon, du Fief, Terre & Seigneurie de Chaillot, avec le droit de Haute Juftice, moyenne & baffe ;
Copie d'une Sentence du Châtelet obtenue le quatre Septembre mil fix
cens cinquante-neuf, par les Officiers de la Juftice de Chaillot; & le
fieur le Clerc intervenant avec eux contre la veuve Jacquemin , & fur les
conclufions de l'Avocat de Sa Majefté, par laquelle le fcellé que lefdits
Officiers avoient appofé fur les biens en la maifon dudit Jacquemin, auroit été confirmé , & ordonné qu'il feroit procedé à la levée & defcription par lefdits Officiers; copie d'Arreft fur Requête obtenu audit Parlement de Paris le vingt-huit Février mil fix cens foixante-un par Charles
Richer Notaire & Greffier de la Seigneurie de Chaillot, pour ledit fieur
le Clerc Seigneur dudit lieu , par lequel il auroit été tenu pour bien relevé du fcellé appofé fur fes titres & papiers par le Commiffaire Man-
chon à la Requête defdites Religieufes, & cependant que délivrance lui
feroit faite des notes & actes du Greffe pour en délivrer des expeditions
aux Parties ; Arrêt contradictoire dudit Parlement du cinq Aouft mil fix
cens foixante-un , entre le Lieutenant Criminel de Robe-Longue du Châtelet , le Lieutenant Criminel de Robe-Courte , les Prévôt & Officiers de
Chaillot, le fieur Baron de Changy & Conforts Prifonniers à Chaillot,
& ledit fieur le Clerc Seigneur de Chaillot intervenant, & encore ledit
fieur le Clerc demandeur, à ce que deffenfes fuffent faites aux Particuliers

des enfans mineurs d'ans de feu Simon Creffé, lui vivant Confeiller du Roy, &
Général en fa Cour des Monnoyes, Seigneur Haut-Jufticier de Chaillot ; & encore Mrs. Mathieu Bardon, Avocat en la Cour de Parlement, Seigneur, à caufe
de fa femme, avec ledit Tonnelier audit nom, dudit Chaillot.

fe difans Officiers de la Haute Juſtice pour les Religieuſes, d'en faire la fonction, juſqu'à ce qu'ils en euſſent apporté les titres, & que les Priſons qu'ils avoient fait conſtruire fuſſent raſées d'une part, & Maître Roland Avocat, ſoi diſant Prévôt de Chaillot, par lequel ſur les concluſions du ſieur Avocat Général, faiſant droit ſur le reglement de Juges, les Parties, charges & informations ont été renvoyées pardevant le Lieutenant Criminel du Châtelet, où les Priſonniers ſeroient transferés, & ayant égard aux concluſions du Procureur Général, ladite Cour auroit évoqué à elle l'Inſtance d'oppoſition à la reception des Officiers de Chaillot, pendante au Châtelet, & cependant deffenſes de faire aucunes fonctions; copie du Procès-verbal de Jean Ferrand Lieutenant en la Prévôté de Chaillot, du dix-ſept Décembre mil ſix cens ſoixante-un, contenant le ſcellé qu'il auroit appoſé ſur les biens de feu Meſſire Nicolas Gunerault Curé de Chaillot, à la requête des Procureur, Syndic & Marguilliers dudit lieu; Procès-verbal d'autre ſcellé appoſé par ledit Ferrand Lieutenant, ſur les biens, & en la maiſon de feu Maître Charles Richer Greffier de ladite Prevôté à la requête du Procureur Fiſcal de ladite Seigneurie du douze Juin mil ſix cens ſoixante-deux; copie de certificat du Commiſſaire Brunault, d'avoir laiſſé en garde à Jean Bonard le ſcellé qu'il avoit appoſé ſur les biens dudit Richer ci-devant Greffier des Dames de la Haute-Juſtice de Chaillot, du treize Juin audit an; copie d'Arrêt contradictoire du Parlement du vingt deſdits mois & an, entre ledit ſieur le Clerc & leſdites Religieuſes, par lequel ledit ſieur le Clerc auroit été reçu Appellant de l'appoſition de ſcellé faite par ledit Commiſſaire Brunault ſur les biens dud. Richer, le treize Juin aud. an mil ſix cens ſoixante-deux, & cependant que les deux ſcellés ſeroient levés par les Officiers dud. le Clerc, les Religieuſes préſentes, ou dûement appellées; (a) Requête civile dud. ſieur le Clerc du vingt Janvier mil ſix cens ſoixante-trois contre troisArrêts dud. Parlement, l'un de mil ſix cens vingt-quatre, un autre contre le ſieur de Griffon non daté, & le troiſiéme du   Septembre mil ſix cens ſoixante-un; lad. Requête civile adreſſante aud. Parlement, Commiſſion & Requête aud. Parlement, afin d'entheriner, au bas de laquelle Requête eſt l'Ordonnance dud. Parlement, portante en plaidant   ſa Requête du vingt-trois Janvier mil ſix cens ſoixante-trois, ſignifiée le vingt-quatre dudit mois au Procureur deſdites Religieuſes, qui auroit fait reponſe qu'il n'y avoit aucune Inſtance, & qu'il falloit s'adreſſer aux Parties; autre Requête en jugeant dudit ſieur le Clerc du trente-un Janvier mil ſix cens ſoixante-trois, par laquelle il auroit declaré que ſon oppoſition à l'enregiſtrement des Lettres d'établiſſement d'une Haute Juſtice pour les Religieuſes à Chaillot, & reception d'un Prévôt & Officiers de ladite Haute Juſtice, n'étoit point pour ſoutenir que leſdites Religieuſes en qua-

___

(a) Cet Arrêt eſt un titre qui établit le Droit de Prévention en faveur des Officiers du Châtelet, dans le Diſtrict de la Juſtice Seigneuriale de Chaillot, parce que ce Droit eſt réciproque.

lité d'engagiftes n'avoient point de Juftice, mais pour foutenir que la Juftice des Religieufes qui avoit toujours été exercée par le Châtelet, n'a-
voit rien de commun à celle qu'il avoit fur fon Fief, *que l'une & l'autre
avoient leurs limites féparées*, & pour empêcher que les Officiers defdites Religieufes n'entreprennent fur fa Juftice, partant auroit conclu
au renvoi de ladite oppofition au Châtelet, & de la Requête civile audit
Parlement; enfuite eft l'exploit de fignification de ladite Requête du dix-
neuf Février audit an mil fix cens foixante-trois; autre Requête préfentée
au Confeil par ledit fieur le Clerc aux fins de jonction d'icelle, & des
piéces y mentionnées à l'Inftance aux fins induites par ladite Requête,
fur laquelle eft l'Ordonnance du Confeil du quatorze dudit mois de Février mil fix cens foixante-trois, portant que les piéces feroient reçues &
communiquées par les mains du Raporteur de l'Inftance, à la charge
d'en bailler copie, & fur le furplus en jugeant, fignifiée le dix-neuf
defdits mois & an; autre Requefte de la Communauté des Notaires au
Châtelet de Paris du dix huit Avril mil fix cens foixante-trois, à ce que
fans préjudicier à leur declinatoire, & à fe pourvoir en tems & lieu, il plût
à Sa Majefté ordonner que conformement à tous les Edits, Declarations,
Ordonnances & Arrêts y mentionnés, deffenfes feroient faites aufdites
Religieufes, & à toutes autres perfonnes d'établir aucun Notaire dans
Paris, Fauxbourgs & Banlieue de ladite Ville, & conféquemment dans
Chaillot, qui eft un de fes Fauxbourgs, & qui auparavant étoit de fa
Banlieue, ni de s'ingerer à faire la fonction de l'Office de Notaire en aucune façon que ce foit, finon à ceux reçus au Châtelet de Paris, & de la
Communauté defdits Notaires, à peine de faux, mille livres d'amende,
& de tous dépens, dommages & interefts; ce faifant, débouter lefdites Religieufes de leurs prétentions en ce qui touche l'établiffement d'un Notaire à Chaillot Faubourg de Paris, & les condamner en tous les dépens
defdits Notaires, aufquels feroit donné acte de ce qu'ils employent pour
toutes écritures & productions; ladite Requête, fur laquelle auroit été
mis acte de l'emploi, & au furplus en jugeant, fignifiée le vingt dudit
mois d'Avril mil fix cens foixante-trois; autre Requefte préfentée audit
Confeil par les fieurs Prévôt de Paris, Lieutenant Civil, Criminel, Particulier, & Confeillers audit Châtelet de Paris le huit Mai mil fix cens
foixante-trois, tendante à ce qu'il plût à fa Majefté, fous le nom de Procureur de fa Majefté audit Châtelet &   débouter lefdites Religieufes de leurs prétentions; ce faifant, leur faire deffenfes & à
tous autres d'établir aucune Haute Juftice à Chaillot, Faubourg de la
Conference, à peine de mille liv. d'amende, & de tous dépens, dommages & interêts, & les condamner aux dépens, & donner acte aufdits Officiers de ce qu'ils employent pour production fous le nom du Procureur de fa Majefté audit Châtelet, pour eux & pour lui; ladite Requête,
fur laquelle auroit été mis acte de l'emploi, & au furplus qu'elle feroit
mife au fac fignifiée le feize dudit mois de Mai audit an mil fix cens foixante-trois; Requête préfentée au Confeil par les Bourgeois, Manans &

Habitans

Habitans de la Paroiſſe de Chaillot, le trente Juin mil ſix cens ſoixante-quatre, à ce qu'il plût à ſa Majeſté, les recevoir Parties intervenantes en l'Inſtance d'entre les Parties, & leur donner acte de ce que pour tous moyens d'intervention, écritures & productions ils employent le conte-uu en ladite Requête, & faiſant droit ſur leur intervention, ordonner qu'il n'y auroit dorénavant qu'un ſeul Siége de Juſtice en ladite Paroiſſe de Chaillot, comme de tems immemorial il a été pratiqué, les Officiers du-quel ſeroient nommés alternativement ou conjointement par les Proprié-taires deſdites Juſtices; & Ordonnance du Conſeil intervenu ſur ladite Requête ledit jour trente Juin mil ſix cens ſoixante-quatre, par laquelle leſdits Bourgeois, Manans & Habitans de ladite Parroiſſe de Chaillot, ont été reçus Parties intervenantes; acte de l'employ, & au ſurplus en jugeant, ſignifiée le trente deſdits mois & an; autre Requeſte dudit ſieur le Clerc du ſix Aouſt audit an, afin de reception du don fait de ladite Terre de Chaillot appartenante à ſa Majeſté par droit d'Aubaine de l'année mil quatre cens ſoixante-quatorze, dans lequel la Juſtice, haute, moyenne & baſſe, eſt préciſement énoncée, vérifiée, regiſtrée au Parlement, & Chambre des Comptes. Extrait de l'aveu, & dénombrement fourni en l'année mil cinq cens ſoixante-cinq, au Seigneur de Chaillot par les Re-ligieux Celeſtins de Paris, de leur Fief, Seigneurie de Seſure, mou-vant dudit Fief de Chaillot, dans lequel Fief, Seigneurie de Seſure, le droit de Juſtice, haute, moyenne & baſſe eſt énoncé. Extrait du Contrat de vente de ladite Seigneurie de Chaillot par le ſieur du Freſnoy au profit de Jean Griffon Secretaire du Roi, avec le droit de Juſtice, haute, moyenne & baſſe, de l'année mil cinq cens quatre-vingt-quatorze; autre extrait d'une tranſaction faite en l'année mil cinq cens quatre-vingt-ſeize, entre ledit Griffon Seigneur de Chaillot, & leſdits Religieux Ce-leſtins Seigneurs de Seſures, qui contient reconnoiſſance d'iceux Reli-gieux, de tenir & poſſeder ledit Fief de Seſures, mouvant de Chaillot, avec tout droit de Juſtice, haute, moyenne & baſſe; extrait de la ſaiſie réelle dudit Fief Seigneurie de Chaillot avec le droit de Juſtice, haute, moyenne & baſſe; autre extrait de la foi & hommage dudit Fief de Se-ſures mouvant dudit Chaillot, de l'année mil ſix cens ſoixante deux, qui contient auſſi la déclaration de la Juſtice, haute, moyenne & baſſe audit lieu de Seſures. Contrat d'acquiſition faite le trente Octobre mil ſix cens trente-neuf, par le nommé Hurant Epinglier à Paris, d'une maiſon à Chaillot dans l'étenduë du Fief de Long-Champ. Don fait par ſa Majeſté aux y dénommés de la maiſon dudit Hurant, échûe à ſa Ma-jeſté par droit de deshérance; Ordonnance du Conſeil intervenue ſur ladite Requête le ſix Aouſt audit an mil ſix cens ſoixante-quatre, por-tant que leſdites piéces ſeroient reçues & communiquées par les mains du Raporteur de l'Inſtance, & au ſurplus qu'en jugeant ſeroit fait droit, ſignifié leſdits jour & an. Acte de déclaration ſignifié à la requête deſdites Religieuſes le ſept deſdits mois & an, qu'elles employent pour repoſes & contredits à ladite Requête, & piéces y mentionnées; tout ce qui a

E e

été mis, écrit & produit par lefdites Religieufes: autre Requête dudit fieur le Clerc du dix-huit defdits mois & an, aux fins de jonction à
ladite Inftance, aux fins y mentionnées en ladite Requête ; un Arrêt dudit Parlement de Paris, obtenu au mois de Mars mil cinq cens quatre-
vingt-trois, par la veuve du nommé Beauquefne lors Seigneur dudit
Chaillot, contre le nommé Creffé, par lequel en conféquence d'autres
Arrefts datés en icelui, deffenfes font faites audit Creflé, & à tous autres
de troubler le Seigneur de Chaillot, & tous autres en ladite haute Juftice, fur laquelle Requête auroit été ordonné que ladite piéce feroit
reçue & communiquée par les mains du fieur Raporteur de l'Inftance,
& au furplus en jugeant, fignifiée ledit jour dix-neuf Aouft mil fix.cens
foixante-quatre ; autre Requefte dudit Procureur du Roi au Châtelet,
dudit jour dix-huit Aouft mil fix cens foixante-quatre pour être reçu à
rembourfer aufdites Religieufes le prix de l'adjudication de la haute Juftice de Chaillot, fur laquelle Requefte feroit mife au fac, pour en jugeant
y être fait droit, fignifiée le vingt defdits mois & an ; autre Requefte dudit fieur le Clerc du vingt-un du même mois, tendante à ce qu'il plût à
fa Majefté renvoyer les Parties fur leurs conteftations audit Parlement
de Paris, vû qu'il s'agit de l'éxécution des Arrefts d'icelui, pour y proceder avec tous les intereffés fus nommés, qui à cette fin y feroient appellés, & cependant deffenfes de troubler ledit fieur le Clerc en l'exercice de fa Juftice, haute, moyenne & baffe dans l'étendue de fon Fief,
telle qu'elle eft établie par fes titres, fur laquelle Requête auroit été ordonné qu'en jugeant feroit fait droit, fignifiée le vingt-un defdits mois
& an ; autre dudit fieur le Clerc du vingt-fix du même mois, afin d'addi-
dition d'une Enquête par lui recouvrée, par laquelle eft juftifié la poffeffion & jouiffance de fes Auteurs de ladite Juftice, qu'il y a eû des Officiers qui l'ont exercée au nom des Seigneurs de Chaillot fes prédecef-
feurs, ainfi qu'il a titres & poffeffion, dont il a la preuve authentique,
fur laquelle Requête auroit été ordonné que ladite piéce feroit reçue &
communiquée par les mains du Raporteur de l'Inftance, fans rétardation
du Jugement d'icelle; Exploit de fignification de ladite Requête & Ordonnance à l'Avocat defdites Religieufes dudit jour vingt-fix Aout mil fix
cens foixante-quatre, & tout ce qui par lefdites Parties auroit été mis,
écrit & produit pardevers le fieur de Caumartin Confeiller de Sa Majefté
en fes Confeils, Maître des Requeftes ordinaire de fon Hôtel, qui
en a communiqué aux fieurs d'Aligre, Vertamont, Deshameaux, Me-
grigny, Boucherat & Puffort, Confeillers ordinaires de Sa Majefté
en fes Confeils, & tout confideré : LE ROI EN SON CONSEIL, faifant
droit fur l'Inftance fans avoir égard à l'oppofition, & Requête civile dudit
le Clerc, interventions & Requeftes des Officiers du Châtelet, & Habitans de Chaillot, a maintenu & gardé, maintient & garde lefdites Religieufes en la poffeffion & jouiffance de la haute-Juftice, & de tous & tels
droits de Jurifdiction qui appartiennent à fa Majefté en l'étendue du Village
de Chaillot, fins & limites d'icelui, même au droit de nommer les Offi-

ciers neceffaires pour l'exercice de ladite Haute-Juftice, le tout conformement à l'engagement qui fût fait par les Commiffaires du Roi à feu Simon de Creffé, le vingt-neuf Décembre mil cinq cens foixante-feize, & en conféquence ordonne qu'il fera inceffamment paffé outre à la reception defdits Officiers par les fieurs Maîtres des Requêtes de l'Hôtel pour cette fois feulement, & fans tirer à conféquence pour l'avenir ; fait fa Majefté de très expreffes inhibitions & deffenfes audit le Clerc & à tous autres de le troubler en la poffeffion de ladite Haute-Juftice, fans préjudice néanmoins audit le Clerc de fa moyenne & baffe Juftice en l'étenduë de fadite Terre, appartenances & dépendances d'icelle, dans laquelle fa Majefté l'a pareillement maintenu & gardé, fait deffenfes de l'y troubler ; & ayant égard à l'oppofition defd. Notaires du Châtelet de Paris, ordonne qu'il ne pourra être établi aucun Notaire Royal aud. Chaillot fous quelque prétexte & occafion que ce puiffe être même, en vertu dud. engagement, fans dépens entre les Parties. FAIT au Confeil Privé du Roi, tenu à Paris le troifiéme jour de Septembre mil fix cens foixante-quatre.

Arrêt du Parlement, qui maintient les Commiffaires au Châtelet de Paris, dans le Droit de Prévention en matiere de Scellé ; contre les Abbé, Religieux & Convent de l'Abbaye S. Germain-des-Prés, ayant pris le fait & caufe de leurs Officiers en leur Juftice de ladite Abbaye.

LOUIS, PAR LA GRACE DE DIEU, Roi de France & de Navarre, au premier Huiffier de notre Cour de Parlement, ou autre notre Huiffier ou Sergent fur ce requis : SCAVOIR, FAISONS : Qu'entre Louis Philipes Potin, Jeanne-Marguerite Dupleffis-Chatillon fon époufe, Jean-Baptifte-François Robert Guyon, Catherine Dupleffis-Chatillon fon époufe, Jean Vinx, Louis Corneille Vinx, Jean-François Vinx, Elifabeth-Auguftine Delaplanche veuve Carnot, Jeanne-Catherine Vinx, & Marie-Anne Vinx filles majeures, feules habiles à fe dire héritieres de deffunte Marie-Madeleine Dupleffis-Chatillon, époufe de Me. Charles l'Ecureau Avocat en notredite Cour, demandeurs en Requefte inferée en l'Arrêt de notred. Cour, du dix-huit Decembre dernier, à ce qu'ils fuffent reçus Appellans de l'appofition de fcellés appofés après le decès de ladite défunte femme l'Ecureau, permis de faire intimer qui bon leur femblera, qu'il plaife à la Cour faire défenfes de paffer outre, & faire pourfuites ailleurs qu'en notre-

15. Janvier 1739.

dite Cour ; & attendu la main-levée & confentement des Parties intereffées, ordonner par provifion que les fcellés appofés par le Commiffaire Charles, feront à la premiere fommation qui lui en fera faite par lui levés, iceux préalablement reconnus ; ce fait, tenu de fe retirer, & faute de comparoir à l'effet de la reconnoiffance & levée defdits fcellés, qu'il fera permis aufdits héritiers de les lever, rompre & brifer, lequel Commiffaire fera tenu de remettre les clefs, à ce faire contraint ; quoi faifant déchargé : ordonner pareillement par provifion qu'à la premiere fommation qui fera faite au Bailly de Saint Germain-des-Prez, il fera tenu de comparoir à l'effet de la reconnoiffance & levée des fcellés par lui appofés par croifement fur les mêmes effets après ledit décès, à l'effet de proceder à l'Inventaire & defcription des meubles & defdits effets, ainfi que les héritiers le requierent, aufquels Inventaire & defcription il fera tenu de proceder, nonobftant & fans s'arrêter à toutes oppofitions & empêchemens faits ou à faire, & aux fins de l'Exploit d'affignation du lendemain dix-neuf Décembre d'une part, & Me. Charles Charles notre Confeiller-Commiffaire, Enquêteur & Examinateur au Châtelet de Paris, défendeur d'autre part ; & entre Meffire Louis de Bourbon, Comte de Clermont, Prince de notre Sang, Abbé Commendataire de l'Abbaye Saint Germain-des-Prés, & les Religieux, Prieur & Convent de ladite Abbaye, prenant le fait & caufe de leurs Officiers en leur Juftice de ladite Abbaye, Demandeurs en Requefte du vingt dudit mois de Décembre, à ce qu'ils fuffent reçus Parties intervenantes en la Caufe fur la fufdite Requête, acte leur fut donné de leur intervention, & de l'employ d'icelle ; acte pareillement de ce qu'ils prennent le fait & caufe de leurs Officiers en ladite Juftice de ladite Abbaye ; acte pareillement audit fieur Comte de Clermont. & aufd. Religieux, de la requifition faite par lefd. prefomptifs héritiers ; que les fcellés appofés par lefdits Officiers de la Juftice de ladite Abbaye, après le décès de ladite l'Ecureau, foient par eux reconnus & levés, pour l'inventaire & defcription des meubles & effets qui font fous lefdits fcellés, être faits par lefdits Officiers en la maniere accoûtumée ; en conféquence ordonner que le Commiffaire Charles fera tenu à la premiere fommation de reconnoître & lever les fcellés par lui appofés, finon en vertu de l'Arrêt qui interviendra, & fans qu'il en foit befoin d'autre, qu'ils feront levés & ôtés par lefdits Officiers de la Juftice de ladite Abbaye; ordonner pareillement que lefdits Officiers de ladite Juftice reconnoîtront & leveront les fcellés par eux appofés, & procederont à l'Inventaire & defcription defdits effets, ainfi qu'ils en ont été requis par lefdits préfomptifs héritiers; & en cas de conteftation, condamner les conteftans aux dépens d'une part, & lefdits Potin, Chatillon, Vinx & conforts, & ledit Me. Charles Défendeurs d'autre part; & entre Me. François Moreau Confeiller Honoraire en notredite Cour, & Subftitut du Procureur Général au Châtelet, Demandeur en Requête du cinq du prefent mois de Janvier, à ce qu'il plaife à notredite Cour le recevoir Partie intervenante en la caufe ci-deffus entre lefdites Parties, lui donner acte de fon intervention & de l'employ d'icelle, le recevoir Appellant, tant comme de Juge incompétent qu'autrement, de l'appofition des Contre-fcellés defdits Officiers de ladite Juftice & Bailliage de l'Abbaye de Saint Germain des-Prés, faite après le décès de ladite femme l'Ecureau, poftérieurement au fcellé appofé dès le trente Octobre dernier par le Commiffaire Charles fur lefdits meubles & effets par droit de prévention à la Requête dudit l'Ecureau fon mari, fur lequel Appel les Parties en viendront au premier jour; & cependant en donnant acte audit Subftitut de fa prife de fait & caufe du Commiffaire Charles, & de fa reclamation dudit droit de prévention en faveur de la Jurifdiction du Châtelet de Paris, fans s'arrêter aux Requêtes dudit fieur Comte de Clermont & de fes Religieux, & defdits héritiers & autres, dont ils feront déboutés; ordonner que par provifion à la première fommation qui fera faite à la Requefte dudit Subftitut, lefdits Officiers dudit Bailliage & de ladite Juftice de l'Abbaye de Saint Germain, feront tenus de venir reconnoître, lever & ôter, les Parties intereffées préfentes ou dûement appellées, leurs fcellés & contre-fcellés, finon qu'ils feront levés & brifés par le Commiffaire Charles, & par lui procedé à la levée de fes fcellés par lui appofés fur lefdits effets, procedé & paffé outre à l'inventaire & defcription par les Officiers du Châtelet, nonobftant toutes oppofitions faites ou à faire, lefquelles tiendront fur le Procès-ver-

bal dudit Commiſſaire, & les Ordonnances qu'il rendra, exécutées, nonobſtant tontes oppoſitions ou appellations quelconques, & ſans y préjudicier d'une part; & ledit Meſſire
Louis de Bourbon Comte de Clermont, & leſdits Religieux
de l'Abbaye de Saint Germain-des-Prés, & leſdits Potin, Vinx,
Chatillon & Conſorts, Défendeurs d'autre part; & entre les
Doyen, Syndics & Communauté de nos Conſeillers Notaires,
Gardes-notes & Garde-Scel au Châtelet de Paris, Demandeurs en Requête du quatorze du preſent mois de Janvier,
afin d'être reçus Parties intervenantes en la Cauſe d'entre les
ſuſdites Parties, qu'il plaiſe à notredite Cour leur donner acte
de leur intervention & de l'employ d'icelle; ce faiſant, en prononçant ſur les différentes demandes proviſoires reſpectivement formées, ſans s'arrêter aux Requêtes & demandes dudit ſieur Comte de Clermont, deſdits Religieux & deſdits
héritiers, attendu que la Juriſdiction du Châtelet eſt ſaiſie par
droit de prévention; ordonner que l'Inventaire des biens &
effets de la ſucceſſion de ladite femme l'Ecureau, ſera fait
par celui des Notaires du Châtelet qui ſera requis par les Parties intereſſées, faire défenſes auſdits Officiers du Bailliage
de Saint Germain-des-Prés, & tous autres, de troubler les
Notaires du Châtelet en la confection dudit Inventaire, ſous
telles peines qu'il plaira à notredite Cour, condamner ledit
ſieur Comte de Clermont aux dépens, ſauf à prendre par la
ſuite telles autres Concluſions, & ſous la réſerve de tous autres droits & actions d'autre part, & ledit Sieur Comte de
Clermont & Religieux de ladite Abbaye, & leſdits Potin,
Chatillon, Vinx & Conſors, Commiſſaire Charles & Subſtitut du Procureur Général, Défendeurs d'autre part. Après
que de Lagoute Avocat de Louis-Philipes Potin, ſa femme
& Conſors, Viel Avocat de Charles Charles, Laverdy Avocat de François Moreau, Cottin Avocat de Louis de Bourbon Comte de Clermont, & des Officiers du Bailliage de
Saint Germain-des-Prés, & Gillet Avocat des Notaires au
Châtelet, ont été oüis pendant deux Audiences: enſemble
Dagueſſeau pour notre Procureur General: NOTREDITE
COUR reçoit Louis de Bourbon Comte de Clermont, l'une
des Parties de Cochin, Partie intervenante, lui donne Acte
de ſa priſe de fait & cauſe pour ſes Officiers, reçoit les Par-

ties de la Verdy & de Gillet Parties intervenantes, donne
Acte à la Partie de la Verdy de ce qu'elle prend le fait &
cauſe de la Partie de Viel, & de ſa réclamation du droit de
prévention en faveur des Officiers du Châtelet; en conſéquence reçoit la Partie de la Verdy Appellante, tant comme
de Juge incompétent qu'autrement, de l'appoſition des contre-ſcellés des Officiers du Bailliage de Saint Germain-des-
Prés, poſterieurement aux Scellés appoſés par la Partie de
Viel, ordonne que ſur ledit Apel leſdits Parties en viendront
au premier jour, & cependant par proviſion, ſans s'arrêter aux
Requêtes des Parties de Cochin & de Lagoute, dont elle les
déboute, ordonne qu'à la premiere ſommation qui en ſera faite,
les Officiers de la Partie de Cochin ſeront tenus de venir reconnoître leurs ſcellés & contre-ſcellés, les Parties de Lagoute preſentes ou dûement appellées, ſinon qu'ils ſeront levés
& briſés par la Partie de Viel, & procédé par ladite Partie de
Viel à la levée des ſcellés par elle appoſés, & enſuite paſſé
outre à l'Inventaire & deſcription deſdits effets par tel Notaires qu'il plaira aux Parties de Lagoute de choiſir; condamne leſdites Parties de Cochin & de Lagoute aux dépens envers
les Parties de Viel, de la Verdy & de Gillet. SI MANDONS
mettre le preſent Arrêt à exécution. FAIT en Parlement le
quinze Janvier, l'an de grace mil ſept cens trente-neuf, &
de notre Regne le vingt-quatre. *Collationné. Signé*, AUVERTIN,
avec paraphe. Par la Chambre, *Signé*, MIREY.

---

*Arrêt du Conſeil d'Etat du Roy, qui maintient les Com-
miſſaires au Châtelet de Paris, dans le Droit de Prévention en matiere de Scellé; contre le Grand-Prieur
de France, prenant le fait & cauſe de ſes Officiers en
la Juſtice du Temple.*

Extrait des Regiſtres du Conſeil d'Etat.

LE ROI étant informé qu'après le décès d'Anne-Marie- 3. May 1739.
Joſeph de Loraine Prince de Guiſe, le Commiſſaire Blanchard auroit été requis, tant par le Prince de Guiſe, habile

à se dire & porter héritier de son Pere, & par le Prince Charles de Loraine Tuteur honoraire, que par le Duc & la Duchesse de Richelieu son épouse, aussi habiles à se dire & porter héritiers dudit Prince de Guise leur pere & beau-pere,
& par le Comte d'Evreux Tuteur honoraire de la Demoiselle
de Boüillon de la Tour d'Auvergne, mineure, aussi habile
à se dire & porter héritiere dudit défunt Prince de Guise son
Ayeul, par représentation de ladite Dame Duchesse de Boüillon sa mere, pour apposer les scellés sur les meubles & effets
délaissés en son Hôtel, scis à Paris dans l'enclos du Temple,
où il est décedé le vingt-neuf Avril dernier sur les deux heures & demi après midi; que dans le tems que ledit Commissaire au Châtelet apposoit ses scellés, à quoi il vacquoit depuis
plus d'une heure, le Bailly de la Justice du Temple, à la requisition du Procureur Fiscal de ladite Justice, s'est transporté ledit jour vingt-neuf Avril dernier, entre quatre & cinq
heures après midi, à la porte dudit Hôtel pour y apposer les
scellés, & que les Gens d'affaire du Prince de Guise lui ayant
remontré qu'il avoit été prévenu par le Commissaire au Châtelet, qui étoit alors en fonction, & même qu'il avoit déja apposé les scellés sur presque la totalité des effets délaissés dans
ledit Hôtel, il n'avoit aucun droit de s'immiscer dans les affaires de la succession du Prince de Guise, sur laquelle remontrance le Bailly du Temple s'est retiré, en menaçant les Officiers d'y revenir, & de faire enfoncer les portes; en effet le
lendemain trente Avril dernier, ce même Bailly du Temple
a fait rendre au Grand Conseil, sur une Requête qu'il a présentée sous le nom de Frere Jean-Philipes Chevalier d'Orleans,
Grand Prieur de France, comme prenant le fait & cause
pour son Procureur Fiscal de la Justice du Temple, un Arrêt par lequel il a été permis au Grand-Prieur de France, &
au Procureur Fiscal de la Justice du Temple, de faire faire
ouverture des portes de l'Hôtel où est décedé le Prince de
Guise, à l'effet d'y être à la requisition du Procureur Fiscal
apposé par ledit Bailly du Temple, les scellés sur les meubles
& effets délaissés par le Prince de Guise en la maniere accoû-
mée, pour la conservation des droits des mineurs & autres
qu'il appartiendra; permet aussi au Bailly du Temple, en cas
qu'il ait été apposé des scellés par les Officiers du Châtelet,

de

de croiser lesdits scellés pour la conservation des Droits & privileges de l'Ordre & du Grand Prieur de France, & cependant fait défenses aux Parties de faire poursuites & procédures ailleurs qu'au Grand Conseil, à peine de nullité, cassation de procedures, quinze cens livres d'amende, dépens, dommages & interêts ; cet Arrêt a été signifié à l'Hôtel du Prince de Guise le même jour trente Avril sur les quatre heures après midi, & dans l'Instant le Bailly, le Procureur Fiscal & le Greffier de la Justice du Temple, accompagnés de Sergens, Recors & Serruriers, & suivis d'un grand nombre de Soldats aux Gardes Suisses, la plûpart ayant des marteaux & massuës, se sont présentés à la porte dudit Hôtel, & ont ménacé de la faire rompre, ce qu'ils se sont mis en devoir de faire exécuter, lorsque les Gens d'affaires du Prince de Guise, pour éviter un si grand scandale, & persuadés que les Officiers de la Justice du Temple n'auroient osé se porter à de pareilles violences, s'ils n'y avoient été autorisés par un ordre de Sa Majesté, leur ont fait ouvrir les portes, & en conséquence lesdits Officiers sont entrés dans l'Hôtel, où le Bailly à la seule requisition du Procureur Fiscal, a contre-scellé les scellés qui avoient été apposés par le Commissaire Blanchard : & d'autant que les difficultés qui se sont élevées à ce sujet, entre les Officiers de la Justice du Temple, & les Officiers du Châtelet de Paris, ne peuvent que donner lieu à une Instance en réglement de Juges, dont la durée seroit très-préjudiciable tant aux héritiers présomptifs du Prince de Guise, qu'aux Créanciers de sa succession ; lesdits héritiers ont representé très humblement à sa Majesté, qu'indépendamment de l'indécence & de la violence des Officiers de la Justice du Temple, leur entreprise est en elle-même absolument irreguliere, contraire aux droits & à la possession des Commissaires au Châtelet, contraire à la Jurisprudence des Arrêts du Parlement, & même contraire aux titres de rétablissement de la haute Justice de la Commanderie du Temple.

1°. L'entreprise est irreguliere en elle-même, parce qu'il n'est permis aux Officiers des Justices subalternes, (telle qu'est celle du Temple, dont les appellations ressortissent au Châtelet de Paris) d'apposer aucuns scellés à la Requête du Procureur Fiscal, mais seulement à la requête des héritiers ou

F f

Créanciers ; c'eft ce qui eft ordonné expreffement fur peine de faux & de nullité, par un grand nombre d'Arrêts , & notamment par deux Arrêts du Parlement des trois Décembre mil cinq cens foixante-neuf, & trente Décembre mil fix cens quinze ; cependant la Requête du Bailly du Temple inferée en l'Arrêt du Grand Confeil fait foi , qu'il ne s'eft tranfporté à l'Hôtel du Prince de Guife pour y appofer les fcellés qu'à la requête du Procureur Fifcal, & fans avoir été requis par aucun héritier ni créancier ; en effet il n'a procedé qu'à la requête du Procureur Fifcal, au moyen de quoi fon Procès-verbal d'appofition & croifé des fcellés eft nul & faux, fuivant la Jurifprudence des Arrêts.

2°. Cette entreprife eft contraire aux droits & à la poffeffion des Commiffaires au Châtelet de Paris , parce que ces Officiers, ainfi que les autres Officiers des Juftices Royales de Paris, ont le droit de prévention dans l'étenduë des Juftices fubalternes fur les Officiers defdites Juftices, ainfi qu'il a été jugé toutes les fois qu'il y a eû conteftation à ce fujet entre ces différens Officiers, & notamment par Arrêts du Parlement des 3. Décembre 1569. 30. Avril 1588. 30. Décembre 1615. 2. Juin 1643. (*a*) 13. Mai 1645. 15. Septembre 1683. (*b*) 7. Mars 1725. & 15. Janvier 1739. le premier defquels Arrêts , ainfi que celui du 15. Septembre 1683. ont été rendus contradictoirement avec les Grands Prieurs du Temple : il eft conftant dans le fait que de tout tems les Commiffaires au Châtelet de Paris ont appofé les fcellés dans l'enclos du Temple :

(*a*) Cet Arrêt adjuge aux Officiers de la Prévôté Royalle d'Angers , la Prévention en matiere de Scellé, dans la Juftice du Chapitre de l'Eglife de cette Ville; il auroit été plus à propos de rappeller icy l'Arrêt du 8. Février 1674. qui adjuge aux Officiers du Châtelet, la Prévention en matiere de Scellé, dans la Juftice du Temple; l'on auroit évité cette citation étrangere, & cette omiffion , fi l'on avoit eu alors un Recueil auffi exact que celui-cy.

(*b*) Cet Arrêt eft rendu dans l'efpece d'un Scellé où les Officiers de la Juftice du Temple avoient prévenu les Commiffaires du Châtelet ; mais il porte en termes exprès, *fauf & fans préjudice toutefois en autre caufe, les interêts de nos Officiers lorfqu'ils auront prévenu conformément aux Arrets ;* ainfi les Commiffaires font fondés à citer cet Arrêt comme un titre favorable à leur Droit de Prévention en matiere de Scellé.

ainfi que dans les autres lieux privilegiés, lorfque ces Officiers Royaux en ont été req..is par les Parties intereffées, & qu'ils ont prévenu les Officiers des Juftices fubalternes; ce Droit a été tellement reconnu par le Grand Prieur actuel, que la Dame fa Tante étant décedée il y a quelques années dans fon Hôtel Prioral du Temple, il fit lui-même appofer les fcellés par le Commiffaire Glou, & faire l'Inventaire par les Notaires au Châtelet.

3°. L'entreprife eft même contraire aux titres fondamentaux de la Juftice du Temple, c'eft ce qui eft prouvé par l'Arrêt du Parlement du 7. Septembre 1678. portant enregiftrement des Lettres Patentes du Roi du 20. Mars précédent, portant rétabliffement de la haute Juftice des Commanderies du Temple & de Saint Jean de Latran, par lequel Arrêt il a été expreffement ordonné que les Arrêts concernans la prévention, intervenus avant la fuppreffion des Juftices des Seigneurs de Paris, feront exécutés; par ces raifons & moyens lefdits héritiers du Prince de Guife ont très-humblement fupplié Sa Majefté de vouloir bien lever les obftacles qui fe prefentent, & qui font fi préjudiciables à leurs interêts & à ceux des créanciers de la fucceffion du Prince de Guife : A quoi le Roi voulant pourvoir : oui le rapport. SA MAJESTE' étant en fon Confeil, a ordonné & ordonne que par provifion, & fans préjudice du Droit des Parties au principal, les fcellés & contre-fcellés appofés fur les meubles & effets délaiffés par le feu Prince de Guife, en fon Hôtel dans l'Enclos du Temple, feront levés & ôtés par le Commiffaire Blanchard, que Sa Majefté à commis & commet à cet effet, après néanmoins que les Officiers de la Juftice du Temple, dûement appellés, en vertu de la fommation qui leur fera faite par l'un des Huiffiers aux Confeils de Sa Majefté, auront reconnu les fcellés par eux appofés, faute de quoi, permet Sa Majefté audit Commiffaire Blanchard de les lever, pour être enfuite procedé à l'Inventaire & à la vente defdits meubles & effets, s'il y échoit, en la maniere accoûtumée, par les Officiers qui en feront requis, fauf aufdits Officiers du Châtelet, & à ceux de la Juftice du Temple à fe pourvoir par les voyes ordinaires & accoûtumées pour être fait tel réglement qu'il appartiendra fur l'exercice de leur Juridiction : Et fera le prefent Arrêt exécuté nonobftant oppofitions on empê-

F f ij

chemens quelconques, pour lefquels ne fera differé, fans néan‑
moins qu'il puiffe être tiré à conféquenc en autre caufe. FAIT
au Confeil d'Etat du Roi, Sa Majefté y étant, tenu à Verfail‑
les le trois Mai mil fept cens trente-neuf. *Signé* PHELIPPEAUX.

---

*Extrait du Procès-verbal de Scellé appofé après le décès
de Meffire Nicolas Poupot Chanoine de Saint Marcel,
par M. de Machurin Commiffaire au Châtelet de Paris;
par lequel appert ledit Scellé avoir été mis par Droit de
Prévention, fur les Officiers de la Juftice du Chapitre
de ladite Eglife de Saint Marcel.*

17. Novembre
1739.

PAR le Procès-verbal de nous Pierre Vial de Machurin Con‑
feiller du Roi, Commiffaire au Châtelet de Paris, du
mardy dix fept Novembre mil fept cens trent-neuf.

APPERT avoir été par nous appofé fcellé fur les effets de
deffunt M. Nicolas Poupot, Prêtre Chanoine de l'Eglife de Saint
Marcel en la maifon par lui occupée Cloître dud. S. Marcel, à
la requête de Me. Michel Martin Grimperel Avocat au Parle‑
ment, Confeiller du Roi, Commiffaire au Châtelet, à caufe de
Dame Elifabeth-Catherine de Cuperly fon époufe, habile à fe
porter héritiere en partie dudit fieur Poupot fon oncle maternel.

APPERT auffi qu'en procedant à l'appofition de nofdits
fcellés, font furvenus les fieurs Officiers de la Juftice du Cha‑
pitre de Saint Marcel, lefquels ont dit qu'ils entendoient con‑
tre-fceller nos fcellés pour le foutien de leur Juridiction, con‑
tre laquelle proteftation ledit fieur Grimperel & nous Com‑
miffaire avons fait toutes proteftations contraires pour le fou‑
tient de la Jurifdiction du Châtelet, qui a droit de prévention
dans les Juftices des Seigneurs, & en conféquence avons con‑
tinué l'appofition de nofdits fcellés.

ET plus loin fur notredit Procès-verbal d'appofition, appert
lefdits Officiers de la Juftice de Saint Marcel, s'être retiré fans
contre-fceller nofdits fcellés.

COMME AUSSI appert le Mercredy vingt-cinq dudit mois
de Novembre, & jours fuivans avoir été par nous à la requête
de plufieurs des Parties intereffées, & pour l'abfence des au‑
tres en la prefence de Me. Doyen, Subftitut de M. le Procureur

du Roi aud. Châtelet, procédé à la reconnoiſſance & levée de noſd. ſcellés, en la préſence des ſieurs Caillau & Morin Chanoines de S. Marcel comme députés de leur Chapitre pour la ſûreté de leurs droits & cauſes de l'oppoſition formée par eux à noſd. ſcellés, par Maître Fauvelay leur Procureur au Châtelet.

EXTRAIT ſur ledit Procès-verbal, demeuré en la poſſeſſion de nous Commiſſaire ſuſdit & ſouſſigné, ce jourd'hui vingt Septembre mil ſept cens quarante, *ſigné*, VIAL DE MACHURIN.

Arrêt du Conſeil d'Etat du Roy, qui; ſur l'Inſtance en Réglement de Juge, formée entre les Prieur, Religieux, & Convent de l'Abbaye Saint Germain-des-Prés, le Procureur du Roy & les Commiſſaires au Châtelet, au ſujet d'un Scellé appoſé dans l'Enclos de ladite Abbaye, par le Commiſſaire Chaſtelus, lequel avoit été le lendemain contre-ſcellé par les Officiers dudit lieu, pour raiſon deſquels ſcellé & contre-ſcellé ils s'étoient pourvûs; l'un au Parlement, les autres au Grand-Conſeil; Renvoye les Parties au Parlement, pour y être ſtatué ſur leur différend, & condamne les Religieuxen trois cens livres de dommages, interéts; & Monſieur le Comte de Clermont & leſdits Religieux, en tous les dépens. (a)

Extrait des Regiſtres du Conſeil d'Etat privé du Roy.

ENTRE les Prieur & Religieux de l'Abbaye Royalle de Saint Germain-des-Prés, ayant repris par acte au Greffe, du troiſiéme Aouſt mil ſept cens trente-ſept, au lieu & place du feu Sʳ. Cardinal de Biſſy, Abbé de lad. Abbaye, l'Inſtance en reglement de Juges, & demandeurs aux fins de la Requête inſerée en l'Arrêt du Conſeil, du huit Juillet mil ſept cens trente-ſept, & aſſignation donnée en conſéquence le neuviéme dudit mois de Juillet d'une part, & le ſieur François Simon Chaſtelus, Conſeiller du Roi, Commiſſaire, Enquêteur-

8. Févrie. 1740.

(*a*) Il y a eu un Mémoire imprimé dans cette affaire, que l'on trouvera à la ſuite de cet Arrêt.

F f iij

Examinateur au Châtelet de Paris, défendeur d'autre part; fans que les qualités puiffent nuire ni préjudicier aux Parties. Vu au Conſeil d'Etat privé du Roi, l'Arrêt obtenu en icelui le huit Juillet mil ſept cens trente-ſept ſur Requête par Henry Thiard Cardinal de Biffy, Evêque de Meaux, Abbé Commendataire de l'Abbaye Royale de Saint Germain-des-Prés, tendante pour les cauſes y contenues, à ce qu'il plût à ſa Majeſté ordonner qu'aux fins de ladite Requête, tant le Commiffaire Chaſtelus que la veuve Blondeau, feront affignés au Conſeil à quinzaine, pour être les Parties reglés de Juges d'entre le Grand-Conſeil & le Parlement de Paris, ſur les conteſtations qui ſe font élevées entre les Parties, à l'occaſion des ſcellés & contre-ſcellés appoſés le 18. Juin 1737. ſur les meubles & effets du nommé Blondeau, circonſtances & dépendances, ordonner ſi faire ſe doit que les Parties feront renvóyées au Grand Conſeil pour y proceder ſur leurs conteſtations ſuivant les derniers erremens, & cependant faire deffenſes auxdites Cours de connoître deſdites conteſtations, & aux Parties d'y faire aucunes pourſuites ni procédures, juſqu'à ce qu'autrement il en ait été ordonné par ſa Majeſté, à peine de nullité, caffation de procédures, quinze cens livres d'amende, & de tous dépens, dommages & intereſts, à la charge de faire ſignifier ledit Arrêt, & donner l'affignation par un ſeul & même exploit, autrement & à faute de ce faire défenſes auſdites Cours d'y avoir égard, & permet aux Parties de procéder comme avant icelui, fans qu'il ſoit beſoin d'autre Arrêt pour lever leſdites défenſes, par lequel Arrêt Sa Majeſté a ordonné qu'aux fins de ladite Requête, le Commiffaire Chaſtelus & la veuve Blondeau feroient affignés au Conſeil dans les délais du reglement, pour les Parties oüies être ordonné ce qu'il appartiendra, leur faiſant cependant défenſes de faire aucunes pourſuites ni procédures ailleurs, qu'au Conſeil, juſqu'à ce qu'autrement il en ait été ordonné par ſa Majeſté, à la charge de faire ſignifier ledit Arrêt, & donner les affignations par un ſeul & même exploit; enſuite eſt l'affignation donnée conformément audit Arrêt le 9. Juillet 1737. audit Commiffaire Chaſtelus, & à la veuve Blondeau, à comparoir au Conſeil à la quinzaine pour y repondre & procéder ſur & aux fins de la Requête inſerée audit Arrêt du Conſeil, acte d'occuper fur ladite affignation par M^e. Proa Avocat pour le Commiffaire Chaftelus fignifié le 24. Juillet 1737. Sommation faite le 31. dudit mois de Juillet par ledit Me. Proa Avocat dudit fieur Chaftelus, à Me. Hequart ci-devant Avocat dudit deffunt fieur Cardinal de Biffy, de declarer s'il entend reprendre l'Inftance pour les Prieur & Religieux de lad. Abbaye, finon protefte de les faire affigner en reprife : acte mis au Greffe du Coufeil le trois Août mil fept cens trentefept par ledit Me. Hequart, par lequel il declare audit Me. Proa qu'il réprend l'Inftance pour lefdits Prieur, Religieux de ladite Abbaye au lieu & place de M. le Cardinal de Biffy contre ledit Commiffaire Chaftelus & la veuve Blondeau ; reprife faite en conféquence par lefd. Prieur & Religieux ledit jour 3. Aouft par ledit Me. Hequart de ladite Inftance pour lefdits Prieur & Religieux fignifiée le 10. dudit mois d'Aouft ; acte par ledit Me. Proa, par lequel il déclare qu'il donnera fa Requête au nom dud. S^r. Commiffaire Chaftelus, afin de faire commettre un Raporteur, du 8. dudit mois d'Août ; Requête préfentée au Confeil par ledit fieur Commiffaire Chaftelus aux fins de faire nommer un Raporteur en l'Inftance d'entre lefdites Parties ; Ordonnance du Confeil au bas, du 12. Aouft 1737. qui commet le fieur Megret de Serilly, Chevalier Confeiller du Roi en fes Confeils, Maître des Requeftes ordinaire de fon Hôtel pour Raporteur de ladite Inftance, ladite Requefte fignifiée le 13. dudit mois d'Août audit Me. Hequart Avocat au Confeil ; Ordonnance décernée par ledit fieur de Serilly le 17. Août 1737. pour voir ordonner la fignature de l'appointement offert par ledit Me. Proa le 8. dudit mois d'Août ; fignification de ladite Ordonnance du même jour 17. Aouft ; appointement offert par correction de la part dudit Me. Hequart ledit jour 17. Août 1737. en fin duquel eft fon Ordonnance portant acte aufdits M^{es}. Proa & Hequart Avocats, de leurs comparutions, dires & requifitions, & ordonne que l'appointement offert de la part de Me. Proa le 8. dudit mois d'Aouft, fera figné à la charge d'être rendu conforme à celui offert par correction le 17. dudit mois d'Aouft, fans que les qualités puiffent nuire ni préjudicier aux Parties ; fignification dudit Procès-verbal du 22. dudit mois d'Aouft, ledit appointement figné ledit jour 20. Aouft, par lequel il eft ordonné

que dans trois jours les Parties fe communiqueront refpectivement par originaux ou par copies les piéces dont elles entendent fe fervir, écriront & produiront trois jours après tout
ce que bon leur femblera, pour fur le tout leur être fait droit;
fignification d'icelui dudit jour 22. Aouft; Inventaire fommaire
des piéces defdites Parties fignifiées les vingt-cinq Septembre & trois Décembre mil fept cens trente-fept; Requefte préfentée au Confeil le cinq Octobre 1737. par les Prieur & Religieux de l'Abbaye Royale de Saint Germain-des-Prés, employée pour fatisfaire audit appointement, & tendante pour
les caufes y contenues à ce qu'il plaife à fa Majefté, faifant
droit fur l'Inftance, fans s'arrefter aux demandes, fins & conclufions de Me. Chaftelus Commiffaire au Châtelet de Paris,
dont il fera debouté, renvoyer les Parties au Grand-Confeil,
pour y procéder fur leur Procès & différend, concernant les
fcellés & contre-fcellés appofés par le Commiffaire Chaftelus & le Bailly de Saint Germain-des-Prés, fur les meubles &
effets du feu fieur Blondeau, circonftances & dépendances,
& condamner ledit Commiffaire Chaftelus en mille livres de
dommages & interefts & aux dépens, ladite Requefte fignée
Hequart, ordonnance au bas portant acte de l'employ, au
furplus en jugeant fera fait droit; fignification d'icelle du dix
Octobre mil fept cens trente-fept; autre Requefte préfentée au
Confeil le vingt-neuf Novembre mil fept cens trente-fept par
François Simon Chaftelus Commiffaire au Châtelet de Paris,
employée pour fatisfaire au fufdit appointement, & tendante
pour les caufes y contenues à ce qu'il plût à fa Majefté, faifant
droit fur l'Inftance, fans s'arrefter aux demandes, fins & conclufions prifes par les Prieur & Religieux de Saint Germain-des-
Prés dont ils feront déboutés, renvoyer les Parties au Parlement de Paris, pour y procéder fur leur Procès & differend
concernant les fcellés appofés fur les meubles & effets du feu
fieur Blondeau, dans l'enclos de ladite Abbaye, circonftances & dépendances fuivant les derniers erremens, & condamner lefdits Prieur & Religieux de ladite Abbaye en cinq
cens livres de dommages & interefts & aux dépens, ladite Requefte fignée Proa; Ordonnance au bas portant acte de l'employ, au furplus en jugeant; fignification d'icelle du trois Décembre mil fept cens trente-fept; Inventaire de production

des

des piéces defdites Parties ; enfin eft le produit au Greffe du Confeil des dix-huit & vingt Décembre mil fept cens trente-fept ; piéces produites par lefdits Religieux ; Imprimé d'un Arreft du Confeil d'Etat du vingt-un Janvier mil fix cens foi-xante-quinze rendu pour la confervation & exercice de la Juf-tice du Bailliage de Saint Germain-des-Prés-les-Paris ; établif-fement de marché & autres droits mentionnés audit Arreft ; enfuite font les Lettres-Patentes du Roi, du mois de Mars mil fix cens quatre-vingt-onze, obtenuës fur ledit Arreft par le feu fieur Cardinal de Fuftemberg Abbé de ladite Abbaye, tant pour lui que pour fes fuccefleurs, adreflées au Grand-Confeil, portant enregiftrement defdites Lettres du quinze Mars mil fix cens quatre-vingt-onze ; autre imprimé defdites Lettres Patentes du treiziéme Janvier mil fept cens vingt, accordées audit feu fieur Cardinal de Biffy, Abbé de ladite Abbaye, Evêque de Meaux, portant évocation générale de tous fes Procès au Grand-Confeil, du vingt-huit Juin mil fept cens trente-fept obtenuës fur Requefte préfentée par ledit feu fieur Cardinal de Biffy, qui le reçoit appellant de l'appofition des Scellés faite par le Commiffaire Chaftelus fur les meubles & effets de Blondeau, & de tout ce qui a fuivi, tient l'appel pour bien relevé, lui permet de faire affigner au Grand-Con-feil ledit Chaftelus & tous autres qu'il appartiendra, & cependant par provifion & fans préjudice du droit des Parties au principal, ordonne que les Scellés appofés après le décès de Blondeau, feront levés par les Officiers de l'Abbaye Saint Germain, après néanmoins que ceux appo-fés par led. Commiffaire auroient été par lui reconnus, lefquels il feroit tenu de venir reconnoître à la premiere fommation ; finon & à faute de ce faire levés & ôtés tant en abfence que préfence par lefdits Officiers de l'Abbaye, & par eux proce-dé à l'Inventaire des effets, Parties préfentes ou dûement ap-pellées, fait défenfes aux Parties de faire pourfuites ailleurs qu'au Grand-Confeil, à peine de nullité, caffation de procé-dure, quinze cens livres d'amende, dépens dommages & in-terêts ; enfuite eft la fignification dudit Arrêt audit Commif-faire Chaftelus, du vingt-huit Juin mil fept cens trente-fept, avec affignation au Grand-Confeil ; pieces produites par led. fieur Commiffaire Chaftelus ; copie fignée Proa d'un Arrêt du

G g

Parlement de Paris, du trois Décembre mil cinq cens foixante-
neuf, contradictoirement rendu entre la Communauté des
Clercs-Notaires du Châtelet de Paris, Demandeurs d'une part;
l'Evêque de Paris, les Religieux de Sainte-Géneviéve, le Chapitre de Saint Marcel, les Religieux, Abbé, & Convent de
Saint-Germain-des-Prés, les Religieux, Abbé & Convent de
Saint Magloire, les Religieux de Saint-Martin-des-Champs,
le Grand-Prieur du Temple, le Greffier du Tréfor, & la Communauté des Examinateurs du Châtelet de Paris, Deffendeurs
d'autre part, portant entr'autres chofes, que le Droit de Prévention appartiendra aux Officiers du Châtelet, dans la Ville &
Fauxbourgs de Paris; autrecopie fignée Proa d'un Arrêt du Parlement de Paris, rendu le trente Décembre mil fix cens quinze,
entre Meffire Henry de Gondy Evêque de Paris, Prieur du
Prieuré de Saint Eloy, ayant pris le fait & caufe de fon Procureur-Fifcal audit Prieuré, d'une part; le Procureur-Général
prenant le fait & caufe de fon Subftitut au Châtelet, les Lieutenant Civil, Criminel, Particulier, Commiffaires, Notaires au Châtelet & autres, par lequel Arrêt, entr'autres chofes,
il eft fait deffenfes aux Officiers de Saint Eloy, d'appofer aucuns fcellés à la Requête du Procureur-Fifcal, & maintient les Notaires dans le droit de proceder à la confection des
Inventaires; autre copie fignée Proa, d'un Arrêt du Parlement
de Paris, du dix-huit Juin mil fix cens trente-trois, rendu entre
les héritiers Delaiftre, les Commiffaires au Châtelet & le
Procureur-Fifcal de Saint-Germain-des-Prés, par lequel, avant
faire droit fur les appellations, il a été ordonné que les fcellés
appofés, tant par le Commiffaire le Vacher que par le Bailly de
S.Germain & led.Procureur-Fifcal,feroient levés par led.Com-
miffaire le Vacher, Parties appellées, & être procedé à la confection de l'Inventaire par les Notaires du Châtelet; autre copie fignée Proa, d'un autre Arrêt du Parlement de Paris, du
vingt-deux Novembre mil fix cens cinquante-neuf, qui a ordonné par provifion, que le fcellé dont étoit queftion appofé
dans l'Enclos de ladite Abbaye, feroit levé par le Commiffaire le Brun qui l'avoit appofé, & l'Inventaire fait par deux
Notaires en la maniere accoûtumée; autre copie fignée Proa,
d'un Arrêt du Parlement de Paris, du vingt-un Janvier mil fix
cens quatre-vingt-treize, rendu entre les héritiers du feu fieur

Thevenot décédé à Iſſy, le Commiſſaire de la Salle, la Communauté des Commiſſaires, le Prévôt de la Juſtice d'Iſſy, les Religieux, Prieur & Convent de l'Abbaye de S. Germain-des-Prés,
& les Notaires au Châtelet de Paris, Intervenants, par lequel,
entr'autres choſes, il a été ordonné que les ſcellés appoſés par
le Commiſſaire la Salle, ſeroient par lui levés, & l'Inventaire fait
par les Notaires & en preſence dudit Commiſſaire, & les ſcellés appoſés par le Juge d'Iſſy, reconnus dans les vingt-quatre
heures, ſinon briſés; imprimé d'un autre Arrêt du Parlement,
du ſept Mars mil ſept cens vingt-cinq, rendu entre les Abbé,
Prieur, & Religieux de Sainte-Géneviéve-au-Mont-de-Paris, le
Procureur du Roy & les Commiſſaires au Châtelet de Paris,
qui maintient les Officiers du Châtelet de Paris dans le droit de
prévention dans la Ville & Fauxbourgs de Paris, & notament
dans l'étenduë de la Juſtice de Sainte Géneviéve ; Mémoire imprimé pour le Commiſſaire Chauvin, contre le ſieur de Lenoncourt Seigneur de Charonne; enſuite eſt un imprimé de l'Arrêt du Parlement du vingt-un Mai mil ſept cens vingt-ſept,
intervenu entre leſdites Parties & le Procureur du Roy du
Châtelet, Intervenant, qui ordonne, ſans préjudice du
droit des Parties, que le Commiſſaire Chauvin levera les
ſcellés par lui appoſés ſur les effets dont étoit queſtion, que
le Juge de Charonne ſera tenu de reconnoître les contre-ſcellés par lui appoſés à la premiere ſommation, pour enſuite
être procedé par les Notaires au Châtelet, ſi beſoin eſt, à
l'Inventaire; autre imprimé d'un Arrêt du Parlement, du premier
Juin mil ſept cens trente-un, obtenu ſur Requête par Jean Bouret demeurant à la Villette près Paris, ès noms qui ordonne,
que faute par les Officiers de Pantin, de lever à la premiere
ſommation les ſcellés dont étoit queſtion, ils ſeroient levés &
ôtés par le Commiſſaire Divot, qui procedera en la maniere
accoûtumée, ſes ordonnances exécutées, & enſuite procedé
à l'Inventaire par les Notaires du Châtelet; autre imprimé d'un
Arrêt du Conſeil, du ſix Mai mil ſept cens trente-trois, obtenu
ſur Requête par la veuve Bardoüe demeurante à la Chapelle S.
Denis, qui ordonne par proviſion, ſans préjudice du droit
des Parties au principal, que les ſcellés & contre-ſcellés appoſés chez deffunt Bardoüe, ſeroient levés par le Commiſſaire
Renard, que ſa Majeſté a commis à cet effet, les Officiers

G g ij

de la Juſtice de Saint Denis préſens ou dûement appellés ;
pour enſuite proceder à l'Inventaire des effets en la maniere
accoûtumée ; copie ſignée Proa Avocat, d'un Arrêt du Parlement de Paris, du neuf Décembre mil ſept cens trente-quatre, obtenu ſur Requête par Loüis Cochart, qui ordonne
par proviſion, que les Officiers de la Juſtice du Roulle ſeront
tenus à la premiere ſommation, de venir reconnoître, lever
& ôter leurs contre-ſcellés, ſinon, que leſdits contre-ſcellés
ſeroient levés & briſés, & ôtés par le Commiſſaire le Droit ;
Extrait délivré par le Commiſſaire Chaſtelus, du procès-verbal
d'appoſition des ſcellés par lui faite le dix-ſept Juin mil ſept
cens trente-ſept, ſur les effets du feu ſieur Blondeau, décédé
dans l'Enclos de l'Abbaye de Saint-Germain-des-Prés ; Arrêt
obtenu au Parlement par le Commiſſaire Chaſtelus, le deux
Juillet mil ſept cens trente-ſept, ſur Requête, qui le décharge
de l'aſſignation à lui donnée au Grand-Conſeil, le vingt-huit
Juin mil ſept cens trente-ſept, à la Requête du feu ſieur Cardinal de Biſſy, Abbé de l'Abbaye de Saint Germain, & que
ſur les conteſtations d'entre les Parties elles procederont au
Parlement ; fait deffenſes de faire pourſuite ailleurs, à peine
de nullité, mille livres d'amende, dépens, dommages, interêts, & l'oppoſition faite à la Requête dudit ſieur Cardinal
de Biſſy, le ſix Juillet mil ſept cens trente-ſept, aux Arréts que
le Commiſſaire Chaſtelus pouvoit avoir obtenus ; Ecritures,
Requêtes preſentées au Conſeil le vingt-ſix Août mil ſept cens
trente-ſept, par les Doyen, Syndics & Communauté des
Notaires au Châtelet de Paris, à ce qu'il plût à ſa Majeſté les
recevoir Parties intervenantes dans l'Inſtance en Reglement
de Juges pendante au Conſeil, & introduite par l'Arrêt du
huit Juillet mil ſept cens trente-ſept, entre le ſieur Cardinal de
Biſſy comme Abbé de l'Abbaye de Saint-Germain-des-Prés,
d'une part ; la veuve Blondeau, le ſieur Chaſtelus Commiſſaire
au Châtelet, & la Communauté des Commiſſaires, dans laquelle il s'agit d'un conflit de juriſdiction entre le Parlement
de Paris & le Grand-Conſeil, au ſujet d'un droit d'appoſition
des ſcellés de la part deſdits Commiſſaires au Châtelet dans
l'étenduë de la Juſtice de Saint-Germain-des-Prés ; leur donner acte de ce que pour moyens d'intervention ils employent
le contenu en ladite Requête, & le droit inconteſtable qui leur

eſt acquis de proceder aux confections des Inventaires, dans l'étenduë des Juſtices particulieres qui ſont dans la Ville & Banlieuë de Paris, où leſdits ſieurs Commiſſaires ont appoſé les ſcellés, faiſant droit ſur l'Inſtance, declarer ledit ſieur Cardinal de Biſſy non-recevable & mal fondé dans la permiſſion à lui accordée par ledit Arrêt du Conſeil du huit Juillet mil ſept cens trente-ſept, d'aſſigner au Conſeil en Reglement de Juges; en conſequence, ordonner que les Parties procederont ſur leurs procès & différends, circonſtances & dépendances, au Parlement de Paris, déja ſaiſi deſd. conteſtations ſuivant les derniers erremens, ſauf & ſans préjudice de prendre dans la ſuite de plus amples concluſions; condamner ledit ſieur Cardinal de Biſſy Abbé de ladite Abbaye, en tous les dépens; ladite Requête ſignée Daugy; Ordonnance au bas, portant reçûs Parties intervenantes, au ſurplus en jugeant ſera fait droit, en date dudit jour vingt-ſixiéme Août mil ſept cens trente-ſept; ſignification d'icelle du trente dudit mois d'Août; Requête preſentée au Conſeil le quinze Janvier mil ſept cens trente-huit, par les Syndics & Compagnie des Commiſſaires au Châtelet de Paris, prenant le fait & cauſe pour le Commiſſaire Chaſtelus l'un d'eux, tendante pour les cauſes y contenuës, les recevoir Parties intervenantes en l'Inſtance d'entre les ſuſdites Parties, leur donner acte de ce que pour moyens d'intervention ils employent le contenu en ladite Requête avec les pieces qu'ils produiront par un inventaire, leur donner pareillement acte de ce qu'ils prennent le fait & cauſe du Commiſſaire Chaſtelus: faiſant droit ſur l'Inſtance ſans s'arrêter aux demandes, fins & concluſions priſes par leſd. Religieux de l'Abbaye de S. Germain-des-Prés, dont ils ſeront déboutés, renvoyer les Parties au Parlement de Paris pour y proceder ſur leurs procès & différends, circonſtances & dépendances, ſuivant les derniers erremens, & condamner leſdits Religieux aux dépens; ladite Requête ſignée Proa Avocat, au bas eſt l'ordonnance portant reçûs Parties intervenantes, acte de l'employ, au ſurplus en jugeant ſera fait droit; & ſignification d'icelle du dix-huit Janvier mil ſept cens trente-huit; Inventaire-ſommaire des pieces deſdits Commiſſaires, du même jour dix-huit Janvier; Inventaire de production des pieces deſdits Commiſſaires, en fin duquel eſt l'acte de produit au Greffe du Conſeil, du vingt dudit mois de Janvier; deux pieces produites par lefdits fieurs Commiffaires; imprimé de l'Arrêt du Parlement du vingt-un Mai mil fept cens vingt-fept, cy-devant énoncé; copie fignée Proa, d'un Arrêt du Confeil d'Etat du onze Août mil fept cens trente-fept, qui ordonne par provifion & fans préjudice du droit des Parties au principal, que les fcellés & contre fcellés appofés fur les meubles & effets délaiffés par le feu fieur Cardinal de Biffy, tant dans la Maifon Abbatiale de Saint-Germain-des-Prés, Maifon de Berny, que dans le Palais Epifcopal de Meaux & Maifon de Germigny en dépendante, feront levés & ôtés par le Commiffaire le Comte que fa Majefté a commis à cet effet, les Officiers du Bailliage de Saint-Germain & ceux du Bailliage de Meaux, prefens ou dûëment appellés, pour enfuite proceder à l'Inventaire & vente defdits effets, s'il y écheoit, en la maniere accoûtumée; & enfuite eft la fignification dudit Arrêt auxdits Religieux & au Bailly de ladite Abbaye, du douze Août mil fept cens trente-fept; Requête prefentée au Confeil le vingt-deux Janvier mil fept cens trente-huit, par les Syndics & Compagnie des Commiffaires au Châtelet de Paris, prenant le fait & caufe du fieur Commiffaire Chaftelus l'un d'eux, employée pour contredits contre la production des Religieux de l'Abbaye de Saint-Germain-des-Prés, & concluent à ce qu'il plaife à fa Majefté, faifant droit fur l'Inftance, leur adjuger les fins & conclufions qu'ils y ont prifes, avec dépens; lad.Requête fignée Proa, au bas eft l'ordonnance portant acte de l'employ; fignificatiou d'icelle du vingt-trois dudit mois de Janvier; acte par lequel M^e. Molot Avocat ès Confeils declare à M^e. Hequart Avocat defd. Religieux, ayant repris au lieu du feu fieur Cardinal de Biffy, qu'il a charge d'occuper pour la veuve Blondeau, fur l'exploit à elle donné le neuf Juillet mil fept cens trente-fept en vertu dudit Arrêt du Confeil; fignification dudit acte du vingt-un Avril mil fept cens trente-huit; ordonnance décernée le vingt-deux Avril par le fieur de Serilly, aux fins de faire affigner led.M^e.Molot Avocat de ladite veuve Blondeau, pour voir declarer commun avec ladite veuve Blondeau, l'appointement figné le vingt Août mil fept cens trente-fept, & qu'elle fera tenuë d'y fatisfaire dans les délais yportés; & lefd.Mes.Hequart & Daugy Avocats auxdits noms pour le voir ainfi dire & ordonner; fignification

de ladite ordonnance ; du même jour vingt-deux Avril 1738.
Procès-verbal fait devant ledit sieur Megret de Serilly le vingt-
trois dud. mois d'Avril, en fin duquel est son Ordonnance portant acte à M^e. Proa Molot & Hequart de leurs comparutions ;
defaut contre M^e. Daugy declaré commun avec la Partie dudit Malot, l'appointement signé en l'Instance le vingt Aoust
mil sept cens trente-sept, à la charge d'y satisfaire dans les délais y portés, & sans que les qualités puissent nuire ni préjudicier aux Parties ; signification d'icelui du vingt-neuviéme Avril
mil sept cens trente-huit ; acte par lequel Me. Molot Avocat
de ladite veuve Blondeau, declare à M^{es}. Hequart & Proa
que pour satisfaire audit Reglement déclaré commun avec ladite veuve Blondeau il n'a aucunes piéces à leur communiquer ; Requeste présentée au Conseil par Marie-Jeanne la
Fosse épouse non-commune en biens, & veuve de défunt Nicolas Blondeau le deux Mai mil sept cens trente-huit, employée
de sa part pour satisfaire au reglement signé en l'Instance & les
piéces qu'elle produira par inventaire & tendante à ce qu'il plût
à sa Majesté, faisant droit sur l'Instance, sans s'arrester aux demandes des Religieux de l'Abbaye de Saint Germain-des-Prés,
ayant repris au lieu & place du feu sieur Cardinal de Bissy,
dont ils feront débóutés, renvoyer les Parties au Parlement de
Paris, pour y procéder en exécution de l'Arrest de cette Cour,
du premier Juillet mil sept cens trente-sept, sur leurs Procès,
differends, circonstances & dépendances suivant les derniers
erremens, & condamner les Religieux de l'Abbaye de Saint-
Germain-des-Prés en cinq cens livres de dommages & interests résultans du déperissement des effets de ladite veuve, cau-
sé par les contre-scellés des Officiers de ladite Abbaye & aux
dépens, ladite Requeste signée Molot ; au bas est l'Ordonnance
portant acte de l'emploi, au surplus en jugeant sera fait droit ;
signification d'icelle du deux dudit mois de Mai mil sept cens
trente-huit ; Inventaire de production des piéces de ladite
veuve Blondeau, en fin duquel est le produit au Greffe du
quatorze dudit mois de Mai ; deux piéces produites, la premiere, Arrest du Parlement de Paris du premier Juillet mil
sept cens trente-sept, obtenu sur Requête par ladite veuve
Blondeau qui la reçoit Appellante de l'apposition des contre-
scellés des Officiers de ladite Abbaye de Saint Germain, lui

permet d'intimer qui bon lui femblera , & cependant par provifion que les Officiers du Bailliage de Saint Germain feront
tenus à la premiere fommation de venir reconnoître , lever &
ôter leurs contre-fcellés , finon levés , brifés & ôtés par le
Commiffaire Chaftelus , & par lui de fuite procédé à la levée
des fcellés , & procedé à l'Inventaire par les Notaires au Châtelet en la maniere accoûtumée , & la feconde du cinquiéme
dudit mois de Juillet mil fept cens trente-fept ; fignification
dudit Arrêt aufdits Officiers du Bailliage de Saint Germain-
des-Prés , à la requefte de lad. veuve Blondeau , avec fommation
à lui de fe trouver le lendemain huit heures du matin en l'appartement & maifon dud. enclos , où étoit décédé led. Blondeau , pour
reconnoître , lever & ôter leurs contre-fcellés ; Requête préfentée au Confeil par les Prieur & Religieux de l'Abbaye Royale
de Saint Germain-des-Prés le vingt-neuf Avril mil fept cens
trente-huit , employée pour reponfes à la Requefte d'avertiffement du Commiffaire Chaftelus , du vingt-neuf Septembre
mil fept cens trente-fept , & de contredits aux piéces par lui
produites , à celle d'intervention des Commiffaires au Châtelet , de contredits à leurs piéces , & falvations à leurs contredits , du vingt-deux Janvier mil fept cens trente-huit , & tendante pour les caufes y contenues , à ce qu'il plût à fa Majefté en procédant au jugement de l'Inftance , fans avoir égard
aux conclufions du Commiffaire Chaftelus & des autres Commiffaires , dont ils feront déboutés , adjuger aufdits Religieux
leurs conclufions avec dépens , lad. Requête figné Hequart ; Ordonnance au bas portant acte de l'employ ; fignifications d'icelles des trois & fept Mai mil fept cens trente-huit ; Requefte préfentée au Confeil le fixiéme Juin mil fept cens trente-huit , par les
Commiffaires au Châtelet de Paris , prenant le fait & caufe du
Commiffaire Chaftelus , fervant de reponfes à la précedente ;
fignifiée ledit jour troifiéme Mai mil fept cens trente-huit ;
ladite Requefte fignée Proa ; Ordonnance au bas portant acte
de l'employ ; fignificatien d'icelle dudit jour fixiéme Juin ; Requefte préfentée au Confeil le quatorze Juin mil fept cens
trente-huit par Louis de Bourbon Comte de Clermont , Prince
du Sang , Abbé Commendataire de l'Abbaye de Saint Ger-
main-des Près , tendante pour les caufes y contenues , à ce
qu'il plût à fa Majefté le recevoir en qualité d'Abbé Commendataire

dataire de l'Abbaye de S. Germain-des-Prés-lez-Paris, Partie intervenante en l'Inſtance en reglement de Juges entre le Grand-Conſeil & le Parlement de Paris, pendante au Conſeil entre les Religieux de ladite Abbaye, la veuve & héritiers du nommé Blondeau, le Commiſſaire Chaſtelus, les Commiſſaires au Châtelet de Paris, & autres, en laquelle Inſtance étoit auſſi Partie le feu ſieur Cardinal de Biſſy alors Abbé de Saint Germain-des-Prés, lui donner acte de ce que pour cauſes & moyens de l'intervention il employe le contenu en ladite Requeſte, & les trois piéces y énoncées, lui permettre de les y joindre, aux offres qu'il fait d'en donner copie; faiſant droit ſur ſon intervention, renvoyer les Parties au Grand-Conſeil pour y procéder ſur leurs Procès & differends, circonſtances & dépendances, ſuivant les derniers erremens; & comme auparavant les Arrêts du Parlement de Paris qui ſeront caſſés & annulés, & condamner les Conteſtans aux dépens; ladite Requeſte ſignée Thorel, au bas eſt l'Ordonnance portant reçu Partie intervenante, les piéces jointes à la charge d'en donner copie, & au ſurplus en jugeant ſera fait droit, & ſoit ſignifié; au bas eſt l'acte de baillé copie des piéces énoncées en ladite Requeſte, qui ſont, la premiere du vingt-un Janvier mil ſix cens ſoixante-quinze, Imprimé d'un Arrêt du Conſeil d'Etat; la ſeconde du mois de Mars mil ſix cens quatre-vingt-onze, imprimé de Lettres-Patentes; la troiſiéme étant enſuite, eſt un imprimé d'un Arreſt du Grand-Conſeil, portant enregiſtrement deſdits Arreſts & Lettres-Patentes & attribution au Grand-Conſeil; leſdites piéces ci-devant produites par leſdits Religieux; ſignification de la Requeſte & piéces du vingt-un Juin mil ſept cens trente-huit; en marge de ladite Requeſte eſt l'acte de produit deſdites piéces, & la ſignification du vingt-huit dudit mois de Juin, & le produit au Greffe du Conſeil, du deuxiéme Juillet mil ſept cent trente-huit; Requête préſentée au Conſeil le 12. Juillet mil ſept cens trente-huit, par les Commiſſaires au Châtelet, aux noms & qualités qu'ils procédent, employée pour reponſe à la Requeſte d'intervention du quatorziéme Juin audit an, & tendante à ce qu'il plût à ſa Majeſté en procédant au Jugement de ladite Inſtance, ſans s'arrêter à ladite intervention dont ils ſeroient déboutés avec dépens, leur adjuger les fins & concluſions

Hh

qu'ils y ont prifes; ladite Requefte fignée Proa, au bas eft l'Ordonnance de foi fignifiée, & acte de l'employ; fignification d'icelle du même jour onziéme Juillet audit an; Requefte prefentée au Confeil le vingt-un Juin mil fept cens trente-huit, par le Procureur de Sa Majefté au Châtelet de Paris, tendante pour les caufes y contenuës le recevoir Partie intervenante en l'Inftance dont eft queftion, lui donner acte de ce que pour moyens d'intervention, écritures & production, il employe le contenu en ladite Requête; lui donner pareillement acte de ce qu'il adhere aux conclufions prifes par le Commiffaire Chaftelus, & les Commiffaires & Notaires au Châtelet de Paris, en conféquence faifant droit fur ladite intervention; renvoyer les Parties au Parlement de Paris, pour y procéder fur la queftion de prévention dont il s'agit, circonftances & dépendances, fuivant les derniers erremens, & condamner les Religieux de l'Abbaye de Saint Germain-des-Prés aux dépens; ladite Requefte fignée Proa; Ordonnance au bas portant reçu Partie intervenante, acte de l'emploi, au furplus en jugeant fera fait droit; fignification d'icelle dudit jour vingt-un Juin; acte de produit; fignification du vingt-cinq dudit mois de Juin, en fin de ladite Requefte, eft le produit au Greffe du Confeil du cinquiéme Juillet mil fept cens trente-huit, & acte qu'il n'a aucunes piéces à communiquer du troifiéme dudit mois de Juillet, & emploi de celle produite par le Commiffaire Chaftelus, & les Commiffaires au Châtelet; acte par Me. Proa, afin de donner fa Requefte afin de nomination de Commiffaires; Requefte préfentée au Confeil par ledit Commiffaire Chaftelus, afin de nomination de Commiffaires; au bas de laquelle eft l'Ordonnance du Confeil, par laquelle il eft ordonné au fieur Megret de Serilly Maître des Requeftes, Raporteur de l'Inftance, d'en communiquer aux fieurs de Courfon, le Guerchois, de Gaumont, de Fortia, d'Aguelfeau, l'Efcalopier, & Turgot Confeillers d'Etat ordinaires, pour à fon rapport, conjointement avec eux, au Confeil être fait droit aux Parties ainfi qu'il appartiendra, en datte du vingt-trois Juin mil fept cens trente-huit; fignification d'icelle du vingt-cinq dudit mois de Juin; Requefte préfentée au Confeil le deuxiéme Juillet mil fept cens trente-neuf par les Syndics des Commiffaires au Châtelet, tendante à ce qu'il plût

à Sa Majefté leur permettre de produire par production nouvelle, un imprimé d'un Arreft contradictoire rendu au
Parlement de Paris le quinziéme Janvier mil fept cent trente-
neuf, entre les héritiers & la veuve de Me. Charles l'Ecureau
Avocat au Parlement d'une part, le Commiffaire Charles
d'autre part, & entre Meffire Louis de Bourbon Comte de
Clermont, Prince du fang, Abbé Commendataire de l'Abbaye
de Saint-Germain-des-Prés, les Religieux, Prieur & Convent de ladite Abbaye prenant le fait & caufe de leurs Officiers en leur Juftice de ladite Abbaye d'une part ; lefdits héritiers & ledit Commiffaire Charles d'autre part, par lequel fur
les conclufions du fieur d'Agueffeau pour le Procureur Général, il a été donné acte au Procureur de votre Majefté au Châtelet, de fa reclamation du droit de prévention en faveur des
Officiers du Châtelet, la reçu Appellant, tant comme de Juge
incompétent qu'autrement des contre-fcellés des Officiers du
Bailliage de Saint Germain-des-Prés, poftérieurement appofés
à ceux dud. Commiffaire Charles ; ordonne que fur l'appel, les
Parties en viendront au premier jour, & cependant par provifion,
fans s'arrêter aux Requeftes des héritiers, Abbé & Religieux
dont ils font déboutés, ordonne qu'à la premiere fommation
les Officiers de ladite Abbaye feront tenus de venir reconnoître leurs fcellés & contre-fcellés, les héritiers préfens ou
dûement appellés, finon levés & brifés par le Commiffaire
Charles, & procedé à la levée d'iceux ; & paffé outre à l'Inventaire par tel Notaire qu'il plairoit aux héritiers de choifir ;
condamne lefdits Abbé & Religieux, & héritiers aux dépens
envers le Commiffaire Charles, le Procureur de Votre Majefté au Châtelet, & envers les Notaires, aux inductions qui
en font tirées par ladite Requête, & aux offres d'en donner
copie ; faifant droit fur l'Inftance, leur adjuger leurs conclufions ; ladite Requefte fignée Proa ; Ordonnance au bas de foit
la production nouvelle reçue & communiquée par copie en
datte dudit jour deux Juillet mil fept cens trente-neuf ; acte
de baillé copie dudit Arrêt, & fignification du tout du quatre
Juillet mil fept cens trente-neuf ; fommation de contredire ;
memoire imprimé defdits Commiffaires au Châtelet, fignifié le feiziéme Juin mil fept cens trente-huit ; enfuite eft l'acte
de baillé copie à Me. Thorel dudit imprimé de memoire, &

H h ij

la fignification qui lui en a été faite le cinquiéme dudit mois
de Juillet, & généralement tout ce qui a été remis, dit, écrit
& produit par lefdites Parties pardevant le fieur Megret de
Serilly, Chevalier, Confeiller du Roi en fes Confeils, Maître
des Requeftes ordinaire de fon Hôtel, Commiffaire deputé en
cette partie, après en avoir communiqué au Bureau du fieur de
Courfon, Confeiller d'Etat ordinaire, & autres Confeillers
d'Etat ordinaires, & Commiffaires à ce députés; oüi fon ra-
port, & tout confideré : LE ROI EN SON CONSEIL, faifant droit
fur l'Inftance, fans s'arrêter aux Requêtes & demandes du Comte
de Clermont, & des Prieur, Religieux & Convent de l'Abbaye de Saint Germain-des-Prés, dont Sa Majefté les a débouté,
ayant aucunement égard à celles du Procureur de Sa Majefté
au Châtelet, du Commiffaire Chaftelus, de la veuve Blondeau,
des Commiffaires & des Notaires au Châtelet, a renvoyé &
renvoye les Parties au Parlement, pour y procéder fur leurs
Procès & differends, circonftances & dépendances, fuivant
les derniers erremens, condamne Sa Majefté lefdits Prieur,
Religieux & Convent de Saint Germain-des-Prés en trois cens
livres de dommages & interefts envers la veuve Blondeau,
& le Comte de Clermont, & lefdits Prieur & Religieux aux
dépens envers toutes les Parties. F A I T au Confeil d'Etat privé
du Roi, tenu à Paris le huit Février mil fept cens quarante,
collationné, *figné*, P U J O L.

MEMOIRE

POUR les Syndics & Compagnie des Commiſſaires du Châtelet de Paris, Deffendeurs & Intervenans.

CONTRE les Prieur & Religieux de l'Abbaye Royale de Saint-Germain-des-Prés, Demandeurs.

EN préſence du Commiſſaire Chaſtelus, de la veuve Blondeau, & des Notaires du Châtelet de Paris.

LES Commiſſaires au Châtelet de Paris ſont en droit de prévenir les Officiers du Bailliage de Saint-Germain-des-Prés pour l'appoſition des ſcellés dans l'enclos de l'Abbaye : en tout cas, c'eſt-là ce qui doit faire la matiere de la conteſtation au fonds.

QUESTION de ſçavoir ſi une pareille conteſtation doit être portée au Grand-Conſeil, comme les Religieux le demandent, ou au Parlement de Paris, ainſi que les Commiſſaires le ſoûtiennent, tant par la nature du droit de Prévention, qu'en conformité de pluſieurs Arrêts qu'ils rapportent : c'eſt ce qui eſt à juger.

F A I T.

AU mois de Juin 1737. le ſieur Blondeau domicilié dans l'enclos de l'Abbaye Saint-Germain-des-Prés, étant décédé, le Commiſſaire Chaſtelus appoſa les ſcellés ſur ſes meubles & effets, à la requiſitiou de Marie-Jeanne de la Foſſe ſa veuve.

LE lendemain le Bailly de l'Abbaye contre-ſcella ces ſcellés, & le 28. du même mois, le feu ſieur Cardinal de Biſſy le pourvût au Grand-Conſeil, où il interjetta appel de l'appoſition des ſcellés du Commiſſaire Chaſtelus, & conclut à l'exécution d'un Arrêt du Conſeil d'Etat du 21. Janvier 1675. & des Lettres Patentes du mois de Mars 1691. qu'en conſéquence il fût maintenu au droit & poſſeſſion de faire appoſer les ſcellés par ſes Officiers, & faire les Inventaires dans les enclos de l'Abbaye, avec deffenſes au Commiſſaire Chaſtelus, & à tous autres, de l'y troubler; & cependant par proviſion, qu'il fût ordonné que les ſcellés en queſtion ſeroient levés par les Officiers, & deffenſes de proceder ailleurs qu'au Grand-Conſeil.

SUR cette Requête il obtint Arrêt le même jour qui le reçut appellant, & lui accorda la proviſion par lui demandée.

EN conſéquence, le Commiſſaire Chaſtelus fut aſſigné au Grand-

Confeil, & s'étant enfuite pourvû au Parlement de Paris, il y obtint Arrêt le deux Juillet fuivant, qui le déchargea de l'affignation, avec deffenfes aux Parties de proceder ailleurs.

AUTRE Arrêt du Grand-Confeil, qui caffa celui du Parlement; enfin, Arrêt du Confeil du huit Juillet 1737. qui ordonna que fur la Requête prefentée par le fieur Cardinal de Biffy, le Commiffaire Chaftelus & la veuve Blondeau feroient affignés au Confeil, pour être ordonné ce qu'il appartiendroit, avec deffenfes, &c. Les affignations ont été données en conféquence.

LE fieur Cardinal de Biffy, & après lui les Religieux de l'Abbaye de Saint-Germain-des-Prés, qui ont repris l'Inftance en fon lieu & place, ont demandé que les Parties foient renvoyées au Grand-Confeil.

LE Commiffaire Chaftelus, les Commiffaires au Châtelet qui ont pris fon fait & caufe, & la veuve Blondeau, demandent au contraire leur renvoy au Parlement de Paris.

ILS divifent leurs moyens en deux parties, dont la derniere eft la fuite neceffaire de l'autre.

DANS la premiere ils établiffent en général, que les Officiers Royaux ont droit de Prévention fur les Officiers des Juftices Seigneuriales, & en particulier, que les Commiffaires du Chaftelet ont droit de prévenir les Officiers de l'Abbaye Saint Germain, pour l'appofition des fcellés dans les enclos de l'Abbaye.

DANS la feconde ils font voir que ce droit de Prévention étant Royal & bien prouvé, il établit d'une maniere inconteftable la compétence du Parlement de Paris.

MOYENS.

LA Prévention eft un Droit Royal qui appartient au Roy, *in vim coronæ*, & qui n'en eft pas moins inféparable que la Juftice même. *Rex eft folus fundatus in Jurifdictione & Imperio.* (*a*)

Perfonne n'ignore que dans les cinq premiers fiécles de la Monarchie, la Juftice n'étoit renduë qu'au feul nom du Roy: ce bon ordre fut altéré par les troubles qui s'éleverent fur la fin de la feconde & au commencement de la troifiéme Race de nos Rois; mais aujourd'huy les chofes font revenuës dans leur état naturel, & c'eft une maxime conftante parmi nous, qu'aprefent perfonne ne peut avoir Juftice que par une conceffion expreffe du Souverain : *in gallia jurifdictionem nemo habere poteft nifi ex conceffione Principis, quia a Principe tanquam à fonte, omnes jurifdictionum rivuli five jura manant.*

Mais dans toutes ces conceffions nos Rois fe font toûjours refervé

(*a*) La Mare au tit. 10. de l'unité du tribunal du Châftelet tom. premier.

& à leurs Officiers, trois prérogatives ; fçavoir, la connoiffance des crimes, la Police générale des Villes, & la Prévention des Officiers Royaux fur les Juftices des Seigneurs, lorfqu'elles fe font trouvées établies dans une même Ville.

Ce Droit de Prévention réfide dans la perfonne du Roy, & lorfqu'il en ufe par fes Officiers, c'eft plûtôt *jure nativo & primitivo, quàm extraneo.* Auffi M^e. Charles du Moulin fur la Coûtume de Paris, dit que lorfque le Juge Royal prévient, *non eft propriè devolutio feu tranflatio poteftatis de alio ad alium, fed potiùs recuperatio, feu reverfio ad priftinam naturam, & ftatum.*

Mornac fur la Loy première au Code *de Officio præfecti urbi,* s'explique en ces termes : *conceffa enim Jurifdictione Ecclefiæ, aut aliis quibufcumque feudalibus patronis, à fe tamen Princeps abdicare nunquàm intelligitur cognofcandi jus in locis in quibus dominicos judices effe concefferit, fi modo deferatur à Litigatoribus prima cognitio, prevenventionem vulgò dicimus.*

L'Avocat Menard plaidant en 1617. contre les Religieux de Saint Germain-des-Prés, dans une Caufe où les Juges Royaux avoient prévenu fait une comparaifon qui mérite d'être rapportée. (*a*) *Bien que les Juftices des Seigneurs Subalternes,* dit-il, *leur foient patrimoniales, néanmoins cela n'empêche pas que la Juftice du Roy qui eft le Seigneur Souverain, la fource de toutes les Juftices, le diftributeur d'icelles, ne vole par-tout; & comme le Soleil luifant fur notre Hémifphere, voit ou fait difparoître toutes les autres petites lumieres qui empruntent de lui leurs clartés ; de même la Juftice Royale, c'eft-a-dire, les Juges & Officiers Royaux, font par leur préfence & prévention, ceffer la puiffance & exercice des Juges fubalternes, aux cas particuliers où les Juges fubalternes fe trouvent prévenus; il importe même que la Juftice du Roy & fon authorité fouveraine, fe trouvent préfentes & efficaces dans tous les endroits de fon Royaume, en tout tems & en toutes rencontres.*

Monsieur l'Avocat Général Talon en 1643. dans une Caufe pareille à la nôtre, où les Officiers du Préfidial d'Angers avoient prévenu les Officiers du Chapitre de l'Eglife de la même Ville, difoit (*b*) « que ∞ cette queftion ne pouvoit recevoir beaucoup de difficulté, parce- ∞ qu'il eft très-conftant que le Roy comme Souverain, a la préven- ∞ tion par tout fon Royaume, n'étant pas à préfumer qu'il ait jamais ∞ accordé la Juftice à qui ce foit à titre fi avantageux, qu'il ne fe ∞ foit refervé quelqu'avantage. *Jurifdictio alteri conceffa cenfetur, potiùs* ∞ *cumulativè, quàm privativè,* dit le Gloffateur de la Pragmatique- ∞ Sanction, tit. *de collation.* c'eft pourquoi, ajoûtoit-il, les inferieurs ∞ ne la peuvent exercer à l'exclufion des Officiers du Roy, & tout

______

(*a*) Filleau tom. 2. partie 3. tit. 7. pag. 342. Edit. 1630.

(*b*) Recueil des Reglemens des Scellés & Inventaires, pag. 303. Edition 1734.

» ce que peut operer la grace que le Roy leur a faite , c'eſt que
» la connoiſſance en demeure à celui qui a prévenu, & plus bas, M.
» Talon dit en parlant du renvoy , *qu'il n'a point de lieu contre le Roy ,*
» *lequel a une prévention naturelle procedante du titre de ſa Couronne,*
» *& fondé ſur un droit univerſel & royal.*

IL n'y a perſonne, à l'exception de Loyſeau, qui n'ait penſé de
même ſur la nature de la Prévention , & qui ne l'ait regardée comme
un Droit Royal : pluſieurs Provinces l'ont même miſe au rang de
leurs Loix municipales. Les Coûtumes de Normandie, du Maine,
d'Anjou, de Valois, de Laon, de Noyon, d'Amiens, de Sens, de
Montreau, de Ribemont, de Blois, de Vaſtan, de Clermont, de
Ponthieu, de Saint Paul-en-Artois, de la Salle de Lille, en contiennent des diſpoſitions préciſes; & où les Coûtumes n'en parlent
pas , comme dans celle de Paris, l'uſage y a ſuppléé.

C'EST ce qui faiſoit dire à M. Omer Talon en 1659. dans une
Cauſe où les Officiers de l'Abbaye Saint Germain-des-Prés avoient
été prévenus, que « les Juſtices des Seigneurs n'étant que des démem-
» bremens de la Juſtice Royale, dans les différentes conceſſions que
» le Roy en a faites, il n'a jamais entendu ſe lier les mains, ni ſe
» départir de ce droit primitif qu'il a ès Terres & Seigneuries où
» les Juſtices ſont attachées, pour l'accorder aux Seigneurs excluſi-
» vement à lui-même. *Apud ſe retinuit eandem juriſdictionem & po-*
» *teſtatem , immò majorem ,* & que s'il en a donné quelque portion,
» cela doit s'entendre , *cumulativè & non privativè.*

IL eſt donc certain, tant par les maximes du Royaume, que par
les Coûtumes, & le ſentiment général des plus grands Magiſtrats &
des Auteurs, que la Prévention eſt un Droit Royal qui s'étend ſur
toutes les Juſtices des Seigneurs; d'où il reſulte qu'elles y ſont eſſen-
tiellement ſujettes.

AUSSI les Parlemens l'ont-ils toûjours ſoutenuë en faveur des
Juges Royaux, & notamment des Officiers du Châtelet; c'eſt ce
qu'il eſt aiſé de prouver par pluſieurs Arrêts du Parlement de Paris.

LE premier du trois Décembre 1569. a été rendu entre les Notaires au Châtelet, d'une part ; & l'Evêque de Paris, l'Abbaye de
Sainte Généviéve, le Chapitre de Saint Marcel, *les Religieux de*
Saint Germain-des-Prés , ceux de Saint Magloire, ceux de Saint Martin-des-Champs, le Grand-Prieur du Temple, le Greffier du Treſor,
& la Communauté des Examinateurs du Châtelet, d'autre part : cet
Arrêt a ordonné que *où les Officiers du Roy auroient prévenu par Scellé,*
en la Ville & Fauxbourgs de Paris, auxdits Notaires du Châtelet,
Demandeurs, appartiendroit privativement auxdits Examinateurs,
Hauts-Juſticiers, leurs Officiers, ou Greffier du Treſor « la confection
» des Inventaires, & deſcription des biens & maiſons ſur leſquels auroit
» ledit Scellé été mis & appoſé , enſemble des partages quand vo-
» lontairement en ſeroient requis par les Parties , *ſans que leſdits Exa-*
minateurs

minateurs, Hauts-Justiciers, leurs Officiers ni Greffiers du Trefor, s'en puiffent aucunement entremettre, fur peine de faux, & de nullité de ce par eux feroit fait au contraire.

L E fecond du 30. Décembre 1615. eft un autre Arrêt du même Parlement, contradictoire entre l'Archevêque de Paris Prieur de Saint Eloy, fon Procureur-Fifcal, & les Officiers du Prieuré, d'une part; le Procureur-Général, les Lieutenans Civil & Criminel, les Commiffaires & les Notaires du Châtelet, d'autre part; il ordonne conformément au précédent Arrêt de 1569. & autres depuis donnés, que *la Prévention appartiendroit au Prévôt de Paris, fon Lieutenant, & Officiers du Châtelet,* & en conféquence, *que le Scellé appofé par le Commiffaire Fifeau, feroit levé par ledit Prévôt de Paris,* avec deffenfes aux Officiers de la Juftice de Saint Eloy, *d'appofer aucun Scellé à la Requête du Procureur-Fifcal,* & injonction *de le faire à la requifition des Parties, Héritiers & Créanciers feulement.*

L E troifiéme eft du 18. Juin 1633. rendu contre *le Bailly & le Procureur-Fifcal de l'Abbaye de Saint Germain-des-Prés.* Il a ordonné que les Scellés appofés, tant par le Commiffaire le Vacher, que par le Bailly de Saint Germain, feroient levés par ce Commiffaire, le Procureur-Fifcal appellé pour reconnoître fon Scellé, fans prétendre aucuns frais.

L E quatriéme du 22. Novembre 1659. a jugé la même chofe par provifion en faveur des Commiffaires du Châtelet, *contre le Bailly de Saint Germain-des-Prés,* qui avoit été prévenu par un Commiffaire dans l'appofition d'un Scellé dans l'enclos de l'Abbaye. M. Talon qui fut entendu dans cette Caufe, dit que *s'agiffant de maintenir le Droit de Prévention que le Roy s'eft refervé fur toutes les Juftices patrimoniales qui ne font que des démembremens de la Juftice Royale;* il eftimoit qu'il y avoit lieu d'ordonner, que le Scellé feroit levé par le Commiffaire au Châtelet qui l'avoit appofé.

L E cinquiéme du fept Mars 1725. rendu entre les Abbé & Chanoines de Sainte Généviéve, prenant le fait & caufe des Officiers de leur Bailliage, d'une part; & le Commiffaire Fremin, la Compagnie des Commiffaires, & le Procureur du Roy au Châtelet, d'autre part, » ayant aucunement égard à la Requête des Abbé & Religieux de » Sainte Généviéve, a ordonné l'exécution des Lettres Patentes par » eux obtenuës en 1713. *fans préjudice du Droit de Prévention appartenant aux Officiers du Châtelet, dans la Ville & Fauxbourgs de Paris, dont ils joüiroient dans l'étenduë de la Juftice du Bailliage de Sainte Généviéve-du-Mont, & continueroient de joüir & ufer, ainfi qu'ils en avoient joüi & ufé par le paffé.*

P A R un fixiéme Arrêt du 21. Mai 1727. la provifion a encore été accordée au Commiffaire Chauvin, pour la levée d'un fcellé qu'il avoit appofé dans le Village de Charonne & cela contradictoirement avec le Seigneur du lieu.

PAR un septiéme Arrêt du premier Juin 1731. le Commissaire Divot a été reçû appellant de l'apposition des Contre-scellés des Officiers de la Justice de Pantin, & il lui a été permis de les lever & ôter, pour être ensuite par lui procedé à l'Inventaire.

LE huitiéme du six May 1733. est un Arrêt du Conseil qui a ordonné que par provision les Scellés apposés par le Commissaire Regnard, dans le Village de la Chapelle Saint Denis, & contre-scellés par les Officiers dudit lieu, seroient par lui levés & ôtés en leur présence, ou eux dûëment appellés.

LE neuviéme du neuf Décembre 1734. est un dernier Arrêt du Parlement de Paris, par lequel pareille provision a été accordée au Commissaire le Droit, pour la levée des Contre-scellés apposés dans le Village du Roulle, par les Officiers de la Justice dudit lieu.

ENFIN par un dernier Arrêt du Conseil du 11. Août 1737. la même provision a été accordée au Commissaire le Comte, pour la levée des Scellés qu'il avoit apposés dans l'Abbaye, lors du décès du feu sieur Cardinal de Bissy, & qui avoient été contre-scellés par les Officiers du Bailliage de Saint Germain-des-Prés.

C'EST donc une Jurisprudence certaine, que les Commissaires du Châtelet ont droit de prévention pour l'apposition des Scellés, non-seulement sur les Officiers de l'Abbaye Saint Germain, mais encore sur tous ceux des Justices Seigneuriales qui sont dans la Banlieuë.

Réponses aux Objections.

ILS opposent deux titres sur lesquels ils fondent toute leur prétention, soit par rapport à la Prévention qu'ils attaquent, soit par rapport au Conflit.

L'UN est un Arrêt du Conseil d'Etat du 21. Janvier 1675. suivi de Lettres Patentes expediées en 1691.

L'AUTRE des Lettres Patentes du 13. Janvier 1720. enregistrées au Grand-Conseil.

A l'égard de l'Arrêt du Conseil de 1675. il excepte le Bailliage de l'Abbaye de la réunion portée par l'édit de 1674. voilà son unique objet. Or les Commissaires du Châtelet ne contestent point la Justice des Religieux de Saint Germain, ils reconnoissent au contraire qu'ils ont droit de la faire exercer; mais ils soûtiennent que lorsqu'ils sont legitimement requis par les Parties pour apposer des Scellés dans les Enclos de l'Abbaye, ils sont en droit de le faire, & de prévenir les Officiers du Bailliage, sans que ceux-cy puissent les troubler dans leurs fonctions.

AU surplus cette Prévention est réciproque, & les Commissaires conviennent qu'ils peuvent être eux-mêmes legitimement prévenus par les Officiers de l'Abbaye, c'est-à-dire, lorsque ceux-cy ont été requis par les Parties & qu'ils ont apposé leurs Scellés; ainsi il y a parité de droit dans la Prévention de part & d'autre, & il n'en faut excepter que le cas de la concurrence : car alors la préférence eſt dûë au Commiſſaire du Châtelet comme Officier Royal.

I L eſt vrai que le même Arrêt porte « ſans que les Officiers du » Châtelet puiſſent troubler les Officiers de l'Abbaye dans l'exercice » de la Juſtice, ſous quelque pretexte que ce ſoit. »

M A I S en premier lieu la Prévention n'eſt point un trouble, c'eſt plûtôt un retour à l'état naturel; on ne peut donc pas ſe ſervir des termes cy-deſſus rapportés pour l'exclure.

E N ſecond lieu, l'Arrêt ne parle en aucune maniere de la prévention, il n'en dit pas un mot ; on ne peut donc pas dire que Sa Majeſté ait eû intention de la comprendre dans ſes deffenſes.

ENFIN la prévention étant un droit Royal, le Roi ne s'endé poüille point par des termes généraux & vagues ; il faut qu'il y déroge expreſſément.

Q U A N T aux Lettres-Patentes du treize Janvier mil ſept cens vingt, elles ne font que renvoyer au Grand-Conſeil tous les Procès Civils & Criminels du ſieur Cardinal de Biſſy, pour raiſon de tous les biens, droits & Domaines dépendans de ſes bénéfices, même pour ſes biens perſonnels & patrimoniaux.

M A I S il s'agit ici de toute autre choſe, c'eſt-à-dire, d'un droit de prévention entre des Officiers Royaux, & des Officiers d'une Juſtice Seigneuriale, indépendant des Benefices, & des biens patrimoniaux du feu ſieur Cardinal de Biſſy ; c'eſt un droit Royal & public attaché à la Souveraineté, & qui ne peut pas être compris dans l'évocation générale de mil ſept cens vingt, parce que cette évocation eſt une grace, un privilege, & jamais leRoi n'en accorde contre lui-même & les Droits de ſaCouronne.

E N F I N tous les Arrêts ci-deſſus cités, ou du moins la plûpart prouvent manifeſtement que les queſtions ſur la prévention dont il s'agit, ont toujours été portées & jugées avec les Religieux de l'Abbaye de Saint-Germain au Parlement de Paris, qui eſt en effet le ſeul Tribunal qui ſoit en droit d'en connoître comme d'un droit Royal & public; ils y ont procedé volontairement dans tous les tems, ils en ont reconnu la competence ; ils ne ſont donc aujourd'hui ni recevables, ni bien fondés à la conteſter, ſous pretexte des Lettres-Patentes de mil ſept cens vingt, qui n'y donnent aucune atteinte par rapport à la prévention.

M A I S il y a mieux, c'eſt que les Religieux & Abbé de Saint-Germain, ont ſi bien reconnu que le Parlement eſt le ſeul Tribunal où la conteſtation doit être portée, que depuis même l'Inſtance préſente en reglement de Juges, dans une affaire abſolument ſemblable, où le Commiſſaire Charles avoit appoſé ſcellés dans l'enclos de l'Abbaye, après le décès de la femme Leſcureau, & avoit prévenu le Bailly, ils ſe ſont pourvûs eux-mêmes au Parlement, où par Arrêt du quinze Janvier mil ſept cens trente-neuf, ils ont été déboutés de leur prétention, & a été ordonné qu'ils ſeroient tenus de venir reconnoître leurs ſcellés, ſinon qu'ils ſeroient briſés, levés & ôtés par le Commiſſaire au Châtelet.

E T ils ont d'autant plus mauvaiſe grace à vouloir porter la conteſtation préfente au Grand-Confeil, que leur Juftice même releve par appel au Châtelet, & de-là au Parlement.

E N V A I N s'appuyent-ils fur le fentiment de Loyfeau dans fon Traité des Seigneuries, Chapitre XIII. qu'ils copient prefque tout entier.

O N fe contentera d'obferver à cet égard 1°. que Loyfeau ne nie point le droit de prévention dont il s'agit, il en reconnoit au contraire l'exiftence & l'ancienneté, mais il fe contente de le critiquer; ainfi felon cet Auteur, la prévention eft certaine dans le fait.

2°. Dans le droit, il n'eft pas douteux que fon fentiment folitaire ne l'emportera jamais fur celui de plufieurs Auteurs & Jurifconfultes qui décident tout le contraire, & encore moins fur les Arrêts du Confeil, & du Parlement de Paris qui détruifent fon opinion.

3°. Cet Auteur n'a point cenfuré la prévention par rapport à l'appofition des fcellés, on voit que toute fa critique tombe fur les troubles & les entreprifes des Officiers Royaux, & fur l'abus qu'ils faifoient de la prévention en matiere contentieufe. Or il n'eft pas queftion de troubles & d'entreprifes; mais d'un Droit Royal, & d'une Juftice tellement volontaire, qu'on l'a fait dépendre de la volonté des Parties.

L E S Religieux de Saint Germain oppofent encore deux Arrêts du Parlement de Paris, l'un du fix Mars mil fix cens quatre-vingt-un, rendu en faveur des Officiers du Chapitre de Lyon, l'autre du vingt-trois Décembre mil fix cens quatre-vingt-quinze, rendu en faveur du Chapitre de Langres.

M A I S ces Arrêts qui font rapportés dans le Traité des fcellés & Inventaires n'ont nulle application à l'efpece.

L'o N ne voit point dans l'Arrêt du fix Mars mil fix cens quatre-vingt-un qu'il fut queftion de la prévention; il fait main-levée d'un fcellé en confequence de la difpofition portée par le teftament dont eft queftion, & maintient les Doyen, Chanoines & Chapitre Comtes de Lyon dans le droit d'appofer les fcellés chez les Officiers de la Sénechauffée & Siége Préfidial de Lyon, décedés dans l'étenduë de leur Juftice.

A l'égard de l'Arrêt du vingt-trois Décembre mil fix cens quatre-vingtquinze, on y voit que les Doyen, Chanoines & Chapitre de Langres plaidoient pour les Officiers de leur Juftice, contre les Officiers du Préfidial de Langres, & les Commiffaires du Châtelet, au fujet des fcellés & contre-fcellés appofés après le déceds d'un Evêque de Langres.

L'o N ne voit point par cet Arrêt, fi la prétention des Officiers du Préfidial étoit fondée fur la qualité du deffunt, ou fur la prévention.

A l'égard des Commiffaires du Châtelet, la conteftation que leur faifoit le Chapitre de Langres ne pouvoit pas les intereffer par rapport à leur droit de prévention, elle ne les intereffoit que pour leur droit de fuite.

C E T T E diftinction établie, il eft évident que cet Arrêt ne décide rien au préjudice du droit de prévention, d'autant plus qu'il eft rendu par défaut contre les Officiers du Préfidial de Langres.

QUE l'Abbaye de Saint-Germain-des-Prés ait été autrefois une Ville close, & féparée de celle de Paris, & que fa Juftice ait été plus étenduë qu'elle ne l'eft aujourd'hui, tout cela eft indifferent; car dès que les Religieux conviennent, comme ils font, que dans fa plus grande étenduë elle étoit fujette à la prévention des Officiers du Châtelet, il faut qu'ils conviennent qu'elle y eft également affujetie dans la moindre, puifqu'elle n'a aucun titre derogatoire qui l'en ait affranchie.

EN VAIN obfervent-ils que les Commiffaires au Châtelet n'exercent point la Police dans les enclos de l'Abbaye, quoiqu'ils en ayent le droit par un Edit du mois de Decembre mil fix cens foixante-fix.

IL ne s'agit point ici d'un fait de Police, & l'on ne doit pas argumenter d'un cas à un autre : D'ailleurs le nom ufage dont on parle n'eft pas certain, & quand il le feroit, il n'opereroit pas l'extinction d'un droit dont l'exercice auroit été fufpendu par ignorance, ou par negligence.

ENFIN les Religieux de Saint Germain attaquent les Arrêts qu'on leur oppofe, mais leurs efforts font fi foibles qu'ils n'y donnent pas la moindre atteinte; les uns, difent-ils, nous font étrangers, les autres ont été rendus avant l'Arrêt du Confeil de mil fix cens foixante quinze, & les autres n'ont jugé que par provifion.

MAUVAISES défaites : en premier lieu, la plûpart des Arrêts dont il s'agit, ont été rendus contradictoirement avec eux mêmes; & les autres dans des efpeces tout-à-fait femblables à celle qui eft à juger; ainfi ils ne peuvent pas dire raifonnablement qu'ils leurs foient étrangers.

EN fecond lieu, la Juftice de Saint Germain-des-Prés n'a pas plus de prérogatives qu'elle en avoit autrefois, puifque l'Arrêt du Confeil de mil fix cens foixante quinze ne lui en donne aucune, & ne fait que l'a retablir comme elle étoit auparavant; par conféquent les Commiffaires du Châtelet n'ont pas moins de droit par rapport à la prévention qu'ils avoient avant cet Arrêt.

EN troifiéme lieu, il eft certain que la provifion doit toujours s'accorder au droit le plus apparent, par conféquent les Arrêts qui ont accordé la provifion aux Commiffaires du Châtelet, font des préjugés auffi favorables pour eux, que contraire à la prétention des Religieux de Saint Germain-des-Prés.

DE tout ce qui a été dit il refulte, que la prévention eft un droit Royal & public, que par conféquent il n'y a que le Parlement qui en puiffent connoître : qu'il en a connu dans tous les tems, que les Religieux de Saint Germain-des-Prés y ont toujours procedé volontairement, même depuis l'Arrêt du Confeil de mil fix cens foixante-quinze, & Lettres-Patentes de mil fix cens quatre-vingt-onze, que cet Arrêt & ces Lettres-Patentes ne donnent à cet égard aucune attribution au Grand-Confeil, qui dans cette occafion eft une Jurifdiction étrangere, que l'évocation générale accordée en mil fept cens vingt au feu fieur Cardinal de Biffy, eft une grace qui ne comprend point, & ne peut comprendre la prévention, parce que le Roi ne donne point de privilege contre lui-même, ni contre les Droits de fa Souveraineté ; que par conféquent le renvoy que les Religieux de Saint-Germain demandent au Grand-Confeil, n'a pas le moindre fondement, & que leur prétention au fond a été autant de fois condamnée, qu'elle s'eft préfentée en Juftice.

Monfieur MEGRET DE SERILLY, Maître des Requeftes, Raporteur.

M^e. PROA, Avocat.

SUPPLEMENT

A la premiere Partie de ce Recueil, concernant la Police Générale & la Prévention en Matiere de Police Particuliere.

12 Mars 1397. (a) ARREST du Parlement interlocutoire, rendu fur ce que l'Evêque de Paris ayant donné permiffion à Jean le Sage Maître Maréchal, de mettre un travail devant fa maifon ruë Saint-Honoré qu'il prétendoit être en fa Voirie, le Procureur du Roi, & M^e. Nicolas Chaeu Commiffaire-Examinateur au Châtelet s'y tranfportent affiftés de Sergens, & font abbattre le travail : plainte de l'Evêque comme d'une entreprife fur fon droit de Voirie ; le Procureur Général du Roi intervient pour les Officiers du Châtelet, & foutient, qu'*au Roy feul appartient d'avoir foin de la Police dans Paris* ; remarque qu'il eft important que cela foit ainfi, autrement il ne pourroit être pourvû par Sa Majefté au bien public, fur quoi la Cour appointe les Parties, & cependant ordonne qu'elle fera defcente fur le lieu.

(*a*) Cet Arrêt eft de l'an 1398. | la Fête de Pâques tomboit cette felon notre ufage prefent de dater, | année au 7. Avril.

Grand-Livre jaune, fol. 120. Arreft du Parlement du vingt-un Juillet mil cinq cens quarante-fix, qui permet aux Jurés Pottiers d'étaim, de vifiter dans le Faubourg Saint-Germain, & en faire rapport pardevant le Prévôt de Paris.

Arrêt de la Cour de Parlement, portant deffenses à tous Seigneurs Haut-Justiciers de cette Ville de Paris, de faire aucuns Statuts pour les Communautés des Arts & Mestiers, demeurans dans l'étenduë de leurs Justices.

Extrait des Registres de Parlement.

SUR ce qui a été remontré à la Cour par le Procureur Général du Roi, qu'encore qu'il n'appartient qu'audit Seigneur d'ériger des Communautés dans son Royaume, & leur donner des Statuts, & Reglemens, néanmoins tous les Officiers des Seigneurs Hauts-Justiciers de cette Ville, entreprenent d'en donner aux Communautés des Ouvriers demeurans dans l'étenduë de leurs Justices ; ce que l'on pouvoit d'autant moins souffrir, qu'outre qu'ils n'en avoient pas le pouvoir, cela produisoit une diversité de reglemens très-préjudiciables à l'ordre de la Police desdits Arts & Métiers, à quoi il étoit nécessaire de pourvoir : lui rétiré, LA COUR a fait inhibitions & défenses à tous Officiers des Seigneurs Hauts-Justiciers, dans l'étenduë de cette Ville de Paris, de faire aucuns Statuts pour les Communautés des Arts & Métiers demeurans dans l'étenduë de leurs Justices : Ordonne que lorsqu'elles desireront avoir des Statuts, elles se retireront pardevers le Roi, pour leur être pourvû par ledit Seigneur, de Lettres-patentes s'il lui plaît leur accorder, adressantes à la Cour pour y être procedé à l'enregistrement d'icelles ainsi qu'il appartiendra. FAIT en Parlement le septiéme Septembre mil six cens soixante-huit, *signé,* ROBERT.

7. Septembre 1668.

Arrêt du Parlement, qui ordonne que fans préjudice du droit de prévention en matiere de Police particuliere, prétendu par les Officiers du Châtelet, dans les Juftices du Roulle, des Porcherons & du petit Charonne, les Commiffaires du Châtelet pourront faire leurs fonctions de Police dans lefdits lieux.

Extrait des Regiftres de Parlement.

7. Févrie. 1705.

CE jour, la Cour après avoir vû l'avis du Lieutenant Général de Police, & du *Subftitut* du Procureur Général du Roi au Châtelet, en exécution de l'Arreft du dix-neuf Janvier dernier, enfemble les conclufions par écrit du Procureur Général du Roi ; la matiere mife en déliberation : a ordonné & ordonne, commiffion eftre délivrée au Procureur Général du Roi, pour faire affigner en la Cour les fieurs ayant la Haute Juftice dans les Villages du Roulle, des Porcherons & du petit Charonne, pour y eftre reglés fur le fait de la Police : & cependant fans préjudice de la prévention prétenduë par les Officiers du Châtelet dans lefdits lieux, ni des Droits appartenans aufdits fieurs, ordonne que le Lieutenant Général de Police au Châtelet, pourra faire vifiter par les Commiffaires dudit Châtelet, les Cabarefts & Hôtelleries defdits lieux du Roulle, des Porcherons & du petit Charonne, tenir la main à ce que les reglemens de Police qui s'obfervent dans la Ville & Fauxbourgs de Paris, & principalement ceux qui concernent l'ordre & la fûreté publique, y foient obfervés & exécutés, & pourvoir à cet égard jufqu'à Sentence definitive inclufivement, fauf l'appel en la Cour, & concurrement avec les Officiers defdites Juftices du Roulle, des Porcherons & du petit Charonne, & fans que ledit Lieutenant Général de Police puiffe prendre connoiffance en premiere Inftance des affaires de Police, dont les Officiers defdites Juftices auront connu avant lui. FAIT en Parlement le feptiéme Février mil fept cens vingt-cinq. *Signé*, DONGOIS.

Déclaration

Déclaration du Roy, portant Reglement pour les Gens de livrée.

EXTRAIT.

VOULONS que l'exécution de notre préfente Déclaration, & la connoiffance des contraventions qui pourront y être commifes, appartiennent au Lieutenant Général de Police, même dans les lieux prétendus privilegiés ; & ce concurrement avec les Officiers des fieurs Hauts-Jufticiers defdits lieux, & préférablement aufdits Officiers s'il a connu du fait avant eux ou le meme jour par une Ordonnance préparatoire ou définitive.

8. Janvier 1719. Enregiftrée au Parlement le 20. dudit mois.

L'on doit mettre au rang des titres qui établiffent la prévention en matiere de Police particuliere, l'Arreft du Parlement du fept Mars mil fept cens vingt-cinq, (*a*) qui ordonne que les Lettres-Patentes de rétabliffement de la Juftice de Sainte-Genevieve-du-Mont, du mois d'Octobre mil fept cens trois, & Arreft d'enregiftrement d'icelles du dix-fept Décembre audit an, feront exécutés fans préjudice du droit de prévention appartenant aux Officiers du Châtelet dans la Ville & Fauxbourgs de Paris, dont ils joüiront dans l'étenduë de ladite Juftice, puifque ce droit de prévention eft confervé au Châtelet indéfiniment, & d'une maniere qui a fon application aux matieres de Police particuliere, comme aux matieres Civiles & Criminelles.

(*a*) Cet Arrêt eft dans la troifiéme Partie en fon rang de datte.

Kk

ESSAY
SUR LE DROIT DE PRE'VENTION.

I.
Définition de la Prévention & ses especes

ON entend en général par Prévention, un Droit qui donne la connoiſſance d'une affaire, à celle, de pluſieurs Juriſdictions également compétentes, qui en eſt ſaiſie la premiere. (*a*)

IL y a trois eſpeces de Prévention.

LA Prévention entre Officiers du Roy, (*b*) celle qu'exercent les Officiers du Roy ſur ceux des Seigneurs, & la Prévention entre les Officiers des Juſtices Subalternes de différens degrés.

LA premiere eſpece de Prévention a été établie dans la vûë de procurer une plus grande vigilence dans l'adminiſtration de la Juſtice en certaines matieres, deſquelles differentes Cauſes & Juriſdictions Royales ont un droit égal de connoître ; cette prévention excite entre les Officiers de ces differentes Cours une émulation louable qui tourne entiérement à l'avantage du Public.

IL n'en eſt pas de même de la prévention que les Officiers du Roi exercent ſur ceux des Seigneurs ; la vigilance dans l'adminiſtration de la Juſtice n'en eſt pas le motif, elle en eſt la ſuite. Le motif de l'établiſſement de cette eſpece de prévention eſt de faire ſentir aux Seigneurs Juſticiers & à leurs Juſticiables que ces ſortes de Juſtices viennent du Roi, à qui originairement elles ont appartenu.

LA prévention entre Officiers de Juſtices Subalternes de différens degrés établie par quelques Coûtumes, n'a pour motifs ni de procurer la vigilance dans l'adminiſtration de la Juſtice, ni d'établir une preuve perpetuelle de la dépendance des Juſtices Subalternes inferieures envers leurs ſuperieures ; le motif de ſon établiſſement eſt de conſerver à chaque Seig-

(*a*) Quelquefois le terme de Prévention ſe prend pour privativement ; c'eſt en ce ſens qu'il eſt employé dans l'Article 76. de la Coûtume d'Anjou.

(*b*) L'Art. 19. de l'Edit de Cremieu du 19. Juin 1536. contient un exemple de cette eſpece de Prévention entre les Baillifs & les Prévôts Royaux en matiere poſſeſſoire & de nouvelleté.

L'Art. 6. de l'Edit du mois de Juillet 1551. contient un autre exemple de cette eſpece de Prévention entre la Cour des Monnoyes & les Baillifs Sénéchaux, & autres Juges Royaux pour le fait des Faux-monnoyeurs & Infracteurs des Ordonnances Royaux, concernant le fait des Monnoyes.

neur Juſticier les amendes & autres profits du droit de Juſtice, ſur ſes Juſticiables immediats.

L a preuve de ces differentes eſpeces de prévention & des motifs particuliers pour leſquels elles ſont établies, ſe trouve écrite dans les Ordonnances & les Coûtumes qui ſont citées & raportées dans la ſuite de ce diſcours.

C h a q u e eſpece de prévention eſt de deux ſortes, l'une pure & ſimple, & l'autre ſujette à renvoy, c'eſt-à-dire, que lorſque le Seigneur Juſticier revendique ſon Juſticiable, traduit devant les Officiers de la Juſtice à laquelle la ſienne reſſortit, les Officiers de cette Juſtice Suzeraine ſont obligés de lui renvoyer la connoiſſance de l'affaire qu'il a revendiquée.

L e s Coûtumes qui admettent cette diſtinction ſemblent ne l'établir que dans le cas de la prévention entre Officiers de Juſtices Seigneuriales de differens degrés; mais quand on pourroit étendre cette diſtinction juſqu'à la prevention des Officiers du Roi, ſur ceux des Juſtices Subalternes; il faudroit toujours convenir que l'uſage a réformé les Coûtumes en ce point, & que les Juges Royaux joüiſſent de la prévention ſans jamais renvoyer les affaires dont ils ſont une fois ſaiſis; Monſieur l'Avocat Général Talon a avancé cette maxime comme certaine & indubitable dans les conferences tenuës par ordre du Roi, pour l'examen de l'Ordonnance, qui regle l'inſtruction des affaires Criminelles, du mois d'Août mil ſix cens ſoixante dix.

L e s differentes eſpeces de prévention ont une proprieté commune, c'eſt la reciprocité; ce qui fait que lorſqu'il s'éleve entre des Officiers un differend ſur la queſtion de fait, de ſçavoir celui qui a prévenu; l'Arrêt qui la décide & la termine eſt un titre reciproque pour les differentes Juriſdictions mentionnées dans l'Arrêt.

V o i l a ce qui concerne la prévention en général, voyons préſentement ce qui regarde la prévention des Officiers du Roi, ſur ceux des Seigneurs qui ont Juſtice; cette eſpece de prévention eſt le principal objet de ce diſcours.

O n peut définir la prévention des Officiers du Roi, ſur ceux des Seigneurs, la faculté qu'ont les Officiers des Juſtices Royales d'exercer leurs fonctions dans le territoire des Juſtices Seigneuriales enclavées dans leur diſtrict, privativement aux Officiers de ces Juſtices, lorſqu'ils les ont prévenu.

C' e s t ſur le fondement de cette définition qui nous paroît juſte, qu'eſt établi le droit de prévention des Officiers du Châtelet, non-ſeulement dans la Ville, Fauxbourgs & Banlieuë de Paris, mais encore dans la Prévôté & Vicomté de Paris; car le diſtrict du Châtelet n'étant autre que celui de la Prévôté & Vicomté; c'eſt une conſéquence néceſſaire qu'ils peuvent prévenir les Officiers de toutes les Juſtices Seigneuriales enclavées dans le diſtrict de cette Prévôté & Vicomté.

I I.
De la Prévention des Officiers du Roy ſur ceux des Seigneurs qui ont Juſtice, ſa définition, ſon origine.

L'ORIGINE de la prévention des Officiers du Roi, fur ceilles Juftices Subalternes, n'eft pas fort ancienne, elle ne remonte pas au delà du dixiéme fiécle.

IL eft certain que de droit primitif & commun, le Souverain en chaque Etat eft le feul Seigneur, & qu'il n'appartient qu'à lui d'y rendre la Juftice, ou d'établir des Juges pour la rendre en fon nom.

C'EST ainfi que les chofes fe pafferent pendant les cinq premiers fiécles de la Monarchie, la Juftice dans tous ces tems n'y étoit renduë qu'au nom du Roi, & le Roi lui-même la rendoit fouvent.

CE bon ordre fut alteré pendant les troubles qui agiterent l'Etat au commencement de la troifiéme branche de nos Rois, c'eft-à-dire, dans le dixiéme fiécle de l'Ere Chrétienne, les Gouverneurs des Provinces & des Principales Villes s'en firent accorder les inféodations; ils fe rendirent ainfi les Maîtres & les Propriétaires du Domaine & de la Juftice, dont ils n'avoient eû auparavant que la recette & l'adminiftration au nom du Roi; ils y établirent enfuite des Juges pour y rendre la Juftice en leur nom, & telle fut l'origine des Juftices Seigneuriales.

CELA fe fit ainfi dans tout le Royaume par une permiffion tacite de nos Rois; car il n'y a aucun Edit ni autre titre de ces premieres inféodations, mais nous avons les titres de quelques inféodations pofterieures, dont les conditions nous font voir que lors de ces premieres infeodations, nos Rois fe font toujours réfervé & à leurs Officiers trois prérogatives.

1°. LA connoiffance & punition des grands-Crimes que l'on appelle cas Royaux.

2°. LA Police Générale des Villes où la principale Jurifdiction eft exercée au nom du Roi.

3°. LA prévention des Officiers de la Juftice Royale, fur ceux des Juftices Seigneuriales, lorfqu'elles fe trouvent établies dans une même Ville.

COMME il ne s'agit ici que de cette derniere prerogative, nous ne rapporterons point de preuves que dans les titres de plufieurs inféodations, le Roi s'eft refervé les deux premieres; on peut voir plufieurs de ces preuves dans le Traité de la Police, liv. 1. titre 10. chap. 1. de la derniere édition.

NOUS nous bornerons à faire voir que le Roi s'eft auffi refervé lors de ces inféodations & de ces conceffions de Juftices, le droit de prévention.

LE Roi Jean par fes Lettres-Patentes données à Boulogne au mois d'Octobre mil trois cens foixante, érigea en faveur de Louis, le fecond de fes fils, le Comté d'Anjou, en Duché-Pairie: & lui fit don & à fes enfans mâles nés & à naître, de ce Duché & du Comté du Maine, fous la réferve des droits de regale, foy & hommage, reffort, Monnoyes & autres droits de Souveraineté: Louis & fes enfans en jouirent fous ces claufes & conditions jufqu'en mil quatre cens quatre-vingt-un.

Le même Roi par autres Lettres données au même lieu, & dans le même mois, érigea le Comté de Touraine en Duché-Pairie, & en fit don à Philippes, le dernier de ses fils, aux mêmes conditions.

La connoissance de ces droits de regale, ressort, Monnoyes & autres droits de Souveraineté, que le Roi s'étoit réservé dans ces Terres, resta à ses Officiers, & ces Fils-de-France établirent de leur part des Juges pour rendre la Justice en leur nom dans leurs appanages.

Cette diversité de Juges & de Jurisdictions ayant fait naître quelques contestations, Charles V. Fils & Successeur du Roi Jean les regla par Edit donné en l'Hôtel de Saint-Paul à Paris le huit Octobre mil trois cens soixante-onze, & cet Edit porte en termes exprès, que les Officiers du Roi connoîtront par prévention entre toutes personnes des cas de nouvelleté, c'est-à-dire, de tous les cas où l'on innove au préjudice du possesseur.

Charles VI. ayant accordé au Chapitre de l'Eglise de Paris, des Lettres portant confirmation, ou plûtôt établissement d'une Justice pour les Terres de leur Domaine, en datte du mois de Juin mil trois cens quatre-vingt-dix, elles ne furent enregistrées qu'en vertu de Lettres de jussion, & à la charge que les Officiers du Roi dans les Jurisdictions, esquelles les Terres du Chapitre sont assises, auroient la connoissance des cas Royaux, & que ces mêmes Officiers auroient par prévention la connoissance de tous les autres cas, à moins que les Doyen & Chapitre, ou leurs Officiers à cause de leurs Offices, ne fussent Parties.

Ces Edits & Lettres-Patentes sont des titres anciens qui reclament en faveur du droit de Prévention, & qui prouvent.

1°. Que les concessions tacites & primordiales du droit de Justice n'ont été faites qu'à la charge du droit de Prévention & des autres prérogatives cy-dessus exprimées.

2°. Que les concessions expresses & postérieures du droit de Justice n'ont été faites que sous les mêmes reserves & exceptions.

3°. Et enfin, que lorsque ces reserves du droit de Prévention & autres prérogatives de la Justice Royale n'ont point été exprimées dans les Lettres de concession du droit de Justice, le Parlement qui veille continuellement à maintenir les droits du Roy, ne les a jamais verifiées ni enregistrées que sous des modifications qui ayent renfermé les prérogatives attachées de droit commun à la Justice Royale.

Il suit de l'établissement de ces propositions, que Loyseau s'est lourdement trompé, lorsqu'il a avancé dans son Traité des Seigneuries Chapitre 13. & dans le Traité de l'abus des Justices de Villages, où il repete mot pour mot ce même Chapitre, que le Roy en concedant aux Seigneurs la Justice à titre de fief, s'en est entierement depouillé & ne s'y est pas réservé le droit de Prévention, & je ne vois pas pourquoi il accorde aux Officiers du Roy les cas Royaux & qu'il leur refuse le droit de Prévention, puisque ces deux prérogatives dérivent de la même fource & ont une origine commune; mais il n'eft pas encore tems de réfuter cet Auteur, & fon fentiment particulier n'a pas affez de poids pour ôter aux Officiers du Roy un droit qui leur appartient à jufte titre, & que le Parlement leur a confervé par fes Arrêts, autant de fois qu'on a voulu les troubler dans la poffeffion où ils font d'en joüir depuis l'établiffement des Juftices Seigneuriales.

IL ne fuffit pas d'avoir demontré par des preuves précifes, que le droit de Prévention n'eft point fondé fur une fimple poffeffion des Officiers du Roy, qui ait pour baze l'envie d'entreprendre fur les Juftices Seigneuriales & les anéantir, s'il étoit poffible; qu'au contraire ce droit eft une des prérogatives que nos Rois fe font refervées, foit explicitement, foit tacitement, lorfqu'ils ont accordé le droit de Juftice à quelques-uns de leurs Sujets; il faut encore établir ce droit.

1°. PAR les difpofitions des Ordonnances & des Edits & Declarations de nos Rois enregiftrées au Parlement, qui font les Loix générales du Royaume.

2°. PAR les difpofitions de nombre de Coûtumes tant générales que locales qui ont force de Loy dans différentes Provinces du Royaume.

3°. ET enfin, par les difpofitions de nombre d'Arrêts du Parlement qui ont maintenu les Officiers du Roy dans l'ufage de ce droit.

III.
Preuves 1°. par les Ordonnances, Edits & Declarations.

A l'égard des Ordonnances, Edits & Déclarations de nos Rois, voicy ce qu'ils portent concernant le droit de Prévention.

L'EDIT portant Reglement pour la Jurifdiction des Officiers du Roy dans les Duchés d'Anjou & de Touraine & dans le Comté du Maine, donné en l'Hôtel de Saint Paul à Paris le huit Octobre 1371. regiftré en Parlement & rapporté entr'autres par Joly tom. 2. pag. 1824. porte en fon neuviéme article, qu'auxdits Bailly & Lieutenant, & non autres, appartiendra la connoiffance des Contrats faits fous Scel Royal, quand l'obligé s'oblige ou foûmet feulement à la Jurifdiction du Scel Royal; car au cas que l'obligé fe foûmette à toutes Jurifdictions, autres Juges en pourront connoître par Prévention; & auffi en cas de nouvelleté entre toutes perfonnes, connoîtront lefdits Bailly & Lieutenant par Prévention. (a)

L'ORDONNANCE fur le fait de la Juftice Criminelle du mois de Novembre 1554. regiftrée en Parlement le 15. Février fuivant, porte ce qui fuit.

ARTICLE 5. ,, Entendons que nofdits Lieutenans Criminels tant de
» Longue que Courte-Robbe, aux Vifitations & Chevauchées qu'ils
» font tenus de faire en leurs Détroits, Jurifdiction ou autrement, puif-
» fent appréhender tous les délinquans étans en leurfdits Détroits; &

____

(a) Cette claufe eft toute femblable à celle de l'Arrêt d'Enregiftrement des Lettres patentes portant établiffement de la Juftice du Chapitre de l'Eglife de Paris; cette uniformité écarte toute idée de privilege & de fingularité.

» iceux pris, feront tenus les rendre aux Seigneurs ayant Juftice fur
» iceux, s'ils en font requis par lefdits Seigneurs, à la charge de leur
» faire & parfaire leurs procès, leur préfigeant tems de ce faire : & où
» ils ne feront requis, pourront nofdits Lieutenans Criminels, faire &
» parfaire les procès des délinquans, & proceder contr'eux ainfi que de
» raifon, combien qu'ils foient domiciliés, ayans demeurances ès terres
» de nofdits fujets, & que lefdits délinquans requiffent être renvoyés
» pardevant leurs premiers Juges, fans toutefois préjudicier aux droits
» de Juftice defdits Seigneurs ayant Haute, Moyenne & Baffe-Juftice.

Par l'Edit du mois de Décembre 1666. enregiftré le 11. du même
mois, portant Reglement pour la fûreté & la tranquilleté publique dans
la Ville de Paris, le Roy declare entr'autres chofes, qu'il veut & entend que la Police générale foit faite par les Officiers de fon Châtelet, en
tous les lieux prétendus privilegiés, ainfi que dans les autres quartiers
de la Ville, fans aucune différence ni diftinction ; qu'à l'égard de la Police particuliere, elle foit faite par les Officiers qui auront prévenu ; &
qu'en cas de concurrence, la préférence appartienne au Prévôt de Paris.

L'Article 9. du titre premier de l'Ordonnance du mois d'Août
1670, concernant l'Inftruction des Matieres Criminelles, maintient la
Jurifdiction du Châtelet de Paris, & celles des lieux régis par les
Coûtumes où le droit de Prévention a lieu dans l'ufage de ce droit,
& l'accorde pareillement aux Jurifdictions des lieux régis par les Coûtumes qui ne parlent pas du droit de Prévention après les vingt-quatre
heures du délit commis.

La Declaration du Roy du huit Janvier 1719. portant Reglement
pour les gens de livrées, enregiftrée au Parlement le 20. dudit mois,
veut que fon exécution & la connoiffance des contraventions qui pourront y être commifes, appartienne au Lieutenant Général de Police,
même dans les lieux prétendus privilegiés ; & ce concurremment avec
les Officiers des Hauts - Jufticiers defdits lieux, & préférablement
auxdits Officiers, s'il a connu du fait avant eux ou le même jour par
une ordonnance préparatoire ou définitive.

Pour ce qui eft des preuves du droit de Prévention par les Coûtumes, on croit ne pouvoir mieux faire que de rapporter le texte
de celles qui font mention de ce droit.

I V.
2°. Par les Coû-
tumes.

Coutume de la Sénéchauffée de *Ponthieu*, rédigée en 1495.
(*a*) Article 105. par ufage tout notoire en ladite Comté » aucun
» eft trouvé faifant pâturer, foit bêtes à cornes ou à laines, chevaux,
» jumens ou autres beftiaux, en Efteulle de bled (*b*) avant le troifié-
» me jour depuis que le bled qui y auroit crû feroit lié, il y échet

(*a*) C'eft la plus ancienne que nous fçachions avoir été rédigée en vertu de
Lettres patentes.

(*b*) Terre marnée en bled.

» envers le Roy, si ses Officiers préviennent, ou envers le Haut-
» Justicier ou Vicomtier, s'il prévient, pour chacune fois, l'amende
» de soixante sols.

ARTICLE 183. L'usage & stile de ladite Comté est si on se
» trait premierement par devers l'un desdits Baillys, de matiere sujette
» à son Office, en lui baillant la connoissance en matiere & cas de
» Prévention, les cas sur ce intentés à son Siége, y doivent demeu-
» rer, sans en faire aucun renvoy, desquels cas de Prévention la décla-
» ration ensuit; c'est à sçavoir, de matiere de complainte, de nou-
» velleté, des obligations royaux sur toutes mises de fait, de doüaire,
» dons, aumônes & autrement, inventaires qui écherroient par Pré-
» vention, de main assise en vertu des Lettres Royaux, assignation
» de vivres, asseurement royal & de signature ou sceaux de Juges
» & autrement.

CES Articles ont été rédigés sans aucune opposition. Le procès-
verbal de cette rédaction, datté du 17. Octobre 1495. en fait foy.

COUTUME d'*Anjou* rédigée en 1508.

ARTICLE 71. " si aucun fait dénoncment criminel dûement apple-
» gé (*a*) à l'encontre d'aucun, soit de meurtres, de larcins ou d'em-
» brâlemens, de femmes violées ou rav.es, de batture ou mutilation
» faite de guet-à-pend ou d'autres crimes, en la Cour Suzeraine, jamais
» le Vassal n'en aura la Cour ou renvoy, mais en aura la punition celui
» qui aura prévenu en la connoissance; supposé que le dénonceur se dé-
» laisse avant que la cause ait pris fin, & semblablement en pourront
» user les Comtes, Barons, Seigneurs, Châtelains, Hauts & Moyens
» Justiciers.

ART. 72. Et si dénoncment étoit fait par une même personne &
» d'un même cas, en Cour suzeraine & en Cour sujette, icelui qui pre-
» mier aura reçû & exécuté le dénoncment en aura la connoissance,
» pourveu que le Seigneur sujet informe les Officiers du Suzerain qu'il a
» prévenu.

ART. 73. Et si par accusation d'office ledit criminel avoit été pré-
» venu par une Cour, & après la partie plaintive sit dénoncement ou
» accusation applegée par autre Cour, en ce cas, la connoissance en de-
» meurera à celui qui aura prévenu d'office, & doit la partie parde-
» vant lui poursuivre son interest, sans ce que led. dénoncé fust tenu en
» procès en diverses Cours pour un même cas; & à semblable, si tel
» criminel ou délinquant étoit convenu à l'office de Justice en diverses
» Jurisdictions, capables pour raison d'un même cas, à celui qui auroit
» prévenu demeureroit la connoissance: & est à entendre telle provision,

(*a*) Applegé veut dire cautionné, en cet endroit ; quelquefois le mot appleger
signifie se plaindre, & applegement, plainte ; & la raison pour laquelle il se prend
en ce sens, c'est parce qu'anciennement personne n'étoit admis à rendre plainte
sans donner caution pour l'amende qui devoit être prononcée.

si, en

» fi, en tant que touche la partie principale, y avoit dénoncement formé
» & dûement applegé, ou adjournement baillé fur ledit cas d'excès.
» Et au regard de l'office de Juftice, celui aura prévenu qui pourra pren-
» dre le criminel ou délinquant, ou qui l'aura premier fait adjourner per-
» fonnellement, ou fait faifir & inventorier fes biens, information pré-
» cédente; finon, *in flagranti delicto*, où l'on peut emprifonner fans
» information.

ART. 74. Et fi par dénonciation ou accufation criminelle d'office,
» aucun malfaiteur eft convenu & approché par la Cour du Haut-Jufti-
» cier dont il ne foit eftagier (*a*) & le Seigneur de qui il eft eftagier
» & qui n'eft voifin du Seigneur par la Cour duquel a été faite la pré-
» vention, ait telle Juftice qu'il puiffe connoître dudit cas, icelui Sei-
» gneur duquel le malfaiteur n'eft eftagier qui en aura entrepris la con-
» noiffance, fera tenu le rendre audit voifin de qui ledit malfaiteur fera
» eftagier, s'il le requiert, en quelqu'état que foit le procès, en payant
» les frais. Mais fi le délit a été fait au pouvoir de celuy qui premier la
» approché, la connoiffance lui en demeurera & ne le rendra point audit
» voifin duquel ledit malfaiteur eft eftagier..

ART. 75. EN matiere réelle, le Suzerain ne fera aucun renvoy à fon val-
» fal de fes hommes, fi les chofes dont fera queftion entre les parties font
» affifes en plufieurs & diverfes Jurifdictions, comme dud. vaffal & d'au-
» tres Seigneurs. Semblablement, ledit Comte, Vicomte & Baron,
» joüiffent de la prévention & autres cas deffufdits, fur fon vaffal; & de
» degré en degré chacun fur fon fujet fans diftinction.

ART. 77. „ Semblablement de l'exécution des Sentences, Jugemens ou
„ appointemens données ou prononcées en la Cour du Prince, que les
„ anciens écrits appellent la Cour du Roi, ne s'en fait point de renvoi;
„ autant & en pareils termes eft de l'exécution des Sentences jugées, &
„ appointemens donnés ou prononcés en la Cour des Comtes, Vicomtes
„ & Barons, & de fauffetés commifes en leurs Lettres ou Sceaux, dont la
„ connoiffance appartient à eux & à leurs Jufticiers, finon ès cas de pré-
„ vention, où ils procederont par la voye desfufdite.

ART. 78. „ Des Treves données en la Cour du Prince, enfreintes,
„ la connoiffance, punition & correction en appartient au Prince, & à
„ fes Juges & Officiers, & femblablement eft-il de treves & affuremens
„ donnés en la Cour des Vaffaux, dont la connoiffance, punition & cor-
„ rection appartient à leurs Juges & Officiers; fi le Prince ou autre Su-
„ zerain n'en avoit entrepris la connoiffance par prévention comme dit-
„ eft.

ART. 79. „ Autres cas font efquels le Suzerain ne rend point la Cour
„ ne les caufes à fon Vaffal, foit Baron, Châtelain ou autres, ne fem-
„ blablement les Barons à leurs hommes & fujets; c'eft à fçavoir d'em-

----

(*a*) Eftagier eft celui qui eft aftreint à faire la garde en la Maifon ou Château
de fon Seigneur en tems de guerre.

„ pêchemens , de chemin peageau ; de délit fait en grand chemin , quand
„ par prévention le Suzerain a entrepris la connoiſſance , d'avoir meſuré
„ à fauſſe aulne ou à fauſſe meſure , débris de marché , de dénoncemens
„ Criminels faits par le bleſſé en la Cour du Suzerain , ſelon la forme des
„ ſuſdites ; en matiere d'hypoteque univerſel quand il eſt queſtion de ren-
„ tes ou arrérages d'icelles , & que les choſes hipotequées ſont en diver-
„ ſes Juriſdiétions.

Et il eſt à remarquer , qu'à tant d'articles de la Coûtume d'Anjou , où
il eſt parlé de la prévention , il n'y a eu aucune oppoſition , ainſi qu'il eſt
prouvé par le Procès-verbal de ladite Coûtume , daté du ſept Septembre
mil cinq cens huit.

Coutume du Pays & Comté *du Maine* redigée en la même année
mil cinq cens huit.

Art. 73. „ Pour la ſeconde Partie eſt traité des cas deſquels le
„ Comte du Maine à la prévention ſur ſes ſujets , & deſquels il rend la
„ Cour à ſes Vaſſaux , & ſes Vaſſaux à leurs ſujets , de degré en degré ,
„ auſſi des exemptions par appel & autrement.

Art. 75. „ Et ont par prévention la connoiſſance en tous cas Criminels
„ & Civils ; en toutes aétions civiles , réelles & perſonnelles ſur leurs Vaſ-
„ ſaux & les ſujets de leurs Vaſſaux , juſqu'à ce que litis conteſtation ſoit
„ faite , par laquelle les Parties ſoient appointées en faits contraires & en
„ enquête ; à laquelle conteſtation & non plûtôt , ſi le Vaſſal ou autre in-
„ ferieur dont les choſes deſquels eſt queſtion ſont ſujettes , ſi c'eſt matiere
„ réelle , & ſi c'eſt matiere perſonnelle , & le défendeur eſt Eſtager dudit
„ Vaſſal , & icelui Vaſſal ou ſon Procureur requiert la Cour , renvoy &
„ obéiſſance de la cauſe , elle lui ſera renduë avec les Parties adjournées
„ pour procéder en icelle cauſe en la Cour dudit Vaſſal : & ſi à requerir
„ ledit renvoy ſe trouve aſſemblement , le Seigneur immediat des choſes
„ dont eſt queſtion & ſon Suzerain , ledit Seigneur immediat ſera pré-
„ feré , pourvû qu'il ait telle Juſtice , qu'il ſoit fondé de connoître d'i-
„ celle cauſe , & en icelui cas que ledit Seigneur immediat ou Procureur
„ pour lui , ne ſe feroit trouvé à requerir ledit renvoy , & ſeroit rendu à
„ ſon Seigneur Suzerain , ledit Seigneur immediat le pourra aller querir
„ en la Cour de ſon Seigneur Suzerain en la conteſtation qui ſera faite ; tou-
„ tefois en cauſe d'appel , relevé ou anticipé en Cour Suzeraine , *obmiſſo*
„ *medio* , led. Seigneur immediat relaiſſé en auroit le renvoi avant conteſta-
„ tion , s'il le requiert : auſſi le peut requerir la Partie intimée ou anticipée.

Art. 76. Et combien que leſdits Juges Suzerains dudit Comté du
„ Maine , & autres Seigneurs du Maine , ayent la prévention telle que
„ deſſus , néanmoins pour ce que ſouventes fois aucuns en petites matieres
„ perſonnelles s'entrevexent & travaillent , en s'entrefaiſant adjourner au
„ loin , combien qu'ils puſſent recouvrer Juſtice ès Cours des Seigneurs
„ Subalternes , leſdits Juges Suzerains pourront en faire incontinent ren-
„ voi paravant la conteſtation & autrement , ainſi qu'ils verront être à faire ;
„ & ſi l'on connoît que malicieuſement le demandeur ait fait adjourner au

„ loin le défendeur pour petites matieres, ledit Juge Suzerain pourra re-
„ primer telle vexation & travail des sujets, condamner tel demandeur en
„ amende & dépens, & faire le renvoi comme dessus, pardevant celui su-
„ balterne qu'il verra être à faire.

Art. 82. „ S'il n'y a Partie accusant ou denonceur ; celui qui pre-
„ mier prend le Crimineux, ou qui le fait adjourner personnellement, ou
„ par qui l'adjournement est decreté & fait inventaire de ses biens selon la
„ qualité du cas, il a prévenu par exécution réelle, & en aura la con-
„ noissance.

Art. 83. „ Ensemblement en pourront user les Comtes, Barons,
„ Seigneurs, Châtelains, Hauts & moyens Justiciers.

Art. 84. „ Et si par accusation d'Office ledit Crimineux avoit été
„ prévenu par une Cour, & par après la Partie plaintive fit dénoncement
„ ou accusation appleigée par autre Cour, en ce cas la connoissance en
„ demeurera à celui qui aura prévenu d'Office, & doit la Partie pardevant
„ lui pourfuivre son interest, sans ce que le dénoncé fut tenu en Procès en
„ diverses Cours pour un même cas, & à semblable si tel Crimineux ou
„ délinquant étoit convenu à l'Office de Justice en diverses Jurisdictions
„ capables pour raison d'un même cas, à celui qui auroit prévenu demeu-
„ reroit la connoissance : & est à entendre telle prévention, en tant que
„ touche la Partie principale, s'il y avoit dénoncement formé & dûement
„ appleigé, & au regard de l'Office de Justice, celui aura prévenu qui
„ premier prendra le Crimineux & délinquant, ou qui l'aura premier fait
„ adjourner personnellement ou fait saisir & inventorier ses biens, & ni
„ suffiroit dire avoir fait faire information, s'il n'y avoit telle ou semblable
„ diligence que dessus.

Art. 85. „ Et si par dénonciation ou accusation criminelle d'Office ;
„ aucun malfaicteur est convenu & approché par la Cour du Haut-Justi-
„ cier dont il ne soit Estager, & le Seigneur de qui il est Estager, & qui
„ n'est que voisin du Seigneur par la Cour duquel a été fait la prévention,
„ ait telle Justice qu'il puisse connoître dudit cas, icelui Seigneur duquel
„ le malfaicteur n'est Estager, qui en aura entrepris la connoissance, sera
„ tenu de le rendre audit voisin de qui le malfaicteur sera Estager, s'il le
„ requiert en quelque état que soit le Procès en payant les frais : mais si le
„ délit a été fait au pouvoir de celui qui premier l'a approché, la con-
„ noissance lui en demeurera, & ne le rendra point audit voisin duquel
„ ledit malfaicteur est Estager.

Art. 87. „ Semblablement, le Comte, Vicomte de Beaumont,
„ & Baron joüit de ladite prévention, & autres cas dessusdits sur son
„ Vassal de degré en degré, chacun sur son sujet sans distinction.

Art. 89. „ De treves données en la Cour du Prince, enfreintes, la
„ connoissance, punition & correction en appartient au Prince & à ses Ju-
„ ges & Officiers, & semblablement est-il des treves & assuremens don-
„ nés en Cour des Vassaux, dont la connoissance, punition & correction
„ appartient à leurs Juges & Officiers, si le Prince ou autres Suzerains n'en

Ll ij

,, avoit entrepris la connoiſſance par prévention comme dit-eſt.

Tous ces articles qui parlent du droit de prévention, paſſerent ſans aucune oppoſition à l'exception de l'article 76. lequel en étoit cependant le moins ſuſceptible ; auſſi voit-on par le Procès-verbal de cette Coûtume que les Gens du Roi repondirent ſolidement aux objeſtions des Seigneurs Juſticiers.

Coutume locale de la Châtellenie de *Montreau* & reſſort d'icelle, dépendant du Bailliage de Meaux, redigée en mil cinq cens neuf.

Art. 6. ,, Item, & ſont tenus auſſi tous les demeurans en ladite Châ- ,, tellenie, par prévention, répondre pardevant ledit Prévôt dudit Mon- ,, tereau, ſans leur bailler aucun renvoi, ſoit qu'ils ſoient convenus de ,, partie à partie, ou par cas de délit.

Art. 8. ,, Item, & peut ledit Prévôt par prévention s'il trouve aucuns ,, malfaiſteurs faiſant délit, ou aucunes Bêtes faiſant dégât ou dommage, ,, dans ladite Châtellenie, prendre ou faire prendre les délinquans, faiſans ,, débats ou dégâts & dommage, & les amener Priſonniers en ladite Ville, ,, & en faire la punition telle qu'au cas appartiendra.

Coutume du Pays & Comté de *Blois*, redigée en mil cinq cens vingt-trois.

Art. 11. ,, Ledit Seigneur (le Roi) comme Comte de Blois a ,, reſſort & Suzeraineté ſur ſes Vaſſaux & ſujets étant audit Comté ; c'eſt ,, à ſçavoir ſur le Comté de Dunois, & ſur les Barons, Châtelains, Hauts, ,, Moyens & bas Juſticiers étant audit Comté de Blois, tant en cas d'ap- ,, pel qu'autrement, & a ledit Seigneur prévention en tout ſondit Comté ,, & reſſort d'icelui ès cas de nouvelleté.

Coutume locale de Terres & Châtellenies de *Vatan*, &c. dépendantes dudit Comté de Blois, & redigées en même tems.

Art. 5. ,, Selon la Coûtume, uſance, commune obſervance des ,, Villes, Terres & Juſtices deſſuſdits, le Juge & Garde des Prévôtés & ,, Juriſdiſtions d'icelles, ſont Juges ordinaires pour y exercer Juriſdiſtion : ,, & le Bailly deſdites Terres & Châtellenies, eſt Juge Suzerain, imme- ,, diat dudit Juge, & Garde pour connoître des Cauſes d'appel à un cha- ,, cun Siege deſdits lieux, & y avoir ſur lui Juriſdiſtion Suzeraine, & ,, auſſi peut ledit Bailly par prévention exercer toute Juriſdiſtion, & con- ,, noître en premiere Inſtance de toutes Cauſes comme Juge & Garde ,, ſoit criminelles ou autres, & en ce prévenir ſon Juge.

On voit par le Procès-verbal de la redaſtion de cette Coûtume que cet article n'a ſouffert aucune conteſtation.

Coutume du Bailliage & Comté de *Clermont* en Beauvoiſis, redigée en mil cinq cens trente-neuf.

Art. 202. ,, Item, en matiere de délits & excès, prévention a lieu ; ,, en telle maniere que les Officiers dudit Comté de Clermont, peuvent ,, prévenir ſur les Vaſſaux, & en ce cas ils ne ſont tenus de faire renvoi ,, de ladite matiere pardevant leſdits Vaſſaux ou leurs Officiers, auſquels ,, la connoiſſance en pouvoit appartenir ; excepté ès cas & délits privile-

,, giés au Roi & à ſes Officiers, auſquels il n'y a aucune prévention contre
,, le Roi ; mais en appartient la connoiſſance aux Officiers dud. Clermont ,
,, privativement à tous autres.

Art. 203. ,, Item , avant que les Juges dudit Comté de Clermont ,
,, ſoient eſtimés avoir prévenu ledit Vaſſal en ladite matiere de délits &
,, excès , il eſt requis qu'ils ayent information , ou fait informer deſdits
,, excès ou délits , & decreté ladite information de priſe-de-corps ou d'a-
,, journement perſonnel , ou fait apprehender le délinquant en preſent
,, malfait.

On voit par le Procès-verbal de la redaction de cette Coûtume que les
Seigneurs Juſticiers s'oppoſerent d'abord au droit de prévention, mais
qu'enſuite ils l'accorderent , & que les articles ci-deſſus furent redigés *par
l'opinion d'un commun accord & conſentement de tous les aſſiſtans* ; ce ſont
les propres termes du Procès-verbal.

Coutume du Bailliage & Duché de *Valois*, redigée en la même année mil cinq cens trente-neuf.

Art. 10. ,, Item, par ladite Coûtume le Roi & ſes Officiers ont con-
,, noiſſance par prévention de toutes matieres de délits , ſur les ſujets &
,, Vaſſaux dudit Duché, excepté les cas privilegiés , leſquels appartien-
,, nent au Roi nuement & privativement à tous autres.

Cet article a été redigé ſans aucune oppoſition des Seigneurs-Juſ-
ticiers , ainſi que le prouve le Procès-verbal de cette Coûtume, datté au
commencement du treize Septembre mil cinq cens trente-neuf.

Des ſept Coûtumes du Bailliage de Vermandois, redigées en mil cinq
cens cinquante-ſix , il y en a trois, ſçavoir Laon , Noyon & Ribemont ,
qui accordent le droit de prévention.

Coutume de la Prévôté de *Laon*.

Art. 1. ,, Au Roi appartient la connoiſſance en premiere Inſtance par
,, prévention & concurrence avec les Seigneurs Hauts-Juſticiers de la
,, Prévôté foraine de Laon , de toutes matieres poſſeſſoires , enſemble de
,, toutes Lettres obligatoires , contrats , teſtamens & autres inſtrumens
,, paſſés pardevant Notaires Royaux ſous le Scel Royal du Bailliage de
,, Vermandois , ſoit qu'il y ait ſoumiſſion ou non.

Un ſeul Seigneur Juſticier s'oppoſa à cet article , nonobſtant quoi il
fut accordé ſuivant l'avis des Etats.

Coutume de la Prévôté de *Noyon*.

Art. 39. & dernier ,, Au ſurplus ladite Prévôté ſe regle & gouverne ,
,, ſe reglera & gouvernera ſelon les Coûtumes de Vermandois en la Pré-
,, vôté de Laon , en ce qui n'eſt contraire ou dérogeant aux Coûtumes
,, propres & particulieres de ladite Prévôté de Noyon ci-deſſus écrites &
,, redigées, ſauf &c. & ſi maintient le Roi la connoiſſance par prévention de
,, toutes matieres civiles & criminelles ſur les ſujets des Hauts-Juſticiers.

Cet article n'a ſouffert aucune conteſtation, ainſi qu'il paroît par le Procès-verbal de redaction des Coûtumes de Vermandois.

Coutume de la Prévôté de *Ribemont*

Art. 1. „ LE Roi notre Sire, fon Prevôt & fes Officiers audit lieu,
„ ont droit de prévention fur tous les Seigneurs & fujets de ladite Pré-
„ vôté.

COUTUME du Pays de *Normandie* redigée en mil cinq cens foixante-
dix-fept.

Art. 23. „ LES Juges Royaux connoiffent par tout des poids &
„ mefures & même par prévention ès Terres des Hauts-Jufticiers.

CET article n'a fouffert aucune conteftation lors de fa redaction ; le Procès-verbal de cette Coûtume datté en tête du dix-fept Juillet mil cinq
cens foixante-dix-fept en fait foi.

COUTUME du Bailliage d'*Amiens*, rédigée en mil fix cens foixante fept.

Art. 200. „ QUAND aucunes Bêtes à laine, Vâches, Pourceaux,
„ Chevaux ou autres Bêtes font trouvées pâturans & faifant dommiges
„ en Bois taillis au deffous de trois ans, celui auquel appartiennent lefdites
„ Bêtes, encourt l'amende de foixante fols parifis envers le Seigneur auquel
„ le droit appartient : à fçavoir au Seigneur fuperieur ou Souverain de
„ celui auquel appartient ledit bois, ou aux Prévôts Royaux, à celui def-
„ quels en cas de prévention, la prife, amende, ou condamnation appartient.

Art. 201. „ TOUTEFOIS Si celui auquel appartient led. Bois a Juftice,
„ & requiert en avoir la connoiffance, elle lui doit être baillée, pourvû
„ qu'il faffe fa requifition auparavant la condamnation d'amende, & que le
„ délinquant foit fon fujet & hofte, à la charge de payer par ledit Seigneur
„ en faifant ladite requifition les mifes de Juftice.

Art. 230. „ AU Bailly d'Amiens, ou fon Lieutenant Juge Provincial
„ appartient en premiere Inftance par prévention, la connoiffance de tous
„ cas criminels & civils quels qu'ils foient commis ès fins de fon Bailliage,
„ mêmement par les fujets d'icelui Bailliage en quelconque Seigneurie ou
„ Jurifdiction particuliere, & fous quelque Seigneur, Pair de France, fe-
„ culier ou Eccléfiaftique, ou autres Seigneuries ès fins dudit Bailliage
„ d'Amiens, même audit cas de prévention lui appartient la connoiffance
„ de toutes matieres perfonnelles réelles & mixtes, pourvû quant à la per-
„ fonnelle qu'il foit queftion de foixante fols tournois & au deffus : fauf
„ efdites matieres les renvoys où il appartient, quand ils font requis en
„ tems dû, auparavant conteftation en caufe ou délai peremptoire.

Art. 244. „ SI aucuns laiffent pâturer fes Bêtes en nouvelles Efteulles,
„ il commet amende de foixante fols parifis envers le Seigneur ayant Haute
„ Juftice, & qui prévient en apprehenfion, & ont auffi en ce cas les Offi-
„ ciers Royaux prévention, de maniere que s'ils préviennent en appre-
„ henfion, l'amende en appartient au Roi.

TOUS ces articles ont paffé fans aucune oppofition, ainfi qu'on le peut voir
dans le Procès-verbal de redaction de cette Coûtume, datté au commencement du vingt Septembre mil fix cens foixante fept.

COUTUME du Vicomté de *Saint Pol*, qui eft une des Coûtumes locales ou particulieres du Comté d'Artois.

Titre 2. Art. 5. „Tous Hauts Justiciers ou Vicomtiers ont amendé
„ de soixante sols parisis quand aucunes Bêtes sont trouvées en taillis au
„ dessous de trois ans, & peut par prévention le Seigneur Souverain faire
„ prendre icelles & les calenger (a) de ladite amende ; mais si celui à qui ap-
„ partient ledit Bois, & ayant Justice, requiert avoir la connoissance d'i-
„ celle amende, paravant qu'elle ait été gagée, ou qu'il y ait condamna-
„ tion, il l'a doit ravoir en payant les mises de Justice, esquelles amen-
„ des les Sergens preneurs ont le tiers.

Art. 6. „Le Seigneur Suzerain a pouvoir de prendre par préven-
„ tion les délinquants pour amende de soixante sols parisis ou en dessous
„ ès mettes de la Seigneurie de son Vassal ; combien que le Seigneur du
„ délinquant étant requis par le Seigneur où ledit débat auroit été fait,
„ premier qu'eût été gagée ladite amende, il lui seroit rendu en payant
„ les mises de Justice. Et néanmoins que lesdits délinquans ayent payé
„ ladite amende audit Seigneur Suzerain ; si ledit Seigneur où ledit
„ débat auroit été fait, ou ses Officiers peuvent trouver ledit délinquant
„ ès mettes de sa Seigneurie, ils le peuvent prendre, & lui faire payer
„ lesdites amendes.

Coutume de la Salle, Bailliage & Châtellenie de *Lille*.

Art. 1. „Aux Hauts Justiciers par prévention compete & appartient
„ pardevant hommes feodaux la connoissance des abus de Loix faits &
„ commis par leurs Echevins ou Juges, & les Gens de Justice de leurs
„ Vassaux.

Voila, ce me semble, un assez grand nombre de Coûtumes qui admettent & reçoivent le droit de prévention, pour que ce droit puisse passer
comme étant de droit Coutumier François ; aussi l'Auteur du Grand
Coûtumier de France, met-il ce droit au rang des maximes qui ne sou-
frent aucune contestation ; voici ce qu'il en dit, titre des Droits Royaux,
livre premier chap. 3. édition de Paris mil cinq cens quatre-vingt-dix huit.

„ Si un homme meurt en la Terre d'aucun Haut-Justicier, son sujet ; & à
„ la requête des héritiers ou Exécuteurs (testamentaires,) les Gens du Roi
„ ont scellé premierement les biens du Trépassé ; le Roi par ses Officiers
„ fera faire l'Inventaire ; non pas ledit Haut-Just cier. Et ainsi fut il des
„ biens d'un nommé Denisot le Bourguignon pour un nommé Jean de
„ Limoges. Autrement seroit-il, s'il n'y avoit Exécuteurs (testamentaires)
„ ni héritiers.

C'est aussi sur le fondement de toutes ces preuves du droit de prévention, tirées des Coûtumes qui en parlent, qu'il a lieu pareillement dans des
Coûtumes qui n'en parlent pas, telle que la Coûtume de Paris ; les preuves de ce droit par les Arrêts des Cours Souveraines, le vont démontrer.

Ces preuves du droit de prévention par les Arrêts, ne cedent en rien
pour le nombre aux preuves de ce même droit par les Coûtumes.

V.
3°. Par les Ar-
rêts

______

(*a*) Ordinairement, calenger & prendre sont termes synonymes, & sont employés dans la Coûtume d'Haynault en ce sens.

ARRET du Parlement du ving-deux Mars mil trois cens quatre-vingt neuf, qui déboute l'Evêque de Paris, de la revendication par lui faite de deux prisonniers arrêtés dans sa Jurisdiction par les Officiers du Châtelet, & en laisse la connoissance au Prévôt de Paris qui avoit prévenu.

AUTRE Arrêt du vingt-trois Janvier mil trois cens quatre-vingt douze, qni n'ordonne l'enregistrement des Lettres-patentes concernant la Justice accordée au Chapitre de l'Eglise de Paris, qu'à la charge de la prévention

AUTRE Arrest du quinze Novembre mil cinq cens cinquante-quatre, qui ordonne l'enregistrement de la Declaration du Roi du dix-sept Juin précedent, renduë en interpretation de l'Edit de Cremieu, du dix-neuf Juin mil cinq cens trente-six ; & en interprétant lesdits Edit & Declaration, ordonne que toutes fois & quantes que les Justiciables des Juges subalterternes seront poursuivis devant les Officiers du Roi, la prévention aura lieu, s'ils ne font révendiqués par leurs Seigneurs, & que lorsque les Juges Présidiaux préviendront, ce ne pourra être que comme Juges ordinaires, cet Arrêt est raporté par Fontanon, tom. 1. pag. 192. édition de 1611.

AUTRE Arrêt du seize Décembre mil cinq cens soixante-un, rendu contre l'Evêque de Soissons, qui adjuge la prévention aux Officiers du Roi, en matiere de Police, & juge que le Seigneur ne peut revendiquer son Justiciable assigné en matiere de Police, devant le Juge Royal. Voyez Bacquet, traité des droits de Justice, chap. 28.

AUTRE Arrêt rendu sur productions respectives le trois Décembre mil cinq cens soixante-neuf, qui adjuge aux Officiers du Châtelet de Paris, la prévention en matiere de scellé ; cet Arrêt est rendu avec les Seigneurs de Paris, qui avoient alors les Justices les plus considerables par leur étenduë, sçavoir l'Evêque de Paris, les Religieux de Sainte Génévieve, le Chapitre de Saint Marcel, les Religieux de Saint Germain des Prés, ceux de Saint Magloire, ceux de Saint Martin des Champs, & le Grand-Prieur du Temple.

AUTRE Arrest du dix Décembre mil cinq cens quatre-vingt-cinq, qui adjuge la prévention aux Officiers du Roi, contre ceux de l'Evêque de l'Evêque de Noyon ; cité dans le Traité de la Police liv. 1. tit. 10. c. 1.

AUTRE Arrêt du trente Avril mil cinq cens quatre-vingt-huit, qui adjuge aux Officiers du Châtelet de Paris la prévention en matiere de scellé dans la Justice du Chapitre de l'Eglise de Paris.

AUTRE Arrest rendu sur productions respectives le vingt-trois Décembre mil six cens trois, lequel en cas de concurrence adjuge aux mêmes Officiers la prévention en matiere de Police, sur ceux de la Justice des Religieux de Saint Martin des Champs.

AUTRE Arrêt du trente Aoust mil six cens huit, qui adjuge aux mêmes Officiers la prévention tant en matiere criminelle qu'en matiere de scellé, dans la Justice des Religieux de Sainte Génévieve.

AUTRE Arrêt du trente Décembre mil six cens quinze, qui adjuge la prévention au Prévôt de Paris, son Lieutenant, & Officiers du Châtelet, dans la Justice du Prieuré de Saint Eloy.

Autre

Autre Arrêt du vingt-deux Juin mil six cens dix-sept, qui maintient le Prévôt Royal de Tours dans le droit de connoître par prévention sur le Bailly de la Baronnie de Châteauneuf audit Tours, des contraventions faites aux Ordonnances & Reglemens de la Police, & de toutes matiéres civiles & criminelles, même entre les Vassaux, Sujets & Justiciables de ladite Baronnie. Filleau tome 2. page 335. part. 3. titre 7.

Autre Arrêt du quatre Juillet mil six cens quarante-deux, qui adjuge aux Officiers du Châtelet de Paris, la prévention en matiere de scellé dans la Justice du Chapitre de Saint Marcel.

Autre Arrêt du 2. Juin 1643. rendu contre le Chapitre de l'Eglise d'Angers, qui adjuge aux Officiers du Roi la prévention en matiere de scellé dans laJustice dud. Chapitre, cet Arrest est ensuite de ce Memoire.

Autre Arrêt du vingt sept Mars mil six cens cinquante-trois, qui adjuge aux Officiers du Châtelet de Paris; la prévention en matiere de scellé dans la Justice du Chapitre de Saint Marcel.

Autre Arrêt du vingt-huit Avril mil six cens cinquante-cinq, qui adjuge aux mêmes Officiers la prévention en matiere criminelle dans la Justice des Religieux de Saint-Germain-des-Prés.

Autre Arrêt du huit Octobre mil six cens soixante-quatre, qui adjuge aux mêmes Officiers la prévention en matiere de scellé dans la Justice des Religieux de Saint Germain-des-Prés.

Autre Arrêt du 8. Février 1674. qui adjuge aux mêmes Officiers la prévention en matiere de scellé dans laJustice du Temple.

Autre Arrêt du sept Septembre mil six cens soixante-dix-huit, qui n'ordonne l'enregistrement des Lettres-patentes de rétablissement des Justices du Temple & de Saint Jean-de-Latran, qu'à la charge de la prévention.

Autre Arrêt du Parlement du sept Mars mil sept cens vingt-cinq, qui ordonne que les Lettres-Patentes de rétablissemennt de la Justice des Religieux de Sainte Geneviéve-du-Mont, & Arrest d'enregistrement d'icelles, seront exécutés sans préjudice du droit de prévention appartenant aux Officiers du Châtelet dans la Ville & Fauxbourgs de Paris, dont ils jouiront dans l'étenduë de ladite Justice.

Ces Arrêts tous contradictoires, ou sur productions respectives, tous rendus sur les conclusions de Messieurs les Gens du Roi, enfin tous définitifs, seroient en assez grand nombre pour établir le droit de prévention des Officiers du Roi, sur ceux des Seigneurs; quand il ne seroit pas d'ailleurs fondé sur des preuves aussi fortes & aussi décisives, que celles qui ont été précédemment rapportées.

Après avoir établi le droit de prévention par les Ordonnances, les Edits & les Déclarations de nos Rois, les Coûtumes & les Arrêts des Cours Souveraines, il ne nous reste plus qu'à répondre aux objections que Loyseau & quelques autres Auteurs ont faites contre ce droit.

VI.
Réfutation de Loyseau.

Loyseau commence son Chapitre de la prévention par dire que les Officiers du Roi, ne l'établissent que sur *ce qu'il n'est pas à présumer* que le ,, Roi en concedant aux Seigneurs laJustice de leur territoire, s'en soit vou-

,, lu dépouiller tout-à-fait, qu'au contraire *il eft à croire* qu'il n'a point con-
,, cedé tant de puiffance à fes Vaffaux, que lui, auquel appartient inféparable-
,, mentlaJuftice univerfelle de fon Royaume, ne s'en foit réfervé davantage.

Il réfulte de cette maniere d'expofer le fondement du droit de prévention, qu'il ne porte que fur de fimples préfomptions, & fur des vrai-
femblances, mais on demande à tout lecteur impartial, fi les preuves que
l'on a rapportées du droit de prévention au commencement de ce difcours,
peuvent être mifes au rang des fimples préfomptions, ou fi ce ne font
pas au contraire des preuves claires & expreffes de cette prérogative que
le Roi s'eft réfervé fur les Juftices qu'il a bien voulu accorder aux Seigneurs
ou plûtôt que les Seigneurs ont ufurpées fur lui dans le dixiéme fiécle,
tems de troubles & de confufion, non-feulement pour la France, mais
pour tous les Etats de l'Europe.

Loyseau ajoûte que les Officiers du Roi fondent enfuite leur droit
deprévention fur les difpofitions des Loix Romaines qu'il cite exactement.

Mais fi quelques Officiers du Roi peu inftruits fe font avifés d'établir le droit de prévention fur les Loix Romaines, ils font en cela tombés dans une erreur qui ne peut nuire aux véritables fondemens de ce
droit, les Gens éclairés fçavent que comme c'eft un droit particulier
à notre Nation, & qui a pris fon origine des troubles du dixiéme fiécle ;
c'eft dans notre hiftoire & dans nos Loix qu'il en faut chercher les preuves, & ce font ces preuves que nous avons rapporté au commencement
de ce difcours, nous n'y avons appellé à notre fecours aucunes Loix
Romaines, parce qu'elles font totalement étrangeres, & de beaucoup
antérieures à l'époque de ce droit, elles ne peuvent même renfermer des difpofitions qui puiffent s'appliquer au droit de prévention, puifque les Ro-
mains ne fçavoient ce que c'étoit que Juftices Seigneuriales.

Loyseau dit enfuite qu'il eft aifé de prouver par le droit Romain, par
le droit Canon, par la raifon, par les Ordonnances de nos Rois, & par la
décifion de toutes nos Coûtumes ; que les Officiers de Juftices Royales
n'ont aucun droit de prévention fur ceux des Juftices Seigneuriales.

Voila en apparence une nuée de preuves difficiles àdétruire, mais on va
voir que ces preuves fe reduifent à rien lorfqu'on vient à les examiner de prés.

Premierement, il faut écarter les preuves prétendues tirées du droit
Romain & du droit Canon, nous venons de faire voir que c'eft uniquement dans l'Hiftoire de notre Monarchie & dans nos Loix que l'on peut
trouver les véritables fondemens du droit de prévention ; c'étoit donc
dans cette Hiftoire & dans ces Loix que Loyfeau devoit fe renfermer, les
Loix Romaines & Canoniques qu'il difcute font une érudition déplacée
& à pure perte, nous nous garderons bien de le fuivre dans cette difcution
totallement étrangere à notre objet.

Quant aux preuves tirées de la raifon, voici en quoi Loyfeau les fait
confifter.

,, Le Roi, dit-il, ayant concédé aux Seigneurs, Juftices à titre de Fief,
,, qui eft un titre onereux & obligatoire de part & d'autre, il s'eft fans

„ doute dépouillé tout-à-fait de la Seigneurie utile d'icelles Juſtices, tout
„ ainſi que d'un héritage feodal, ne retenant rien que l'hommage, & com-
„ me il ne ſe peut faire que deux ſoient Seigneurs ſolidairement & entié-
„ rement d'un héritage, auſſi ne ſe peut-il faire que la Juſtice ordinaire
„ & primitive d'un territoire ſoit ſolidairement à deux.

Pour détruire ce raiſonnement, il ſufit d'obſerver qu'en matiere de faits, ce ne ſont point les raiſons qui doivent décider ; le Roi s'eſt-il ré-ſervé quelques prérogatives lorſque les Seigneurs ont uſurpé ſur lui dans des tems de troubles le droit de Juſtice, & la prévention eſt-elle de ce nombre ? ou n'y a-t-il aucune preuve qu'il ſe ſoit réſervé ce droit de pré-vention, ni aucune autre prérogative ſur les Juſtices Seigneuriales ? On ne croit pas après ce qui a été rapporté au commencement de ce diſ-cours que l'on puiſſe raiſonnablement former un pereil doute ni une pareille queſtion, l'on y a rapporté des preuves expreſſes & poſitives de la réſerve de ces prérogatives, & conſéquemment il n'eſt plus permis de révoquer en doute ce point de fait : lorſqu'à des raiſonnemens l'on oppoſe des rai-ſonnemens ; pour maintenir les propoſitions, il faut détruire & renverſer les objeſtions : mais lorſqu'à des faits l'on oppoſe des raiſonnemens, pour maintenir ces faits on n'eſt point obligé de répondre à ces raiſonnemens, & ces faits fondés ſur des preuves, n'en ſont ni moins clairs ni moins certains tant qu'on ne détruit pas ces preuves ; l'on deffie les Adverſaires du droit de prévention, de détruire les preuves de fait de ce droit par des preuves de fait contraires, c'eſt où ils échoueront toûjours, on peut le leur prédire en toute aſſurance ſans prétendre être inſpiré : Nous avons prouvé que lorſque le Roy a concedé le droit de Juſtice aux Seigneurs de ſon Royaume, il s'eſt reſervé la Prévention entr'autres prérogatives, ainſi il n'eſt point vrai qu'il ſe ſoit dépouillé tout-à-fait de ſon droit de Juſtice, comme l'avance Loyſeau ; & quant à ce qu'il ajoûte qu'il ne ſe peut faire que la Juſtice ordinaire d'un territoire appartienne ſolidaire-ment à deux Seigneurs, on en convient ; mais il eſt poſſible & il eſt vrai dans le fait, que le Roy à qui ſeul tout droit de Juſtice appartient dans ſon Royaume, ne l'a concedé à ceux à qui il a bien voulu faire cette grace, que ſous la reſerve de pluſieurs prérogatives du nombre deſ-quelles ſe trouve le droit de prévention, dont ſes Offiéiers uſent en ſon nom.

Mais, dit Loyſeau, « il ne faut pas héſiter en cette queſtion de
» la prévention, car il n'y en eût jamais de decidée par tant d'Or-
» donnances, y en ayant neuf ou dix faites tout exprès, dont il fait le
» dénombrement, à quoy il ajoûte que ces Ordonnances deffendent ex-
» preſſément aux Baillis & Sénéchaux, d'entreprendre aucune Juriſdic-
» tion ès Terres des Barons & Seigneurs Hauts-Juſticiers „ fors ſeule-
» ment ès cas Royaux & de Reſſort.

L'on convient que les Ordonnances citées par Loyſeau, contiennent des deffenſes aux Officiers des Juſtices Royales, d'entreprendre ſur les Juſtices Seigneuriales, auſſi ces entrepriſes ne ſont-elles pas ſoufſertes

& ne prétend-t'on point les foûtenir icy ; mais l'on prétend que le droit de prévention n'eft point une entreprife & ne peut paffer pour telle, auffi ce droit & ce terme ne fe trouve-t'il exprimé dans aucune des Ordonnances citées par Loyfeau ; inutilement les invoque-t'il donc comme contraires au droit de prévention, puifqu'elles n'en parlent en aucune façon.

E N F I N, pour ce qui eft des Coûtumes, il y a lieu de s'étonner que Loyfeau les ait mifes au nombre des preuves contraires au droit de prévention, puifqu'il eft obligé de convenir qu'elles établiffent ce droit, les unes d'une maniere abfoluë & fans renvoy, & les autres d'une maniere imparfaite, c'eft-à-dire jufqu'au renvoy requis.

Il eft vrai qu'il avance.

» 1°. Qu'en la plûpart des Coûtumes, lors de la réformation d'icelles,
» les Officiers Royaux ayant mis en avant la prévention, fi eft-ce que
» prefque par-tout elle leur a abfolument été deniée.

» 2°. Qu'il ne fe trouvera point qu'en une feule Coûtume de toute
» la France, elle foit paffée fans contredit.

» 3°. Que fi la prévention a été accordée en quelques Coûtumes,
» c'eft l'effet des brigues & menées des Officiers Royaux, affiftés dés
» Praticiens de leurs Siéges, qui ont dominé par leur nombre dans les
» Affemblées tenuës pour la réformation des Coûtumes, & par ce
» moyen ont fait paffer tout ce qu'ils ont voulu.

MALHEUREUSEMENT pour Loyfeau, tous ces faits qu'il met en avant font denués de preuves & contraires à la verité.

D E quinze Coûtumes qui admettent le droit de prévention, il n'y en a que deux ou trois auxquelles il y ait eû oppofition à ce fujet, il eft donc certain que douze Coûtumes au moins reçoivent & admettent le droit de prévention ; & Loyfeau prétendra contrebalancer lui feul le poids & l'autorité des Affemblées qui ont travaillé à la rédaction de ces Coûtumes ? Affemblées compofées des meilleures têtes des trois Etats de chaque Province, & préfidées par des Magiftrats refpectables à tous égards, & qui s'étoient acquis par leur mérite, l'honneur d'être chargés nommément par nos Rois de cette importante fonction ?

E N verité on ne croit pas que l'on puiffe fans une préfomption extrême, former une pareille entreprife. Auffi a-t'elle échoué ; & loin que les Parlemens ayent changé de fentiment fur ce fujet depuis l'impreffion des œuvres de cet Auteur, (a) cette Cour a perfifté à maintenir ce droit Royal, par nombres d'Arrêts qui font cy-deffus énoncés.

E T bien loin que ce droit de prévention ait paffé dans les Coûtumes qui en parlent, parce que les Officiers Royaux qui ont affifté aux Affemblées qui fe font tenuës pour la rédaction defdites Coûtumes, ont pré-

---

(a) Charles Loyfeau n'aquit en 1566, & eft mort en 1627. *Bibliothéque des Auteurs de Droit de Simon.*

valu en nombre fur ceux des Juſtices Seigneurialles ; les Procès-verbaux de rédaction des Coûtumes prouvent au contraire, que les Seigneurs Juſticiers étoient en nombre infiniment plus grand que les Officiers des Juſtices Royales : ces mêmes Procès-verbaux prouvent encore que les Seigneurs Juſticiers ont joüi d'une pleine & entiere liberté dans ces Aſſemblées, puiſque quelques-uns contiennent leurs oppoſitions à ce droit ; ſi donc l'on voit ce droit ſi bien établi dans les Coûtumes, c'eſt qu'un uſage immémorial fondé ſur les raiſons déduites au commencement de ce diſcours, ne permettoit pas de le révoquer en doute.

TELLES ſont les preuves par leſquelles Loyſeau a prétendu proſcrire le droit de prévention ; ce droit Royal prouvé par nombre d'Ordonnances, Edits, Declarations, Arrêts & Autorités reſpectables : l'on voit préſentement que ce n'a pas été ſans fondement que l'on a avancé que ces preuves abondantes en apparence ſe réduiroient à rien lorſqu'elles ſeroient examinées de près, & il étoit aſſés inutile que Loyſeau fît tant d'efforts pour être obligé de convenir, comme il a fait, que malgré tout ce qu'il a dit contre la prévention, elle eſt tournée en droit commun & uſage ordinaire par toute la France.

MAIS Loyſeau ne ſe contente pas de combattre le droit de prévention, lui qui en qualité d'Officier du Roy (a) auroit dû être le premier à employer ſa plume & ſon érudition pour le ſoûtenir ; il va plus loin, il indique aux Seigneurs le moyen de ſe ſouſtraire à ce droit Royal, en leur conſeillant de mulcter par amendes leurs juſticiables lorſqu'ils auront recours aux Officiers du Roy ; mais le Parlement dont les lumieres ſont ſuperieures également comme l'autorité, a pluſieurs fois réprimé la pratique du conſeil de Loyſeau, & deffendu expreſſément aux Officiers des Seigneurs de mulcter leurs juſticiables, lorſque ceux-ci s'adreſſeront aux Officiers du Roy. (b)

LOYSEAU tache enfin de trouver de l'abſurdité & de l'injuſtice dans le droit de prévention, en ce que le Demandeur a, dit-il, par ce moyen, l'avantage de choiſir tel Juge qu'il lui plaît & qu'il eſtime » lui être le plus favorable, & ce, au préjudice du pauvre Deffendeur „ qui ſelon la regle de droit doit être plûtôt ſupporté & favoriſé, avan- „ tage qui n'eſt pas moindre en Juſtice, que d'avoir le choix des armes „ en duel.

MAIS Loyſeau ſe trompe encore en cet endroit, il n'y a que le Juge Royal auquel le Seigneurial reſſortit, qui puiſſe uſer du droit de prévention ; ainſi le Demandeur n'a point un choix tel que Loyſeau

____

(a) Loyſeau a été Lieutenant Particulier à Sens, & enſuite Bailly de Châteaudun.

(b) Voyez ſur ce ſujet, l'Arrêt du 30. Décembre 16 . cy - devant pag. 130, celui du 11 Février 16 5. cy - devant pag. 94. & un Arrêt du Parlement du 2. Septembre 1645. rendu contre le Bailly de la Juſtice du Chapitre de Saint Marcel, qui ſera imprimé à la ſuite de ce diſcours.

le veut faire entendre, puifque fi la caufe étoit demeurée dans la Juftice Seigneuriale, il auroit toûjours fallu aller devant ce Juge Royal
en cas d'appel; & loin que ce droit de prévention nuife aux fujets
du Roy, il eft évident aux yeux de tous ceux qui ne font point prévenus, qu'il leur eft extrémement avantageux, puifqu'il leur évite un
degré de Jurifdiction, & fort fouvent les pilleries & chicannes fans
nombre, qui font en ufage dans la plûpart des Juftices Seigneuriales, & qu'ont fouvent éprouvé ceux qui ont eu le malheur d'y avoir
des affaires.

V I I.
Réfutation de
Chenu & Fil-
leau.

DEPUIS Loyfeau, Filleau s'eft avifé de donner dans le fecond volume de fes aditions fur les reglemens de Chenu, un difcours fur le droit
de prévention, il y répete une partie de ce que Loyfeau avoit dit avant
lui; ce qu'il y ajoûte eft plein de fautes, il feroit aifé de le prouver fi l'on
vouloit relever toutes fes erreurs, mais on fe contentera de difcuter ce
qui peut être de quelque importance & appartenir précifément au droit de
prévention : Premierement il eft contraint d'avoüer qu'à Paris, le Prévôt,
fon Lieutenant & Officiers du Châtelet ont le droit de prévention, quoique la Coûtume n'en dife rien, & qu'il feroit très-avantageux aux fujets
du Roi, d'être délivrés du joug des Juftices Seigneuriales, ce qu'il prouve par un affez grand détail de bonnes raifons, qui toutes tendent à rendre le droit de prévention favorable, & un peu plus loin page 3 3 4. après
avoir dit que la connoiffance des matieres de Police devroit appartenir
aux Officiers des Juftices Seigneuriales, également comme la connoiffance des matieres civiles & criminelles, il dit toutes fois en plufieurs
,, Villes le Juge Royal comme à Paris, le Lieutenant civil du Prévoft
,, connoît de la Police, non-feulement en l'étenduë de la Jurifdiction
,, Royale, mais auffi en toute la Ville & Fauxbourgs de Paris, ès limites
,, des Jurifdictions des Seigneurs Hauts-Jufticiers par prévention & con-
,, currence avec les Juges defdits Seigneurs Hauts-Jufticiers, afin de plû-
,, toft punir les contrevenans à la Police, autrement il peut avenir comme
,, je l'ai vû par expérience (dit cet Auteur) que le Juge Royal n'allant
,, vifiter ès limites des Hauts-Jufticiers, & le Juge du lieu connivant avec
,, les Cabaretiers & Brelandiers, il fe fait une retraite & azile de débauche
,, en telles Juftices.

CE qu'il rapporte de plus contraire en apparence au droit de prévention,
font deux Arrêts, l'un de mil fix cens treize, & l'autre de mil fix cens dix-
fept; car il ne faut pas mettre en ce rang l'Arrêt du treize Avril mil fix cens
quatre, rendu entre les Officiers du Roi de la Ville de Langres, & les Officiers du Chapitre de ladite Ville, puifqu'il eft interlocutoire au chef du droit
de prévention, ni celui du quinze Décembre mil fix cens quatorze, mal
intitulé en marge comme concernant le droit de prévention puifqu'il n'é-
toit point queftion de ce droit dans la caufe en laquelle il eft intervenu.

PAR rapport à l'Arrêt du neuf Août mil fix cens treize, loin d'être contraire au droit de prévention, il eft évident qu'il lui eft favorable; car il accorde la prévention aux Officiers du Roi, fans efperance de renvoi en cer-

tains cas , & jufqu'à la revendication dans les autres cas ; il eft vrai qu'en matiere de fcellé, il n'accorde la prévention aux Officiers du Roi, qu'après les vingt-quatre heures qui auront fuivi le décès , afin que le Bailly de la Baronnie de Château-neuf, ne pût s'en prendre qu'à une negligence extrême s'il étoit prévenu , & que d'une autre part les fujets du Roi ne fuffent pas expofés à fouffrir de cette negligence , & puffent avoir recours aux Officiers du Roi , fi dans les vingt-quatre heures après le décès le Juge Seigneurial ne mettoit pas leurs droits & prétentions en fûreté par la voye de fcellé ; mais ce temperament unique en fon genre , ne peut militer contre une foule de titres , qui dépofent en faveur de la prévention pure & fimple , & fans terme ni delai.

Quant à l'Arrêt du trente Décembre mil fix cens dix-fept, il n'eft point rendu avec les Officiers du Châtelet , mais feulement avec celui que le Bailly de l'Abbaye Saint-Germain-des-Prés avoit condamné en l'amende , parce que le Prévôt de l'Ifle avoit connu d'une caufe en laquelle il étoit Partie pour excès & voyes de fait commifes en fa perfonne , & qu'ordonne cet Arrêt? il porte que l'amende en laquelle le Jufticiable de l'Abbaye de Saint-Germain avoit été condamné par le Bailly de ladite Abbaye , & qu'il avoit payée, lui fera-renduë? Ne voilà-t-il pas grand fujet de triompher pour les Officiers du Bailliage Saint-Germain-des-Prés? il eft vrai que ce même Arrêt enjoint au Prévôt de l'Ifle de garder les Ordonnances , & lui fait deffenfes d'entreprendre fur la Jurifdiction de l'Abbaye ; mais cette injonction n'eft pas prononcée dans la vûë d'ôter aux Officiers du Roi la prévention fur les Officiers de l'Abbaye Saint-Germain, mais parce que le Prévôt de l'Ifle étoit incompétent dans le cas particulier dont il s'agiffoit ; fa compétence étant bornée quant aux crimes & délits commis en la Ville & Fauxbourgs de Paris, à faire la capture des accufés , à la charge de laiffer aux Juges ordinaires les prifonniers qui ne font fes Jufticiables , ainfi qu'il a été jugé entr'autres par un Arrêt célebre du Grand-Confeil du vingt Décembre mil fix cens dix , cité par le Commiffaire de la Marre , livre premier titre 14. de fon Traité de Police.

Et fi l'on lit les playdoyers inferés dans cet Arrêt avec quelqu'attention , l'on remarquera facilement combien eft foible celui de M. l'Avocat Général Servin, lequel paroît en cet endroit contraire au droit de prévention des Officiers du Châtelet , fur ceux de l'Abbaye ; Droit néanmoins établi fur nombre de titres exempts d'aucun reproche, ainfi que nous l'avons prouvé ci-deffus.

Cet Avocat Général, l'Ornement de fon fiécle, penfoit bien differemment deux ans auparavant , lorfqu'il adhera fans aucune reftriction au plaidoyer auffi jufte que concis de Monfieur le Lieutenant Civil de Mefmes, inferé dans l'Arrêt du trente Décembre mil fix cens quinze.

C'est par cette réflexion que l'on finira ce difcours : on a effayé d'y définir la prévention, de faire voir quelles font fes differentes efpeces, de développer les motifs qui leur ont donné l'être, de rechercher l'origine de la prévention qui nppartient aux Officiers du Roi , fur ceux des Seigneurs, d'établir les preuves de ce droit, tant par les Ordonnances, Edits & Déclarations que par les Coûtumes & la Jurifprudence des Arrêts, & enfin de repondre aux objections : l'on efpere que ce difcours ne fera pas entiérement inutile aux Officiers du Roi, dans les Procès que les Officiers des Juftices Seigneuriales leurs fufcitent tous les jours à ce fujet.

Arrêt notable du Parlement, donné en faveur de la Prévention qu'ont les Officiers Royaux fur les Subalternes.

Extrait des Regiftres du Parlement.

2. Juin 1643.
Traité des Scellés & Inventaires
pag. 295.

ENTRE les Doyen, Chanoines & Chapitre de l'Eglife d'Angers, Appellans tant comme de prétendu Juge incompétent, qu'autrement; de la permiffion de fceller, fcellé appofé fur les coffres & Vaiffeaux de la fucceffion de deffunt Me. Jean Baudry, vivant Chanoine de ladite Eglife, à la reqûéte de Maurice Salmon, créancier de fa fucceffion ; levée dudit fcellé, confection d'Inventaire des meubles, titres & papiers de ladite fucceffion, tranfport & vente d'iceux, & de la diftribution des deniers qui en étoient provenus, faite à la requête de la veuve Eoutiton, par Me. Guillaume Ménage, Lieutenant Particulier au Siége Préfidial d'Angers, ci-après nommé ; & de tout ce qui s'en eft enfuivi, & demandeurs aux fins de la Commiffion de la Cour du quinze Janvier dernier de la préfente année mil fix cens quarante-trois, à ce que conformément à l'Arrêt d'icelle du vingt-quatre Avril mil cinq cens quatre-vingt-dix-neuf, & trois ou quatre autres fubféquens confirmatifs d'icelui, donnés tant contre les Officiers de la Sénéchauffée & Siége Préfidial, que de la Prévôté de ladite Ville d'Angers, lefdits Appellans fuffent maintenus & gardés en leur prétenduë poffeffion de faire appofer le fcellé, proceder aux Inventaires des meubles & papiers de leurs Confreres décedés en leur Cloître, vulgairement appellé la Cité, & des autres y demeurans & mourans ; qu'il leur fût permis faire informer des prétenduës violences exercées & voyes de fait prétenduës commifes par ledit Ménage lors de ladite procédure, même de la prétenduë laceration d'inventaire defdits meubles, commencé par les Officiers defdits Appellans entre les mains de leur Greffier, pour l'information faite & rapportée, ordonner ce que de raifon; & cependant, attendu la prétenduë contravention faite par ledit Ménage aufdits Arrêts, que la fomme de mille livres adjugée par ledit Arrêt de mil cinq cens quatre-vingt-dix-neuf, fût déclarée encouruë au profit des Apellans à l'encontre dudit Menage ; lequel feroit auffi condamné rendre & reftituer les taxes & vacations prétenduës avoir été par lui reçuës, & les adjuger aufdits Officiers des Appellans, caffer & annuller toutes les procédures dudit Ménage, lui faire deffenfes particulieres de plus récidiver fur pareil cas ; à peine de mille livres d'amende, que lefdits Arrêts foient entretenus & exécutés,

cutés, & en outre ledit Ménage condamné en tous leurs dommages, interêts & dépens, d'une part ; & ledit Maître Guillaume Menage Conseiller du Roi, Lieutenant particulier en la Sénéchauffée & Siege Préfidial dudit Angers, intimé & deffendeur ; & encore Maître Jacques Jouet Subftitut du Procureur Général du Roi audit Siege, Michel Guidaut veuve de défunt Jacques Boutiton auffi intimés, d'autre part ; fans que les qualités puiffent nuire, ni préjudicier aux Parties.

APRES QUE MONTELON pour lefd. du Chapitre a dit qu'ils avoient crû que l'Arrêt du vingt-quatre Avril mil cinq cens quatre-vingt-dix-neuf, donné contradictoirement avec le Procureur Général du Roi, prenant la caufe pour fon Subftitut à Angers, avoit mis fin aux entreprifes de Jurifdiction des Officiers du Roi audit lieu, maintenant & gardant difertement lefdits du Chapitre ès droits de Juftice à eux appartenant en leur Cité, fituée & affife en ladite Ville d'Angers & ès environs, en laquelle, défenfes étoient faites au Sénéchal d'Anjou ou fon Lieutenant à Angers, de troubler & empêcher iceux Doyen, Chanoines & Chapitre d'y procéder par fcellé, faire inventaire ni autres actes de Juftice en ladite Cité, à peine de nullité, dépens, dommages & interêts ; & néanmoins les Officiers du Roi, n'auroient pas laiffé de faire appofer le fcellé fur les coffres & vaiffeaux trouvés dans la maifon de défunt Mᵉ. Jean Baudry Chanoine, qui eft une contravention manifefte audit Arrêt, fi bien qu'ils font néceffités d'établir encore une fois leurs droits, afin que l'Arrêt qui interviendra leur impofe un perpetuel filence, & arrête le cours des ufurpations injuftes des Officiers. A cette fin, il importe de remarquer que l'Empereur Charles le Grand, ne voulant en rien ceder aux graces que Pepin fon pere avoit faites à l'Eglife d'Angers, avoit fait défenfes à tous Juges de faire aucuns actes de Juftice au dedans de leurs Domaines, que Loüis le Débonnaire & le Roi Charles le Chauve, qui lui avoit fuccedé tant au Royaume, qu'en pieté, avoit confirmé ce privilege, & que les Rois leurs Succeffeurs de tems en tems les avoient maintenus en cette exemption ; & Charles Comte d'Anjou par tranfaction du mois d'Avril de l'année mil deux cens cinquante-huit, extraite de la Chambre des Comptes, leur a accordé la haute, moyenne & baffe Juftice, au dedans des lieux circonvoifins de ladite Cité, en ces termes : *infuper voluit & conceffit nobis, quod nos, domos noftras infra ambitum murorum Civitatis Andegavenfis conftitutas, cum earum pertinentiis, habeamus, teneamus & poffideamus in perpetuum pacificè & quietè cum omni Jurifdictione & Jufticiâ altâ & baffâ, fuper omni delicto, in dictis domibus a quocumque perpetrato ; dum tamen ibidem capti fuerint delinquentes :* ne réfervant fur les domeftiques laïques des Chanoines la Juftice, qu'en trois cas, de meurtre, de rapt, & d'incendie : jufques-là, qu'autant de fois que les Officiers des Ducs d'Anjou ont fait exploits de Juftice au dedans des Terres du Chapitre, deffenfes leur ont été faites de les troubler, réïterées en divers tems, & comme il eft plus au long expliqué par le fufdit Arrêt de l'an 1599. lequel étant fi clair comme il eft, il y a lieu de s'étonner,

N n

comment le Lieutenant Particulier a ofé entreprendre de faire le Scellé dans la maifon d'un Chanoine, laquelle fans doute étant au-dedans de leur Jurifdiction, cela a été fait avec d'autant moins de raifon, que depuis l'Atrèt de l'an 1599. les Officiers du Roy n'ont pris aucune connoiffance ni trouble leurs Officiers; ce qui eft juftifié par plufieurs pieces autentiques, par un extrait de vingt-cinq Inventaires, qui ont été faits en divers tems depuis ladite année, par un Arrêt de la Cour donné avec Monfieur le Procureur Général, qui eft leur vraie partie & feul intereffé en la conteftation, lequel a fait confirmer une Sentence renduë par les Officiers du Chapitre de l'Eglife d'Angers; ainfi outre le droit établi par cet Arrêt de 1599. ils ont la poffeffion, en laquelle ils n'ont point été troublés jufqu'au 10. Octobre de l'année 1642. que le nommé Maurice Salmon, foi-difant créancier dud. deffunt Baudry, ayant préfenté Requête audit Lieutenant Particulier, à ce qu'il lui fût permis de faifir & fceller les biens-meubles de Mᶜ. Jean Baudry, qui étoit à l'extrémité, & permiffion lui ayant été donnée, il auroit fait faifir & fceller le lendemain 11. Octobre, quoique Baudry fût encore vivant, étant juftifié par les informations qu'il a en main, faites à la Requête de ceux dudit Chapitre, qu'il n'eft décédé que le 12. d'Octobre enfuivant, en quoi il a témoigné trop d'affectation pour les troubler, laquelle a encore paru davantage, en ce que les Sergens Royaux qui ont fait le Scellé, ont été cachés deux ou trois jours dans l'écurie de la maifon de Baudry, pour empêcher que les Officiers du Chapitre ne puffent appofer le fceau, comme il eft juftifié par les mêmes charges & informations; tellement que ledit jour 12. Octobre les Officiers du Chapitre s'étant préfentés pour appofer le fcellé, fur l'avis qui leur avoit été donné du décès de Baudry, & y ayant trouvé le fceau du Roy, ils le refpecterent & appoferent feulement le contre-fcel pour la confervation de leurs droits : & les Appellans interpellerent par plufieurs actes le Lieutenant Particulier, de lever les fceaux du Roy, pour être procedé par leurs Officiers au Scellé, ce qu'il n'auroit voulu faire ; au contraire, voyant que ledit Salmon ne vouloit pas demander l'Inventaire, auroit fufcité Michel Guidaut veuve de deffunt Jacques Boutiton, dont le fils eft Clerc dudit Lieutenant Particulier, à demander qu'inventaire fût fait des meubles ; à la confection duquel il auroit paffé outre, fans avoir égard audit Arrêt & autres donnés enfuite, fans déferer aux appellations comme de Juge incompétent, interjettées par lefdits du Chapitre, lefquels lui devoient lier les mains, & fans déferer non plus aux recufations contre lui propofées, en quoi il a fans doute témoigné de la paffion ; ce qui a encore paru en ce que pour leur faire injure, il a fait expofer les meubles dudit defunt Baudry en vente dans la Place publique, contre l'ordre, & ce qui eft accoûtumé aux ventes des meubles des Chanoines, qui fe font dans les maifons où ils font décédés, ce qui ne fe peut foutenir en façon quelconque; d'autant que le prétexte qu'à voulu prendre le Lieutenant Particulier, de la prévention, n'eſt d'aucune conſidération, par cinq moyens: le premier, que par l'Arrêt de l'année 1599. il a été jugé que les Officiers du Roy ne pouvoient prévenir les Officiers deſdits du Chapitre; car au fait particulier, ſur lequel eſt intervenu ledit Arrêt, encore que notre Procureur Général eût ſoutenu que les Officiers du Roy avoient prévenu, & qu'au moyen de ce, par la diſpoſition de la Coûtume d'Anjou, il y eût lieu de confirmer la Sentence par eux renduë le 6. Octobre 1581. portant que les meubles, titres & papiers, étant dans la maiſon d'un Chanoine décédé, ſeroient ſaiſis, & le ſcel appoſé ſur iceux; néanmoins la Cour a infirmé la Sentence, & fait deffenſes de faire aucuns actes de Juſtice; en quoi notredite Cour a jugé que la prévention n'a point de lieu à l'égard deſdits de Chapitre dans ladite Cité; le deuxiéme moyen eſt, qu'il a été jugé par pluſieurs Arrêts, remarqués par Me. Antoine Mornac ſur la premiere *de Juriſdictione*, que la prévention n'avoit point de lieu à l'égard des Eccléſiaſtiques fondés en titre & poſſeſſion; le troiſiéme moyen, que les Préſidiaux d'Angers, qui ſont les Intimés, l'auroient eux-mêmes ainſi jugé par leur Sentence du   jour de   1626. contre le Juge-Prévôt de ladite Ville, quoiqu'il eût prévenu: le quatriéme moyen eſt, que quand la prévention auroit lieu, ce qui n'eſt pas, elle doit être faite *per actum legitimæ citationis*, comme diſent tous les Docteurs ſur la Loy *ſi quis poſteaquam de judiciis*, & ſur le Chapitre *propoſuiſti*, aux Décretales *de foro competenti*; ſur lequel Chapitre, *Joannes Andreas*, très-ſçavant Interprète, dit, *citatio non legitima, nihil agit*. L'on ne peut pas dire que l'acte d'appoſition de Scellé fait par les Sergens Royaux, qui ont été deux ou trois jours cachés dans la maiſon, & qui ont fait le Scellé auparavant le décès dudit Baudry, ſoit un acte légitime; tant s'en faut, il eſt grandement à blâmer: Et ſi on toleroit ces façons de faire, les Officiers du Chapitre demeureroient ſans aucun exercice de Juriſdiction; ainſi ledit Arrêt leur demeureroit inutile, les Officiers du Roy ne manquant point de Miniſtres vigilans & intéreſſés. Le cinquiéme moyen eſt, que l'article 65. de la Coûtume d'Anjou, qui eſt le premier du titre *de la prévention*, n'a lieu qu'aux actes qui ſont ſujets à la conteſtation, & la confection d'inventaire n'eſt point de cette qualité, & ſe fait μονομαςῶς conſéquemment la prévention n'y peut avoir de lieu. Pour ce qui eſt des Inventaires que l'on a communiqués de la part deſdits Officiers du Roy: il y en a un qui eſt fait dans le Palais Epiſcopal, auquel leur Juriſdiction ne s'étend point, quoiqu'il ſoit ſitué dans ladite Cité. Il y en a un autre fait au même lieu, mais au-dedans du Fief de ceux de l'Egliſe de S. Julien d'Angers, & l'autre dans le Fief de la Dame de Frontevault; enſorte qu'on ne peut tirer aucun avantage, ni pour la preſcription contre leur Juriſdiction, ni pour la prévention: Et pour ce qui eſt des Arrêts, ils font donnés fans préjudice de l'Inftance pendante en la Cour, entre le Procureur Général qui contefte leur Jurifdiction, & eux : Et pour la Sentence de mort donnée par les Préfidiaux, exécutée dans ladite Cité, elle a été donnée de leur confentement, ayant relâché de leur droit, à caufe de l'énormité du crime, qui regardoit leur fûreté ; au moyen de quoi les Appellans perfiftent ès Conclufions qu'ils ont prifes par leur Commiffion.

LOYAUTE', pour les Intimés a dit : Que l'effort que ceux de l'Eglife d'Angers ont fait, de juftifier qu'ils ont quelque Juftice au quartier de la Ville d'Angers, qu'ils appellent Cité, eft bien inutile, puifque ce n'eft point l'intention defdits Intimés de leur contefter quant à prefent ; car ce feroit plaider un grand procès, qu'ont les Appellans avec M. le Procureur Général fur ce fujet ; & la Requête Civile qu'il a prife contre l'Arrêt de l'année 1599. appointée & jointe il y a plus de trente ans. Il s'agit feulement de fçavoir, fi fuppofant qu'ils ayent Jurifdiction, & attendant la décifion de ce grand procès, les Officiers du Roy n'ont pas par prévention la connoiffance de toutes actions, & l'exercice de la Juftice dans la Cité, comme ils ont dans toute la Province fur les Comtes, Vicomtes, Barons & autres Jufticiers, auxquels la Juftice appartient fans aucun contredit. Le fait confifte en peu de paroles, & fait connoître que les Intimés, qui font Officiers du Roy, ont prévenu les Officiers de ceux de l'Eglife d'Angers. Maurice Salmon ayant appris que deffunt M. Jean Baudry fon débiteur, Chanoine de l'Eglife d'Angers, étoit à l'extrémité, il préfenta fa Requête au Lieutenant Particulier le 10. Octobre 1642. qui lui permit de faire faifir & fceller fes meubles, à la confervation de fes droits. Le lendemain 11. d'Octobre, les meubles furent faifis & fcellés par un Sergent Royal ; les Officiers de la prétenduë Jurifdiction de l'Eglife d'Angers, appoferent auffi leur fceau, mais après coup, le Sergent Royal ayant déja prévenu par l'appofition du Scel Royal ; on ne peut blâmer raifonnablement la diligence que le créancier a apportée, puifqu'il s'eft trouvé des perfonnes plus diligentes que lui ; car la plus grande & la plus précieufe partie des meubles de deffunt Maître Jean Baudry, avoit déja été divertie ; & quand l'on voudroit demeurer d'accord des faits, dont l'on prétend avoir informé, & qu'il fe feroit caché dans la maifon du deffunt avec des Sergens, & qu'ils auroient fcellé deux jours avant le décès, n'auroit-il pas été permis aux uns & aux autres, de veiller à leurs interêts ? c'eft en matiere de Prévention, que l'on peut fe fervir de ce qu'a dit le Jurifconfulte Papinian en quelqu'endroit : *Vigilavi, meliorem meam conditionem feci, jus civile vigilantibus fcriptum eft !* ou plûtôt, *jus præventionum vigilantibus eft.* Si les meubles avoient été divertis auparavant le Scellé, ils n'ont pas été mieux ménagés depuis ; c'eft pourquoi Michel Guidaut, veuve de Jacques Boutiton créancier, voyant que Salmon ne faifoit aucune diligence de faire proce-

der à l'Inventaire, elle donna fa Requête aux fins qu'il y fût procedé promptement. Les réfiftances que firent ceux de l'Eglife d'Angers avec leurs Officiers, à ce qu'il fût fait, ne font prefque pas
croyables. Les violences qu'ils firent lors de la vente, atteftées par
bons procès-verbaux, obligerent le Lieutenant Particulier à ordonner
que les meubles feroient tranfportéshors la Cité, en la Place publique,
& vendus. Ceux de l'Eglife d'Angers ont appellé de l'Ordonnance
du Scellé, confeftion d'Inventaire & vente des meubles. L'appel dépend de ce feul point; de fçavoir, fi fuppofé que ceux de l'Eglife
d'Angers ayent Jurifdiftion au-dedans de la Cité, ce qui n'eft pas,
les titres énoncés dans l'Arrêt de l'an 1599. n'étant que Lettres de
Garde-gardienne, ils ne font pas fujets à la prévention; car fi la prévention a lieu, & que les Intimés ayent prévenu, il n'y a pas de
doute que les appellations de ceux de l'Eglife d'Angers font témé-
raires, encore que les Intimés ayent protefté dès l'entrée de la caufe,
de ne leur contefter quant à préfent leur prétenduë Jurifdiftion : L'on
ne peut toutefois obmettre, que dans les pieces qu'ils ont communiquées, ils fe difent tantôt Barons, tantôt Châtelains, & felon les
rencontres, feulement Haut-Jufticiers; ce qui témoigne de l'incertitude, mais quand on leur pafferoit la qualité de Comtes, leur caufe
n'en feroit pas meilleure; car il eft très-conftant par la difpofition
de l'article 65. de la Coûtume d'Anjou, que le Duc d'Anjou a la
prévention fur les Comtes, Vicomtes, Barons & autres, à plus forte
raifon le Roy & fes Officiers. Il y a deux fortes de prévention, la
Royale, & la Ducale. Les Réformateurs de la Coûtume n'ont parlé
de la Royale : car ils ont dit dans la Rubrique générale, que tout ce
qui avoit été arrêté dans l'Affemblée des Etats de la Province concernant les Juftices, étoit fans préjudice des droits Royaux que le
Roy a univerfellement par tout fon Royaume : Et dans l'article 65.
qui eft le premier du titre *des Préventions*, il eft dit que le Duc d'Anjou a par prévention la connoiffance de tous cas criminels & civils,
en toutes aftions civiles, réelles & perfonnelles fur les Comtes &
autres. Il n'eft plus parlé du Roy, mais du Duc feulement; auffi n'eft-
ce pas à des fujets à prefcrire des Loix à leur Souverain, ce qui eft
remarqué afin que l'on ne penfe pas tirer à conféquence contre les
Officiers du Roy, le droit de renvoy que les Ducs d'Anjou ont accordé à leurs inférieurs en un feul cas feulement; fçavoir eft, où il eft
queftion de faire enquête, & qui n'eft point en ufage après la réünion
du Duché à la Couronne. Les Ducs d'Anjou même n'en ont pas toûjours ufé de la forte, témoin ce que dit *Joannes Sarisberienfis*, en fon
Epître 122. du Roy d'Angleterre, Comte d'Anjou, & qui avoit été
élevé & nourri aux Coûtumes du pays; qu'il ne voulut jamais confentir le renvoy d'une caufe, *quia eo præfente initiata erat*, il avoit
prévenu. Les Rois de France ont confervé à leurs Officiers le droit
de Prévention dans fa pureté, qui exclut ce renvoy; ce qu'à très-

bien remarqué *Beſſianus* en ſon Commentaire ſur la Coûtume d'Auvergne, chap. 7. art. *9. nec fit remiſſio in cauſis in quibus locus eſt
præventioni ; & Chaſſanée* ſur la Coûtume de Bourgogne tit. I 2. art. I.
*ex quo locus eſt præventioni , non fit remiſſio de majori Tribunali ad
minus ,* cette Prévention Royale étant d'ailleurs un droit Domanial ,
comme il a été jugé par l'Arrêt de vérification de la Principauté de
Joinville , tranſcrit par Me. René Choppin ſur l'art. 43. de la Coûtume d'Anjou , qui porte que les Lettres ſont vérifiées , *a la charge
de la récompenſe envers le Roy , de la diminution qui pourroit être de
ſon Domaine , à cauſe de l'erection de Joinville en Principauté , cauſée
par la ſuppreſſion de la Prévention ,* la preſcription ne peut être alleguée au contraire , & tous les actes que ceux de l'Egliſe d'Angers
diſent avoir , ne ſont d'aucune conſidération ; & quand les Officiers
du Roy auroient negligé d'uſer de la Prévention , ils n'auroient pû
faire aucun préjudice aux droits du Roy , joint que c'eſt un droit
meræ facultatis , partant impreſcriptible , les occaſions de l'exercer
étant fort rares , particulierement ſur des Eccleſiaſtiques , dont on
cele quelquefois la mort de cinq ou ſix jours , pour conſerver les
Bénéfices ; néanmoins les Officiers du Roy ont communiqué des pieces
juſtificatives , qu'ils ont uſé de la Prévention , tant en matiere civile
que criminelle. Pour ce qui eſt du criminel , ils ont des Arrèts du
huit Juin 1626. & du vingt-neuf Mars 1629. qui confirment les procédures criminelles faites par les Officiers du Roy , & une Sentence
Préſidiale exécutée au quartier où eſt ſitué la maiſon dudit deffunt
Baudry. Et pour ce qui eſt du civil , ils ont des Inventaires faits dans
le Palais Epiſcopal , au logis de Hautemule , & auprès de S. Aignan ;
& ſi l'Evèque qui a une Juriſdiction du moins auſſi noble que le Chapitre , l'a ſouffert : Comment eſt-ce que le Chapitre s'en peut exem-
pter ? Reſte de ſatisfaire à quelques objections que l'on a faites. La
premiere , que par l'Arrêt de l'année 1599 , il a été jugé , que les
Officiers du Roy ne peuvent uſer de prévention ſur ceux du Chapitre de l'Egliſe d'Angers ; parce qu'au fait particulier ſur lequel l'Arrêt eſt intervenu , encore que les Officiers du Roy euſſent prévenu ,
ceux du Chapitre ont été maintenus en leur Juſtice , & deffenſes faites aux Officiers du Roy de les troubler ; ſi le fait que l'on poſe pour
conſtant étoit vrai , & que lors de l'Arrêt les Officiers du Roy euſſent prévenu , & que nonobſtant leur prévention l'Arrêt eût été rendu de la ſorte , il faudroit demeurer d'accord qu'il auroit donné quelque atteinte à la Prévention , & qu'il faudroit attendre l'évenement
de la Requête civile , encore que les Officiers du Roy euſſent la Coûtume & la poſſeſſion pour eux ; mais on voit par l'Arrêt tout le contraire. Ce qui forme la prévention en matiere d'Inventaires , eſt le
ſcellé : il faut donc voir qui l'avoit fait le premier. Voici ce que diſent
leſdits Chanoines dans l'Arrêt ; *& bien que les Officiers des Appellans
(qui ſont ceux de l'Egliſe d'Angers) euſſent prévenu & commencé au-*

dit *Inventaire*, *jà fcellé les coffres & bahus de la maifon Canoniale* : ce mot de *jà fcellé*, fait voir qu'ils avoient prévenu, ce qui paroîtra plus clairement en joignant cette claufe avec ce qui fuit : *neanmoins ledit Lieutenant Géneral nonobftant leur remontrance, des fufdits titres & pof-feffion, auroit donné la Sentence le 5. Octobre 1581. par laquelle il or-donne que tous les meubles, titres & papiers étans en la maifon dudit deffunt, feroient faifis, & fcel appofé par eux, fauf à ordonner de l'In-ventaire.* Si les Officiers du Roy ont fcellé depuis que les Officiers du Chapitre eurent fcellé & commencé l'Inventaire, on ne peut dire, à moins que de renoncer au fens commun, qu'ils n'euffent pas pré-venu : mais à quoi fe rapporteroient ces paroles, *fauf a ordonner de l'Inventaire*, s'ils n'euffent ordonné le fcellé après coup ? Mais on dit que M. le Procureur Général a dit que les Officiers du Roy avoient prévenu. Il ne faut rien obmettre, & l'on trouvera qu'il ne l'a point dit abfolument, mais feulement qu'ils avoient prévenu à l'Inventaire, c'eft-à-dire, qu'ils avoient bien à la vérité fait Inventaire avant les Officiers du Chapitre ; mais que les Officiers du Chapitre avoient été plus diligens qu'eux en l'appofition du fcellé, au moyen de quoi la prévention étoit du côté des Officiers du Chapitre. Si les Officiers du Roy fe font ingerés de faire l'Inventaire, nonobf-tant que les Officiers du Chapitre euffent prévenu, il n'y a point de doute, qu'ils avoient troublé les appellans en leur prétenduë Jurifdic-tion ; c'eft pourquoi la Cour les a maintenus, & fait défenfes de les troubler. Ce qui n'a rien de commun avec l'affaire qui fe préfente, où conftamment les Officiers du Roy ont prévenu. Il ne fera pas dit, que dans les défenfes de les troubler en leur Jur.fdiction, la Cour y ait vou-lu comprendre la prévention, qui appartient au Roy & au Duc d'An-jou, auffi-bien que le reffort, qui font joints enfemble dans l'article 65 ; & comme fi les Officiers du Roy connoiffoient par appel d'une Sen-tence des Officiers du Chapitre, ils ne pourroient pas dire qu'ils euffent été troublés en leur Jurifdiction ; parce que la Coûtume donne cette connoiffance aux Officiers du Roy : de même ils ne peuvent pas fe plaindre, fi les Officiers du Roy connoiffent par prévention ; puifque la même Coûtume la leur donne. Et bien que la Cour n'ait pas expreffé-ment refervé par fon Arrêt la prévention, elle n'y eft pas enveloppée pour cela non plus que la connoiffance des appellations. *Quædam etiamfi nullâ fignificatione legis comprehenfa funt, naturâ tamen excipiuntur,* dit Quintilian. La Cour n'a fans doute entendu annéantir le droit de prévention, qu'elle a confervé à tous les Officiers du Roy en la Pro-vince d'Anjou, par un Arrêt célebre de l'année 1618. quoique la Da-me Marquife de Mirebeau, contre laquelle il a été donné, eût des Lettres Patentes du Roy : nonobftant lefquelles la Cour ordonna, que les Officiers du Roy en joüiroient aux termes de la Coûtume. Les In-timés efperent un Arrêt auffi favorable contre ceux de l'Eglife d'An-gers, qui n'ont ni Lettres ni Jurifdiction ; tous les prétendus titres énoncés par l'Arrêt de l'an 1599 n'étans que de simples Lettres de Garde-gardienne, plus ou moins avantageuses ; & la prétenduë tranfaction du mois d'Avril 1258. n'eft qu'une piece faite à plaïfir par le Chapitre, fans que le Comte l'ait en façon quelconque autorifée : ce que l'on connoîtra facilement par la lecture. Le Doyen & Chapitre y ont parlé feuls ; elle eft feulement fcellée de leur fceau, fans que perfonne ait parlé de la part du Comte, ni qu'elle foit fcellée de fon fceau. La deuxiéme objection, que la prévention n'a point de lieu en matiere d'Inventaire, n'eft pas recevable en la Coûtume d'Anjou, laquelle par l'article 65. donne la prévention à tous cas civils, l'Inventaire eft un cas civil Partant la prévention a lieu en matiere d'Inventaire. Et par l'article 76. il eft dit que la connoiffance de l'exécution du fceau du Roy appartient privativement à fes Officiers. L'Inventaire eft un exécution de fceau. Par conféquent les Arrêts dont on a parlé, ne font point donnés en des Coûtumes femblables à celle d'Anjou, & n'y peuvent être appliqués. Au refte Maître Antoine Mornac a remarqué fur la Loi premiere, *de Jurifdictione*, *l'Arrêt donné au profit du Prévôt de Paris, quoique la Coutume ne parle de la prévention*. La troifiéme objection eft, que Charles Comte d'Anjou a donné toute forte de Jurifdiction à ceux de l'Eglife d'Angers en 1258. mais ce qu'ils prétendent qu'il leur donne, ne fait aucun préjudice au droit de prévention ; parce que la conceffion eft faite *cumulativè*, *non privativè* par le moyen de la claufe, *Salvâ juftitiâ noftrâ*. Davantage cette conceffion d'un Comte ne pourroit pas en tout cas priver le Roy de fon droit. Et après tout il ne fe trouvera point, que cette piece ait été faite par aucun Comte d'Anjou. Ils ne fe peuvent faire un titre au préjudice du Roy, ni des Comtes & Ducs d'Anjou. La 4e. objection eft que les Préfidiaux ont rendu une Sentence contraire au droit de prévention, qu'ils prétendent aujourdhui. Cette Sentence de l'année 1626. eft un effet de la jaloufie & des procès, qui étoient lors entre les Préfidiaux, & le Juge Prévôt, qui n'a pas laiffé de paffer outre à l'Inventaire, & a confervé fon droit & celui des Préfidiaux. Et d'ailleurs le droit de Prévention étant un droit Royal, les Officiers du Roy ne lui peuvent pas faire de préjudice, ni à leurs fucceffeurs. Partant les Intimés feront, s'il plaît à la Cour, maintenus au droit de prévention.

FERAMUS, pour la veuve Boutiton a dit que fa Partie a été contrainte de demander la levée du fcellé, & Inventaire ; Salmon qui l'avoit fait appofer n'ayant fait aucune diligence : que pour cet effet elle a eu recours au même Juge, qui avoit appofé le fcellé, & qui eft reconnu pour Juge compétent de ceux dudit Chapitre & de leurs Officiers à caufe de la Garde-Gardienne ; au refte agiffant en vertu d'un Contrat paffé fous le Scel Royal, la connoiffance n'en pouvoit appartenir à d'autres Juges, qu'aux Juges Royaux fuivant l'article 76. de la Coûtume d'Anjou. C'eft pourquoi il conclut à être déclaré follement Intimé.

TALON pour le Procurer General du Roy a dit, que la Déclaration

que

que l'Avocat des Officiers du Roy a faite de ne demander pour le préfent que la prévention, a donné lieu à la plaidoyerie de la caufe : laquelle ne pouvoit être plaidée, s'il eût été queſtion de ſçavoir ſi ceux
de l'Egliſe d'Angers ont Juſtice, ou non au-dedans du lieu, qui s'appelle la Cité. Il eût fallu de néceſſité appointer les Parties au Conſeil,
& joindre les appellations à la Requête civile pendante & indéciſe contre
l'Arrêt de l'an 1599. en laquelle la conteſtation pour la Juriſdiction
eſt formée. Agiſſant donc à préſent par préſuppoſition, que le Chapitre
de l'Egliſe d'Angers ait Juriſdiction ; & ſans néanmoins en demeurer
d'accord : la queſtion eſt de ſçavoir s'ils ſont ſujets à la prévention. Queſtion qui ne peut recevoir beaucoup de difficulté : *ſoit qu'on conſidere la*
prévention comme un droit qui appartient au Roy, jure coronæ ; ou comme
un droit accordé par la Coûtume au Roy, Duc d'Anjou, *parce qu'il*
eſt très-conſtant que le Roy, comme Souverain, a la prévention par tout
ſon Royaume, n'étant pas à préſumer, qu'il ait jamais accordé la Juſtice
à qui que ce ſoit, à titre ſi avantageux, qu'il n'ait reſervé quelqu'avanta-
ge pour ſes Officiers. Juriſdictio alteri conceſſa cenſetur potiùs cumulativè
quàm privativè, dit le Gloſſateur de la Pragmatique Sanction, titre de
collationibus §. neque etiam. C'eſt pourquoi les inférieurs ne la peuvent
exercer à l'excluſion des Officiers du Roy ; & tout ce que peut opérer la grace
que le Roy leur a faite, eſt que la connoiſſance en demeure à celui qui a pré-
venu. Auſſi dans la Coûtume d'Anjou, après la rubrique, *des Seigneurs*
temporels leurs Juſtices, & meres d'icelles, il eſt dit, *ſans préjudice des*
droits Royaux, que le Roy a univerſellement par tout ſon Royaume. Ce qui
ne peut être entendu que de la prévention, *laquelle la Cour a adjugée aux*
Officiers du Roy, méme en des Coûtumes qui n'en parlent point. L'Arrêt
donné le . . . . de l'an 1616. (a) *au profit des Officiers du Châtelet,*
contre l'Archevéque de Paris eſt notoire, dans lequel il s'agiſſoit de confection
d'Inventaire, comme il fait en cette cauſe. Tellement qu'il n'y a pas lieu
de douter, que quand la Coûtume d'Anjou n'en auroit point diſpoſé, que
la confection d'inventaires & la connoiſſance d'autres actes de Juſtice, ap-
partiendroient aux Officiers du Roy par prévention, dans la Juſtice du Cha-
pitre de l'Egliſe d'Angers. Il y a encore moins de doute dans les termes
de la Coûtume, laquelle attribuë au Duc d'Anjou la prévention ſur tous
les Comtes, Vicomtes, Barons & autres Juſticiers : il eſt vrai que c'eſt
à la charge du renvoi, qui doit être fait lors de la conteſtation au cas
exprimé par l'art. 65. & qui doit être entendu s'il y avoit un Comte
d'Anjou autre que le Roy, qui fut vaſſal du Roy, comme les autres
grands Seigneurs, qui ont des terres mouvantes de la Couronne, dans
le détroit deſquelles il y a des Juſtices inférieures, ſur leſquelles ils ont
prévention par la diſpoſition de la Coûtume ; mais cette prévention eſt
ſujette au renvoi, quand il eſt demandé avant conteſtation de cauſe ;

(a) Cet Arrêt n'eſt point de l'an 1616. mais du 30. Décembre 1615. Il eſt
cy-deſſus.

& cette obligation de faire le renvoi de la caufe, à l'égard des Seigneurs Souverains, n'eft pas introduite contre le Roy, lequel a une prévention naturelle, procedante du titre de fa Couronne, qui eft une prévention abfoluë & fans condition, laquelle ne lui appartient point in vim de la Coûtume, ni d'aucun Statut particulier, mais par un droit univerfel & Royal. Par quoi ils eftiment qu'il y a lieu de confirmer la procedure des Officiers du Préfidial d'Angers, lefquels ont premier appofé le fcellé, & procedé à la confection de l'Inventaire dont eft queftion.

LA COUR a mis & met les appellations au néant, ordonne que ce dont a été appellé, fortira effet : & ce faifant, que les Officiers du Roy joüiront de la prévention, & fans dépens. FAIT en Parlement le deuxiéme jour de Juin 1643. *Signe* GUYET.

Arrêt du Parlement, qui fait deffenfes au Bailly de S. Marcel, de mulcter fes jufticiables par amandes, pour s'être pourvûs pardevant le Prévôt de Paris.

2. Septembre
1645.

LOUIS, PAR LA GRACE DE DIEU, Roi de France & de Navarre : Au premier des Huiffiers de notre Cour de Parlement, ou autre Huiffier ou Sergent, fur ce requis ; Sçavoir, faifons qu'entre Vincent Agrault, Huiffier Sergent ordinaire des Tailles en l'Election de Paris, & Marie Faure fa femme Appellans d'un Sentence renduë par le Bailly de Saint Marcel-lez-Paris, le 16. Janvier dernier, & de tout ce qui s'en eft enfuivi d'un part & M. Jean Fevrier Procureur en Parlement & Procureur Fifcal audit Saint-Marcel, Intimé & pris à partie en fon propre & privé nom d'autre, & encore entre led. Fevrier Demandeur aux fins de la Requête du 26. Juin dernier d'une part, & led. Vincent Agrault Défendeur d'autre : VU par Notre dite Cour ladite Sentence du 16. Janvier dernier, dont eft appel ; par laquelle les Appellans pour avoir diftrait la Jurifdiction de Saint Marcel, & pour avoir au préjudice d'une Sentence renduë par led. Juge de Saint Marcel, fait Proceder par Saifie fur les biens de fon Locataire, en vertu du Privilege Bourgeois ; auroient été condamnés en 3. liv. Parifis d'amende, payable nonobftant oppofitions ou appellations quelconques, & fans préjudice aux Parties de fe pourvoir fur l'appel interjetté de ladite Sentence. Arrêt d'appointé au Confeil du 22. May dernier : Caufes & moyens d'appel, Requête employée pour réponfes, lad. Requête du 26 Juin dernier, à ce qu'il fut reçû oppofant à l'exécution dud. appointé au Confeil obtenu par furprife, déclarer la procedure dudit Agrault faite en conféquence nulle, ordonner qu'il feroit tenu de vuider ladite folle intimation, fuivant les Reglements & le condamner és dépens, défenfes, repliques, appointements à mettre & joint, productions defd. Agrault & fa femme fur le tout, production dud. Fevrier fur ladite Requête. Conclufions de Notre Procureur General : & tout confideré il fera dit que NOTRE-DITE-COUR , fans avoir égard à l'appofition dud. Février de laquelle l'a débonté , dit qu'il a été mal jugé par ledit Bailly de Saint Marcel , bieu appellé par lefd. Appellans , Ordonne que les fommes de 3. liv. 4. fols Parifis , & 10. liv. 15. fols qu'ils ont perçu, en vertu defd. Sentences, leur feront renduës & reftituées par led. Fevrier, lequel y fera contraint par les mêmes voyes qu'ils l'ont été. Fait défenfes audit Bailly Saint Marcel de mulêter à l'avenir les Appellans par amendes pour s'être pourvûs pardevant le Prévôt de Paris , & audit Fevrier Procureur Fifcal de le requerir à peine de tous dépens, dommages & interêts des Parties ; & en conféquence de ce fur la folle intimation prétenduë à mis & met les Parties hors de Cour & de procès : Condamne led. Fevrier en dépens taxés à 32. liv. parifis. MANDONS mettre le préfent Arrêt à dûë pleine & entiere exécution , felon fa forme & teneur ; de ce faire te donnons plein & entier pouvoir. DONNE' en Notre-dite Cour de Parlement le 2. Septembre, l'an de grace 1645. Et de Notre Regne le 2ᵉ. Collationné , *Signe* LANGELE' : *Et plus bas par la Chambre* , *Signé* DUFRANC , avec Paraphe.

ARRESTS DU PARLEMENT,

QUI deffendent aux Officiers des Juſtices Municipales &
Seigneuriales, des Ville, Fauxbourgs & Banlieuë de Paris,
d'informer ni decreter contre les Commiſſaires au Châtelet de Paris, faiſant leurs fonctions.

SUITTE DU RECUEIL,

Concernant la Police Générale & la Prévention.

*ARREST du Parlement, rendu les Grand-Chambre & Tournelle
aſſemblées, qui declare nul le Decret décerné par les Prévôt des Marchands & Echevins, contre le Commiſſaire de Sens, & empriſonnement
fait de ſa Perſonne, les condamne en leurs Noms, aux dépens, dommages
& interêts pour raiſon dudit empriſonnement ; leur deffend d'informer
ni decreter contre les Officiers du Roy, ni aſſembler les forces de la Ville,
ſans Commandement du Roy & Ordonnance de la Cour. (a)*

Extrait des Regiſtres du Parlement.

EU par la Cour, les Grand-Chambre & Tournelle
aſſemblées, les informations faites d'Office, à la
Requeſte du Procureur Général du Roi, par deux
Conſeillers d'icelle, ſuivant l'Arrêt donné en plaidant le ſeiziéme du mois; (b) après avoir oüi les Lieute-

3 1. May 1572.

(a) Cet Arrêt eſt cité ſous la datte
de l'année ſeulement, dans un Arrêt célébre rendu en faveur de la Juriſdiction du
Châtelet, contre les Prévôts des Marchands & Echevins, le 12. Janvier 1615.
rapporté dans le traité de la Police liv. 1.
tit. 10. chap. 6. tom. 1. pag. 189. de la
derniere Edition.

(b) Cet Arrêt contient ſelon toute apparence, les prétextes de l'empriſonnement injurieux du Commiſſaire de Sens;
cette réflexion n'eſt venuë que lors de
l'impreſſion du preſent Arret, ce qui n'a
pas laiſſé le tems d'en faire la recherche &
de le lever pour le mettre avant celui-cy.

nanCivil & Criminel de la Prévôté de Paris, & les Prévôt des Marchands & Echevins de cette Ville de Paris, entre Me. Jacques de Sens, Commiſſaire & Examinateur au Châtelet ds Paris, Appellans une fois ou pluſieurs des prétendus decret de priſe - de - Corps contre lui décerné par leſdits Prévôt des Marchands & Echevins, injurieux empriſonnement & détention de ſa perſonne, & de tout ce qui s'en eſt enſuivi, comme de Juge incompétent, d'une part; & leſdits Prévôt des Marchands & Echevins prétendus follement intimés, d'autre; & encore entre Hector Harenger Marchand de bois demeurant à Bonnieres près Mantes, Appellant du Décret de priſe-de-cops contre lui décerné par le Prévôt de Paris ou ſon Lieutenant Criminel, empriſonnement de ſa perſonne, & de tout ce qui s'en eſt enſuivi, d'une patt; & ledit Lieutenant Criminel prétendu follement intimé d'autre part; leſdites Procédures, Décrets & Ecroux deſdits empriſonnemens; rapport des Médecins & Chirurgiens, qui auroient vû & viſité ledit Commiſſaire de Sens, pour raiſon des excès à lui faits par les Archers de l'Hôtel-de-Ville, en le menant & conſtituant priſonnier : Concluſions du Procureur Général du Roi : le tout conſideré, DIT A ETE' en ce qui touche l'appel interjetté par ledit Harenger, après que ledit Procureur Général a pris la cauſe pour le Lieutenant Criminel, & requis qu'il fut mis hors de Cour & de Procès, LA COUR pour pluſieurs bonnes cauſes & conſiderations à ce la mouvans; a mis & met les Parties hors de Cour & de Procès; ſans dépens, dommages & intereſts, & quant à l'appel interjetté par ledit de Sens, du décret de priſe-de-Corps contre lui décerné par leſdits Prévôt des Marchands & Echevins; exécution & empriſonnement fait en vertu d'icelui, pour le regard duquel leſdits Prévôt des Marchands & Echevins ont ſoutenu qu'ils avoient été mal intimés; & qu'ils n'avoient pû être pris à Partie; la Cour dit que leſdits Prévôt des Marchands & Echevins ont été bien intimés en leurs noms, & faiſant droit ſur l'appel dudit decret, exécution & empriſonnement fait de la perſonne dudit de Sens, dit qu'il a été mal, nullement & incompetament décreté, mal exécuté, mal empriſonné, bien appellé par ledit de Sens, condamne leſdits Prévôt des Marchands & Echevins en leurs noms, ès dépens de la Cauſe, dom-

mages & interefts procédans à caufe dudit emprifonnement;
& a ladite Cour fait & fait inhibitions aufdits Prévôt des Marchands & Echevins de ne plus faire telles exécutions & emprifonnemens, ni attenter aucunement aux perfonnes des Officiers du Roi, ni affembler les forces de cette Ville fans commandement du Roi, ou Ordonnance de ladite Cour; prononcé le trentiéme jour de Mai, l'an de grace mil cinq cens foixante-douze. *Signé*, MALON.

Arrêt du Parlement, rendu fur l'Intervention de Meffieurs les Lieutenans, Civil, Criminel, Confeillers & Commiffaires du Châtelet, qui maintient les Commiffaires dans le Droit de Prévention, tant en Matiere Civile que Criminelle, contre les Officiers du Bailliage de l'Abbaye de Sainte Génevéve; déclare nul le Decret décerné par lefd. Officiers contre le Commiffaire Pepin, & fon emprifonnement injurieux; & fait deffenfes auxdits Officiers & autres Subalternes, de decreter & proceder à aucun emprifonnement contre les Commiffaires exerçant leurs fonctions, à peine de fufpenfion de leurs Offices, & de plus grande peine s'il y écheoit. (a)

Extrait des Regiftres de Parlement.

ENTRE Me. Pierre Pepin Commiffaire Examinateur pour le Roi au Châtelet de Paris, Appellant de la permiffion décernée par le Bailly de Sainte Geneviéve-au-Mont de Paris,   30. Août 1608;

(a) L'Article 18. de la Coûtume de Normandie, porte de pareilles deffenfes.

» Les Hauts - Jufticiers ne peuvent ufer d'arreft ou emprifonnement fur aucuns Officiers ou Sergens Royaux & ordinaires qui exploiteront dans le Diftrict de leurs Hautes - Jufticees, & ne peuvent prendre connoiffance des fautes que lefdits Officiers ou Sergens Royaux peuvent commettre en faifant l'exercice de leurs Offices en leurs Hautes-Juftices; mais s'ils vouloient prétendre que lefdits Officiers ou Sergens euffent failli en leurs exploits, ils fe peuvent plaindre au prochain Bailly Royal, lequel en fera la juftice.

du décret de prife-de-Corps émané du même Juge le cinquiéme Aouſt dernier paſſé, de l'empriſonnement & détention de ſa perſonne, & de tout ce qui s'en eſt enſuivi, tant comme de Juge incompétent qu'autrement dûëment, d'une part ; & les Religieux, Abbé & Convent de Sainte-Geneviéve Intimés, Mᵉ. René Chauvelain Bailly de ladite Juſtice de Sainte Geneviéve, & Mᵉ. Pierre Dolet Procureur Fiſcal auſſi intimés en leurs propres & privés noms, d'autre part ; les Lieutenans Civil & Criminel, & Conſeillers Officiers en la Prévôté & Siége Préſidial du Châtelet de Paris, enſemble la Communauté des Commiſſaires Examinateurs dudit Châtelet, demandeurs afin d'intervention ſelon les Requêtes par eux préſentées les vingt-un &   Aouſt dernier paſſé, d'une part ; & leſdits Religieux, Abbé & Convent de Sainte Geneviéve, Appellans du bris fait par le Commiſſaire Pepin, de leur ſcel appoſé ſur les biens de défunt Pierre Fuzeau Maître Graveur à Paris, le quatriéme jour de Mai dernier paſſé, de la conduite de Guillaume Ithier leur Sergent, le même jour par ledit Commiſſaire Pepin, en la maiſon deſdits Lieutenant Civil & Criminel, des Jugemens rendus par ledit Lieutenant Criminel, tant ledit jour quatre Mai en ſon logis, que le lendemain cinquiéme Mai, en la Chambre Criminelle dudit Châtelet, d'une part ; & ledit Mᵉ. Pierre Pepin Intimé d'autre ; & entre Claude le Seure Sergent à Cheval au Châtelet de Paris, Appellant du décret de priſe-de-Corps contre lui décerné par ledit Lieutenant Civil, le lundy onziéme Aouſt dernier paſſé ; empriſonnement fait de ſa perſonne, & de tout ce qui s'en eſt enſuivi, d'une part ; & ledit Mᵉ. Pierre Pepin Intimé d'autre ; & encore leſdits Chauvelain & Dollet, Appellans d'un Décret d'ajournement perſonnel contre lui décerné par le Lieutenant Criminel, ledit jour onze Mai, & ledit Pepin intimé d'autre, ſans que les qualités puiſſent préjudicier aux Parties.

LENOIR pour Mᵉ. Pierre Pepin Commiſſaire au Châtelet de Paris, Appellant & reſpectivement intimé, contre les Religieux, Abbé & Convent de Sainte-Genevieve-au-Mont de Paris, Claude le Seure Sergent à Cheval audit Châtelet, Mᵉ. René Chauvelin Bailly de ladite Juſtice de Sainte Geneviéve, & Mᵉ. Pierre Dollet Procureur Fiſcal, tous intimés, reſpectivement Appellans ; a dit que la cauſe dont il s'agit importe

d'autant

d'autant plus que M^e. Pierre Pepin Appellant y va de son honneur & réputation que les Intimés ont essayé de blesser injustement par un emprisonnement de sa personne le plus injurieux & frauduleux qui se puisse imaginer, ainsi que la Cour reconnoîtra par le discours véritable du fait. Le vingt-sixiéme Avril mil six cens huit M^e. Pierre Pepin Appellant reçut une plainte qui lui fut faite pour raison de l'assassinat commis en la personne de défunt Pierre Fuzeau M^e. Graveur à Paris, se transporta en la maison, informa, & fit perquisition de l'assassin qui avoit commis le délit ; le troisiéme Mai ensuivant, averti de la mort dudit Fuzeau nouvellement arrivée, il se transporta derechef au logis, fit visiter le Corps par Medecins & Chirurgiens, & voulut proceder par scellé ; mais sur ce que la veuve lui fit ouverture d'un Bahut qui étoit tout ce qui fermoit à clef, & l'assuroit n'avoir pour tout argent qu'un écu & demi, lui representant d'ailleurs son Contrat de mariage, contenant don mutuel, bien & dûement insinué, il s'abstint de sceller, se contenta de faire une description sommaire des meubles par son Procès-verbal ; & ce fait les délaissa en la garde de la Veuve qui en devoit jouir suivant le don mutuel ; le lendemain quatriéme Mai ledit Pepin eût avis qu'un Sergent de la Justice de Sainte Geneviéve étoit arrivé au logis pour sceller au préjudice de ce qui avoit été fait le jour précedent ; il se transporta en la même maison, lui demanda à voir son pouvoir, de quoi le Sergent n'ayant tenu compte, ayant au contraire commis plusieurs insolences, ledit Pepin fut contraint de se transporter avec lui pour être reglés, premierement au logis du Lieutenant Civil, & depuis au logis du Lieutenant Criminel, qui ordonna que la permission de sceller representée par ledit Sergent, qui se trouva en blanc, seroit paraphée & mise au Greffe, & qu'au lendemain le Sergent comparoîtroit en la Chambre, pour en être déliberé par l'avis de toute la Compagnie, ce qui fut exécuté, & y eût le lendemain Sentence en la Chambre Criminelle, par laquelle après avoir oüi le Sergent & M^e. Pierre Dollet Procureur Fiscal de ladite Justice de Sainte Geneviéve, il fut contradictoirement jugé avec eux que le scellé apposé par ledit Sergent seroit levé ; pendant qu'on procédoit ainsi par les voyes ordinaires, le Bailly de Sainte Geneviéve retourna en la maison dudit Fuzeau, & apposa un nouveau scellé ; ce qui fut

cauſe que la veuve ſe plaignit, fit appeller au Civil le Procureur Fiſcal de Sainte Geneviéve, & obtint Sentence contre
lui contradictoire le treiziéme Mai ; par laquelle il fut jugé que
le ſcellé ainſi de nouveau appoſé par le Bailly ſeroit briſé en la
préſence du Subſtitut du Procureur Général au Châtelet, ou
de l'un de ſes Subſtituts, les biens remis en la garde de la veuve
ainſi qu'ils étoient auparavant ; de ces Jugemens les Religieux
de Sainte Geneviéve interjettent dès-lors leurs appellations,
les relevent par Requeſte, & firent intimer le Commiſſaire Pepin le vingt dudit mois de Mai, & néanmoins après avoir reconnu qu'ils y étoient mal fondés, ils délaiſſerent leur pourſuite. Le lundi quatriéme jour d'Aouſt, environ les quatre heures de relevée, le Commiſſaire Pepin retournant de la Police,
trouva en ſa maiſon Françoiſe Fuzelier femme de Dominique
Boure qui lui fit plainte que ſa fille âgée de quatre ans avoit été
forcée par le nommé Gimbert, au moyen de quoi à l'inſtant il
ſe tranſporta en la maiſon où il reçut la plainte du pere, fit viſiter l'enfant par Medecins & Chirurgiens, l'interogea autant
qu'il étoit poſſible pour un enfant ſi jeune, & fit perquiſition
pour trouver ledit Gimbert ; mais au moyen de ſon abſence,
il fut contraint de ſe retirer après avoir averti les voiſins de l'arrêter à ſon retour, & notamment un nommé Jubin Archer du
Lieutenant Criminel de Robe-Courte ; ſur les ſept heures du
ſoir il eût avis que ledit Gimbert avoit été arrêté à ſon retour
par ledit Jubin, qu'il étoit beſoin d'y aller, de fait à l'inſtant
il ſe tranſporta pour exécuter ſa Charge ; mais comme il voulut
prendre le priſonnier des mains dudit Jubin Archer, il ſe trouve
que le même Sergent de Sainte Geneviéve, dont il a été parlé
nommé Guillaume Ithier y étoit arrivé en chemiſe & ſans pour-
point, & vouloit l'emmener ès Priſons de Sainte Geneviéve, le
Commiſſaire Pepin lui remontra qu'il l'avoit prévenu, ayant reçu
la plainte dès quatre heures après midi, fait viſiter l'enfant, eſ-
ſayer d'aprehender ledit Gimbert, que c'étoit un Archer du
Lieutenant Criminel de Robe-Courte qui l'avoit ſaiſi, & que
d'ailleurs ledit Ithier n'avoit information, Decret, ni pouvoir
quelconques pour arrêter un homme qu'il ne trouvoit point en
flagrant délit, nonobſtant toutes leſquelles raiſons, ledit Ithier
continuant ſes voyes ordinaires comme pluſieurs inſolences
qui furent cauſe que le Commiſſaire Pepin ſans entrer plus

avant en difficulté, se saisit du prisonnier, le conduit au Petit-Châtelet ; tout cela s'étoit conduit par les voyes de la Justice, & n'y avoit eû faute que de la part dudit Ithier ; toutefois le lendemain cinquiéme Aoust, le Bailly de Sainte Geneviéve informe & décrete de prise-de-Corps contre le Commissaire Pepin, & pour y apporter plus de scandal, fait garder son décret jusqu'au Dimanche ensuivant dixiéme Aoust qu'il fut exécuté sur led. Pepin, entrant en l'Eglise Saint Estienne-du-Mont pour oüir la Messe de Parroisse, à la vûë de tous ceux qui entroient lors à l'Eglise, avec le scandal le plus grand qu'on peut estimer ; le Commissaire Pepin s'étoit plaint auparavant au Lieutenant Criminel, pour l'évasion d'un prisonnier que led. le Sevre Sergent l'un des Intimés, avoit rélaché de mauvaise foi ; & de fait le Lieutenant Criminel avoit fait constituer ledit le Sevre prisonnier, ce qui fut cause que le Bailly de Sainte Geneviéve qui en avoit eû avis, commit l'exécution de son décret audit le Sevre, qui y procéda animeusement, ainsi que la Cour peut estimer, ledit Pepin ayant demeuré depuis neuf heures du matin, fut élargi par le Commandement de Monsieur le Procureur Général ; mais pendant qu'il y demeura il lui fut interdit de parler à personne quelconque, comme s'il eût commis quelque grand Crime, & encore quand il fut sorti, on le fit charger sur le Regstre de se réprésenter toutefois & quantes ; le lendemain de cet emprisonnement qui étoit le Lundy 11e. Août ; la Communauté des Commissaires fit plainte au Lieutenant Civil & aux Conseillers du Châtelet assemblés pour ce Jugement   & rapporte l'écroüe de l'emprisonnement sans former autres conclusions, sur laquelle plainte il fut ordonné par déliberation du Conseil, que le Sergent le Seure & les Bedeaux de Sainte Geneviéve qui l'avoient assisté, feroient pris au Corps, & quant au Bailly & Procureur Fiscal, qu'ils feroient adjournés à comparoir en personne ; voilà l'ordre de la procédure ; les autres Sentences, emprisonnemens & décrets qui se presentent à juger, Me. Pierre Pepin est Appellant de la permission d'informer contre lui decerné par le Bailly de Sainte Geneviéve, de l'information & decret, de l'emprisonnement & de tout ce qui s'en est ensuivi, & a surce, fait intimer tant les Religieux, Abbé & Convent de Sainte Geneviéve, que les Bailly & Procureur Fiscal en leurs propres & privés

noms ; les Religieux font Appellans de leur part du bris de leur
fcellé fait par le Commiffaire Pepin, de la conduite de leur
Sergent ès maifons du Lieutenant Civil & Criminel, & des
Jugemens fur ce rendus les quatriéme & treiziéme de Mai ;
le Bailly & Procureur Fifcal font appellans du décret d'ajournement perfonnel contr'eux décerné au Châtelet, & le Setgent
le Seure du décret de prife-de-Corps, & de l'emprifonnement qui s'en eft enfuivi ; quant à l'appel dudit Pepin, la Cour
fauf la réverence, jugera qu'il eft infaillible & fans difficulté
quelconque ; premierement eft une maxime que les Juges fubalternes ne peuvent & ne doivent informer ni décreter contre
les Officiers du Roi, pour raifon de ce qui concerne l'exercice de leurs Charges, d'autant que le Roi qui eft l'origine
& la fource de toute la Juftice & de tous les Fiefs, n'eft point
eftimé avoir jamais concedé une Juftice contre lui, ni avoir
entendu que les Officiers qui le réprefentent en l'exercice de
leurs Charges, foient refponfables pardevant les Juges fubalternes , & qu'en ce faifant on puiffe dire , que lui-même foit
obligé de difputer & plaider fes droits pardevant fes Sujets &
fes Vaffaux ; que fi la chofe avoit lieu il en arriveroit tous les
jours des plaintes , y ayant à Paris plus de trente Juftices non
Royales, dont les Juges ne manqueroient à décreter fouvent
contre les Commiffaires qui feroient miferables en l'exercice
de leurs Charges ; les Commiffaires du Châtelet fonr Juges
referendaires , & peuvent dire qu'ils font appellés aucunement
in partem Officii du Juge & du Magiftrat ; ils taxent les dépens ,
font les enquêtes , informations, interrogatoires , ils exami-
nent les comptes & en font la clôture qui eft l'exécutoire, ils
reglent l'ordre des Créanciers oppofans, & ont le foin de la
Police qui font tous actes dépendans de l'Office de Juge , au
moyen defquels ils ne doivent point être méprifés, leurs fonctions font neceffaires en la Ville , & quand il arrive du mal
contagieux, ils font obligés de faire exécuter & garder les reglemens de la Police, d'encourir bien fouvent la fortune de
leur vie , ce que ne font pas les Juges fubalternes ni leurs Officiers ; il y a davantage , car quand tout cela ne feroit pas, il eft
eft vrai de dire qu'en la caufe particuliere le Commiffaire Pepin n'a failli ni délinqué en quelque forte que ce foit ; pour
ce qui eft du fcellé de deffunt Pierre Fuzeau, la Cour a en-

tendu qu'il avoit prévenu dès le vingt-fix Avril , lorfqu'il reçut
la plainte de l'affaffinat, qu'il informa & fit perquifition du délinquant; d'ailleurs que dès le troifiéme Mai , ledit Fuzeau étanr
décedé , il avoit fait vifiter le Corps, & voulu procéder par
fcellé, au lieu duquel il fe contenta d'une defcription fommaire ;
fi bien que le lendemain il n'y avoit apparence de vouloir fceller
par le Sergent de Sainte Geneviéve, vu même qu'il n'avoit aucun
pouvoir vallable , celui qu'il reprefenta étant en blanc, & la
datte fraîchement remplie d'une encre differente qui fait connoître que c'étoit un pouvoir général indefini pour fervir en
tous fcellés, chofes prohibées , défenduës par les Ordonnances ; & puis tout cela a été jugé par deux Sentences contradictoires , la premiere du Lieutenant Criminel, & la feconde
du Lieutenant Civil , de forte que le Commiffaire Pepin n'en
pouvoit être recherché ; les Intimés diront qu'ils avoient appellé & relevé en la Cour, & fait intimer ledit Pepin ; mais
cela fait entiérement contr'eux , parce qu'ayant reconnu ce qui
avoit été fait par un exploit de Juftice, ils ne pouvoient pas le
prendre pour un délit & pour un Crime qui leur donnât fujet
d'informer; quant à ce qui arriva le quatriéme Août, la Cour
voit encore que le Commiffaire Pepin avoit prévenu , & que
dès quatre heures après dîner il avoit reçu la plainte, fait vifiter & interroger l'enfant, & averti les voifins d'aprehender le
délinquant à fon retour , & puis on voit même par le Procès-
verbal du Sergent de Sainte Geneviéve que le délinquant fut
apprehendé par Jubin Archer du fieur de Fontis Lieutenant
Criminel de Robe-Courte, & que ledit Sergent n'avoit information; décret ni pouvoir quelconque pour apprehender ledit
délinquant qu'il ne trouvoit point en flagrant délit, fi bien
qu'on ne peut dire que le Commiffaire Pepin prenant le prifonnier des mains de Jubin , ait rien commis contre le du de
fa Charge, le Bailly & Procureur Fifcal prétendans avoir été
follement intimés en leurs noms , mais ils fe mécontent, fauf
la correction de la Cour, & fe trouvera qu'ils ont été bien &
juftement intimés , puifqu'en outre paffant les limites de leurs
Charges & de leur Office, ils ont décreté contre un Officier
du Roi, qui ne leur eft refponfable ni jufticiable, & qu'ils l'ont
fait emprifonner injurieufement & fcandaleufement, en un jour
de Dimanche entrant en l'Eglife , circonftances toutes necef-

faires au Jugement & décision de la Cause ; voilà pour le regard des appellations du Commissaire Pepin ; quant aux appellations interjettées par les Religieux, elles sont destituées
de toute apparence ; car puisque par le discours précedent il a
été vû que le Commissaire Pepin avoit prévenu de long-tems
auparavant, ils n'avoient aucune raison quelconque de vouloir
sceller & faire des frais inutils à une pauvre veuve, contre la
disposition expresse de l'Ordonnance de Blois, (a) quant aux
autres appellations du Sergent le Seure, du Bailly & Procu-
reurFiscal de Sainte Geneviéve, il en est tout de même ; quant au
Sergent le Seure, il est Sergent à Cheval auChâtelet, & en cette
qualité il doit obéïssance, aide & confort aux Commissaires au
Châtelet, tant s'en faut qu'il ait eû sujet de les emprisonner ;
& puis on voit que c'est une animosité qu'il a voulu exercer
pour se venger de ce qui lui étoit arrivé par sa faute ; quant
au Bailly & Procureur Fiscal de Sainte Geneviéve, les Officiers du Châtelet ont pû décreter contr'eux justement, tant
parce qu'ils sont leurs Justiciables, & que les appellations de
Sainte Geneviéve ressortent en Châtelet en tous cas civil &
Criminel, ordinaire & Présidial, que aussi ils avoient notoi-
rement entrepris sur ce qui étoit de la Jurisdiction du Châtelet ; le Commissaire Pepin néanmoins n'est pas celui qui a requis le décret seulement, ja s'est plaint à la Communauté de
ses Compagnons d'Office, & eux au Prévôt de Paris, lequel
sur la plainte a prononcé ledécret, conséquemment ledit Pepin
peut soutenir qu'en cet appel il est mal & follement intimé,
pour Seure, ledit Pepin a representé seulement l'Arrêt donné
sur un fait semblable en l'an mil cinq cens soixante-deux (b)
par lequel le Prévôt des Marchands & Echevins ayant fait un
emprisonnement semblable en la personne du Commissaire de
Sens, ils furent déclarés bien intimés en leurs noms, & condamnés en tous dépens, dommages & interêts ; par ces moyens
conclud ledit Pepin à ce que pour le regard de ses appellations il soit dit que le Bailly & Procureur Fiscal de Sainte Geneviéve ont été bien intimés en leurs noms, & faisant droit

(a) C'est l'Article 164. il est cy-dessus dans ce Recueil, pag. 135.

(b)Cet Arrêt est mal datté, il est du 31. May 1572. & précede
celui-cy.

entre toutes les Parties, qu'il a été en tout & par tout mal, nullement & incompétament, permis, informé & décreté par emprisonnement de sa personne, sera déclaré injurieux, frauduleux, tortionnaire & déraisonnable, que l'écroüe en sera rayé
& biffé en la présence du Bailly & Procureur Fiscal qui seront
tenus y assister, & les Intimés condamnés ès dépens, dommages & interests, & en mille livres de réparation, que ledit
Pepin supplie bien humblement la Cour la vouloir adjuger à
la Communauté des pauvres de cette Ville de Paris, & pour
le regard des appellations interjettées tant par lesdits Religieux,
Abbé & Convent de Sainte Geneviéve, que ledit Seure Sergent, Bailly & Procureur Fiscal, à ce qu'il soit dit que tous
les Appellans ne sont à recevoir en leurs appellations, & qu'ils
soient condamnés en l'amende & aux dépens.

GERMAIN pour les Commissaires Examinateurs au Châtelet
de Paris, intervenans en cette cause, conclud en sa Requête
à ce qu'en entherinant icelle, ils soient reçus Parties intervenantes en cette cause, & que l'emprisonnement fait de la personne de Me. Pierre Pepin Commissaire soit déclaré injurieux,
que défenses soient faites non-seulement au Bailly de Sainte
Geneviéve, ains à tous les autres Justiciers des Justices subalternes de cette Ville & Fauxbourgs, d'informer, décreter ni entreprendre aucune Cour, Jurisdiction ni connoissance
contre les Commissaires, & que l'Arrêt qui interviendra soit
lû partous les Siéges des Justices de cette Ville & Fauxbourgs.

GALLAND pour les Lieutenant Civil & Criminel, & Officiers du Châtelet intervenans en cette cause, supplie la Cour
que par l'autorité de l'Arrêt qui interviendra, il soient maintenus
& confirmés contre les Officiers des Justices subalternes de
cette Ville, & que les Commissaires du Châtelet soient déclarés capables de faire captures par tout en cette Ville & Fauxbourgs, privativement & exclusivement à tous autres, & soient
exempts de toutes Justices subalternes, étant fondés par leur
création de faire captures en cette Ville & Faubourgs privativement & exclusivement à tous autres; que s'ils ne sont maintenus il est impossible qu'ils puissent bien faire leurs Charges,
& que défenses soient faites aux Officiers de l'Abbaye de Sainte
Geneviéve, de plus faire pareilles captures, & conclud.

BAUSSAN pour les Religieux, Abbé & Convent de Sainte Ge-

ñeviéve Intimés, & deffendeurs en Requeftes préfentées plai-
dées, dit que les Officiers de la Juftice de Sainte Geneviéve,
ont toujours reconnu les Officiers du Roi ; mais quand on a
voulu entreprendre fur leurs Officiers, ils s'y font oppofé étant
tenus de conferver leur Juftice ; le Commiffaire Pepin ne devoit faire fi grande clameur, lui ayant été offert de mettre l'appellation & l'écroüe rayé, il n'a voulu accepter cette offre,
ayant voulu faire plaider cette caufe, combien qu'il n'en eût
de fujet, ayant été toujours gratifié de toutes les acquifitions
que fon pere & lui ont fait dans la Cenfive de fes Parties, il
n'avoit occafion ni fujet de fe plaindre de fon emprifonnement,
par ce qu'il a été honnêtement reçu, ayant dîné avec le Baron
de Nangy qui étoit en la maifon Abbatialle en l'abfence de
l'Abbé fon frere ; un prifonnier qui étoit entre les mains des
Sergens de la Juftice de Sainte Geneviéve : pour raifon de ce
les Juges ont eû raifon d'informer & décreter contre le Commiffaire étant cet enlevement pareil que s'il l'eût enlevé par
force des Prifons de Sainte Geneviéve pour ce faites ; celui qui
a été affaffiné, il n'étoit queftion du crime, mais feulement du
fcellé qui a été brifé par le Commiffaire Pepin : les Religieux,
Abbé & Convent de Sainte Geneviéve ont grand intérêt que
les Officiers du Châtelet n'entreprennent point fur leur Juftice,
& ont préfenté Requefte à la Cour, à ce que le Commiffaire
Pepin foit condamné en cent livres parifis d'amende pour avoir
brifé leurs fcellés ; au furplus fur la plainte du Commiffaire Pepin, les Juges du Châtelet ont décreté prife de Corps contre
le Sergent qui a exécuté le décret du Bailly de Sainte Geneviéve, dont fes Parties font appellantes, conclud en fon appel
de ce que les Juges ont décreté, combien qu'ils foient Parties, foutient en ce qu'ils font intimés que les offres faites au
Commiffaire Pepin font raifonnables, qu'il faut mettre l'appellation & ce au néant, l'écroüe rayé ; que défenfes foient
faites aux Commiffaires quand il y aura aucuns prifonniers entre les mains des Sergens de la Juftice de Sainte Geneviéve,
de les empêcher en l'exercice de leur Charge, & de tirer les
Prifonniers de leurs mains.

DELAMET pour les Officiers de la Juftice de Sainte Geneviéve, a dit que l'Appellant n'eft feul Commiffaire au quartier qu'en a d   contre lefquels les Officiers de
                                                      Sainte

Sainte Geneviéve n'ont eû aucune occafion de plainte, parce qu'ils fe font contenus en l'exercice de leurs Charges en la mo-deftie requife, conclud à follement intimé, & à ce qu'ils foient reçus Appellans du décret contr'eux décerné, auquel appel il conclud à ce qu'il foit dit qu'il a été mal décreté.

Gagot pour le Sergent à Cheval qui a fait l'emprifonne-ment du Commiffaire, a dit que par l'Edit de quatre-vingt deux, il eft permis aux Sergens d'exécuter promptement les décrets non-feulement des Juges Royaux, mais auffi des Juges fubal-ternes, fa Partie a exécuté un mandement de Juftice en exé-cution duquel il n'a commis aucune infolence, conclud à ce qu'il foit dit qu'il a été mal décreté, & injurieufement empri-fonné, a préfenté Requefte, à ce qu'il lui foit permis informer de la forme de fon emprifonnement, & de la violence de la-quelle on a ufé.

Le Bret, pour le Procureur General a dit que l'empri-fonnement du Commiffaire Pepin ne fe peut foûtenir & fe trouvera en la forme, & au fond injurieux & fcandaleux : en la forme, en ce qu'il a été fait un jour de Dimanche allant le Commiffaire en l'Eglife S. Etienne à la Meffe de Parroiffe, eft pris par un Sergent, traîné injurieufement aux prifons de l'Abbaye de Sainte Genevieve, le jour devant être refpecté : l'autre point en la forme ; c'eft une chofe nouvelle que les Officiers des Juftices Subalternes prennent cet audace, d'informer & de-cretter contre les Officiers Royaux ; quant au fond pour ce qui eft du fcellé, les Officiers de Ste Genevieve n'en doi-vent prendre ombrage, parce qu'ayant le Commiffaire Pepin, eu avis le premier de la bleffure de Fufeau ; il informe avec grande diligence, & va chercher celui qui étoit défigné avoir commis le fait, ayant par cet acte prévenu les Officiers Sainte Genevieve ; étant le corps decedé, la Veuve envoye querir le Commiffaire ; auffi-tôt il fe tranfporte en la maifon où étoit le Médecin & le Chirurgien ; le Commiffaire vou-lant Sceller, la Veuve fut lui réprefenter fon Contract de mariage, par lequel il lui apert d'un don mutuel, & y ayant vû fi peu de meubles, il ne voulut fceller ; laiffa la Veuve & deux voifins gardiens de fes meubles, après qu'il en eût fait un inventaire fommaire, depuis ayant vû qu'il y avoit été ap-pofé une Scellé de la Juftice Sainte Genevieve, en ayant fait

Q q

rapport au Châtelet, par Sentence fut dit que le Scellé seroit brisé; donc les Officiers de la Justice Sainte Genevieve n'avoient pû ni du aller en cette maison, faire Sceller puisque le Commissaire y avoit été & fait inventaire. La seconde plainte des Religieux est que le Commissaire Pepin a entrepris sur leur Justice : sur ce qu'une mere lui a fait plainte qu'une sienne fille âgée de quatre ans avoit été forcée par un Imprimeur nommé Guimbert. Le Commissaire ayant reçû sa plainte, envoye son Clerc au Logis de cet Imprimeur pour sçavoir s'il y étoit sans l'éfaroucher, ne s'y étant trouvé, il donne charge à quelques voisins de l'arrêter & l'en avertir aussi-tôt : ce qu'ayant été fait, un Sergent de Sainte Genevieve le veut emmener aux prisons de la Justice; le Commissaire mandé il l'arrête & le mene aux prisons du petit Châtelet, & en haine de ce les Officiers de Sainte Genevieve décretent de prise de corps, contre le Commissaire ; le Décret exécuté comme il a dit : La Cour voit au fond qu'il a été mal emprisonné ; quant au Sergent qui a fait l'emprisonnement du Commissaire, il a bien merité ce qu'il a eu ; reste l'appel des Officiers de Sainte Genevieve, sur lequel s'il plait à la Cour, elle mettra les parties hors de Cour & de Procès, & fera défenses aux Juges Subalternes de plus proceder par telles voyes, contre les Officiers du Roy & ordonnera que l'écroüe de l'emprisonnement du Commissaire sera rayé.

La Cour en tant que touchent les appellations interjettées par les parties de Baussan & par le Sergent qui a emprisonné le Commissaire des Décrets contr'eux émanés du Prévôt de Paris, ou son Lieutenant, a mis & met lesdites appellations au néant, sans amande, condamne les Appellants es dépens des causes d'appel, & en tant que touche l'appel interjetté par le Commissaire Pepin du Décret & de l'emprisonnement fait de sa personne, la Cour a reçû & reçoit les Lieutenans Civil & Criminel de la Prévôté de Paris & les Commissaires examinateurs, parties intervenantes en la cause, & faisant droit entre tous & sur tout, après que les Religieux, Abbé & Convent de Sainte Genevieve, Bailly & Procureur d'Office en la Justice dudit lieu, ont été ouïs en la deduction de leurs moyens a déclaré lesdits Religieux, Abbé & Officiers bien intimés en leurs noms, dit qu'il a été mal & nullement par eux procedé, décreté, exécuté, bien appellé & le tout caffé & revoqué, déclare l'emprifonnement fait de la perfonne dudit Commiffaire, injurieux, tortionnaire & déraifonnable; ordonne qu'il fera rayé & biffé fur le Regiftre des Ecroües. Fait inhibitions & défenfes aux Officiers de ladite Juftice de Sainte Genevieve, & à tous autres Subalternes, de proceder déformais par décrets, emprifonnemens ou autrement en leurs Juftices, contre les Commiffaires du Châtelet, exerçant leurs Offices & fonctions en dépendans, fur peine de fufpenfion de leurs Charges, & plus grande s'il y échet; referve aufdits Officiers Subalternes de fe pourvoir contre lefdits Commiffaires, en cas qu'ils eftiment en avoir fujet pardevant les Juges, aufquels la connoiffance en appartient : Condamne les Intimés és dépens & aux dommages interêts procedans dudit emprifonnement, lefquels dommages & interêts la Cour a moderé à feize livres Parifis, & en confequence de ce ne fera paffé outre par le Prévôt de Paris ou fon Lieutenant, en la Procedure par lui en commencée contre les Intimés, & feront les prifons ouvertes aux Sergents & les autres déchargés de la comparution perfonnelle; enjoint au furplus, la Cour tant aufdits Commiffaires du Châtelet que aux Officiers de la Juftice Sainte Genevieve, eux comporter refpectivement en l'exercice de leurs Charges, felon les Ordonnances & Reglements fur ce, faits & Arrêts intervenus, & fe referve de proceder contre les Contrevenans, par telles voyes qu'il appartiendra : FAIT en Parlement le trente Août mil fix cens huit, Collationné, *Signé* CHAMPION : Par la Chambre, *Signé* DUFRANC.

Arrêt du Parlement, qui ordonne qu'un procès criminel commencé d'inſtruire par prévention au Châtelet de Paris, ſera parachevé par le Lieutenant Criminel; & fait deffenſes aux Officiers de la Juſtice de S. Germain des-Prés, de proceder par information & decret contre les Commiſſaires du Châtelet exerçant leurs Offices & fonctions en dépendans.

28. Avril 1655.

LOUIS, PAR LA GRACE DE DIEU, Roy de France & de Navarre : Au premier des Huiſſiers de Notre Cour de Parlement, ou autres Huiſſiers ou Sergens ſur ce requis; Sçavoir faiſons, qu'ENTRE Melchior Dufreſne, Bailly de la Juſtice de Saint Germain-des-Prés, Matthieu de la Voye, Avocat en la Cour, Pierre Fleury, Commis à l'exercice du Greffe dudit Bailliage de Saint Germain, Appellans de toute la procédure extraordinaire contr'eux faite par les Commiſ-ſaires Gazon & Lebrun, & le Lieutenant Criminel au Châ-telet de Paris, decrets d'adjournement perſonnel & de priſe de corps contr'eux décernés, & Charles Aufroy, de l'em-priſonnement & détention de ſa perſonne & de tout ce qui s'en eſt enſuivi, & Demandeurs en Requeſte, à ce qu'ils ſoient reglés ſur l'entrepriſe prétenduë faite ſur leur Juriſdic-tion par leſdits Commiſſaires, Lieutenant Criminel du Châ-telet, & afin de deffenſes de mettre leſdits decrets à exécu-cution, & d'attenter à leurs perſonnes, d'une part; & Me. Charles Gazon, Commiſſaire-Examinateur au Châtelet de Paris, Intimé & Deffendeur d'autre, après que le Lieute-nant Criminel avec le Bailly de Saint Germain ont été oüis au Parquet, & vû les procès-verbaux & informations reſpective-ment faites par leſdits Gazon Commiſſaire & Bailly de Saint Germain, & ſont demeurés d'accord de l'appointement qui enſuit, & oüi ſur ce le Procureur Général du Roy : que NOTRE-DITE COUR ſur les appellations, a appointé les Parties au Con-ſeil, & pour y faire droit, ordonne qu'elle verra les infor-mations; & cependant, attendu la prévention, que le procès

encommencé à la Requête du Subſtitut du Procureur Général du Roy au Châtelet, de Marguerite Poirier, femme de
Claude Varin, ſur les informations faites par ledit Gazon
Commiſſaire, ſera parachevé d'inſtruire par ledit Lieutenant
Criminel juſqu'à Sentence définitive, incluſivement, ſauf l'e-
xécution s'il en eſt appellé, & deffenſes de paſſer outre en
la procédure encommencée contre les Appellans, & de mettre les decrets contr'eux décernés à exécution ; & ſera ledit
Aufroy élargi, mis hors des priſons, & deffenſes aux Officiers de la Juſtice de Saint Germain, de proceder par information, decrets ou autres, en leur Juſtice, contre les Commiſſaires du Châtelet exerçant leurs Offices & fonctions en
dépendant : MANDONS mettre le preſent Arrêt à dûë, pleine
& entiere exécution, ſelon ſa forme & teneur, de ce faire
te donnons plein & entier pouvoir. DONNE' en notredite-
Cour de Parlement le vingt-huitiéme jour du mois d'Avril,
l'an de grace mil ſix cens cinquante-cinq, & de notre regne
le douziéme. Collationné, *ſigné* LANGELE' : Par la Chambre, *ſigné* DUFRANC.

---

*Arrêt du Parlement, rendu à l'Audience de la Tournelle,
contre le Juge de Pantin, qui fait deffenſes audit Juge
& à tous autres, d'informer ni decreter contre les Commiſſaires du Châtelet faiſant leurs fonctions. (a)*

Extrait des Regiſtres de Parlement.

ENTRE Pierre Milache, ci-devant Marchand de Vin
à Paris, & Marie Cornet ſa femme Appellants de la
plainte, information, decret de priſe de corps contre eux,
décerné par le Juge de Pantin ; empriſonnement de leurs
perſonnes & de tout ce qui s'en eſt enſuivi d'une part ; &
Mre Jean Reverſé Conſeiller du Roy, Receveur des Bois
Eaux & Forêts de la Generalité de Paris, Intimé d'autre ; &

9. Août 1702.

(*a*) Le Plaidoyer de Monſieur | Journal des Audiences, ſera im-
l'Avocat Général inferé dans le | primé à la ſuite de cet Arrêt.

Qq iij

entre Me Jean Tourton Confeiller du Roy, Commiffaire Enquêteur & Examinateur au Châtelet de Paris, Appellant de la permiffion d'informer, information, décret d'affigné pour être ouï contre lui décerné par le Juge de Pantin, & de tout ce qui s'en eft enfuivi d'une part ; & lefd. Me Jean Reverfé Confeiller du Roy, Receveur des Bois & Eaux & Forêts de la Generalité de Paris, Intimée d'autre ; & entre led. Jean Reverfé Confeiller du Roy, Receveur des Bois de la maîtrife des Eaux & Forêts de Paris, Caiffier des Vivres de Flandre & d'Allemagne, Appellant des plaintes, permiffion d'informer, information, décrets, de prife de corps, & de toute la procedure extraordinaire contre lui faite par le Lieutenant Criminel du Châtelet, tant à la Requête defd. Pierre Milache & fa femme, à la Requête dud. Me Jean Tourton Commiffaire au Châtelet, qu'à la Requêtedu nommé Aubry Sergent au Châtelet de Paris, tant Comme de Juge Incompetant qu'autrement ; & encore led. Reverfé Appellant, tant comme de Juge incompetant, qu'autrement, de l'Ordonnance du Lieutenant Criminel du Châtelet, étant au bas d'une fimple Requête, en plainte du 27e. jour du mois de May 1702. partant décret, & que led. Reverfé feroit amené prifonnier fans information préalable, & fans conclufions du Subftitut du Procureur General d'une part, & Pierre Milache, & Marie Cornet fa femme ; & led. Me Jean Tourton Confeiller du Roy, Commiffaire au Châtelet, &

Aubry Sergent au Châtelet Intimés d'autre, & encore entre led. Me Jean Reverfé, Demandeur aux fins des Requêtes énoncées en l'Arrêt du 21e Juin 1702. A ce qu'attendu qu'il eft prouvé par le Procès-Verbal de Rofeau Huiffier de la Cour, en datte du 17e. dud. mois de Juin fuivant une heure après midi, poftérieurement aux Conclufions du Procureur General, que la Robbe & le Chapeau du Commiffaire Tourton n'ont point été mis au Greffe du Châtelet ; encore qu'il y fut obligé par l'Ordonnance du Lieutenant Criminel du Châtelet, qui l'a ainfi ordonné, & conformément à la difpofition de l'Ordonnance du mois d'Août 1670. Art. 2. du titre 4e. Il fut ordonné que Procès-Verbal feroit dreffé de l'état auquel fe trouvent à préfent le Chapeau & la Robbe dud. Torton, & par lui mife au Greffe de la Cour le 19. Juin 1702. depuis & poftérieurement au Procès-Verbal du 17ᵉ. dud. mois de Juin, fait par led. Rofeau & que led. Procès-Verbal feroit fait parties préfentes, ou dûëment appellées, & que par gens experts qui peuvent connoître & juger des effets des coups d'armes à feu & lefquels feront nommés d'Office par la Cour ; il feroit fait rapport de l'état auquel font à préfent ladite Robbe & le Chapeau, & qu'ils donneroient leur déclaration, à l'effet dequoi led. Commif-faire Tourton fera tenu de comparoir, & de fe mettre en la fituation & dans la pofture en laquelle il prétend qu'il étoit lors, & au temps qu'il fuppofe qu'il lui a été tiré un coup de piftolet, & que la balle de ce coup a percé le bord de fon Chapeau & fa Robbe, fans approbation n'y reconnoître lad. Robbe & Chapeau, ni que ladite Robbe & Chapeau foient percés d'une balle de piftolet, ayant été articulé dans ladite Requête, qu'il n'y a aucun trou dans ladite Robbe, mais feulement des marques de fa vetufté, & d'un accroc fait par hafard ou de deffein prémedité, & que le Chapeau n'a point été percé, mais déchiré au bord par fa vetufté d'une part; & led. Mᵉ Jean Tourton Commiffaire au Châtelet, led. Aubry, & lefd. Milache & fa femme, Intimés d'autre ; & encore entre ledit Mᵉ Jean Reverfé Demandeur aux fins de la Requête, par lui préfentée à la Cour le 14 Juillet 1702. dans laquelle il a articulé, que Mᵉ Jean Tourton Commiffaire au Châtelet, qui eft l'ami de Milache & fa femme, & leur Confeil ordinaire ; ainfi qu'il eft prouvé par une Information faite par ledit Commiffaire Tourton le 16 Juillet 1701, que Pierre Milache, Marie Cornet fa femme & leurs Complices, ont fait un vol confiderable aud. Reverfé avec effraction dans l'appartement qu'il a loüé dans la maifon du fieur Colbert de Courmay au Village de Pantin, le 31ᵉ. May 1702, que le Commiffaire Tourton, contre la difpofition de l'Ordonnance de 1670. art. 3ᵉ. tit. 3ᵉ. n'a point remis au Greffe Criminel du Châtelet, la Requête de plainte de Pierre Milache & de Marie Cornet fa femme, ni l'Ordonnance du Lieutenant Criminel étant au bas en datte du 27ᵉ. May 1702, & qu'il n'a point non plus annexé cette Requête & Ordonnance à la Minute du 26ᵉ. May, n'y à la minute du procès-verbal du 31 du dit mois de May, que ledit Commiſſaire Tourton a fait des énonciations contraires à la verité dans ſon procès-verbal, & en ce qu'il a ſuppoſé que Pierre Milache lui avoit mis ladite Requête & Ordonnance, une heure de relevée és mains en ſa maiſon à Paris ; encore qu'il ſoit prouvé que ledit Milache fut actuellement à Pantin, dès les ſix heures du matin, ſans en être ſorti, qu'environ les 6. heures du ſoir ; & qu'enfin il y avoit une Infinité d'autres impoſitions & énonciations contraires à la vérité, que ledit Commiſſaire Tourton qui avoit informé, & le Commiſſaire Poget avoient fait des Informations ſans avoir été commis préalablement par le Lieutenant Criminel ; enſorte que toute la procedure étant nulle & les Juges étant chargés par la diſpoſition de l'art. 8. du titre 14ᵉ. de l'Ordonnance de 1670. d'examiner avant le Jugement s'il y avoit des nullités, il eſperoit qu'étant dans une eſpece particuliere, parce qu'il y avoit beaucoup plus que des nullités, mais même du fait perſonnel ; il auroit conclu par la Requête dudit jour 14ᵉ. Juillet 1702. A ce qu'attendu qu'il a été fait des défenſes reſpectives aux parties de faire pourſuites aillieurs qu'en ladite Cour, qu'il lui plût permettre d'informer par addition des faits contenus aux plaintes par lui renduës ; & que où la Cour feroit difficulté de lui permettre d'informer par addition, à cauſe que leſdits Pierre Milache, Marie Cornet ſa femme, Mᵉ Jean Tourton Commiſſaire au Châtelet, & le nommé Aubry n'ont point demandé de permiſſion d'informer par addition de leur part ; il fut en tout cas ordonné auparavant faire droit aux Appellations reſpectives des Parties ; qu'il ſera informé à la Requête de Mʳ le Procureur General, pourſuites & diligences des Parties de tous les faits contenus és plaintes reſpectivement renduës par les Parties ; tant au Châtelet, pardevant le Commiſſaire Tourton les 16ᵉ. Juillet 1701. & 26. May 1702. qu'en la Juſtice de Pantin devant le Bailly dudit lieu par ledit Reverſé, pardevant tel de Mʳˢ qu'il plaira à la Cour nommer : & qu'à cet effet les témoins ouïs dans les Informations faites tant pardevant le Bailly de Pantin que pardevant le Commiſſaire Tourton le 16ᵉ. Juillet 1701. ledit Commiſſaire Tourton & les Commiſſaires Poget, & Daminois feront ouïs de nouveau, enſemble tous ces autres témoins qui feront aſſignés à charge, & à décharge pour

ge pour ce fait ladite information faite & rapportée être jointe aux Informations faites par le Bailly de Pantin , & par lefd.
Tourton & Daminois Commiffaires au Châtelet , pour être
pourvû ainfi que de raifon aux Parties en jugeant les Appellations à l'Audiance , fauf à Monfieur le Procureur General
à prendre telles Conclufions qu'il aviferoit bon être fur la fuppofition & contrarieté dans les faits effentiels contre les Officiers , contre lefquels il fe trouvera conviction defdites fup-
pofitions & contrarieté , fauf audit Reverfé à prendre telles
Conclufions qu'il avifera bon être ; & où ladite Cour trouveroit à propos de tirer les Parties d'affaire , fans s'arrêter à la
Requête d'intervention des Commiffaires du Châtelet dont ils
feront déboutés , en tant que touche l'appel interjetté par
Pierre Milache & fa femme , & par lefdits Tourton & autres
de la procedure extraordinaire faite pardevant le Bailly de
Pantin , mettre l'appellation au néant , ordonner que ce dont
eft appel fortira fon plein & entier effet , condamner les Appellants en l'amende de 12. liv. & aux dépens , & en ce qui
regarde les appellations interjetées par led. Reverfé de toute
la procedure extraordinaire contre lui faite pardevant le
Lieutenant Criminel du Châtelet de Paris , tant à la Requête defd. Milache & fa femme , qu'à la Requête du Commiffaire Tourton & du nommé Aubry Huiffier , mettre les appellations , & ce dont a été appellé au néant , émendant dé-
charger led. Reverfé des calomnieufes accufations contre lui
intentées ; les condamner folidairement en 6000 liv. d'interêts civils , & où la Cour trouveroit à propos de tirer lefdits
Milache & fa femme , Tourton & Aubry d'affaire , mettant
l'appellation aud. cas , & ce qui concerne la Procedure faite
à Pantin au néant , évoquant le principal & y faifant droit ,
les condamner folidairement à rendre & reftituer audit Reverfé les chofes volées ; fçavoir un diamant de valeur de plus
de cinq cens livres , une montre de plus 300. liv. & autres effets ; finon la fomme de 1500. liv. & en tous les dépens , fauf
& fans préjudice de fes autres droits d'une part ; & Pierre
Milache , & Marie Cornet fa femme , Me Jean Tourton
Commiffaire au Châtelet de Paris , &
Aubry Sergent au Châtelet , & les Commiffaires au Châtelet
de Paris Défendeurs , d'autre ; & encore entre les Commif-

R r

faires au Châtelet de Paris, Demandeurs aux fins de la Requête du 8e. Juillet 1702. A ce qu'il plût à la Cour les recevoir Parties intervenantes, en la cause d'entre les Parties cydessus mentionnées ; faisant droit sur leur intervention, en tant que touche l'appel interjetté par le Commissaire Tourton de la Procedure extraordinainaire, faite par le Juge de Pantin, mettre l'appellation, & ce dont a été appellé au néant, & en tant que touche l'appel interjetté par ledit Reversé & ses complices, mettre l'appellation au néant ; ordonner que ce dont est appel sortira son plein & entier effet, & en conséquence renvoyer les Parties au Châtelet pour être le procès fait & parfait audit Reversé & à ses complices, sur les procedures & décret de prise de corps contre eux décernés, jusqu'à Sentence diffinitive inclusivement, sauf l'appel en lad. Cour, & condamner ledit Reversé aux dépens d'une part ; & ledit Jean Reversé, Pierre Milache & Marie Cornet sa femme, ledit Me Jean Tourton Commissaire au Châtelet, &

Aubry Sergent au Châtelet Défendeur d'autre ; & encore entre les Commissaires du Châtelet de Paris Demandeurs en Requête du 18. Juillet 1702. signifiée le 20. dud. mois, à ce qu'ils fussent reçus Appellants de la plainte, permission d'information, décret d'ajournement personnel décerné par le Bailly de Pantin contre ledit Me Tourton Commissaire, & de tout ce qui s'en est ensuivi, leur permettre de faire intimer & de prendre à partie ledit Juge Subalterne pour voir dire qu'il lui sera enjoint d'observer les Arrêts & Reglements de ladite Cour, qui seront exécutés selon leur forme & teneur, les défenses y portées renouvellées sous plus grande peine, & à lui enjoint doresnavant d'être plus circonspect, & pour les contraventions dudit Juge le condamner aux dommages & interêts dudit Commissaire ; sauf à Monsieur le Procureur General à prendre contre ledit Juge telles autres conclusions qu'il avisera pour la Vindicte publique, & sous autres peines il plaira à Notre-dite-Cour, & en tous les dépens, & que l'Arrêt qui interviendra sera lû, publié, & affiché aux endroits necessaires, & accoûtumés d'une part, & Me Michel Benneyton Avocat en ladite Cour, Bailly au Baillage de Pantin Défendeur d'autre ; & encore entre Jacques Collebert de Courmay Bourgeois de Paris, Demandeur aux fins de la Requête par lui présentée à ladite.

Cour le 21. Juillet 1702. à ce qu'il fut reçû Partie intervenante en la caufe d'entre ledit Milache & fa femme , le Commiffaire Tourton, & l'Huiffier Aubry, & ledit Reverfé , faifant droit fur fon intervention , en ce qui touche la procedure extraordinaire faite à la Requête dudit Colebert de Courmay, devant le Bailly de Pantin, pour raifon du bris de fes portes , mettre l'appellation au néant ; ordonner que ce dont eft appel fortira effet , condamner les Appellans chacun en une amende de 12. liv. & aux dépens, & où lad. Cour voudroit tirer les parties d'affaire à l'Audience , mettre fur l'appel l'appellation & ce au néant , émendant évocquant le principal & y faifant droit ; faire défenfes aux accufés de commettre à l'avenir de telles violences fous peine de punition exemplaire ; les condamner folidairement & par corps au rétabliffement defdites portes, en 500. liv. de dommages & interêts & aux dépens, fauf à Monfieur le Procureur General à prendre telles conclufions qu'il aviferoit d'une part ; & Pierre Milache, & Marie Cornet fa femme , Maître Jean Tourton Commiffaire au Châtelet &

Aubry défendeurs, d'autre ; & entre Pierre Milache, & Marie Cornet fa femme, demandeurs en Requefte du vingt-un Juillet mil fept cens deux ; tendante à ce qu'attendu que l'accufation faite par ledit Reverfé devant le Juge de Pantin, ne forme qu'une recrimination de la procédure faite par lefdits Milache & fa femme au Châtelet pour s'en mettre à couvert, que ledit Juge de Pantin n'ayant pû ni dû informer ni décreter contr'eux en une accufation femblable, fous des prétextes malicieufement inventés entre ledit Juge & ledit Reverfé pour avoir occafion de favorifer le rapt & enlevement de leur fille , & encore la rebellion faite à l'Ordonnance du Lieutenant Criminel du Châtelet de Paris, ès perfonnes du Commiffaire & Huiffier, porteur & prépofés à l'exécution, moins encore décerner un décret de prife-de-Corps en contravention de l'Ordonance, en vertu duquel ledit Reverfé a fait emprifonner lefd. Milache & fa femme ignominieufement, où ils ont été retenus l'efpace de vingt-fept jours, à la faveur de quoi le Propriétaire de la maifon qu'ils occupoient, leur a fait vendre tous leurs meubles, enforte qu'eux & leur famille font fur le pavé , mettre l'appellation & la procédure extraordinaire du

Juge de Pantin au néant , émendant déclarer l'accusation dudit Reverſé injurieuſe & calomnieuſe , dont ils feront renvoyés abſous , avec trois mille livres de dommages & intereſts & dé- pens ; à l'effet de quoi l'écroüe fait de leurs perſonnes ès Pri- ſons dudit Pantin rayé , & ledit Reverſé ſolidairement en tous les dépens,& ſur l'appel interjetté par led.Reverſé de la procédu- re faite au Châtelet, s'agiſſant du crime de rapt , & enlevement d'une fille entre les mains d'un pere & d'une mere , & d'une rebellion ouverte faite à l'autorité de la Juſtice, mettre l'appel- lation au néant, renvoyer les Parties au Châtelet, pour être l'inſtruction commencée parachevée , & le Procès fait & par- fait juſqu'à Sentence diffinitive, & où ladite Cour jugera à propos d'évoquer le principal, déboutant ledit Reverſé de ſa demande , le condamner par Corps de repreſenter la fille des demandeurs pour être miſe en un Convent à ſes frais, pour rai- ſon de quoi il ſera condamné à faire le fonds dans la quinzaine d'après l'Arrêt qui interviendra, ſinon qu'il y ſera pourvû d'Of- fice par ladite Cour, pour y reſter ladite fille le reſte de ſes jours ou tel autre temps qu'il plaira à ladite Cour ; condam- ner ledit Reverſé, & ledit de Courſmay ſolidairement à rendre les meubles , Hardes & Joyaux de leur fille par elle empor- tés & transferés de la maiſon des demandeurs en celle dudit Reverſé au lieu de Pantin, en vingt mille livres de domma- ges & intereſts, & en tous les dépens , ſauf à Monſieur le Pro- cureur Général à prendre telles concluſions qu'il aviſera, d'une part ; & Jean Reverſé , ledit Jacques Colbert de Courſmay défendeurs, d'autre ; & encore entre ledit Me. Michel Beney- ton Avocat en ladite Cour, Bailly du Bailliage de Pantin, demandeur en Requête du troiſiéme Aouſt mil ſept cens deux, à ce qu'il plaiſe à ladite Cour déclarer les Commiſſaires du Châtelet non-recevables en leur priſe à partie, & les con- damner pour la contravention par eux faite au Reglement de l'année mil ſix cens quatre-vingt-dix-neuf, en telles amendes & en tels dommages & intereſts qu'il plaira à ladite Cour arbi- trer, les débouter des autres fins & concluſions par eux priſes contre ledit demandeur , & les condamner en tous les dépens d'une part ; & les Commiſſaires du Châtelet de Paris d'autre ; & entre Pierre Milache & Marie Cornet ſa femme , deman- deurs aux fins de ſa Requeſte par eux préſentée à ladite Cour

le vingt septiéme Juillet mil sept cens deux, à ce que où ladite
Cour seroit difficulté de mettre sur l'appel interjetté par ledit
Reversé, l'appellation au néant, il leur soit permis d'informer
par addition de ce que Madelaine Milache est actuellement en
la possession dudit Reversé, & qu'elle y a toujours été depuis
le 31.Mai 1702. qu'il l'a ramena de Pantin à Paris, que vers
la fin du mois de Juin dernier il l'aconduite au Convent de la
Madelaine ruë de Charonne accompagnée de la nommée
Fayolle, de la tante de ladite Fayolle laquelle est fruitiere au
Fauxbourg Saint Antoine, & d'un Particulier se disant oncle
de ladite Milache, laquelle prit le nom de la Dame de Bre-
tigniere, qui a dit n'avoir ni pere ni mere, qu'elle y a demeuré
pendant trois jours seulement, pendant lesquels ledit Reversé
& la nommée Fayolle ont été la voir tous les jours; qu'au
bout des trois jours les Religieuses dudit Convent ayant eû
avis qu'elle ne portoit point le nom de la Bertiniere, lui ayant
fait reproche de sa supposition, la mirent hors du Convent,
& la rendirent à la tante de la nommée Fayolle, laquelle tante
demeure au Faubourg Saint Antoine assez proche dudit Convent, qui la fit ramener en la maison des demandeurs pendant
qu'ils étoient en Prison par deux personnes qui se sont dites Notaires, lesquelles ont forcé leur fille aînée de signer un papier
qu'ils lui ont présenté, & laquelle a rendu plainte, que lesdites
deux Particuliers étant sortis de ladite maison, ladite Madelaine
Milache les suivit, & qu'enfin depuis ledit jour ledit Reversé
continue de l'avoir en sa possession, de quoi lesd. demandeurs
ont rendu de nouvelles plaintes, pour l'information faite &
rapportée & communiquée à Monsieur le Procureur Général
du Roi, être ordonné ce que de raison d'une part; & ledit
Jean Reversé Conseiller du Roi, Receveur des Bois & Eaux &
Forêts, deffendeur d'autre; & entre ledit Jean Reversé Conseiller du Roi, demandeur en Requeste du trois Aoust mil sept
cens deux, à ce qu'en lui adjugeant ses conclusions, main levée lui soit faite de la saisie & annotation de ses biens, & en
conséquence ses Fermiers & debiteurs tenus de le payer avec
dépens, dommages & interests, d'une part; & Pierre Milache
& Marie Cornet sa femme, & Me. Jean Tourton Commissaire
au Châtelet, &   Aubry Sergent au Châtelet, deffendeur d'autre; sans que les qualités puissent nuire ni préjudicier

R r iij

aux Parties, après que Thevart Avocat pour Milache & sa femme, Gondoüin Avocat pour le Commissaire Tourton, & Aubry, Tartarin Avocat pour Reversé, Nivel Avocat pour la Communauté des Commissaires, Beneyton Avocat en son nom pour ce dispensé, & Guillerin Avocat pour Colebert ont été oüis, ensemble Joly pour le Procureur Général du Roi, qui a fait recit des informations respectives, LADITE COUR reçoit les Parties de Nivelle Parties intervenantes, ayant aucunement égard à leur intervention, fait deffenses au Juge de Pantin, & tous autres Juges subalternes d'informer & décreter contre les Commissaires du Châtelet faisant les fonctions de leurs Charges, & sur le surplus de la Requeste des Parties de Nivelle, ensemble sur la Requeste de Beneyton contre les Parties de Nivelle, met les Parties hors de Cour & de Procès, tous dépens à cet égard compensés ; reçoit pareillement les Parties de Guillerin Parties intervenantes, faisant droit sur l'intervention, ensemble sur les appellations respectivement interjettées, met lesdites appellations, & ce dont a été appellé au néant, émendant déclare le transport de la Partie de Gondouin au lieu de Pantin, le Procès-verbal dudit transport, ensemble de la rebellion, & instructions par lui faites en conséquence à la requête des Parties de Thevart, & les informations & autres procédures faites par le Juge de Pantin, & informations faites par le Commissaire Poget, à la requête de la Partie de Gondouin, nulles, ce faisant renvoye le Procès-verbal de plainte au Lieutenant Criminel du Châtelet, par ladite Partie de Gondouin, & toutes les autres plaintes des Parties de Tartarin, Guillerin & Thevart, pardevant le Bailly du Palais, renvoye pareillement les Requestes de la Partie de Thevart, afin de permission d'informer, pour y être fait droit, pardevant le Bailly, pour être à la Requeste du Substitut du Procureur Général du Roi, poursuitte & diligence de toutes les Parties, le Procès fait & parfait à ceux qui se trouveront accusés, jusqu'à Sentence diffinitive inclusivement, sauf l'exécution s'il en est appellé, pourront les témoins ouis esdites informations être entendus de nouveau pardevant ledit Bailly, fors la nommée Milache, à cette fin toutes lesdites informations & autres procédures portées au Greffe dud. Bailliage, pour y servir de memoires seulement, tous dommages interêts & dépens à cet égard réser-

vés. Fait en Parlement le neuf Aouſt mil ſept cens deux, *Signé*
Mirey: collationné, *Signé* Foenard.

Extrait du Journal des Audiences (a) *contenant le plaidoyer de*
Monſieur l'Avocat Général dans la Cauſe jugée par l'Arrêt du
Parlement du 9. Août 1702. qui fait deffenſes au Juge de Pantin
& à tous autres Juges ſubalternes, d'informer ni decreter contre
les Commiſſaires du Châtelet faiſant les fonctions de leurs Charges.

L E *Mercredy neuf Aouſt mil ſept cens deux, en la Tournelle, Monſieur*
le Préſident de Novion prononçant, & ſur les concluſions de M. l'Avocat
Général, Joſeph Omer Joly de Fleury, eſt intervenu Arrêt qui fait deffenſes
au Juge de Pantin, & à tous autres Juges ſubalternes d'informer & decreter
contre les Commiſſaires du Châtelet, faiſant les fonctions de leurs Charges.
Plaidant *Maître Tartarin pour Reverſé.*
Maitre *Nivelle pour les Commiſſaires du Châtelet.*
Maitre *Gondouin pour le Commiſſaire Tourton.*
Et Maitre *Thevart pour Milache.*
Monſieur l'Avocat Général a dit,
Que l'interêt des Parties que la Cour venoit d'entendre, les differens
Crimes qu'iis ſe reprochoient, la vengeance qu'ils lui demandoient de
tous les outrages auſquels ils prétendoient avoir été expoſés, rendoit
cette cauſe importante.
Qu'un Pere ſe plaignoit du rapt commis dans laperſonne de ſa fille mineu-
re; qu'il accuſoit le Raviſſeur d'avoir intenté contre lui une action criminelle
ſans fondement legitime, & de l'avoir expoſé aux rigeurs d'un empriſonnement
injurieux, pour ſe garantir de la ſéverité des peines que meritoit ſon crime.
Qu'un Commiſſaire du Châtelet qui prétendoit avoir été troublé dans
ſes fonctions, imploroit l'autorité de la Cour, pour venger une inſulte
faite à la Juſtice même, en la perſonne de ſon Miniſtre.
Que tous les Commiſſaires du Châtelet ſe joignoient à lui, & ſoute-
noient qu'un Juge de Seigneur n'avoit pû informer contre un Officier
de leur Corps, & qu'ils demandoient la même protection que la Cour
avoit accordée en pareilles occaſions à leurs prédeceſſeurs.
Que l'Accuſé ne ſe deffendoit des Crimes qu'on lui attribuoit, que
par les nullités de la procédure qui avoit été faite, qu'il accuſoit le Commiſſaire de prévarication dans ſa conduite, qu'il ſoutenoit que ſon Procès-verbal
étoit rempli de ſuppoſitions, & que pour en établir la fauſſeté il ſe ſervoit
principalement de la procédure qui avoit été faite ſur la Requeſte du Commiſſaire.
Mais que ſi les differens intereſts qui agitoient les Parties, les redui-
ſoient à la triſte neceſſité de ne pouvoir aſſurer leur innocence, qu'en im-
putant des crimes à ceux qui les accuſoient, le miniſtere public étoit obligé

(a) Tom. 5. Edition de 1736. page 286.

de regarder cette cauſe par des conſiderations bien differentes, que comme quelque évenement qu'elle puiſſe avoir, il ſemble s'y trouver toujours des crimes à approfondir, & des coupables à punir, le ſoin de la vengeance publique devoit augmenter ſon zele, & redoubler ſon attention.

Qᴜᴇ dans le fait; le nommé Milache, étoit un Marchand de Vin de cette Ville de Paris, qu'il ne croyoit pas qu'il fut neceſſaire pour la déciſion de la cauſe d'entrer dans le détail de ſon origine.

Qᴜ'ɪʟ paroiſſoit que Milache & Reverſé avoient été enſemble en aſſez bonne intelligence, qu'il étoit encore inutile d'en pénetrer les motifs.

Qᴜᴇ d'un côté Milache étoit debiteur de Reverſé d'une ſomme de huit cens livres par un billet échu le dix Decembre mil ſept cens.

Qᴜᴇ d'un autre côté Milache s'étoit rendu caution de Reverſé, lorſqu'il avoit été reçu en la Charge de Receveur des amendes des Eaux & Forêts de Paris.

Qᴜᴇ l'union qui étoit entre Milache & Reverſé avoit cauſé apparament quelque familiarité entre Reverſé & la fille aînée de Milache.

Qᴜᴇ cette familiarité avoit excité les chagrins de la femme de Reverſé, elle n'avoit pû s'empêcher de s'en plaindre publiquement ; dans ſes plaintes elle avoit dit ouvertement que ſon mari avoit un mauvais commerce avec Madelaine Milache, que ſes pere & mere le ſçavoient, & l'approuvoient.

Qᴜᴇ Milache & ſa femme avoient rendu plainte de ce fait au Commiſſaire Tourton au mois de Juillet mil ſept cens un, ſur la plainte, information, décret contre la femme de Reverſé ; enfin Sentence qui la condamne de donner un acte, par lequel elle reconnoiſſe Milache & ſa femme pour gens d'honneur.

Qᴜᴇ la ſuite avoit juſtifié néanmoins que les plaintes de la femme Reverſé n'étoient pas ſans fondement, Milache lui-même avoit été obligé de convenir du commerce de ſa fille avec Reverſé ; ſoit que Milache ait voulu l'empêcher, ſoit qu'il y ait eû d'autres raiſons, leur intelligence avoit ceſſé.

QᴜᴏɪQᴜᴇ le vingt-neuf Avril, Milache eût été caution de Reverſé, le vingt-ſix Mai Milache a rendu plainte au Commiſſaire Tourton contre Reverſé ; il a expoſé qu'il s'eſt introduit chez lui, a ſéduit ſa fille, l'a obligée de ſe mettre chez une coëffeuſe ; il la menée à Pantin où elle a été pendant quelque tems, ſa femme l'ayant appris, a été à Pantin trois ou quatre fois de ſuite, la miſe chez la veuve Sellier, depuis la miſe à Pantin, depuis ſix jours lui a enlevé des meubles, s'eſt plainte & s'eſt pourvuë devant le Lieutenant Criminel, & a eû acte de ſa plainte.

Mɪʟᴀᴄʜᴇ a donné ſa Requeſte au Lieutenant Criminel le vingt-ſept Mai, où il accuſe Reverſé d'avoir débauché ſa fille, de l'avoir conduite à Pantin ; que depuis il l'entretient à Paris, & qu'elle a volé ſes pere & mere ; il a demandé permiſſion de faire informer de ces faits pardevant le Commiſſaire Tourton, & cependant qu'il lui fut permis de reprendre ſa fille, de ſaiſir ſes meubles, & en cas que Reverſé ſe trouve avec elle, qu'il ſera amené ſous bonne garde en l'Hôtel du Lieutenant Criminel.

Que

Que le Lieutenant Criminel a permis d'informer, même d'arrêter Reverſé aux riſques de Milache, attendu le peril d'évaſion, & de reprendre Madelaine Milache par tout où elle ſera, pour être menée en maiſon Religieuſe, permis de revendiquer les meubles, & ſur la revendication d'aſſigner en ſon Hôtel.

Que pendant cette procédure, Reverſé a obtenu une Sentence qui condamne Milache par corps à lui payer huit cens livres par un billet échu au mois de Décembre mil ſept cens.

Que Milache en conſéquence de l'Ordonnance du Lieutenant Criminel prétendoit avoir requis le Commiſſaire Tourton de ſe tranſporter à Pantin pour y arrêter ſa fille le trente-un Mai.

Que comme il falloit examiner les ſuppoſitions qu'on impute à ce Commiſſaire, il falloit rendre compte à la Cour de ſon Procès-verbal.

Qu'il paroiſſoit que le trente un Mai, Milache étoit venu chez le Commiſſaire à une heure après midi, lui avoit expoſé l'Ordonnance du Lieutenant Criminel, l'avoit requis de ſe tranſporter à Pantin avec l'Huiſſier Aubry, lui avoit remis l'Ordonnance, & avoit ſigné, que là-deſſus il s'étoit tranſporté avec Milache, & l'Huiſſier à Pantin, & y avoit trouvé la fille de Milache; elle ne voulant point venir, & ayant appris qu'on avoit envoyé avertir Reverſé, il a entendu crier qu'il étoit venu, qu'il avoit juré contre le Commiſſaire, qu'il avoit deux piſtolets que le valet avoit tiré, s'en étoit enfui, & au bas de ſon Procès-verbal; il y a une permiſſion d'informer à la Requeſte du Commiſſaire Tourton.

Le premier Juin, information pardevant le Commiſſaire Poget qui avoit entendu deux témoins, ſçavoir le Cocher & le fils du maître du Caroſſe.

Ordonnance de permiſſion de continuer l'information, cependant Reverſé & ſon laquais pris au Corps, & permis au pere de reprendre ſa fille.

Que le huit Juin Milache avoit rendu plainte de ſa part, & il lui étoit permis d'informer même d'un nouvel enlevement pardevant le Commiſſaire Daminois qui avoit entendu neuf témoins, ſur quoi étoit intervenu une Ordonnance qui avoit joint la précedente information, avoit décreté de priſe-de-Corps contre Reverſé & ſon Laquais, & d'ajournement perſonnel contre la Fayolle & Bellard.

Que le Commiſſaire Tourton avoit fait informer par addition le neuf Juin, & avoit fait entendre à Paris la femme de Milache, & à Pantin, où le Commiſſaire Poget s'étoit tranſporté, de l'Ordonnance du Lieutenant Criminel, huit autres témoins avoient été entendus, & cette information avoit été jointe à la précédente avec décret de priſe-de-Corps contre la Fayolle.

Qu'en cet état Reverſé s'étoit pourvû à Pantin contre des quidans qui avoient rompu ſa porte & enlevé ſes meubles, dont s'étant plaint à la femme de Milache, elle avoit dit que c'étoit ſon mary.

D'abord, & dès le trente-un Mai, Belard avoit rendu cette plainte pour Reverſé, & le premier Juin elle avoit été dépoſée au Greffe, mais

S ſ

le neuf Juin Reverſé l'avoit réiterée contre Milache, Tourton & autres , & ſur une permiſſion d'informer , il avoit fait entendre onze témoins & obtenu un decret de priſe-de-Corps contre Milache & ſa femme, & adjournement perſonnel contre Tourton : ſoit diſant Commiſſaire, & le même jour procès-verbal des portes briſées.

Q U E Milache & ſa femme pris priſonniers avoient été conduits à Pantin, & avoient refuſé de répondree, ſur quoi Jugement qui avoit ordonné le recollement & la confrontation, & le recollement avoit été fait le 12.Juin.

Q U E le treize , Magdelaine Milache avoit requis deux Notaires de la conduire chez ſon pere, qu'ils y avoient été avec elle, n'avoient trouvé que la fille cadette, le pere & la mere étant priſonniers, elle avoit dit qu'elle y retourneroit, ils lui en avoient donné acte , & l'avoient laiſſée là.

Q U E le treize Juin, Reverſé avoit obtenu un Arrêt qui l'avoit reçû appellant de la procédure du Châtelet, & avoit fait ordonner que les informations feroient apportées.

Q u' E N cet état, les Parties avoient preſenté differentes Requêtes à la Cour.

Q U E Milache & ſa femme ont demandé d'être reçûs appellans de la procédure de Pantin , & ont demandé leur liberté.

Q U E Tourton a demandé d'être reçû appellant de la procédure de Pantin , deffenſes de mettre à exécution le decret d'aſſigné pour être oüi , & qu'il ſoit ordonné que le procès commencé contre Reverſé au Châtelet, ſera continué.

Q U E Reverſé a demandé d'être reçû appellant des procédures du Châtelet, avec deffenſes, & d'être reçû appellant de la Sentence du vingt-ſept May.

S U R Q U O I Arrêt du vingt-un Juin qui les reçoit appellans,' fait deffenſes reſpectives de paſſer outre, de mettre les decrets à exécution, d'attenter aux perſonnes & biens des ſupplians ; & il eſt ordonné que Milache & ſa femme feront mis hors des priſons, à la charge par toutes les parties, d'être preſens à l'Audience lors de la plaidoirie.

Q U E depuis cet Arrêt, Milache ayant été expoſé aux pourſuites de ſes Créanciers, il y avoit eu contre lui pluſieurs recommandations ; enſorte qu'il avoit été transferé en la Conciergerie le neuf Jutllet, & ſes meubles ſaiſis avoient été vendus le quinze à la ſomme de quatre cens dix-neuf livres.

Q U E depuis, Reverſé avoit preſenté Requête, & demandé avant faire droit, qu'il fût informé à la Requête de Monſieur le Procureur Général, que tous les témoins fuſſent repetés, la procédure de Pantin confirmée, celle du Châtelet infirmée, les Commiſſaires déboutés de leur intervention, ou du moins d'évoquer celle de Pantin, & de condamner Milache à la reſtitution de ce qu'il avoit pris.

Q U E Milache a donné ſa Requête, à ce qu'en infirmant la procédure de Pantin, que Reverſé ſoit condamné à lui rendre ſa fille,

& qu'elle foit mife dans un Convent ; & où la Cour en feroit difficulté , qu'il lui fût permis de faire informer que Reverfé avoit fa
fille en fes mains , & qu'il l'avoit menée à la Madelaine chez lui.

QUE les Commiffaires demandent que fur l'appel de Reverfé, la
Cour mette l'appellation au néant ; que le Juge de Pantin foit declaré bien pris à partie , & qu'il lui foit fait deffenfes de decreter
contre les Commiffaires.

QU'EN cet état , la Caufe renferme plufieurs queftions.

QU'IL y a d'abord l'intervention des Commiffaires , enfuite les
accufations refpectives.

CES accufations font de trois fortes.

CELLE du Commiffaire, qui fe plaint qu'on lui a fait rebellion
& qu'on a voulu l'affaffiner.

CELLE de Milache, qui fe plaint de la rebellion faite aux ordonnances qu'il avoit obtenuës , & du rapt de fa fille.

REVERSE' fe plaint qu'il a été volé.

LES Commiffaires concluent fur leur intervention , à ce que la
procédure de Pantin foit declarée nulle , le Juge bien pris à partie ;
deffenfes à lui de decreter contre les Commiffaires , & celle du Châtelet fuivie.

MONSIEUR l'Avocat Général a ajoûté , qu'en général on ne peut
trop confiderer le Corps des des Commiffaires ; ils participent au miniftere de la Juftice ; ils donnent leurs foins à la Police & à la fûreté
publique, ils font pour ainfi dire , les maîtres du fort des hommes ;
quoiqu'ils ne jugent pas , ils font chargés de l'information , qui eft la
bafe & le fondement du Procès Criminel.

QUE fi en général ils font fi dignes de faveur , combien ceux
d'entr'eux qui s'acquittent avec honneur de leur employ , meritent-ils
d'être confiderés ? Attachez fans relâche à leurs fonctions , ils les
rempliffent avec exactitude , elles font prefque toutes infructueufes ,
& ils ne retirent fouvent de leurs peines , que la fatisfaction d'avoir
fervi le public.

MAIS cet honneur, ce miniftere qui leur eft confié , combien
requiert-il de qualités ? Plus il eft important , plus ceux qui s'en trouvent chargés doivent-ils être purs ? Et comme ils font les maîtres
du fort des Citoyens, quels defordres ne s'enfuivroient-ils pas , s'ils
n'étoient irréprochables.

QU'AINSI ils doivent efperer tout , quand ils s'acquittent de
leur devoir.

MAIS s'ils s'écartent de la regle , l'affection qu'on doit avoir pour
ceux qui font chargés de leurs fonctions , doit diminuer ; l'interêt
public exige qu'on ne fouffre pas que les fujets du Roy foient expofés aux caprices d'un Officier de Juftice mal intentionné , il faut dif-
tinguer le Corps du particulier qui a failly.

S s ij

QU'APRE'S ces reflexions il falloit voir l'interêt de leur Compagnie.

QUE leur appel les rendoit Parties, qu'il falloit le joindre à celui de leur Confrere.

QU'A l'égard de la prise-à-partie, il n'y avoit point d'Arrêt qui l'ait permise, ni de moyens pour la soûtenir.

LES deffenses que les Commissaires demandent sont justes, elles sont fondées sur le caractere de la Jurisdiction Royale dont ils remplissent les fonctions; il est vrai que Pantin ne releve pas au Châtelet, mais il n'importe, tout Juge Royal doit être respecté par les Juges de Seigneurs, on doit rendre ce respect à sa dignité.

QUE la Cour ne souffre pas que les Juges se fassent justice, quand ils ont pour leur interêt procedé par condamnation d'amende, ils ont toûjours été blâmés.

QUE suivant l'ordre des appellations, il y a celle de la procédure de Pantin, qui est une procédure nulle, sa date fait voir que c'est une récrimination, & une suitte de celle du Châtelet, qu'ainsi celle du Châtelet est la principalle; c'est celle qu'il faut examiner: or il y en a de deux sortes, celle du Commissaire, & celle de Milache.

QUE celle du Commissaire a pour fondement un procès-verbal, mais on l'attaque par la voye de la fausseté, & par l'information il paroît que le pere de Madelaine Milache ne l'a pas requis.

QUE dans toutes ces circonstances, il estimoit qu'il y avoit lieu de recevoir les Commissaires Parties intervenantes; & ayant égard à leur intervention, faire deffenses au Juge de Pantin & à tous autres, de decreter contre les Commissaires en fonction; & sur les appellations, mettre les appellations & ce dont est appel, au néant, émandant declarer toutes les procédures nulles, & renvoyer les Parties sur toutes les plaintes pardevant le Bailly du Palais, pour y être procedé à la Requête du Procureur du Roy.

C'EST *sur ces motifs qu'est intervenu l'Arrêt susdaté conforme aux Conclusions.*

LA *même chose a encore été jugée par un ancien Arrêt qui a été imprimé.* (a)

PAR *plusieurs autres Arrêts, on a condamné à peines afflictives ceux qui ont fait rébellion à des Commissaires.*

(a) L'Auteur du Journal a eu en vûë quelqu'un des Arrêts précédens.

*Arrêt du Parlement, qui déclare nulle une procédure extra-
ordinaire faite par les Officiers de la Justice Seigneuriale de Vitry-sur-Seine, contre le Commissaire Grimperel, à l'occasion d'un scellé mis par ledit Commissaire
par prévention sur les Officiers de ladite Justice, en ce
qui en est situé dans la Banlieuë.*

LOUIS, PAT LA GRACE DE DIEU, Roi de France
& de Navarre : Au premier Huissier de Notre Cour de
Parlement, ou autres sur ce requis; Sçavoir faisons, qu'EN-
TRE Jacques Robin, Ecuyer, Seigneur de la Peschellerie,
notre Conseiller-Secretaire, Maison-Couronne de France, &
de nos Finances, Seigneur Châtelain, Haut-Justicier de Vitry-sur-Seine, Demandeur, suivant les Requête & Exploit
des trois Janvier mil sept cens trente-six, à ce qu'il lui fût
permis de faire assigner en notredite Cour, M^e. Grimperel
Commissaire au Châtelet, pour voir dire qu'il seroit maintenu
dans le droit & la possession dans laquelle il est en sa qualité de Seigneur Haut-Justicier de Vitry-sur-Seine, de faire
apposer par les Officiers de sa Haute-Justice, les scellés sur
les meubles & effets de toutes personnes décédées dans l'é-
tenduë de sa Justice, de les lever, & faire proceder par eux
aux Inventaires d'iceux; qu'il seroit fait deffenses audit M^e.
Grimperel, de troubler les Officiers du Demandeur dans
leursdites fonctions; & pour l'avoir fait par l'apposition &
levée des scellés sur les effets de deffunt M^e. Jacques Chedot Curé de la Paroisse de Saint Gervais, il fût condamné
à restituer les émolumens par lui pris, que l'Arrêt qui interviendroit sur ladite demande, seroit déclaré commun avec
M^e. Copineau, d'une part; & M^e. Michel Martin Grimperel Commissaire au Châtelet, & M^e. Copineau Procureur en
notredite Cour, en son nom & comme Exécuteur des testa-
mens & codicile dudit deffunt Chedot, Deffendeurs d'autre;
& encore entre ledit Robin de la Peschellerie, Demandeur
en Requête du huit Mai dernier, à ce que acte lui fût donné

18. Août 1735.

de la déclaration faite par M^e. Grimperel par ses deffenses du quatorze Mars précédent, qu'il a agi en conséquence du droit de prévention que la Jurisdiction du Châtelet a sur les Juges des Seigneurs dans la Banlieuë de Paris, qui s'étend jusqu'à Vitry-sur-Seine ; ce faisant, attendu que la maison presbyterale du Curé de Saint Gervais de Vitry, où est décédé le sieur Chedot, & où M^e. Grimperel a apposé le scellé dont il s'agit, est située hors des limites de la Banlieuë, adjuger au Demandeur les fins & conclusions de sa demande ; & où notredite Cour y feroit difficulté sous pretexte que ce fait n'est pas prouvé, acte lui fût donné de ce qu'il articule & met en fait que le Presbytere de Saint Gervais est situé au-delà des limites de la Banlieuë de Paris, en cas de dény de ces faits, il lui fût permis d'en faire preuve, tant par titres que par témoins, danstel tems & devant tel de Messieurs qu'il plairoit à notredite Cour, sauf à M^e. Grimperel à faire dans le même délay la preuve contraire si bon lui sembloit, pour l'enquête faite & rapportée, être ordonné ce que de raison, d'une part, & M^e. Grimperel Deffendeur d'autre ; & entre ledit M^e. Copineau Demandeur en trois Requêtes, des quatre May, quatre Juin derniers, & sept Août présent mois ; la premiere, à ce qu'à son égard les Parties fussent mises hors de Cour sur la demande dudit sieur de la Peschellerie ; la seconde, à ce que ledit sieur de la Peschellerie fût déclaré non-recevable dans sadite demande, & que deffenses lui fussent faites, & aux Officiers de sa Justice, de plus faire à l'avenir de rébellion à Justice, ni empêcher par aucune voye de fait ni résistance, l'exécution des Arrêts ; & la troisiéme, à ce que attendu la rébellion & scandale des Officiers de Vitry, pour avoir tenu en charte privée l'Huissier chargé de l'Arrêt de notredite Cour du vingt-un Janvier dernier, suivant qu'il est justifié par le procès-verbal dudit M^e. Grimperel, ledit sieur de la Peschellerie fût condamné aux dommages, interêts envers les héritiers dudit sieur Chedot, sauf à notre Procureur Général à prendre telles conclusions, & contre qui il avisera, d'une part ; & ledit sieur Robin de la Peschellerie, Deffendeur d'autre ; après que Benoistmont Avocat de Jacques Robin de la Peschellerie, de Laverdy Advocat de Grimperel, & Pecouleau Avocat de Maître Co-

pineau, ont été oüis, enfemble Dagueffeau pour notre Procureur Général : NOTREDITE COUR, fur les conteftations d'entre les Parties de Benoiftmont & Pecouleau, met
les Parties hors de Cour, dépens compenfés entre lefdites
Parties, que la Partie de Pecouleau pourra employer en frais
d'exécution teftamentaire, a déclaré nulle la procédure extraordinaire faite à la Requête des Officiers de la Partie de
Benoiftmont, contre la Partie de Laverdy, leur fait deffenfes de plus à l'avenir faire pareille procédure, condamne la
Partie de Benoiftmont aux dépens à cet égard envers la Partie de Laverdy, fauf à la Partie de Pecouleau à fe pourvoir
fur fon appel de ladite procédure extraordinaire, ainfi qu'il
avifera, deffenfes au contraire ; & avant faire droit au principal, donne acte à la Partie de Benoiftmont, de ce qu'il
articule & met en fait que la maifon presbyterale où eft décédé le nommé Chedot, eft hors de la Banlieuë de Paris,
donne pareillement acte à la Partie de Laverdy, de ce qu'il
articule au contraire que ladite maifon eft dans la Banlieuë
de Paris ; en conféquence, permet auxdites Parties de Benoiftmont & Laverdy, de faire preuves refpectives de leurs
faits dans fix mois, tant par titres que par témoins, pardevant M^e. Aymé Jean-Jacques Severt, Confeiller, leur permet auffi de fe faire délivrer tous actes & extraits qui pourront leur fervir, tant au Greffe du Châtelet, qu'au Bureau
de l'Hôtel de Ville & autres endroits, pour lefdites enquêtes faites & rapportées, être par notredite Cour ordonné ce
que de raifon, dépens refervés : Te mandons, &c. DONNE'
en Parlement le dix-huit Août, l'an de grace mil fept cens
trente-fix, & de notre regne le vingt-uniéme. Collationné,
figné AUBERTIN : par la Chambre, *figné* DUFRANC.

SUPPLEMENT

A la Troisiéme Partie de ce Recueil, concernant la Prévention en Matiere de Scellé.

Arrêts du Parlement, qui accordent la Prévention en Matiere de Scellé aux Commiffaires du Châtelet, contre les Officiers de la Juftice du Chapitre de l'Eglife de Saint Mery, dans un cas où ces Officiers avoient mis les premiers leurs Scellés à la Requête de leur Procureur-Fifcal, au préjudice des Ordonnances & Reglemens.

Et qui confervent aux Commiffaires du Châtelet, leurs fonctions ordinaires en Matiere de Scellé, dans un cas où la Cour avoit ordonné que les Scellés de l'un defdits Commiffaires, feroient levés en préfence du Confeiller-Rapporteur defdits Arrêts.

22. Decembre
16,0.

LOUIS, PAR LA GRACE DE DIEU, Roi de France & de Navarre : Au premier des Huiffiers de notre Cour de Parlement, ou autre Huiffier ou Sergent fur ce requis ; Sçavoir faifons, que VEU par notredite Cour la Requête préfentée par David & Vrain, Baudouin, contenant qu'ils font enfans de deffunts Etienne Baudouin, & Perrette Franger, leur pere & mere, laquelle Franger étoit fœur de deffunt Maître Marin Franger, vivant Prieur de Saint Mandé, & Chanoine en l'Eglife de Saint Méderic, comme étans lefdites Perrette & Marin Franger, enfans de deffunt Jean Franger & Jacquette Vinon, leur pere & mere, à raifon de quoi les Supplians font feuls & légitimes héritiers dudit deffunt Maître Marin Franger leur oncle, & ont feuls interêt en fa fucceffion depuis peu de tems échûë ; néanmoins les Chanoines dudit Saint Méderic quoiqu'ils n'ayent aucun droit en

ladite

ladite fucceffion, ont de leur authorité privée, contre les Arrêts & Reglemens de notredite Cour, à la Requête de leur Procureur-Fifcal, fait proceder par faifie & fcellé en la maifon où eft décédé ledit Franger, pour confommer en frais les Supplians & les fruftrer de ladite Succeffion. A CES CAU-SES, requeroient être reçus Appellans de l'appofition du fcellé faitte par le Procureur-Fifcal defdits Chanoines, & de tout ce qui s'en eft enfuivi, être tenus pour bien relevés ; ordonner que fur lefdites appellations les Parties auront audience au premier jour ; cependant fans préjudice du droit des Parties, pour éviter au dépériffement defdits biens, ordonner que pardevant l'un des Confeillers de notredite Cour, il fera procedé à la levée du fcellé appofé fur les biens dudit deffunt Franger à la requête dudit Procureur - Fifcal, tant en pré-fence, qu'abfence, & procedé à la confection de l'Inven-taire par deux Notaires au Châtelet nommés d'office ; & ce qui fera ordonné par ledit Confeiller, exécuté, nonobftant oppofitions ou appellations quelconques, & fans préjudice d'icelles : VEU auffi le Procès-verbal fait fur l'appofition du-dit fcellé & autres pieces attachées à la Requête : Tout con-fideré, NOTREDITE COUR a reçû & reçoit lefdits Supplians Appellans, les a tenus & tient pour bien relevés, leur per-met faire intimer qui bon leur femblera ; cependant fera led. fcellé, levé & ofté en préfence du Confeiller-Rapporteur du prefent Arrêt, icelui préalablement reconnu par celui qui l'a appofé, & les Parties intereffées préfentes ou dûëment ap-pellées ; ce fait, proceder au fait de l'Inventaire par deux Notaires du Châtelet, qui feront nommés d'office par ledit Confeiller, tant en préfence, qu'abfence ; & ce qui fera par lui fait & ordonné, exécuté, nonobftant oppofitions & ap-pellations quelconques, & fans préjudice d'icelles & des droits des Parties : MANDONS mettre le prefent Arrêt à exécution. DONNE' en Parlement le douziéme jour de Décembre, l'an de grace mil fix cens quarante, & de notre regne le trentié-me. Collationné, *figné* LANGELE' : par la Chambre, *figné* DUFRANC.

T t

L'AN mil six cens quarante le treizième Décembre, fût le présent signifié & baillé copie à Maître Charles de Chaux-bourg, & Maître de Fougles, au domicile de Maître Claude Aleaume Procureur au Châtelet de Paris, en parlant à sa personne ; & Antoine Citolle, au domicile de Maître Beaufort Procureur audit Châtelet, en parlant à sa personne ; à Maître Nicolas le Laboureur Commissaire audit Châtelet, en parlant à sa personne ; à Maîtres Pierre Buon & Guy Remond Notaires audit Châtelet, en parlant audit Remond, tant pour lui que pour ledit Buon son Compagnon ; & à Maître Etienne Noblet Procureur en ladite Cour, parlant à sa personne, en son domicile ; aux Chanoines, Chantres & Chapitre de l'Eglise Saint Méderic, tant pour eux que pour Maître Simon Tascofan leur Procureur-Fiscal, en parlant à Maître ___ le Pelletier l'un d'iceux ; & encore audit Pelletier comme Gardien du scellé apposé à la Requête dudit Chapitre, en parlant à sa personne, en son domicile ; à ce qu'ils n'en ignorent, par moi Huissier en ladite Cour soussigné, signé BINOT.

20. Décembre 1640.

LOUIS, PAR LA GRACE DE DIEU, Roi de France & de Navarre : Au premier des Huissiers de notre Cour de Parlement, ou autre Huissier ou Sergent sur ce requis ; Sçavoir faisons : Que VEU par notredite Cour la Requête présentée par David, & Vrain Baudouin, présomptifs héritiers de deffunt Maître Marin Franger, Chanoine en l'Eglise Saint Méderic, à ce que sans s'arrêter à l'opposition faite par les Chanoines & Chapitre de Saint Méderic, à l'exécution de l'Arrêt obtenu par les Supplians le douzième de ce mois, & prise-à-partie par eux faite du Commissaire le Laboureur, & sans s'arrêter à leur Requête du dix-huitième de ce mois, il fût passé outre à la continuation & parachevement du scellé apposé sur les biens dudit deffunt Franger, & à l'inventaire, conformement audit Arrêt, Requête desdits Chanoines, & l'extrait du Procès-verbal dudit Commissaire le Laboureur dudit jour dix-huitième de ce mois & an : Tout consideré, NOTREDITE COUR a ordonné & or-

donne, que fur ladite oppofition & Requête defdits Chanoines, les Parties communiqueront au Procureur Général, &
viendront plaider au premier jour ; cependant pour éviter au
dépériffement, fans préjudicier aux droits des Parties, fera
ledit Arrêt du douze de ce mois exécuté, & procedé au parachevement de la levée dudit fcellé cy-devant appofé, par
le Commiffaire le Laboureur, nonobftant oppofitions & appellations quelconques, & fans préjudice d'icelles ; & outre,
au fait de l'inventaire par deux Notaires du Châtelet nommés
d'office par le Confeiller de notredite Cour, Rapporteur du
prefent Arrêt : Si MANDONS mettre le prefent Arrêt à exécution. DONNE' en Parlement le vingt Décembre, l'an de
grace mil fix cens quarante, & de notre regne le trentiéme.
Collationné, *figné* LANGELE' : par la Chambre, *figné* DUFRANC.

Extrait des Regîtres de Parlement.

VEU par la Cour l'Arrêt du douziéme Décembre mil
fix cens quarante, intervenu fur la Requête prefentée
par David, & Vrain Baudouin, héritiers de deffunt Maître
Marin Franger, vivant Prieur du Prieuré de Saint Mandé,
& Chanoine en l'Eglife Saint Méderic, par lequel entr'autres chofes auroit été ordonné, que le fcellé appofé fur les
biens dudit deffunt Franger, feroit levé & ôté en prefence
du Confeiller-Rapporteur dudit Arrêt, icelui préalablement
reconnu, & les Parties intereffées préfentes ou dûëment appellées ; Procès-verbal dudit Confeiller du quatorziéme dudit
mois de Septembre, contenant la levée dudit fcellé faite en
fa préfence par le Commiffaire le Laboureur qui avoit icelui appofé ; autre Procès-verbal dudit Commiffaire le Laboureur du trentiéme dudit mois de Décembre, contenant les
oppofitions formées à la levée dudit fcellé par le fieur Archevêque de Paris, à préfent pourvû dudit Prieuré de Saint
Mandé par les Chanoines dudit Saint Méderic, par Maître
Nicolas Boncle & Jacques Dobé, Chapelains de la Chapelle Sainte Marie-Madeleine en l'Eglife de Paris ; & encore
ledit Dobé comme Chapelain de la Chapelle Sainte Anne,
fondée en l'Eglife Saint Barthelemy à Paris, & par Maître
Citolle Chapelain de la Chapelle Saint Louis en l'Eglife Sainte

12. Janv. 1641.

T t ij

Oportune à Paris, dires, requifitions, conteftations & confen-
temens defdites Parties, pour faire droit fur lefquelles, ledit
le Laboureur les auroit renvoyées pardevant ledit Confeiller ;
Requête defdits Baudouin héritiers dudit deffunt Franger, à
ce que le fcellé réappofé par ledit Commiffaire le Laboureur,
fur les biens dudit deffunt Franger leur oncle, fût levé & ôté
pour éviter à dépériffement defdits biens & frais de garde
dudit fcellé : Tout confideré, LADITE COUR a ordonné &
ordonne, que le fcellé réappofé fur les biens dudit deffunt
Franger par ledit Commiffaire le Laboureur, fera par lui levé
& ôté en préfence defdites Parties, ou icelles düement appellées ; & ce faifant du confentement defdits Baudouin, que
les titres & papiers qui font fous icelui concernant ledit Prieuré
de Saint Mandé, lefdites Chapelles de Sainte Marie-Madeleine fondées en l'Eglife de Paris, Sainte Anne en l'Eglife
de Saint Barthelemy, & Saint Louis en l'Eglife Sainte Oppor-
tune, feront rendus & reftitués auxdits fieurs Archevêque de
Paris, Boncle, Dobé & Citolle, à préfent pourvûs defdits
Bénéfices, comme auffi feront rendus auxdits fieurs Chapitre
de Saint Méderic, les titres & papiers concernant les droits
dudit Chapitre ; pourront néanmoins lefdits Baudouin, retenir
les comptes cy-devant rendus par ledit deffunt Franger, ou
qui font encore à rendre, enfemble les pieces juftificatives
d'iceux, jufques après l'appurement defdits comptes ; & à
l'égard des papiers non inventoriés, & qui ont été reconnus
par lefdites Parties de nulle valeur, feront rendus auxdits Baudouin ; ce faifant, le Gardien d'iceux déchargé ; & pour le
furplus de l'oppofition dudit fieur Archevêque de Paris, concernant les ornemens & autres prétentions, fe pourvoira comme il verra bon être. FAIT en Parlement le douziéme Janvier mil fix cens quarante-un.

Reflexions fur les Arrêts précédens, des 12. & 20. Décembre 1640.
& 12. Janvier 1641.

POUR fçavoir quelles inductions on peut tirer des Arrêts des
12. & 20. Décembre 1640. & 12. Janvier 1641. il faut rapro-
cher les circonftances fuivantes qui fe trouvent écrites dans ces Arrêts,
mais qui n'y font pas dans leur ordre naturel.

A p r e's le décès de Marin Franger Prieur de Saint Mandé, & Chanoine de l'Eglife de Saint Merry, les Chanoines de cette Eglife firent appofer fcellé en la maifon où il étoit décédé par les Officiers de leur Juftice, à la Requête de leur Procureur-Fifcal.

L e s Héritiers de ce Prieur prefenterent Requête en la Cour, à l'effet d'être reçus appellans de cette appofition de fcellé, & qu'il fût procedé à la levée de ce fcellé pardevant l'un des Confeillers de la Cour, & à l'inventaire, par des Notaires du Châtelet.

I l s obtinrent Arrêt conforme aux conclufions de leur Requête le 12. Décembre 1740.

L e lendemain 13. cet Arrêt fut fignifié aux Parties, & entr'autres, au Commiffaire le Laboureur, ce qui prouve que dès avant cet Arrêt, le Commiffaire avoit appofé fes fcellés fur les effets laiffés par le Prieur de Saint Mandé, quoique cet Arrêt n'en faffe pas mention. En effet fi cette appofition n'avoit pas precedé l'Arrêt, il auroit été inutile de le lui fignifier, parce qu'il n'auroit pû faire loy à fon égard ; cette fignification prouve encore que le Commiffaire le Laboureur avoit contre-fcellé les Officiers de la Juftice de Saint Merry à la requête de Parties différentes de celles qui avoient obtenu l'Arrêt.

L'o n voit par le deuxiéme Arrêt qui eft du 20. Décembre 1640. que les Chanoines & Chapitre de Saint Merry s'oppoferent à l'exécution de l'Arrêt du 12. du même mois, à eux fignifié le 13. & même qu'ils prirent à partie le Commiffaire le Laboureur.

L'o n y voit auffi un extrait du Procès-verbal du Commiffaire le Laboureur, daté du 18. Décembre 1640. mais il ne faut pas croire que cette date foit celle de l'appofition de fcellé faite par ce Commiffaire, nous avons prouvé cy-deffus que cette appofition de fcellé précede le 13. Décembre, & l'Arrêt du 12. Janvier 1641. fait mention que le fcellé du Commiffaire le Laboureur étoit appofé dès le 14. Décembre 1640. ainfi cette date du 18. Décembre 1640. ne peut être que la date d'une des vacations de la levée du fcellé en queftion, dans laquelle les Chanoines & Chapitre de Saint Merry s'étoient oppofés à l'exécution de l'Arrêt du 12. Décembre, & avoient declaré qu'ils prenoient à partie le Commiffaire le Laboureur.

E n f i n cet Arrêt du 20. Décembre ordonne, que fur ces oppofition & prife à partie, les Parties communiqueront à Monfieur le Procureur Général ; & cependant qu'il fera procedé au parachevement de la levée du fcellé appofé par le Commiffaire le Laboureur, & à l'inventaire, par deux Notaires du Châtelet nommés d'office par le Confeiller de la Cour Rapporteur dudit Arrêt.

L e dernier de ces Arrêts en date du 12. Janvier 1641. n'a rien de particulier ; il confirme les précédens : il fuffit feulement d'obfervr que par le terme de réappofé dont on fe fert en parlant du fcellé du Commiffaire le Laboureur, il ne faut pas entendre un fcellé appofé depuis la levée de celui des Officiers de la Juftice du Chapitre de Saint

Merry, l'on a prouvé cy-deſſus que le ſcellé du Commiſſaire le Laboureur étoit appoſé avant que l'on demandât la levée de celui des Officiers de la Juſtice du Chapitre de Saint Merry; l'on doit prendre
ce terme dans ſa ſignification ordinaire, c'eſt-à-dire, pour un ſcellé
réappoſé ſur les effets d'une ſucceſſion lors qu'ils n'ont pû être entierement inventoriés lors de ſa premiere reconnoiſſance & levée, ou
qu'il eſt ſurvenu des conteſtations entre les parties au ſujet de l'in-
ventorié des effets ou de leur remiſe.

CES Arrêts prouvent deux choſes, l'une que lorſque les Seigneurs
Hauts-Juſticiers faiſoient appoſer des ſcellés à la Requête de leurs
Procureurs - Fiſcaux, contre les prohibitions portées par les Ordonnances & Arrêts, ces ſcellés étant nuls, les Commiſſaires du Châtelet pouvoient appoſer les leurs par droit de Prévention, ce qui
avoit déja été jugé ainſi par l'Arrêt du 30. Décembre 1615. au
ſujet du ſcellé appoſé après le décès du ſieur de Saint Jean; car
il s'agit dans cet Arrêt de deux ſcellés, dont il ne faut pas confon-
dre les eſpeces.

LA deuxiéme induction que l'on eſt en droit de tirer de ces Arrêts,
eſt que dans ce cas; où la Cour avoit jugé à propos de commettre
un Conſeiller, en préſence duquel ſe feroit la reconnoiſſance & levée
des ſcellés qui avoient été appoſés, tant par les Officiers de la Juſtice
du Chapitre de Saint Merry, que par le Commiſſaire le Laboureur;
elle avoit conſervé au Commiſſaire du Châtelet, ſes fonctions ordinaires en matiere de ſcellé.

---

*Extrait de deux Procès - verbaux de Scellés appoſés par
Mᵉˑ le Clair Commiſſaire au Châtelet de Paris, dans
le Diſtrict de la Juſtice du Chapitre de l'Egliſe de ladite Ville, par prévention ſur les Officiers de ladite
Juſtice.*

22.Février 1729.
23.Août 1736.

PAR Procès-verbal, daté au commencement du vingt-
deux Février mil ſept cens vingt-neuf, ſix heures du
matin.

APPERT Mᵉ. André - François le Clerc Commiſſaire au
Châtelet de Paris, s'être tranſporté Cloître Notre - Dame,
en une maiſon appartenante au ſieur Abbé Dandrule, Chanoine de Notre - Dame, où il a appoſé ſcellé ſur les effets

laiſſés après le décès du ſieur de Manhers Bourgeois de Paris, demeurant dans ladite maiſon, à la Requête de Demoiſelle Marie-Heleine le Rouge de la Place ſa veuve, & ledit ſcellé avoir été levé par ledit M^e. le Clair Commiſſaire, en pluſieurs vacations, dont la premiere en date du vingt-cinq deſdits mois & an, en conſéquence de l'Ordonnance de Monſieur le Lieutenant Civil en date du vingt-trois deſdits mois & an, étant enſuite d'une Requête à lui préſentée par ladite veuve de Manhers, annexée audit procès-verbal.

PLUS, appert par le procès-verbal fait par ledit M^e.le Clerc Commiſſaire, daté au commencement du vingt-trois Août mil ſept cens trente-ſix, ledit M^e. le Clerc avoir appoſé ſes ſcellés ſur les meubles & effets délaiſſés par Charles le Févre Ecuyer, ancien Capitaine, dans la maiſon qu'il occupoit à ſon décès, ſcize Cloître Notre-Dame à Paris, appartenante au ſieur de Montempuis Chanoine de Notre-Dame, & leſdits ſcellés avoir été levés en la maniere ordinaire, durant pluſieurs vacations, dont la premiere eſt du trois Septembre mil ſept cens trente-ſix; & ce, en exécution de l'Ordonnance de Monſieur le Lieutenant Civil, étant au bas d'une Requête à lui preſentée, en date du premier Septembre audit an mil ſept cens trente-ſix.

CE QUE DESSUS extrait & collationné par Nous Commiſ-ſaire ſuſdit, & ſouſſigné ſur les minutes deſdits deux procès-verbaux étant en nos mains. A PARIS en Notre Hôtel, le dix-huit Décembre mil ſept cens quarante. *Signé* LE CLAIR, avec paraphe.

TABLE
DES PIECES
Contenuës en ce Recüeil,

*Concernant la Police Générale & la Prévention ;
Difposée par rapport aux Juftices Seigneuriales,
Ville, Fauxbourgs & Banlieuë de Paris.*

Juftices Seigneuriales qui ne fubfiftent plus.

Juftice de l'Abbaye de Saint Magloire.

Juftice du Prieuré de Saint Eloy.

Juftice du Chapitre de Saint Merry.

Juftice

Justice de l'Abbaye de Saint Victor.

Arrest du Parlemene du 13. *Mai* 1645. *rendu en faveur du Commiffaire Guiennet, contre le Bailly de la Juftice de Saint Victor, au fujet du droit de prévention en matiere de fcellé.* 150

Arrest du Parlement du 5. *Août* 1666. *qui reçoit Jofeph le Grand, oppofant à l'exécution d'un contre-fcellé appofé par le Bailly de Saint Victor ; ce faifant, ordonne que les fcellés appofés par un Commiffaire du Châtelet, feront par lui levés.* 164

Justice du Prieuré des Bernardins

Arrest du Parlement du 23. *Octobre* 1652. *rendu contre le Procureur-Fifcal des Prieur & Religieux des Bernardins, lequel ordonne que les fcellés appofés par un Commiffaire du Châtelet, feront levés par ledit Commiffaire, comme les ayant appofés le premier.* 156

Justices Seigneuriales qui fubfiftent préfentement felon l'ordre de leur rétabliffement.

Justice du Chapitre de l'Eglife de Paris, rétablie par Lettres Patentes du 14. Août 1676. enregiftrées le 2. Septembre audit an.

Titres anterieurs à l'Edit du mois de Février 1674. enregiftré le 12. Mars fuivant, portant fuppreffion des Juftices Seigneuriales des Villes & Fauxbourgs de Paris.

Lettres Patentes du mois de Juin 1390. *portant confirmation ou plûtôt établiffement de la Juftice du Chapitre de l'Eglife de Paris, lefquelles n'ont eté enregiftrées qu'en confequence de Lettres de Juffion, & à la charge, entr'autres chofes, du droit de prévention.* 103

Arrest du Parlement du 30. *Avril* 1388. *qui juge qu'où les Commiffaires du Châtelet auront prévenu par appofition de fcellés, ès maifons fcifes dans l'étenduë du Chapitre de l'Eglife de Paris, la confection des Inventaires appartiendra aux Notaires.* 128

Arrest du Parlement du 24. *Décembre* 1505. *qui renvoye par-*

Titres pofterieurs au Rétabliffement de la Juftice du Chapitre de l'Eglife de Paris.

Juftices des Commanderies du Temple & de Saint Jean-de-Latran, rétablies par Lettres Patentes du 20. Mars 1678. enregiftrées le 7. Septembre aud. an.

Avant la Suppreffion.

Depuis le Rétabliffement.

Justice du Prieuré de Saint Martin-des-Champs, réta-
blie par Lettres Patentes du 22. Janvier 1678.
enregistrées le 23. May 1680.

Avant la Suppression.

Arrest du Parlement du 10. Juillet 1656. rendu contre le Bailly de Saint Martin-des-Champs, lequel ordonne que les scellés appofés par un Commiffaire du Châtelet, feront par lui levés comme les ayant appofé le premier. 158

Depuis le Rétabliffement.

Arrest du Parlement du 18. Décembre 1734. qui declare bonnes & valables des faifies faites par les Maîtres & Gardes des fix Corps des Marchands, dans l'Enclos du Prieuré de Saint Martin-des-Champs, en préfence de deux Commiffaires du Châtelet. 84

Juftice de l'Archevêché de Paris, rétablies par Lettres Patentes du mois d'Avril 1674. vérifiées le 8. Août 1690.

Avant la Suppreffion.

Arrest du Parlement du 22. Mars 1389. qui déboute l'Evêque de Paris de la révendication par lui faite de deux prifonniers arrêtés dans fa Jurifdiction, & renvoye lefdits prifonniers au Prévôt de Paris qui avoit prévenu. 90

Arrest du Parlement du 6. Février 1531. qui declare le Commiffaire Lormier follement intimé pour un fcellé mis par prévention dans la Juftice du Fort-l'Evêque. 124

Arrest du Parlement du 3. Décembre 1569. qui maintient les Officiers du Châtelet de Paris dans le droit de prévention en matiere de fcellés, contre l'Evêque de Paris. 125

Juftice de l'Abbaye de Saint Germain-des-Prés, rétablie par Lettres Patentes du mois de Février 1693. enregiftrées le 17. dudit mois.

Avant la Suppreffion.

Arrest du Parlement du 3. Juillet 1537. qui juge que les Commiffaires du Châtelet de Paris, peuvent pour l'exécution des O donnances Royaux concernant le poids & blancheur du pain, faire des

Vu iij

Depuis le Rétablissement.

après le décès de Monsieur le Cardinal de Bissy dans le Palais Abba-tial de Saint Germain-des-Prés étant dans l'Enclos de ladite Abbaye.
197

Arrest du Parlemeut du 15. Janvier 1739. qui maintient les Commissaires du Châtelet de Paris dans le droit de prévention en ma-tiere de scellés, contre les Abbé, Religieux & Convent de l'Abbaye Saint Germain-des-Prés, ayant pris le fait & cause de leurs Officiers en leur Justice de ladite Abbaye.
219

Arrest du Conseil d'Etat du Roy du 8. Février 1740. qui, sur l'Instance en Reglement de Juges d'entre le Parlement & le Grand-Conseil, formée entre les Prieur, Religieux & Convent de l'Abbaye Saint Germain-des-Prés, le Procureur du Roy & les Commissaires du Châtelet, au sujet d'un scellé apposé dans l'Enclos de ladite Ab-baye par prévention, renvoye les parties au Parlement pour y être statué sur leurs différents, & condamne les Religieux en 300. liv. de dommages-intérêts ; & Monsieur le Comte de Clermont Abbé Commendataire de ladite Abbaye, & lesdits Religieux, en tous les dépens.
229 -

Justice de l'Abbaye de Sainte Génevieve, rétablie par Lettres Patentes du mois d'Octobre mil sept cens trois, enregistrées le 17. Décembre audit an.

Avant la Suppression.

Arrest du Parlement du 18. Février 1472. rendu entre les Religieux, Abbé & Convent de Sainte Génevieve-du-Mont, & Monsieur le Procureur Général, au sujet de la Police générale ap-partenante aux Officiers du Châtelet.
9

Extrait des Regiſtres du Parlement du 21. Juin 1473. con-tenant plusieurs plaidoyers respectivement faits en continuation de ceux sur lesquels étoit intervenu le précédent Arrêt au sujet de la Police générale appartenante aux Officiers du Châtelet dans la Jus-tice de l'Abbaye de Sainte Génevieve.
13

Arrest du Parlement du 3. Août 1536. rendu entre les Reli-gieux, Abbé & Convent de Sainte Génevieve-du-Mont, les Jurés Épiciers & Apotiquaires de Paris, & Monsieur le Procureur Géné-ral prenant le fait & cause pour son Subſtitut au Châtelet de ladite

Ville, par lequel il est entr'autres choses ordonné, que le rapport des contraventions que lesdits Jurés pourront trouver dans les visites qu'ils feront dans le District de la Justice desdits Religieux, Abbé & Convent, se feront devant le Prévôt de Paris. 20

ARREST du Parlement du 3. Décembre 1569. qui maintient les Officiers du Châtelet de Paris dans le droit de prévention en matiere de scellés, contre les Religieux, Abbé & Convent de Sainte Géneviéve. 125

ARREST du Parlement du 30. Août 1608. qui établit le droit de prévention, tant en matiere criminelle qu'en matiere de scellés, en faveur des Commissaires du Châtelet, dans le District du Bailliage de Sainte Génevieve. 295

ARREST du Parlement du 11. Février 1645. rendu contre le Procureur-Fiscal du Bailliage de Sainte Génevieve, portant deffenses à tous Juges Subalternes de decreter contre les Sujets du Roy qui se feront pourvûs pardevant le Prévôt de Paris, ni de les condamner en l'amende. 94

ARREST du Parlement du 20. Juin 1659. rendu contre le Bailly de Sainte Génevieve, au sujet des fonctions de Police des Commissaires du Châtelet dans le District de cette Justice. 60

Depuis le Rétablissement.

ARREST du Parlement du 7. Mars 1725. qui ordonne que les Lettres patentes de rétablissement de la Justice de Sainte Génevieve-du-Mont du mois d'Octobre 1703. & Arrêt d'Enregistrement d'icelles du 17. Décembre audit an, feront exécutées, sans préjudice du droit de prévention appartenant aux Officiers du Châtelet, dans la Ville & Fauxbourgs de Paris, dont ils jouiront dans l'étenduë de ladite Justice. 173

Justice de Saint Marcel, rétablie par Lettres Patentes du 11. Juillet 1725. enregistrées le 6. Juillet 1726.

Avant la Suppression.

LETTRES Patentes du mois de Mars 1566. dont l'Article XVI. permet aux Jurés des Maîtres Fourbisseurs de Paris, d'aller en visite

Depuis le Rétabliſſement.

Juſtices de la Banlieuë.

Fin de la Table.

SI ce Recueil eſt plus complet que ceux qui ont paru précédemment ſur le même ſujet, la Compagnie des Commiſſaires du Châtelet avoüe avec plaiſir qu'Elle en a obligation, principalement à deux perſonnes ; l'une eſt Monſieur LE CLERC DU BRILLET, connu par la continuation du Traité de la Police, qui a communiqué avec toute la politeſſe attachée au caractere des vrais Sçavans, les Cartons du Commiſſaire DE LA MARRE, à ceux que la Compagnie a chargé de la Collection du preſent Recueil : L'autre perſonne eſt Monſieur MENYER, Doyen de la Compagnie, qui poſſede un Recueil de pieces auſſi curieux qu'utile.

La Compagnie ſçait auſſi que Monſieur PREVOST ancien Avocat, lui a indiqué nombre d'Arrêts du Parlement qui la concernent, & qui étoient tombés dans l'oubli ; Elle le prie d'agréer, qu'Elle lui en témoigne icy publiquement ſa reconnoiſſance.

FAUTES A CORRIGER.

PAGE 6. ligne 23. L'on a *omis* de remarquer fur la date du premier Mars 1388. que les Lettres patentes en queftion font de l'an 1389. felon l'ufage prefent de dater ; la Fefte de Pàques tomboit cette année au 18. Avril.

Page 9. ligne 12. En marge, *au lieu* du mot cotte, *lifez*, cotté.

Page 13. ligne 8. Après le mot d'autre, *ajoutez*, au fujet de la Police generale.

Page 27. ligne 32. *Au lieu* du mot eu, *lifez*, en.

Page 39. ligne 8. de la premiere colomne des Nottes, *au lieu* de ces mots, ils font fuivis, *lifez*, il eft fuivi.

Page 40. ligne 30. Après le mot Huiffier, *ajoûtez*, céans.

Page 50. lig. 23. *Au lieu* de ces mots, de l'Abbaye, *lifez*, du Prieuré.

Page 60. ligne 7. Cet Arrêt eft en forme dans le Chartrier de la Compagnie ; ainfi *au lieu* de ces mots, Extrait des Regiftres du Parlement, *il faut lire*, LOUIS, par la grace de Dieu, Roy de France & de Navarre : Au premier des Huiffiers de Notre Cour de Parlement, ou autre Huiffier ou Sergent fur ce requis ; Scavoir faifons, que, &c.

Et à la fin de la page 61. *Au lieu* de ces mots, Fait en Parlement, &c. *il faut lire*, Mandons mettre le prefent Arrêt à exécution. Donné en Parlement le vingtiéme Juin, l'an de grace 1659. & de notre regne le feiziéme. Collationné, figné Langelé : Par la Chambre, figné Dufranc.

Page 71. lig. 32. *Au lieu* du mot Collation, *lifez*, Collationné, figné.

Page 80. lignes 19. & 20. *effacez ces mots* du 19. Juillet 1704.

Page 80. ligne 22. Après la date qui eft en marge, *ajoutez*, enregiftrée au Parlement le 22. Août 1704. 44ᵉ. Vol. de Louis XIV. Cotté fffff. fol. 441.

Page 90. ligne 3. Après le mot Jurifdiction, l'on a *omis* de remarquer que cette Juftice de l'Evêque de Paris a pour principal fondement des Lettres Patentes en forme de Tranfaction entre Philippes-Augufte, l'Evêque & le Chapitre de l'Eglife de Paris, données à Melun l'an 1222. que l'on nomme ordinairement, *Charta Pacis :* Ces Lettres fe trouvent en plufieurs endroits, & entr'autres, dans le Livre rouge vieil, fol. 24. Dans le Livre vert vieil, fol. 21. Dans le Traité de la Police, tom. 4. pag. 727. Et dans le Grand Paftoral de l'Eglife de Paris, pag. 582.

La Juftice de l'Abbaye de Saint Magloire & celle du Prieuré de St. Eloy, ont été unies à la Manfe Epifcopale de Paris, en même tems que les Bénéfices dont elles dépendoient.

Cette union s'eft faite à l'égard de l'Abbaye de Saint Magloire en 1578. Cette Abbaye avoit été fondée en 857. par Hugues Capet, qui n'étoit alors que Comte de Paris.

L'on voit par un Arrêt du 30. Décembre 1615. rapporté dans ce Recueil, rendu contre l'Evêque de Paris comme Prieur de Saint Eloy, que l'union de ce Bénéfice précede cette date; ce Bénéfice avoit été fondé sous le titre d'Abbaye de St. Martial par le Roy Dagobert, à la priere de St. Eloy; cette Abbaye prit ensuite le nom de ce Saint & fut convertie en Prieuré.

L'Evêché de Paris a été érigé en Archevêché par une Bulle du Pape Gregoire XV. du 13. Novembre 1622. Enregistrée en conséquence de Lettres patentes du mois de Février 1623. vérifiées le 8. Août suivant, lesquelles sont dans Joly, tom. 1. pag. 261.

Par Lettres patentes du mois d'Avril 1674. vérifiées le 8. Août 1690. rapportées à la fin du *Sinodicon Ecclesiæ Parisiensis*, le Roy a érigé la Terre de Saint Cloud appartenante à l'Archevêché de Paris, en Duché-Pairie, & uni à cette Terre la Justice de la Temporalité de l'Archevêché, nonobstant l'Edit de suppression du mois de Février lors dernier, auquel sa Majesté a dérogé à cet égard; ainsi comme les Officiers du Châtelet jouissoient du droit de prévention sur ceux de la Justice de la Temporalité avant sa suppression, elle ne peut leur être contestée raisonnablement depuis son rétablissement & son union à la Justice du Duché-Pairie de Saint Cloud, le titre de ce rétablissement & de cette union n'ayant en aucune sorte dérogé à ce droit.

Page 123. ligne 35. L'on a omis de remarquer que la Justice de St. Martin-des-Champs tire son origine de deux Chartes; l'une d'Henry I. de l'an 1060. contenant la fondation ou plûtôt le rétablissement de l'Abbaye de St. Martin hors la Porte de la Ville de Paris, l'autre de Philippes I. de l'an 1067. donnée au sujet de la Dédicace de cette Eglise, portant confirmation & augmentation des dons & concessions faites à ladite Eglise par la précédente Charte.

Ces Chartes se trouvent dans l'Histoire de la Maison de Montmorency & de Laval, d'André du Chesne, imprimé à Paris en 1624. *in-fol.* pag. 19. & 21. des preuves, & dans l'Histoire de cette Eglise imprimée *in-4°*.

En 1079. Philippes I. donna cette Abbaye à Hugues Abbé de Clugny, qui y établit des Religieux de son Ordre sous la conduite d'un Prieur.

Page 125. lig. 3. *Effacez ces mots*, dans la Ville & Fauxbourgs de Paris.

Page 125. ligne 11. Cet Arrêt est en forme dans le Chartrier de la Compagnie; ainsi *au lieu* de ces mots, Extrait des Registres de la Cour de Parlement, *il faut lire*: CHARLES, par la grace de Dieu, Roy de France: Au premier des Huissiers de notre Cour de Parlement, ou autre Huissier ou Sergent sur ce requis; Sçavoir faisons: qu'Entre, &c.

Et à la fin de la page 127. *Au lieu* de ces mots, Prononcé &, *il faut lire*, Si mandons mettre le present Arrêt à dûë, pleine & entiere exécution, de ce faire te donnons pouvoir. Donné en notredite Cour de Parlement le trois Décembre, l'an de grace mil cinq cens soixante-neuf, & de notre regne le neuviéme. Collationné, signé Langelé : Par la Chambre, signé Mirey avec paraphe.

Page 128. ligne 2. *Au lieu* du mot prevenus, *lisez*, prévenu.

Page 130. ligne 16. Après ces mots, la Prévention, *ajoutez*, en matiere de scellé.

Page 130. ligne 18. Après le mot, Justice, *ajoutez*, du Prieuré.

Page 150. ligne 4. Après le mot, rendu, *ajoutez*, en faveur du Commissaire Guyennet.

Page 150. ligne 5. L'on a *omis* de remarquer que l'Abbaye des Chanoines Réguliers de Saint Victor est redevable de sa fondation à Louis VI. dit le Gros, qui la dota des héritages voisins & de plusieurs autres biens en différens lieux du Royaume. Les Lettres Patentes qu'il en fit expédier l'an 1113. le cinquiéme de son regne, portent qu'il leur donne dans tous ces lieux tout le Domaine ou le Fief qui lui appartenoit, mais il n'y fait aucune mention de la Justice; cependant cette Abbaye s'en est mise en possession dans la suite. Traité de la Police, liv. 1. tit. 10. chap. 1. tom. 1. pag. 155. dern. Edit.

Page 150. ligne 7. Cet Arrêt est en forme dans le Chartrier de la Compagnie; c'est pourquoi *au lieu* de ces mots, Extrait des Regiftres de Parlement, *il faut lire*, LOUIS, par la grace de Dieu, Roy de France & de Navarre : Au premier des Huissiers de notre Cour de Parlement, ou autre Huissier ou Sergent sur ce requis; Sçavoir faisons : que, &c.

Et à la fin de cet Arrêt, *au lieu* de ces mots. Fait en Parlement, &c. *il faut lire :* Si mandons mettre le present Arrêt, à dûë, pleine & entiere exécution, selon sa forme & teneur, de ce faire te donnons plein & entier pouvoir. DONNE' en notredite Cour de Parlement le treize May, l'an de grace mil six cens quarante-cinq, & de notre regne le troisiéme. Collationné, signé Langelé : Par la Chambre, signé Dufranc.

Page 156. ligne 8. En marge, *au lieu* du 23. Octobre 165. *lisez*, 23. Octobre 1652.

Page 159. ligne 6. L'on a *omis* d'obferver qu'il a pareillement été jugé que les Commissaires du Châtelet peuvent sceller sans ordonnances, par deux Arrêts des 23. Novembre 1679. & 23. Avril 1692.

Page 165. ligne 29. Après le mot, prévention, *ajoutez*, en matiere de scellé.

Page 207. ligne 26. *Il faut mettre en marge*, 25. Septembre 1480. Arrêt de la Chambre des Comptes, portant enregistrement des Lettres Patentes précédentes.

Page 229. ligne 10. *Au lieu* du mot, Juge, *lisez*, Juges.

Page 235. ligne 9. Après le mot, brifés, l'on a *omis* d'obferver, que cet Arrêt du 21. Janvier 1693. ne concerne pas le droit de prévention, mais le droit de suitte.

Page 280. ligne 7. *Au lieu* de ces mots, de la Prévention qu'ont les Officiers Royaux fur les Subalternes, *lifez*, des Officiers de la Sénéchauffée & Siége Préfidial d'Angers, contre les Doyen, Chanoines & Chapitre de l'Eglife de ladite Ville, au fujet de la prévention en matiere de fcellé.

9 782329 599809